€ 29,-

€ 10

D1697736

Extremismus und Demokratie

Herausgegeben von
Dr. Uwe Backes
Prof. Dr. Eckhard Jesse

Band 9

Viola Neu

Das Janusgesicht der PDS

Wähler und Partei zwischen Demokratie
und Extremismus

NOMOS Verlagsgesellschaft
Baden-Baden

Bibliografische Information Der Deutschen Bibliothek

Die Deutsche Bibliothek verzeichnet diese Publikation in
der Deutschen Nationalbibliografie; detaillierte bibliografische
Daten sind im Internet über http://dnb.ddb.de abrufbar.

Zugl.: Chemnitz, Techn. Univ., Diss., 2003

ISBN 3-8329-0487-5

1. Auflage 2004
© NOMOS Verlagsgesellschaft, Baden-Baden 2004. Printed in Germany. Alle
Rechte, auch die des Nachdrucks von Auszügen, der photomechanischen Wieder-
gabe und der Übersetzung vorbehalten. Gedruckt auf alterungsbeständigem Papier.

Vorwort der Herausgeber

Der Zusammenbruch der DDR hatte auch den Zusammenbruch der SED zur Folge. Aus ihr ging die „Partei des Demokratischen Sozialismus" (PDS) hervor. Zwischen dem 17. Dezember 1989 und dem 4. Februar 1990 hieß sie „SED-PDS". Die Partei hat, was die elektorale Seite betrifft, eine wechselvolle Geschichte hinter sich. Im Jahre 1990 verlor sie im Osten beständig an Stimmen (Volkskammerwahl am 18. März: 16,4 Prozent; Kommunalwahlen am 6. Mai: 14,0 Prozent; Landtagswahlen am 14. Oktober: 12,7 Prozent; Bundestagswahlen am 2. Dezember: 11,1 Prozent). Doch setzte danach in den neuen Bundesländern – entgegen vielen Vorhersagen der Wahlforschung – eine Steigerung des Wahlergebnisses nach dem anderen ein (Bundestagswahl 1994: 19,8 Prozent, bundesweit: 4,4 Prozent; Bundestagswahl 1998: 21,6 Prozent, bundesweit: 5,1 Prozent). Allerdings gab es für die Partei bei der Bundestagswahl 2002 (16,9 Prozent, bundesweit: 4,0 Prozent) einen herben Rückschlag: Sie gelangte nicht wieder ins Parlament, da sie weder die Fünfprozenthürde überwinden noch drei Direktmandate erreichen konnte. Bei den Landtagswahlen in Mecklenburg-Vorpommern (am Tag der Bundestagswahl) verlor die Partei sogar ein Drittel ihrer Wähler (1998: 24,4 Prozent; 2002: 16,4 Prozent). Diese überraschenden Wahlerfolge und der ebenso plötzliche Einbruch stell(t)en die Wahlforschung vor große Herausforderungen. – Auch in einer anderen Frage bewegt(e) die PDS die wissenschaftlichen Gemüter. Handelt es sich um eine demokratische Partei, um eine Partei in einer Grauzone zwischen extremistisch und demokratisch oder um eine extremistische Partei? Die Ämter für Verfassungsschutz bewerten die PDS ebenso ganz unterschiedlich wie die Extremismusforscher. Ungeachtet dessen hat die PDS zwischen 1994 und 2002 die Regierung in Sachsen-Anhalt toleriert; in Mecklenburg-Vorpommern ist sie seit 1998 und in Berlin seit dem Jahr 2002 Juniorpartner der SPD.

Viola Neu analysiert in ihrem Werk beide Komplexe: die Frage nach der Wählerschaft ebenso wie die nach dem extremistischen Charakter der Partei. In gewisser Weise ist so eine Doppelstudie entstanden. Die Autorin hat mit ihrer Herkulesarbeit ihre Kompetenz auf dem Gebiet der Wahlforschung ebenso unter Beweis gestellt wie auf dem der Extremismusforschung. Bei der Frage nach dem Wahlverhalten geht es im Wesentlichen um die Prüfung der Frage, woher die Wähler der PDS kommen und ob bei ihnen ein verfestigtes Einstellungssyndrom vorliegt. Dabei will die Autorin klären, ob die herkömmlichen Theorien des Wahlverhaltens „greifen". Die Frage nach dem demokratischen bzw. extremistischen Charakter zielt zum einen auf die politische Position der PDS, zum anderen auf die ihrer Wähler. Viola Neu ist nicht an einer bloßen Momentaufnahme gelegen und erstreckt ihre Analyse über einen längeren Zeitraum (1990-1998). Die Autorin sieht mit dem Überwinden der Fünfprozentklausel bei der Bundestagswahl 1998 und der Regierungsbeteiligung der PDS nach der Wahl in Mecklenburg-Vorpommern, die am gleichen Tag wie die Bundestagswahl stattfand, in vielfältiger

Hinsicht einen Wendepunkt für die Partei erreicht. Eine ihrer – später begründeten – Kernthesen zur PDS lautet. „Die Bedingungen ihres Erfolgs, die Verankerung im ostdeutschen Milieu, war zugleich die Voraussetzung für den Misserfolg im Westen".

Viola Neu spürt empirisch den Gründen für das PDS-Votum nach. Sie betreibt keine Querschnittsbetrachtung, sondern nimmt sich einer anspruchsvollen Längsschnittsanalyse an, um Ergebnisse über einen längeren Zeitraum zu erhalten. Dabei kommt ihr eine unveröffentlichte Zeitreihenuntersuchung der Konrad-Adenauer-Stiftung zustatten. Zu den wichtigsten Erkenntnissen ihrer nicht aus zweiter Hand geschriebenen Untersuchung zählt die Feststellung, dass es sich bei der PDS-Wählerschaft zunehmend – jedenfalls in sozialstruktureller Hinsicht – um die Wählerschaft einer Volkspartei handelt. Mit anderen Autoren arbeitet sie heraus, die Wählerschaft der PDS sei nicht die Partei der „objektiven Vereinigungsverlierer", sondern die der „subjektiven Vereinigungsverlierer", denn sie weise ein überproportional hohes Einkommen und eine überproportional hohe Bildung auf. Pessimistische und sozialistische Einstellungssyndrome kennzeichneten die PDS-Wählerschaft, die im Vergleich zu der Wählerschaft anderer Parteien ein höheres Maß an Identifikation besitzt.

Die Autorin analysiert das Demokratieverständnis der Partei (z. B. anhand des „Verfassungsentwurfs"), setzt sich mit extremistischen Kernen auseinander (der „Kommunistischen Plattform" wie dem „Marxistischen Forum"), spürt der „Geschichtspolitik" der PDS nach und ihrer „Vergangenheitsbewältigung". Sie gelangt zum Ergebnis, dass die postkommunistische Partei mit ihren Positionen mehrheitlich außerhalb des demokratischen Verfassungsbogens angesiedelt ist, wiewohl die PDS für die Bürger in den neuen Ländern überwiegend als „normale" Partei firmiert.

Das Kapitel „Linksextreme Einstellungen in der Bevölkerung" ist besonders verdienstvoll. Es stellt eine Synthese der Wahl- und der Extremismusforschung dar. Die empirische Analyse widmet sich dem linksextremistischen Einstellungspotential, das zudem mit dem rechtsextremistischen verglichen wird. Die meisten Autoren, fixiert auf die Eruierung des rechtsextremistischen Einstellungspotentials, machen darum einen großen Bogen. Neu hat eine Extremismusskala entwickelt, wobei sie dem bekannten Befund Rechnung trägt, dass „harte" Indikatoren dafür ungeeignet sind, weil sich viele Wähler zieren, ihre Position unumwunden zu bekennen. Aufgrund der überzeugend gewählten Extremismusskala lässt sich das jeweilige Maß an Absolutheitsansprüchen/ Dogmatismus, Utopismus/Chiliasmus, Freund/Feind-Stereotypen, Verschwörungstheorien, Fanatismus/Aktivismus u. a. feststellen. Ohne an dieser Stelle auf methodische und inhaltliche Einzelheiten eingehen zu können: Das minimale Sympathisantenpotential lag für die PDS bei 2,3 Prozent (REP: 1,3 Prozent), das maximale bei 8,9 Prozent (REP: 5,6 Prozent). Die Autorin gelangt zu dem folgenden Befund: „Innerhalb der PDS-Anhängerschaft dominiert ein marxistisch-utopistisches Weltbild mit antikapitalistischer Ausrichtung. In der REP-Anhängerschaft findet sich hingegen ein autoritär-radikales Denken mit ethnozentrischer und sozialdarwinistischer Ausrichtung". Obwohl

6

sich bei den Wählern in den neuen Bundesländern ein hohes Maß an Sozialismusaffinität ergibt, führe das nicht notwendigerweise zu einem Votum für die PDS. Nach der Autorin liegt dies an der mangelnden Kompetenzzuschreibung der PDS bei der Wählerschaft.

Die Eigenständigkeit der methodisch versierten, theoretisch ambitiösen und empirisch gesättigten Untersuchung, die interdisziplinär gehalten ist, steht außer Frage. Für die Verfasserin ist die PDS in mannigfacher Hinsicht eine schillernde Partei mit vielen Gesichtern. Souverän beherrscht sie das Handwerkszeug der wahlsoziologischen Forschung wie der Extremismusforschung Am Beispiel der PDS gelingt ihr eine Zusammenführung beider Wissenschaftszweige.

Uwe Backes und Eckhard Jesse

Meinen Eltern

Inhaltsverzeichnis

Tabellenverzeichnis

Abkürzungsverzeichnis

ABM	Arbeitsbeschaffungsmaßnahme
ADF	Aktion Demokratischer Fortschritt
AdW	Akademie der Wissenschaften
AEK	Alternative Enquete-Kommission Deutsche Zeitgeschichte (der PDS)
AfG	Akademie für Gesellschaftswissenschaften (beim ZK der SED)
AG	Arbeitsgemeinschaft
AGH	Wahl zum Berliner Abgeordnetenhaus
AKW	Atomkraftwerk
AL	Alternative Liste (Berlin)
APuZ	Aus Politik und Zeitgeschichte
ARD	Arbeitsgemeinschaft der öffentlich-rechtlichen Rundfunkanstalten der Bundesrepublik Deutschland
BR	Bayerischer Rundfunk
BSA	Bund Sozialistischer Arbeiter, Deutsche Sektion der 4. Internationale
BTW	Bundestagswahl
BVerfGE	Entscheidungen des Bundesverfassungsgerichts
BVerwGE	Entscheidungen des Bundesverwaltungsgerichts
BWahlG	Bundeswahlgesetz
BWK	Bund Westdeutscher Kommunisten
CDU	Christlich Demokratische Union Deutschlands
CDUD	Christlich Demokratische Union Deutschlands in der SBZ/DDR
CSU	Christliche-Soziale Union
DA	Deutschland Archiv
DBD	Demokratische Bauernpartei Deutschlands
DDR	Deutsche Demokratische Republik
DFU	Deutsche Friedens-Union
DLF	Deutschlandfunk
DSF	Deutsch-Sowjetische Freundschaft
DSU	Deutsche Soziale Union
DVU	Deutsche Volksunion
EAP	Europäische Arbeiterpartei
EMNID	Erforschung der öffentlichen Meinung, Marktforschung und Meinungsforschung, Nachrichten, Informationen, Dienstleistungen
EOS	Erweiterte Oberschule
EUW	Europawahl (Wahl zum Europäischen Parlament)
FAZ	Frankfurter Allgemeine Zeitung
FDGB	Freier Deutscher Gewerkschaftsbund
FDP	Freie Demokratische Partei

FGE	Forschungsstelle für gesellschaftliche Entwicklungen
FPÖ	Freiheitliche Partei Österreichs
FR	Frankfurter Rundschau
GAL	Grün-Alternative Liste (Hamburg)
GG	Grundgesetz
GIM	Gruppe Internationale Marxisten
GRH	Gesellschaft zur rechtlichen und humanitären Unterstützung e. V.
Grüne	Bündnis 90/Die Grünen (seit 1993)
HBV	Gewerkschaft Handel, Banken und Versicherungen
HR	Hessischer Rundfunk
HVA	Hauptverwaltung Aufklärung (im MfS)
IfGA	Institut für Geschichte der Arbeiterbewegung
IG	Industriegewerkschaft
IM	Inoffizieller Mitarbeiter (des MfS)
IML	Institut für Marxismus-Leninismus
Infas	Institut für angewandte Sozialforschung
ISDA	Institut für Sozialdatenanalyse
ISOR	Initiativgemeinschaft zum Schutz der sozialen Rechte ehemaliger Angehöriger bewaffneter Organe und der Zollverwaltung der DDR e. V.
k. A.	keine Angabe
KB	Kommunistischer Bund
Komintern	Kommunistische Internationale
KPD(/ML)	Kommunistische Partei Deutschlands(/Marxisten-Leninisten)
KPdSU(B)	Kommunistische Partei der Sowjetunion (Bolschewiki)
KPF	Kommunistische Plattform
LDPD	Liberal-Demokratische Partei Deutschlands
MAGdA	Marxistischer Arbeitskreis zur Geschichte der deutschen Arbeiterbewegung
MdB	Mitglied des Bundestages
MdEP	Mitglied des Europäischen Parlaments
MdL	Mitglied des Landtages
MES	Marx-Engels-Stiftung
MF	Marxistisches Forum
MfS	Ministerium für Staatssicherheit (der DDR)
MG	Marxistische Gruppe
MLPD	Marxistisch-Leninistische Partei Deutschlands
ND	Neues Deutschland
NDPD	Nationaldemokratische Partei Deutschlands
NDR	Norddeutscher Rundfunk
NKFD	Nationalkomitee Freies Deutschland

NÖS	Neues Ökonomisches System
NPD	Nationaldemokratische Partei Deutschlands
NW	Nichtwähler
ORB	Ostdeutscher Rundfunk Brandenburg
PASS	Partei der Arbeitslosen und Sozial Schwachen
PDS(/LL)	Partei des Demokratischen Sozialismus(/Linke Liste)
PID	Presse- und Informationsdienst der PDS
POS	Polytechnische Oberschule
PVS	Politische Vierteljahresschrift
RAF	Rote Armee-Fraktion
REP	Die Republikaner
RIAS	Rundfunk im amerikanischen Sektor (Berlins)
RTL	Radio-Télé-Luxemburg
SAPMO-BArch	Stiftung Archiv der Parteien und Massenorganisationen der DDR im Bundesarchiv, Berlin
SAT	Satelliten Fernsehen GmbH
SED	Sozialistische Einheitspartei Deutschlands
SFB	Sender Freies Berlin
SFOR	Stabilization Force
SMAD	Sowjetische Militäradministration in Deutschland
SPD	Sozialdemokratische Partei Deutschlands
SRP	Sozialistische Reichspartei
SZ	Süddeutsche Zeitung
TAZ	Die Tageszeitung
UKPV	Unabhängige Kommission zur Überprüfung des Vermögens der Parteien und Massenorganisationen der DDR.
UZ	Unsere Zeit (Zentralorgan der DKP)
VKW	Volkskammerwahl
VSP	Vereinigte Sozialistische Partei
VVN/BdA	Vereinigung der Verfolgten des Naziregimes/Bund der Antifaschistinnen und Antifaschisten
ZA	Zentralarchiv für empirische Sozialforschung, Universität zu Köln
z. B.	zum Beispiel
ZDF	Zweites Deutsches Fernsehen
ZK	Zentralkomitee (der SED)
ZParl	Zeitschrift für Parlamentsfragen
z. T.	zum Teil

1. Einleitung

1.1 Von der SED zur PDS

Mit der PDS wurde zum ersten Mal seit der Weimarer Republik (sieht man von den kurzzeitigen Erfolgen der KPD Ende der 1940er und Anfang der 1950er Jahre einmal ab) eine dezidiert sozialistische Partei links der SPD in den Bundestag und in Landesparlamente gewählt. Die PDS ist weder eine neue Partei noch die nahtlose Fortsetzung der SED. Sie ist zwar durch Umbenennung aus der SED heraus entstanden, damit aber nicht automatisch die SED-Nachfolgepartei. Dass SED und PDS nicht identisch sind, ergibt sich allein schon zwingend durch die Bedingungen der unterschiedlichen Systeme. Die PDS ist keine diktatorische Staatspartei; sie muss sich in einem Konkurrenzparteiensystem behaupten.[1] Die PDS hat unzweifelhaft mit zentralen SED-Dogmata gebrochen. Sie beansprucht nicht das Wahrheitsmonopol des Marxismus-Leninismus als der einzig richtigen und wissenschaftlichen Weltanschauung.[2] Zudem ist der innerparteiliche Wandel immens. Die Strukturen der PDS sind nicht mit denen der SED vergleichbar. Das Verbot der „Fraktionsbildung" ist aufgehoben, wodurch unterschiedliche Auffassungen artikuliert werden und Pluralismus besteht. Auch in ihrem zurückgeschraubten Anspruch – sie will nicht mehr die „führende Partei" und zugleich Repräsentantin der Arbeiterklasse sein, sondern nur noch Sammelbecken „der Linken" – unterscheidet sich die PDS deutlich von der SED.[3]

Die SED fand sich in der Auflösungsphase der DDR zunehmend in der Situation, das Unvereinbare miteinander versöhnen zu müssen: sowohl die DDR soweit wie möglich zu retten als auch auf die Gegenströmungen soweit wie nötig einzugehen. Von den sich überschlagenden Ereignissen getrieben, entschloss sich die SED-Führung unmittelbar vor der eigenen Demission unter dem Druck der Massen, einen außerordentlichen Parteitag einzuberufen. Statt den Weg einer Auflösung und Neugründung zu gehen, das Modell der Ungarischen Sozialistischen Arbeiterpartei (MSZMP), entschied sich die SED für eine Umbenennung.[4] Die Umbenennung der SED erfolgte auf dem außerordentlichen Parteitag am 8.-9. Dezember 1989 und 16.-17. Dezember 1989. Auf der ersten Tagung am 8. Dezember 1989 wurde die Selbstauflösung abgelehnt und Gregor Gysi zum Vorsitzenden gewählt. Die zweite Tagung beschloss die Umbenennung in

---

1   Allerdings musste sich die SED auch erst zur „Staatspartei" entwickeln.
2   Die Erosion des Wahrheitsmonopols der SED – nach außen, aber nicht nach innen – ließe sich auch auf einen früheren Zeitpunkt datieren. Die gemeinsame Erklärung von SPD und SED, „Der Streit der Ideologien und die gemeinsame Sicherheit" von 1987, markiert die Aufgabe des Alleinvertretungsanspruches der Arbeiterklasse, den die SED bis dahin erhoben hatte. Indem sie die „kapitalistische" SPD als gleichberechtigten Partner anerkannte, hat die SED zum ersten Mal zugelassen, über Grundfragen zu streiten. Vgl. Reißig, 2002.
3   Vgl. zur Organisationsentwicklung der PDS: Moreau, 1992a; Fraude, 1993; zur Entwicklung der PDS insgesamt: Ammer/Kuppe, 1989; Ammer, 1990; Welzel, 1992.
4   Müller, 1995.

„SED-PDS". Am 4. Februar 1990 fasste der Parteivorstand den Beschluss, den Doppel-namen aufzugeben und die Partei „PDS" zu nennen.[5]

Die Entscheidung, die SED nicht aufzulösen, sondern fortzuführen, wurde bei der ersten Tagung des außerordentlichen Parteitags im Plenum heftig diskutiert, war jedoch das von der Führungsgruppe präferierte Modell. Gegen eine Auflösung sprachen neben machttaktischen auch finanzielle Erwägungen. Der designierte Vorsitzende der SED-PDS, Gregor Gysi,[6] begründete auf dem außerordentlichen Parteitag, warum die Auflö-sung der SED eine „Katastrophe" wäre.[7] Zum einen warnte er vor einem „politischen Vakuum", zum anderen verwies er auf die rechtlichen Folgen: „Mit einer Auflösungs-entscheidung sind sämtliche Mitarbeiter des Apparates arbeitslos [...]. Das Eigentum der Partei wäre zunächst herrenlos, anschließend würden sich sicherlich mehrere Parteien gründen, die in einen juristischen Streit um die Rechtsnachfolge träten".[8] Noch im De-zember 1989 hatte sich eine „Arbeitsgruppe zum Schutz des Vermögens der SED-PDS" konstituiert, um „wirksame Schritte gegen Angriffe auf das Eigentum der SED-PDS" einzuleiten, damit auch „unter den veränderten Bedingungen stabile materielle und fi-nanzielle Grundlagen für die Tätigkeit der SED-PDS gesichert werden können".[9] So entschied sich die SED-PDS für eine Kontinuität, die nicht zwingend, aber aus prakti-schen Erwägungen heraus nachvollziehbar ist.[10]

Neben den leicht dokumentierbaren materiellen Überlegungen sprach – aus heutiger Perspektive erst recht – auch machttaktisches Kalkül gegen eine Auflösung der SED. Vom Frühjahr/Sommer 1989 an geriet die SED zunehmend in Bedrängnis. Eine Kanali-sierung der von außen kommenden Probleme misslang. Die Führungswechsel im Okto-ber und November 1989 entfalteten keine Signalwirkung. Die Ausreisewelle konnte durch die halbherzige Arbeit an einem Reisegesetz nicht gebremst werden. Dem bereits im Frühjahr erkennbaren Druck ihrer Mitglieder begegnete die SED mit bewährten Mit-teln des „demokratischen Zentralismus", wie dem Umtausch der Parteibücher als klassi-sche „Säuberungsmaßnahme". Anzeichen dafür, dass die SED mit diesen Maßnahmen einen pluralistischen Umbau forcieren wollte, waren in der frühen Übergangsphase (bis Dezember)[11] nicht sichtbar. Die SED erweckte eher den Eindruck, den Ernst der Lage

---

5   Von den Anfängen, 1994, S. 12, 22.
6   Gregor Gysi wurde am 3. Dezember 1989 in den „Arbeitsausschuss" berufen, der den außerordentli-chen Parteitag vorbereitete. Neben Gysi gehörten dem Arbeitsausschuss auch Lothar Bisky, Ellen Brombacher (KPF), Roland Claus und Heinz Vietze an. Sie alle haben in der PDS Macht und Ein-fluss bewahrt. Gysi/Falkner, 1990, S. 73; Hertle/Stephan, 1997, S. 481; ND vom 4. Dezember 1989.
7   Außerordentlicher Parteitag, 1990b, S. 25.
8   Außerordentlicher Parteitag, 1990b, S. 25; Behrend/Meier, 1991, S. 263.
9   UKPV, 1993, S. 47.
10 Auf die Versuche der PDS, das Parteivermögen zu retten, kann hier nicht eingegangen werden. Die SED-PDS traf unverzüglich „Maßnahmen zur Sicherung des Parteivermögens der SED-PDS" (Be-schluss des Parteivorstandes vom 21. Dezember 1989; Beschluss des Präsidiums des Parteivorstan-des vom 1. Februar 1990). Der Streit um das Parteivermögen der SED endete erst 1995, als die PDS sich mit der UKPV auf einen Vergleich einigte. Vgl. insgesamt: UKPV, 1993, 1991, 1996a-b.
11 Am 3. Dezember 1989 trat das ZK und damit das Politbüro zurück.

nicht zu erkennen,[12] und ihre Versuche, die Revolution in der DDR zu steuern, wirkten eher hilflos. Zwar hatte sich am 7. Dezember 1989[13] der Runde Tisch konstituiert, die SED glaubte aber zu diesem Zeitpunkt, durch Beteiligung in den neuen Machtstrukturen verhindern zu können, in eine Minderheitenposition zu geraten. Auch die neue Führungsriege der Partei schien in dieser Phase nicht damit zu rechnen, dass das Machtmonopol der Staatspartei mittelfristig gebrochen werden würde. Noch war nicht absehbar, dass die DDR ihre Eigenständigkeit verlieren könnte, weil ihr die Sowjetunion ihre schützende Hand entzieht. Daher suchte die SED nach Lösungsstrategien, die den Erhalt der dominanten Stellung sichern sollten.[14] „Niemand[15] [...] wollte oder konnte sich eine Reform der DDR anders als unter der Führung der Partei vorstellen, einer SED, die viele zwar als ebenfalls reformiert mitdachten, die aber das Machtmonopol behalten sollte.“[16] Vor dem Hintergrund einer im Denken und Handeln statischen Partei, die nur bewährte Problemlösungsstrategien einzusetzen vermochte, und einer mit Parteidisziplin ausgestatteten Mitgliedschaft, welche in vielfältiger Weise von der SED abhängig war, ist der außerordentliche Parteitag zu sehen, der den Aufbruch in die PDS markiert.

Der Parteitag fand in einer Phase statt, in welcher der Machtzerfall der SED und die Erosion der DDR deutliche Konturen annahmen.[17] Die SED war unter innerparteilichen wie auch außerparlamentarischen Druck geraten. Innerparteilich musste ein Konsens geschaffen werden, um die rasch wegbrechenden Strukturen zu stabilisieren, den dramatischen Mitgliederschwund zu stoppen und den noch verbleibenden Mitgliedern eine Perspektive zu vermitteln. Die SED verlor Tag für Tag ein Stück ihrer hegemonialen Position; sie befand sich unter Legitimationsdruck und im Rechtfertigungsnotstand. Bereits vor dem Parteitag war die Vormachtstellung der Partei im Staat durch die Streichung der „führenden Rolle“ aus der Verfassung (1. Dezember) gebrochen. Geschwächt war die Partei auch, weil das Anleitungssystem des „demokratischen Zentralismus“ zerrissen war. Sie stand vor dem Verlust ihrer Privilegien. Dennoch war in der Gründungsphase der PDS nicht absehbar, ob es der SED (SED-PDS) gelingen könnte, ihre Position zurückzugewinnen oder vielleicht noch auszubauen. Die Hoffnung auf weitere Machtteilhabe, das Ziel der Funktionäre, ihre Positionen zu erhalten, sowie die Angst, materielle Ressourcen einbüßen zu müssen, verhinderten eine Auflösung der SED. Somit wurde die Chance, ein deutliches politisches Zeichen zu setzen, nicht ergriffen.

Die Versuche der SED-PDS, ihre verlorene Macht zu restaurieren, blieben erfolglos. Sie konnte den Forderungen nach freien Wahlen und staatlicher Einheit immer weniger entgegensetzen. Als Gorbatschow am 30. Januar 1990 bei einem Besuch Modrows in Moskau erklärte, die Sowjetunion habe gegen eine Vereinigung der beiden deutschen

---

12 Stephan, 1994, S. 268 ff.
13 Vgl. Thaysen 1990a, 1990b.
14 Vgl. Bortfeldt, 1992, S. 90 ff.
15 Gemeint ist die Parteielite.
16 Suckut/Staritz, 1994, S. 173.
17 Vgl. Bahrmann/Links, 1994, 1995.

Staaten nichts einzuwenden, wurde die Partei gezwungen, ihre Rolle neu zu definieren.[18] Innerhalb von etwa drei Monaten musste sie sich schließlich den gewandelten Strukturen eines Konkurrenzparteiensystems stellen.[19]

Auf ihrem ersten ordentlichen Parteitag am 24.-25. Februar 1990 verabschiedete die PDS ein neues Statut, ein Parteiprogramm und ein Wahlprogramm (für die Volkskammerwahl am 18. März 1990).[20] Damit war der formale Neugründungsprozess abgeschlossen. Der Doppelcharakter der Partei, der sich in der Kontinuität zur sozialistischen Staatspartei und dem Neuanfang als demokratisch legitimierte Partei ausdrückt, macht eine klare Einstufung schwierig. Der sich rasch etablierende Begriff der „Nachfolgepartei" trifft nicht den Kern des Problems, da die PDS zwar versuchte, die „Pro-DDR-Partei" zu sein, jedoch gleichermaßen vom Machtmonopol Abstand nahm und nicht die Rechtsnachfolge der SED antrat.

1.2   Problemstellung

Die PDS hat das von Forschern vorhergesagte Ende mehrfach überlebt und zugleich eine erstaunliche Erfolgsbilanz vorzuweisen. Nach den Grünen ist die PDS die zweite Partei im Parteienspektrum der Bundesrepublik, der es gelang, sich über längere Sicht hinweg zu etablieren, legt man z. B. die Entsendung von Abgeordneten in den Bundestag als Kriterium zugrunde. Zwar waren die gesamtdeutschen Erfolge der Partei nur vor dem Hintergrund der deutschen Vereinigung möglich, doch ist eine spezifische historische Ausgangslage, durch die sich dauerhafte Partei-Wählerkoalitionen bilden (*cleavages*), bei jeder Gründung und dauerhaften Verankerung einer Partei notwendig.

Die Entstehungsgeschichte der PDS wirft ein Bündel von Fragen auf. Sie ist nicht mit der SED als Staatspartei der DDR identisch, obwohl sie aus dieser hervorgegangen ist. Doch die Nichtidentität im Ganzen kann nicht über beachtliche Teilkontinuitäten an Mitgliedern, Funktionsträgern und programmatischen Elementen hinwegtäuschen. Offen ist, welche Identität von Mitgliedern und Anhängern beider Parteien bestehen. Da die Potenziale der PDS zwangsläufig deutlich kleiner sind als der SED, reduziert sich die Frage darauf, ob es sich nur um einen geschrumpften Bestand der SED-Mitglieder handelt.[21] Inwieweit kongruieren oder divergieren Wähler und Mitglieder?

---

18 Dass Gorbatschow im Dezember die Auflösung der SED untersagt hatte, weil dies auch zur Auflösung der Sowjetunion hätte führen können, ist eine These von Gysi. Vgl. „Wer bin ick denn, det ich det Licht ausknipse", FR vom 27. November 1995. Aus den Gesprächsprotokollen zwischen Gorbatschow und Gysi im Dezember 1989 ergibt sich weder textlich noch sachlich ein Hinweis. Vgl. Nakath/Neugebauer/Stephan, 1998, S. 89 f., 104 ff.

19 Weber, 1991, S. 225 ff. Die drei Monate beziehen sich auf den Zeitraum der Etablierung des Zentralen Runden Tisches am 7. Dezember 1989 bis zur Volkskammerwahl vom 18. März 1990.

20 PDS, 1990b.

21 Für die Wählerschaft kann diese Fragestellung logischerweise nicht gestellt werden, da der Vergleich der Einheitslistenwahlen vor 1990 und der freien Wahlen danach ein methodisch und inhaltlich ergebnisloses Unterfangen ist.

Davon ausgehend, dass die im Frühjahr 1989 ca. 2,4 Millionen Mitglieder der SED nicht mehrheitlich überzeugte Marxisten-Leninisten waren, stellt sich die Frage nach Kontinuität und Wandel. Unter den Mitgliedern waren Mitläufer, Karrieristen oder Menschen, die sich der beständigen Agitation und Werbung der SED nicht mehr entziehen wollten. Dies kann für das Potenzial gelten, das von der SED zur PDS hinüber gerettet wurde. Welchen Wandel die weltanschaulichen Bindungen der SED-Mitglieder im Laufe des Untergangs der DDR nahmen und welche Mentalitätswandel in der Geschichte der DDR stattfanden, kann empirisch mangels Unterlagen heute nicht mehr eruiert werden.[22] Die historische Forschung, die sich auf „weichere" Indikatoren stützen muss, hat sich mit diesem Problemfeld noch nicht intensiv auseinandergesetzt.

Der Rückblick der PDS auf die DDR-Vergangenheit und ihre Wahrnehmung der Bundesrepublik (heute und früher) kann als Hilfsindikator genutzt werden, um Kontinuität und Wandel von Denkformen, Mentalitäten und die Umschichtung von Werten zu dokumentieren. Abgesehen davon, dass Menschen und politische Gruppen bekanntlich dazu neigen, Vergangenes zu verklären, kann man aus Betrachtung und Verarbeitung der Vergangenheit Rückschlüsse auf die aktuelle Richtung und Dichte extremistischer Einstellungen ziehen. Bewertungen der Vergangenheit fließen in Ideologien, Utopien und konkrete politische Ziele und programmatische Inhalte mit ein. Dies gilt um so mehr für eine Partei wie die PDS, die anders als ihre politischen Konkurrenten zwischen Pragmatismus und Fundamentalismus oszilliert. Immerhin ist der Geschichtsrevisionismus für die PDS „auch 2002 noch ein Schlüsselmoment für die Stabilisierung ihrer Mitgliedschaft, ihrer traditionellen Milieus und eines Teils ihrer Wählerschaft".[23]

Während der Nationalsozialismus keine Nachfolgepartei hatte,[24] etablierte sich nach dem Untergang der DDR mit der PDS eine Nachfolgepartei einer diktatorischen Partei im deutschen Parteiensystem. Eine wichtige Frage bildet der Komplex, wen die PDS wann als Wähler gewann. Dem Wandel ist nicht nur die Mitglieder-, sondern gerade auch die Wählerpartei PDS unterworfen. Wenn sich Mitglieder- und Wählerpartei stark voneinander unterscheiden, muss die Wählerpartei eine Attraktivität entfalten, die über die engere (Mitglieder-)Klientel hinausweist. Inwiefern weicht das soziale Bild des Wählers von dem des Mitglieds ab? Konnte die PDS in den sozialen Zielgruppen (Frauen, Arbeitslose, Gewerkschafter) Wähler gewinnen, denen eine besondere bzw. eine geringere Affinität zu linkssozialistischen Positionen zugeschrieben wird?

Das leitet zur Theorie des Wahlverhaltens über. Zur Charakterisierung von Wählern in den neuen Ländern wurden die in den westlichen Demokratien erprobten Methoden angewandt. Es ist zu hinterfragen, ob die Voraussetzungen für die Übertragbarkeit ihrer theoretischen Annahmen gegeben sind. Damit wird ein Beitrag zur Transformationsfor-

---

22 Niemann, 1993.
23 Moreau/Schorpp-Grabiak, 2002, S. 308.
24 Die 1952 verbotene SRP war nicht unmittelbar eine Nachfolgepartei der NSDAP.

schung geleistet, in dem die für die Theoriebildung der Wahlsoziologie spezifischen Bedingungen des Übergangs der Diktatur in eine Demokratie konstruiert werden. Nicht nur die sozialstrukturellen Kontinuitäten und Wandlungen der Wählerschaft sind von Bedeutung. Es ist zu fragen, ob es ein (sozialstrukturell) verfestigtes Einstellungssyndrom gibt, das die PDS-Wählerschaft konstituiert und von anderen Gruppen diskriminiert. Für die Frage der Zukunftschancen einer Partei liefert Wahlverhalten nur einen Prädiktor. Bereits Neumann[25] hat auf die Notwendigkeit der Analyse der unterschiedlichen Aspekte von Parteien hingewiesen. Die Organisationsstruktur, das Mitglieder- und Wählerpotential bestimmen neben der politisch-inhaltlichen Justierung im politischen System, welche Perspektiven sich eröffnen. Das Gesamtwählerpotential einer Partei setzt sich aus den Stammwählern, den übrigen Wählern und solchen zusammen, die für die Partei zwar derzeit keine direkte Wahlabsicht äußern, aber mit der Partei sympathisieren und daher erreichbar sind.[26] Vor dem Hintergrund nachlassender Parteibindungen gewinnt die Mitglieder- und Organisationsstruktur bei der Wähleransprache und Mobilisierung an Bedeutung. Darauf aufbauend kann ein Raster entwickelt werden, das Erfolgsbedingungen erkennt, bewertet und prognostiziert.

Als Parallele und Kontrast zu Mitgliedern und Wählern im Osten, wo sie als Regionalpartei fest verankert ist, sind die Bemühungen der PDS zu sehen, sich im Westen zu etablieren. Hier interessieren insbesondere die Abweichungen von der ostdeutschen „Normalpartei". Es ist zu prüfen, ob die spezifische Rekrutierung von Mitgliedern und Repräsentanten in Westdeutschland einer dauerhaften Etablierung im Wege stehen und ob es der PDS gelungen ist, über ein eher kommunistisch/sozialistisch orientiertes Grundmilieu hinaus, neue Wählerschichten zu erschließen.

Dies mündet in die Frage des Standorts der PDS zwischen Demokratie und Extremismus. Zum einen gilt das für die Partei selbst, zum anderen für die Wähler. Zu diesem Zweck wird eine Extremismusskala entworfen und die ideologische Einstellungsdimension der Wähler gemessen.

Methodisch ergibt sich die Notwendigkeit, interdisziplinär zu arbeiten und auch historische Fragestellungen und Methoden mit einzubeziehen. Die Analyse des Einstellungswandels der Wähler in Zeitreihen verweist auf die häufig übersehene Unverzichtbarkeit der historischen Dimension in den Sozialwissenschaften. Intendiert ist keine Momentaufnahme der Mitglieder und Wähler zu einem definierten Zeitpunkt, sondern die Analyse über einen längeren Zeitraum. Damit wird ein Schritt zur Klärung der Frage unternommen, warum die Entwicklung der PDS wellenförmig verlief, Höhen und Tie-

---

25 Neumann, 1977, S. 15 ff.
26 Brunner/Graf/Neu, 2001, S. 9. Von 1990 bis 2001 ist der Stammwähleranteil deutlich zurückgegangen. 10 % der Wahlberechtigten können als Stammwähler der Union und 8 % als Stammwähler der SPD identifiziert werden. 1990 konnte die Union noch mit 19 % und die SPD mit 14 % rechnen. Die Befragtenzahlen der Einzelstudien sind zu niedrig, um entsprechende Analysen für die kleinen Parteien zu ermöglichen.

fen durchschritt und somit Konjunkturen aufwies. Die Bedingungen des Wandels bleiben eine wichtige Herausforderung an die Sozial- und Parteienforschung.

Die Untersuchung konzentriert sich auf die Entwicklung der PDS von 1990 bis 1998. Eingeschlossen ist damit die erste Phase der vielfältigen Bemühungen der Parteiführung um Stabilisierung der Organisation, zugleich um eine personelle wie finanzielle Konsolidierung. Unerwartet von den meisten Beobachtern, die ein baldiges Ende der PDS prognostiziert hatten, erhielt die PDS bereits 1993 Rückhalt in Umfragen.[27] Eine Wende in der Resonanz in der Bevölkerung zeichnete sich zuerst im Dezember 1993 in der Kommunalwahl in Brandenburg ab und mündete in Zuwächsen in der Wählergunst im „Superwahljahr"[28] 1994. So verfehlte die PDS zwar bei der Europa- und der Bundestagswahl die Fünf-Prozent-Hürde, zog aber erneut mit Gruppenstatus in den Bundestag ein. Auch auf Länderebene waren die Resultate z. T. beachtlich. Bis 1998 gelang es der PDS bei fast[29] jeder Wahl, ihr Vorwahlergebnis zu verbessern. Bei der dritten gesamtdeutschen Bundestagswahl 1998 übersprang sie zum ersten Mal die Fünf-Prozent-Hürde. Diesen Erfolg wiederholte sie bei der Europawahl 1999.

Das Jahr 1998 ist in mehrfacher Hinsicht als Wendepunkt in der Wahlgeschichte der PDS anzusehen. Mit dem Einzug in den Bundestag in Fraktionsstärke erwies sich die zweischneidige Strategie der PDS, zugleich parlamentarische Opposition und Speerspitze der außerparlamentarischen Opposition zu sein, als schwierige Gratwanderung mit ungewisser Resonanz in der Öffentlichkeit. Obwohl sie danach noch spektakuläre Zugewinne auf Länderebene verzeichnen konnte,[30] verfehlte sie Wahlziele: 1999 konnte die PDS weder in Sachsen noch in Thüringen einen Regierungswechsel herbeiführen. Die PDS wurde zwar zweitstärkste Partei, profitierte jedoch nicht in erwünschtem Maße von der Schwäche der SPD. Die Hoffnung, die Hochburgen kontinuierlich ausbauen zu können und auf diesem Wege weitere Direktmandate zu gewinnen, erfüllte sich nicht. In Halle, Potsdam und Rostock scheiterten die großen Erwartungen auf weitere Direktmandate. Ein deutliches Zeichen für die Grenzen der Erfolge der PDS markierte die Oberbürgermeisterwahl in Potsdam, bei der der populäre PDS-Kandidat Rolf Kutzmutz gegen den SPD-Kandidaten Matthias Platzeck nicht gewann. Der PDS gelang es nach 1998 nicht, ihre Machtbasis in Großstädten auszubauen. Mit Ausnahme der Abgeordnetenhauswahl 2001 in Berlin, bei der sie im Osten 47,6 Prozent der Stimmen erhielt und mit der SPD eine Koalition einging, waren die anderen Wahlergebnisse 2002 ernüchternd (Sachsen-Anhalt und Mecklenburg-Vorpommern). Die Bundestagswahl 2002 bescherte der PDS zwar nicht in Prozentpunkten, aber in Mandatszahlen das schlechteste bundesweite Ergebnis ihrer Geschichte.

---

27 Neu, 1994b.
28 Bürklin/Roth, 1994.
29 Sie verlor 1998 in Sachsen-Anhalt 0,3 Punkte.
30 Sie wurde 1999 in Sachsen und Thüringen vor der SPD zweitstärkste Fraktion und zog 2001 mit 23,8 % ins Berliner Abgeordnetenhaus ein.

Auch in einem zweiten Aspekt markiert das Jahr 1998 eine Zäsur. Der Integrationsprozess der PDS in das Parteiensystem war mit der damals eingegangenen SPD-PDS-Koalition in Mecklenburg-Vorpommern abgeschlossen. Zwar wurde in der SPD bereits 1994 die Abgrenzungspolitik gegenüber der PDS auf Länderebene sichtbar aufgegeben. In Sachsen-Anhalt war die rot-grüne Minderheitenregierung auf die Tolerierung durch die PDS angewiesen, wodurch die PDS faktisch auf Regierungshandeln Einfluss hatte. Aber erst mit der Regierungsbeteiligung in Mecklenburg-Vorpommern wurde die PDS als Koalitionspartner hoffähig.

Unmittelbar nach dem Umbruch erkannte die PDS-Führung, dass sie sich in einem nahezu aussichtslosen Dilemma befand: Sie hatte eine soziale Basis im Osten, musste aber für ihr dauerhaftes Überleben einen Wählerstamm im Westen aufbauen. Aus der Sicht des Jahres 1998 waren die 1990 begonnenen Unternehmungen, im Westen eine kampagnenfähige Partei aufzubauen, gescheitert. Mitgliederzuwächse, insbesondere aus dem Potenzial linker Sozialdemokratie und Gewerkschaften, aber auch aus dem grün-alternativen Bereich, blieben aus. Das Organisationsnetz konnte nicht flächendeckend ausgebaut werden. In Vorfeldorganisationen ist die PDS nur durch wenige Vertreter repräsentiert. Statt dessen gewann sie versprengte Teile oder nur Einzelpersonen des Reformer-Flügels der DKP, der früheren K-Gruppen, der autonomen und gewaltbereiten Szene sowie einige aus dem alternativen und friedensbewegten Milieu. Diejenigen, die sich für das Projekt PDS interessierten, verhinderten die Akzeptanz der PDS in breiteren Wählerschichten, aber auch in relevanten Vorfeldorganisationen. Gab es vor 1998 noch vereinzelt Hoffnung (z. B. 1995 in Bremen), bei Landtagwahlen zumindest einen Achtungserfolg zu erzielen, tendierte der Parteivorstand nach 1998 dazu, im Westen gar nicht mehr anzutreten, aus Angst, das Image der Ost-PDS könnte Schaden nehmen. Die Zuwächse bei der Bundestagswahl 1998 in Westdeutschland – bei optimaler Medienpräsenz und Mobilisierungsmöglichkeiten – erwiesen sich als zu gering, um die PDS im Westen zu etablieren. Das 1994 vom damaligen Parteivorsitzenden Gysi ins Gespräch gebrachte „Milliönchen" Stimmen erwies sich bei allen Wahlen als Utopie.

Erfolg und Misserfolg lagen 1998 nah beieinander; es ist zu prüfen, inwieweit sie einander bedingen. Die PDS hatte sich als ostdeutsche Regional- und Regierungspartei definitiv etabliert. Die Bedingungen ihres Erfolgs, die Verankerung im ostdeutschen Milieu, war zugleich die Voraussetzung für den Misserfolg im Westen. Den westdeutschen Wählern war die Notwendigkeit einer neomarxistischen Partei des „dritten Weges" jenseits von Kapitalismus und Stalinismus und links von Grünen und SPD nicht plausibel zu machen.

Die Beschränkung auf den Zeitraum von 1990 bis 1998 hat in zweiter Linie einen pragmatischen Hintergrund. Die Auswertung basiert auf von der Konrad-Adenauer-Stiftung erhobenen Umfragen. Diese haben den Vorteil großer Befragtenzahlen und konstant gehaltener und z. T. auch eigens entwickelter Fragestellungen (so etwa die Extremismus-Skala). Damit kann die Entwicklung der PDS methodisch verlässlich im

Detail verfolgt werden. Die Zeitreihenbefragungen der Konrad-Adenauer-Stiftung wurden nach 1998 zu den hier relevanten Fragen nicht fortgesetzt. In anderen Umfragen variieren die Fragestellungen, wodurch eine Zeitreihenanalyse erschwert bis unmöglich ist. Die späteren Umfragen der Konrad-Adenauer-Stiftung und der großen Meinungsforschungsinstitute beinhalten andere Forschungsschwerpunkte, so dass keine Längsschnittbeobachtungen – wenn, dann lediglich in Einzelfällen – möglich wären. Die Datensätze, die allgemein zugänglich sind (z. B. der Forschungsgruppe Wahlen) enthalten nur wenige Variablen, die hier verwandt wurden. Da es keine Standards gibt, wie bestimmte Forschungsinhalte in Fragestellungen umgesetzt werden, sind Zeitreihen in der Sozialforschung ausgesprochen selten. Eine Fortschreibung der Daten nach 1998 wäre methodisch auf der Basis anderer Umfragen äußerst problematisch. Selbst geringe Variationen in der Fragestellung bzw. des Forschungsdesigns oder Änderungen der Befragungsmethode (*face-to-face*[31] oder Telefon) können erhebliche Auswirkungen auf die Ergebnisse haben, wodurch die Vergleichbarkeit der Daten nicht gewährleistet ist.

1.3   Aufbau

Entsprechend den oben skizzierten Fragestellungen gliedert sich die Untersuchung in drei Blöcke. Im ersten Teil wird die Mitgliedschaft der PDS, die West-Partei und die Wahl-Partei untersucht. Ziel ist es, Indizien für die Zukunftsfähigkeit der Partei zu finden. Quantitativer Wandel wie sozialstrukturelle Umbrüche der Mitgliederpartei weisen darauf hin, inwieweit es der PDS auf der Mitgliederebene gelingt, das Korsett der Staatspartei aufzubrechen, oder ob sie lediglich den Restbestand der SED verkörpert. Hierzu müsste sie neue soziale Gruppen für sich gewinnen und vor allem das disproportionale Mitgliederverhältnis zwischen Ost und West verändern.

Das Selbstverständnis der PDS beruht auf dem Postulat, Sammelbecken der Linken zu sein. Dabei richtete sie im Westen ihre Hoffnungen auf einen Teil des linken sozialdemokratischen und gewerkschaftlichen Spektrums sowie auf das Feld, das in der kommunistischen Vergangenheit mit der Strategie der Bündnispolitik[32] umworben wurde (z. B. links-alternatives Milieu, antifaschistische Bewegungen, Friedensbewegung). Zu prüfen ist, ob es der PDS gelungen ist, diesen Anspruch zu verwirklichen und ob sie die Basis für eine neue moderne linkssozialistische Partei gelegt hat, die Aussichten auf breitere Akzeptanz in der Wählerschaft in Ost und West findet. Hierzu werden zunächst die Wahlgeschichte und die sich dahinter verbergenden Wählerströme sowie die Wählerpotenziale analysiert.

---

31   Direkte mündliche Befragung (*face-to-face*) eines Interviewers mit schriftlich vorliegenden Fragebogen. Im Unterschied zu telefonischen Befragungen können in *face-to-face*-Interviews auch komplexe Fragemodelle (bspw. mit visualisierten Skalen oder Kärtchenspielen) erhoben werden.

32   Bündnispolitik gehört seit Lenin und dauerhaft seit den 1930er Jahren zum strategischen Arsenal kommunistischer Parteien. Sie dient der kommunistischen Bewegung dazu, eine Position eigener Schwäche zu überwinden und/oder fehlende politische Legitimation durch Wahlen zu verschleiern.

Im zweiten Teil steht die Theorie und Empirie des politischen Verhaltens der PDS-Wähler im Mittelpunkt. Auch wenn die neuen Länder nicht mehr als empirisches Niemandsland gelten, sind die Bedingungen des Wahlverhaltens weitgehend unerforscht. Nachdem sich in der Wahlsoziologie Anfang der 90er Jahre eine Debatte entfaltete, welche Formen der empirischen Analyse in den neuen Ländern (bzw. in der DDR) am fruchtbarsten sind, ist die Kontroverse in den folgenden Jahren abgeflacht. Offen geblieben ist, ob sie die zentrale Frage der Wahlforschung, wer wen warum wählt, mit den gängigen Theorien des Wahlverhaltens erklären lässt. Aufgrund der durch die Wiedervereinigung entstandenen neuen Problemlage ist es von Interesse, wie die Theorien des Wahlverhaltens greifen. In einer systematischen Analyse wird Inhalt und Anwendungsbereich der Theorien der Wahlforschung vorgestellt und deren Übertragbarkeit auf die neuen Länder geprüft.

Die Wahlsoziologie ist methodisch so weit ausdifferenziert und fortgeschritten, dass eine Beschränkung auf bestimmte Felder unerlässlich ist, zumal die Datenlage nicht jedes Forschungsinteresse befriedigen kann. Aufgrund des Fehlens von Kandidatenfragen in den zugrunde liegenden Umfragen kann der Einfluss der kurzfristigen Faktoren im Rahmen der sozialpsychologischen Studien nicht überprüft werden. Ebenso fehlen Instrumente für die Analyse der relativen Bedeutung von Themen, Kandidaten und langfristigen Bindungen. Auch die rationale Theorie scheint ungeeignet, da aus Sicht der Autorin eine Verkürzung auf reine *issue*-Wahl unzulässig wäre und eine auf anderen Annahmen und Analysemöglichkeiten der rationalen Theorie ein eigenständiges Forschungsvorhaben darstellt.[33] Ob es einen Königsweg der Wahlforschung gibt, ist Teil der wissenschaftlichen Debatte. Während Kühnel/Fuchs einen „Paradigmenwechsel" vom sozialpsychologischen Ansatz zum *rational-choice*-Ansatz sehen, wird dies von Kaase/Klingemann im gleichen Band relativiert.[34] Weitere Facetten, die für Wahlerfolge von Bedeutung sein können, sind nicht Gegenstand der Untersuchung. Hierzu zählt der gesamte Bereich der Medienwirkungsforschung, die politische Kommunikation sowie die Politikfeldanalysen (*policy*-Forschung).

Mikro- und der makrosoziologische Theorien liefern das Gerüst, mit dem Wandel und Kontinuität der PDS-Wähler im Zeitverlauf analysiert werden. Dabei erscheinen zwei Hypothesen am fruchtbarsten: zum einen die Hypothese der Vereinigungsverlierer, zum anderen die *cleavage*-Hypothese. Die These der Vereinigungsverlierer umfasst alle diejenigen, die in Folge der Vereinigung Nachteile hinnehmen mussten oder das Gefühl haben, schlechter gestellt zu sein (objektive und subjektive Deprivation). Die *cleavage*-Hypothese geht davon aus, dass sich in Folge der Vereinigung eine neue Konfliktlinie (Ost-West) gebildet hat, an der sich dauerhafte Wählerkoalitionen festmachen lassen. Nicht nur die sozialstrukturelle Zusammensetzung, sondern die konstituierende und sich wandelnde Einstellungsebene der Wählerschaft wird hierbei analysiert. Ziel ist es, ein

---

33 Shahla, 2001.
34 Kaase/Klingemann, 1998, S. 10; Kühnel/Fuchs, 1998, S. 317 ff.

möglichst umfassendes Bild der unterschiedlichen Facetten der PDS-Wähler zu entwerfen und die Wahlmotive zu ergründen. Im Unterschied zu gängigen Untersuchungen der Wahlforschung ist die Analyse der PDS-Wähler nicht als Querschnittsbetrachtung einzelner Aspekte angelegt, sondern als Längsschnittsanalyse.

Die Frage nach dem demokratischen Charakter der PDS steht im Zentrum des dritten Teils. Nach der Definition von Extremismus wird anhand der im theoretischen Teil gewonnenen Muster untersucht, wieweit der demokratische Wertekonsens von der PDS getragen wird und welches Verhältnis sie zur Demokratie entwickelt hat. Zum einen werden Programme, Positionen, Strukturen (Gliederungen) und Außenbeziehungen der PDS auf ihren Ort im Spannungsfeld von Demokratie und Extremismus geprüft. Zum anderen kann die Nähe oder Distanz der PDS zum Extremismus an ihrer (Selbst-)Analyse der diktatorischen Vergangenheit, der Verarbeitung und Wahrnehmung der Geschichte der DDR und ihrer Folgen für die Politik der PDS gemessen werden. Nicht nur die Art und Weise der Auseinandersetzung mit der Vergangenheit, sondern auch Auswahl und Schwerpunkte der Themen verdeutlichen, ob die PDS mit der DDR-Diktatur gebrochen hat oder sich der Vergangenheit in eher verklärender Nostalgie zuwendet.

Des Weiteren soll geprüft werden, ob zwischen der PDS und ihren Wählern eine ideologische Klammer besteht. Die Extremismustheorie liefert das Analyseraster, das auf die PDS angewandt wird, und bildet gleichermaßen die Basis für die Umsetzung in ein empirisches Forschungsdesign. Mit einer eigens entwickelten *item*-Batterie wird Neuland betreten, da strukturelle Gemeinsamkeiten extremistischer Doktrinen unabhängig von der konkreten inhaltlichen Ausrichtung untersucht werden.[35] Dabei wird die zuvor erarbeitete Definition von Extremismus empirisch operationalisiert und untersucht, ob sich Extremismus und Populismus empirisch trennen lassen und wo sie dimensional Gemeinsamkeiten haben. Auf dieser Basis wird eine Extremismusskala entwickelt, die für Rechts- und Linksextremismus gleichermaßen Gültigkeit beanspruchen kann. Abschließend rückt die ideologische Orientierung der PDS-Anhängerschaft in den Vordergrund. Zu überprüfen ist, welche Rolle die sozialistische Ideologie und linksextreme Einstellungen bei der Konstituierung der Wählerschaft spielen.

1.4 Forschungsstand

Generell wird – auf die oben skizzierte Fragestellung bezogen – der Forschungsstand von drei Feldern hinzugezogen. Die historiographische Forschung, die insbesondere die Transformation und Etablierung der PDS beleuchtet, die wählersoziologische sowie die extremismustheoretische. Die der Arbeit zugrundeliegenden Theorien der Wahl- und der Extremismusforschung sind ausdifferenziert. Die Wahlsoziologie hat die Frage nach der Übertragbarkeit ihrer Befunde auf die Situation in den neuen Ländern noch nicht hinreichend beantwortet.

---

35 Backes, 1989.

Keine Berücksichtigung finden international vergleichende Analysen und Arbeiten, die sich mit den Außenbeziehungen der PDS beschäftigen, auch wenn diese Bereiche aufschlussreich sein könnten für die Nähe der PDS zu extremistischen Positionen. Umfassendere Darstellungen und Analysen zu diesem Themenkomplex fehlen weitgehend.[36] Die Entwicklungsgeschichte der PDS, einschließlich der Frage ihrer Finanzmittel[37] ist noch nicht Gegenstand der Forschung, sieht man von den Darstellungen ab, welche die PDS selbst vorgelegt hat.[38] Einzelne Studien zur Transformation und der frühen Phase liegen vor.[39] Politikfeldanalysen – sieht man auch hier von den von der PDS selbst herausgegebenen Studien ab – sind Desiderata der Forschung.[40]

Das wissenschaftliche Interesse an der PDS unterliegt deutlichen Schwankungen. Die Phase der Transformation und Integration der PDS in das Parteiensystem der Bundesrepublik ist relativ ausführlich beleuchtet (Formierung der Wählerschaft in den neuen Ländern; Transformation der Gesellschaftssysteme).[41] Bis 1993 fristete die PDS aus der Perspektive der empirischen Wahlforschung ein Stiefmütterchendasein. Nach dem schwachen Abschneiden der PDS im Wahljahr 1990 wurden Überlebensfähigkeit und Zukunftsaussichten der PDS negativ bewertet. Moreau sprach vom „sicheren Aus" bei der nächsten Bundestagswahl, dass der „Zusammenbruch programmiert" sei und die PDS „am Rande des Ruins" stehe; und Bortfeldt prophezeite den „Weg in die politische Bedeutungslosigkeit".[42] Im Jahre 1993 zeichnete sich in Umfragen ab, dass das Wählerpotenzial der PDS und damit die Chancen auf einen Wiedereinzug in den Bundestag gewachsen waren,[43] wobei die schwache Verankerung der PDS im Westen als Haupthemmnis für zukünftige Wahlerfolge bewertet wurde.[44] Die Renaissance der PDS-Forschung begann 1994. Nach den für viele Beobachter überraschenden Wahlerfolgen rückten die Ursachen für den Aufstieg in den Vordergrund. Mit diesem Perspektivenwechsel war eine neue Sichtweise auf die deutsche Einheit verbunden. Nach der Phase der Euphorie machte sich Ernüchterung über die Entwicklung in den neuen Ländern breit. Stand, Entwicklung und Perspektive der „inneren Einheit"[45] rückten zunehmend in den Fokus der Forschung. Gradmesser für das spezifisch Ostdeutsche wurden die Wahlerfolge der PDS, an denen sich die Unterschiede zwischen Ost- und Westdeutsch-

---

36 Moreau/Lazar/Hirscher, 1998.
37 Hier liegen außer Presseartikeln nur die Berichte der UKPV vor.
38 Von den Anfängen, 1994, 1995; Chronik der PDS, 1998.
39 Bortfeldt, 1990; Moreau, 1992a; Welzel, 1992; Fraude, 1993; Gerner, 1994.
40 Berg, 2001; Koch, 2001; vgl. auch: Rheinblick, Infoblatt der PDS-Bundestagsfraktion; PID.
41 Ammer/Kuppe, 1989; Ammer, 1990; Außerordentlicher Parteitag, 1990a-b; Bahrmann/Links, 1994, 1995; Becker/Becker/Ruhland, 1992; Bortfeldt, 1992; Falkner, 1990; Forschungsgruppe Wahlen, 1990a-b; Fraude, 1993; Gensicke, 1998; Gibowski, 1990; Gysi/Falkner, 1990; infas, 1990a-c; Jung, 1990; Linnemann, 1994; Moreau, 1992a; Pfahl-Traughber, 1992a, Roth, 1990; Suckut/Staritz, 1994; Thaysen, 1990a-b; Veen/Zelle, 1994; Weber, 1999.
42 Moreau, 1992a, S. 458; Bortfeldt, 1992, S. 295.
43 Neu, 1994b, S. 7.
44 Moreau/Neu, 1994, S. 85.
45 Veen, 1997; Veen/Zelle, 1994.

land sinnbildlich ablesen ließen. In dem Maße, in dem das Trennende zwischen Ost und West deutlicher hervortrat, wurden die Zukunftsprognosen für die PDS positiver. Neugebauer/Stöss vermuteten, die PDS werde „in nicht ferner Zukunft auf eine erfolgreiche Karriere zurückblicken".[46]

Die Mehrzahl der wählersoziologischen Arbeiten zur PDS bezog sich direkt oder indirekt auf das Jahr 1994 und ist zwischen 1994 und 1998 erschienen. In diesem Zeitraum wurde auch die ideologische, programmatische und politische Entwicklung der Partei breit untersucht. Die stückweise Integration der PDS in das Regierungssystem und die Frage nach dem demokratischen Charakter der Partei führten zur einer Parallelität des wissenschaftlichen und öffentlichen Interesses. Doch schon 1998 stieß die PDS auf abflachende Resonanz, obwohl sie zum ersten Mal bei der Bundestagswahl die Fünf-Prozent-Hürde überwand und auf Landesebene eine Koalition einging.

Die Monographien zur PDS lassen sich grob in zwei Blöcke unterteilen: in Publikationen mit dem Schwerpunkt Ideologie, Programmatik, Geschichtsbild und innerparteiliche Strukturen sowie in Studien, die sich auf den Wandel der SED zur PDS konzentrieren. Bereits 1992 lagen hierzu Analysen von Bortfeldt, Moreau und Welzel vor.[47] Moreau wertet überwiegend parteiinterne Dokumente aus, von denen einige nur dem Autor vorliegen, da sie nicht veröffentlicht wurden. Diese fast intimen Einblicke in die Arbeits- und Denkweise der PDS sind charakteristisch für die Arbeiten Moreaus. Aus der Erkenntnis heraus, dass die PDS sich nicht tiefgreifend erneuert, sondern nur der neuen Situation angepasst habe (Moreau spricht von Mutation[48]), zieht er die Schlussfolgerung, die PDS sei eine „typische Partei des neuen postkommunistischen Zeitalters". In späteren Publikationen wird diese These faktenreich – trotz der programmatischen Verschiebungen und innerparteilichen Diskurse – bestätigt.[49]

Die Studien von Bortfeldt und Moreau leben von einer „internen" Sichtweise. Während Bortfeldt exklusiven Zugang zu Dokumenten der SED[50] hatte, schöpft Moreau aus dem Fundus der PDS. Das größte Manko in Bortfeldts Analyse ist die Anonymisierung der SED-Quellen, aber auch seine empathischen Beschreibungen von Gefühlslagen mindern den wissenschaftlichen Wert[51]. Bortfeldt dokumentiert die Hilflosigkeit der SED für die Bezirks- und Kreisebene, die von einem Verlust an Steuerungselementen die Implosion der Partei begleitete. Seine Bewertung der Erneuerung der PDS fällt ebenso wie bei Moreau kritisch aus.[52]

---

46 Neugebauer/Stöss, 1996, S. 306.
47 Moreau 1992a; Bortfeldt, 1992; Welzel, 1992.
48 Moreau, 1992a, S. 457.
49 Moreau/Schorpp-Grabiak, 2002.
50 Die Dokumente gelten z. T. als verschollen oder sind nicht in Archiven zugänglich. Vgl. Mrotzek, 1996, S. 21 f.
51 Vgl. Bortfeldt, 1992, S. 226, 206, wo er die Reaktion der Parteimitglieder als verwirrt, emotional und zwiespältig bezeichnet.
52 Bortfeldt, 1992, S. 294.

Einen theoretisch neuen Ansatz zur Transformationsforschung leistet die Studie Welzels, die langfristige Strukturdefizite als Voraussetzung des Umbruchs und den Verlauf der Systemkrise kategorisiert und die Neuformierung der PDS in diesem Raster beobachtet.[53] Fraudes[54] Bezugsrahmen ist die Parteienforschung. Vergleichend werden die Unterschiede zwischen SED und PDS herausgearbeitet, um ein Bewertungsschema zu erhalten, ob die PDS in der parlamentarischen Demokratie angekommen ist. Seine Auswertung basiert überwiegend auf einer systematischen Analyse von PDS-Publikationen (z. B. PID). Ebenfalls der Parteienforschung zuzurechnen ist die Arbeit Gerners.[55] Die Stärke liegt in der Analyse des personellen Wandels. Neben dem PDS-Bundesvorstand (bzw. dem Präsidium des Parteivorstandes und des Arbeitsausschusses) hat er mit einer eigenen Umfrage die mittleren und unteren Parteieliten erforscht.[56] Welzel, Gerner und Fraude kommen wie Moreau und Bortfeldt zu einer ambivalenten Bewertung des Erneuerungsprozesses. Wenngleich programmatische und personelle Unterschiede zwischen SED und PDS zwangsläufig groß seien, habe die PDS nicht den Weg einer radikalen Erneuerung eingeschlagen.

In der Bewertung der ideologisch-programmatischen Ausrichtung der PDS lassen sich grob zwei Strömungen unterscheiden. Zum einen diejenigen, die die Partei dem linksextremen Spektrum zuordnen (mit unterschiedlichen Argumentationen), zum anderen diejenigen, die dies negieren bzw. sich dem Problem nicht stellen. Die Entwicklung der heterogenen Organisationsstruktur, Geschichtskonzeption, Ideologie und Strategie der PDS wird von Moreau (der die PDS-Forschung allein schon aufgrund der Vielzahl der Publikationen dominiert) herangezogen, um die Nähe der PDS zum Extremismus zu prüfen. Moreau definiert sie PDS als postkommunistische[57] bzw. neokommunistische Antisystempartei.[58] Auch die Analysen von Moreau/Lang/Neu[59] kommen zu der Schlussfolgerung, dass die PDS eine linksextreme Partei ist. Unter dem Aspekt der Transformation der SED zur PDS bilanziert Welzel bereits 1991, dass die von der PDS geforderte Systemüberwindung zwar mit „verfassungsmäßigen Mitteln erfolgen" solle, dies aber nichts „an der systemgegnerischen Ausrichtung der Gesamtkonzeption" ändere.[60] Fraudes Zusammenfassung der PDS als das „politische Residuum der ehemaligen DDR", die vom „Realsozialismus der SED nur teilweise Abschied genommen" habe,[61] deutet in die gleiche Richtung. Selbst Gerner, der zu dem äußerst problematischen Er-

53   Welzel, 1992.
54   Fraude, 1993.
55   Gerner, 1994.
56   Leider fehlen genaue Angaben über den Rücklauf ebenso wie eine präzise Darstellung der Ergebnisse im Einzelnen.
57   Moreau, 1992a.
58   Moreau/Schorpp-Grabiak, 2002, S. 315.
59   Vgl. Moreau; 1992a ; Moreau/Lang, 1996; Moreau/Schorpp-Grabiak, 2002; Moreau/Neu, 1994; Lang/Moreau/Neu, 1995.
60   Welzel, 1992, S. 128.
61   Fraude, 1993, S. 138 ff.

gebnis kommt, im Parteiprogramm gebe es „keine Äußerungen, die sich direkt gegen die Grundwerte des bundesrepublikanischen Systems aussprechen", räumt ein, dass es Konzepte gibt, die sich an der „leninschen Revolutionsstrategie" orientieren.[62] Auch Forscher, deren Hauptaugenmerk nicht auf die PDS gerichtet ist, kommen mehr oder weniger explizit zu diesem Ergebnis.[63] Insgesamt wird der PDS trotz Regierungsbeteiligung kein demokratischer „Persilschein" ausgestellt.

Dass die PDS und ihr nahestehende Autoren dem Linksextremismusvorwurf widersprechen, liegt auf der Hand.[64] Das Selbstverständnis als antikapitalistische und antifaschistische Partei, die sich für einen demokratischen Sozialismus einsetzt, lässt lediglich interne Auseinandersetzungen um den richtigen Weg zu.[65] Doch ganz negieren kann die PDS die Debatte nicht, da die Nennung in den Verfassungsschutzberichten die Partei – nach eigenem Verständnis – mit den rechtsextremen Parteien auf eine Stufe stellt und dem Ziel, auch im Bund Teil einer Regierung zu sein, im Wege steht. Die Probleme, die durch die Nähe zum Linksextremismus erwachsen, beschäftigen auch die PDS. Autoren aus ihrem Umfeld versuchen, das Problem klein zu reden. Falkner/Huber[66] sprechen von der „Solidarität eines Teils der PDS mit Gewaltbereiten und Militanten" und verweisen auf den geringen Einfluss von KPF und AG Junge GenossInnen.[67] Sturm, deren Arbeit deutliche Sympathie für die Reformsozialisten zeigt, spricht als Abgrenzung vom eigenen Standpunkt vom Linksextremismus in der PDS.[68] Bortfeldt, der vor allem die Transformationsphase[69] untersucht hat und sich mit der Frage des extremistischen Charakters der PDS nicht auseinandersetzt, räumt ein, dass die Partei Probleme hätte, sich im „demokratischen Verfassungsstaat einzuordnen und ihn gar vollends zu akzeptieren".[70] Einzig Neugebauer/Stöss distanzieren sich vom dem „Extremismus-Ansatz verpflichteten Schrifttum".[71] Sie argumentieren, dass man als „Sozialwissenschaftler den Begriff der Partei nicht mit einem normativen Demokratiegebot überfrachten" solle, da „das in der Parteienforschung ganz und gar unüblich" sei.[72]

---

62 Gerner, 1994, S. 244.
63 Pahl-Traughber, 1993; Hüllen, 1995; Wilke/Prinz, 2001; vgl. auch: Forum: Die Partei des Demokratischen Sozialismus, 1995; Backes/Jesse, 1996, S. 202 ff.; Everts, 2000.
64 Vgl. Zur Programmatik der Partei des Demokratischen Sozialismus. Ein Kommentar, 1997.
65 Vgl. zur internen Auseinandersetzung: Lang, 1998
66 Falkner/Huber, 1994, S. 169.
67 Falkner/Huber, 1994, S. 176.
68 Sturm, 2000, S. 256.
69 Vgl. u. a. Bortfeldt, 1990, 1992.
70 Forum: Partei des demokratischen Sozialismus, 1995, S. 85.
71 Neugebauer/Stöss, 1996, S. 12.
72 Neugebauer/Stöss, 1996, S. 13. An dieser Stelle soll nicht die Debatte um „wertneutral" und „werterelativistisch" neu geführt werden. Neugebauer/Stöss beziehen sich hierbei auf Sigmund Neumann, der als Beleg für diese Position denkbar ungeeignet ist. In seiner Analyse von Wesen und Funktion der Parteien der Weimarer Republik kontrastiert er die Entwicklung der demokratischen Integrationsparteien mit der der absolutistischen und damit diktatorischen Integrationsparteien. Neumann, 1977, S. 107.

Die Geschichtskonzeption der PDS liefert Hinweise auf ihre Verortung auf einer Demokratie- und Extremismus-Achse. Ihr Geschichtsrevisionismus und die Instrumentalisierung der Geschichte sowie Analogien zur SED-Geschichtspolitik wurden vielfältig beleuchtet.[73] Die vergleichende Historiographie hat trotz der innerparteilichen Pluralisierung die Ähnlichkeiten und Parallelen zur SED deutlich herausgearbeitet.

Die empirische Politikforschung hat sich seit 1994 überwiegend mit den Ursachen des Anwachsens der PDS bei der Bundestagswahl, der Zusammensetzung der Wählerschaft und den Motiven für die Wahlentscheidung auseinandergesetzt. Trotz unterschiedlicher Methoden und Datensätze sind die Ergebnisse der Wahlforschung ähnlich. Politische Enttäuschung und Deprivation als Folgen der Systemtransformation und mentale Überzeugungen und Einstellungen als DDR-Derivat (sozialistische Ideologie, ostdeutsche Identifikation, Nostalgie) werden – wenn auch mit unterschiedlicher Gewichtung – für das Ansteigen der PDS verantwortlich gemacht. Die Einstufung der Zukunftsaussichten ist verhalten positiv.[74]

Eine empirische Untersuchung der PDS in Westdeutschland beschreitet Neuland und steht vor einer besonderen Herausforderung. Aufgrund der niedrigen Akzeptanz im Westen enthalten selbst große Umfragen von mehr als 2.000 Befragten zu wenig Fälle für eine empirische Analyse.[75] Dieses Problem stellt sich regelmäßig bei der Untersuchung kleiner Bevölkerungsgruppen; es ließe sich prinzipiell lösen, wenn man eine disproportionale Stichprobe ziehen würde oder wenn die Stichprobe groß genug wäre. Die Umfragepraxis stößt bei solchen Forschungsvorhaben regelmäßig an die Grenzen der Finanzierbarkeit. Auch explorative Umfragen bieten keinen Ausweg aus dem Dilemma, da ihre Aussagen nicht verallgemeinerbar sind. Ein Ausweg bietet die Kumulation von Einzelstudien. Um die Fallzahl zu erhöhen, wurden daher die konstant gehaltenen Fragen und Angaben zur Sozialstruktur der Umfragen der Konrad-Adenauer-Stiftung von 1990 bis 1998 in einem Datenfile kumuliert.[76] Klingemann/Pappi weisen darauf hin, dass bei kumulierten Daten das Problem der Indikatorenäquivalenz besteht, da „eine zu verschiedenen Zeitpunkten gestellte Frage gleichen Wortlauts nicht in jedem Fall ein äquivalentes Messinstrument darstellt".[77] Je länger der zugrunde liegende Zeitraum, desto stärker sind die potenziellen Verzerrungen. Veränderungen in den definierten Gruppen können nicht erkannt werden. Die Alternative, „weichere" Indikatoren als die Wahlabsicht, wie z. B. die Parteisympathie, für die Analyse heranzuziehen, wurde verworfen, da das Fallzahlenproblem auch dadurch nicht gelöst worden wäre. Die kumulierten Befunde über die PDS-Anhängerschaft im Westen geben somit eher eine Rich-

---

73 Agethen/Jesse/Neubert, 2002; Moreau/Schorpp-Grabiak, 2002; Eckert, 1992, 1993, 1996; Faulenbach, 1996; Winkler, Heinrich August, 1996; Hüllen, 1995.
74 Falter/Klein, 1994, S. 34; Zelle, 1998, S. 244; Neu, 1995a, S. 205; Klein/Caballero, 1996, S. 245; Arzheimer/Klein, 1997, S. 62.
75 Vgl. Arzheimer/Klein, 1997, S. 41.
76 In diesem Verfahren werden alle identischen Fragen (Variablen) in einer Datei zusammengefasst.
77 Klingemann/Pappi, 1969, S. 182.

tung als einen absoluten Nennwert an. Insgesamt wurden zwischen 1990 und 1998 51.866 Interviews realisiert. Davon gaben 2.356 Befragte an, die PDS wählen zu wollen. Dies entspricht einem ungewichteten Anteil von 4,5 Prozent. In Westdeutschland wurden 32.244 Interviews durchgeführt; 151 Befragte nannten als Wahlabsicht die PDS. Der ungewichtete Anteil dort liegt bei 0,5 Prozent.

Neuland wurde auch bei der Erstellung und Auswertung einer Extremismus-Skala betreten. Während der Rechtsextremismus empirisch verhältnismäßig gut untersucht ist,[78] klafft bei der vergleichenden Extremismus- und Linksextremismusforschung eine empirische Lücke. Ein Umfragedesign, das es erlaubt, Extremismus als ein strukturelles Gesamtphänomen[79] zu verstehen und nicht nur zwischen Links- und Rechtsextremismus zu differenzieren[80], wurde bislang nicht erstellt. Dieser Aufgabe hat sich die Konrad-Adenauer-Stiftung gestellt. Dies ist die erste Veröffentlichung aus den Daten. Die empirischen Analysen basieren auf den von der Konrad-Adenauer-Stiftung erhobenen Umfragen.[81] Andere Datenquellen enthalten zwar einige Variablen[82]; diese werden aber nicht, wie für eine Langfristbetrachtung nötig, jährlich und kontinuierlich fortgeschrieben.

---

78 Falter (Klein), 1994; Klein/Falter, 1996; Stöss, 1989; Niedermayer/Stöss, 1998.
79 Backes, 1989.
80 Klingemann/Pappi, 1972; Infratest, 1980; Noelle-Neumann/Ring, 1984.
81 Umfragebasis (Jahr [Anzahl]: Erhebungszeitraum, Befragtenzahl [ungewichtet], Institut):

1990 (1): März 1990,	1.899 Befragte, Emnid;	
1990 (2): 27.8.-19.9.1990,	3.033 Befragte, Getas;	
1991 (1): 1.6.-14.7.1991,	3.101 Befragte, Getas;	
1991 (2): 17.9.-12.10.1991,	2.721 Befragte, Marplan;	
1993 (1): 28.12.1992-5.4.1993,	3.618 Befragte, Basisresearch;	
1993 (2): 10.6.-29.7.1993,	1.995 Befragte, Infratest Burke;	
1993 (3): 28.10.-23.1.1993,	2.064 Befragte, Marplan;	
1994 (1): 1.11.-30.11.1994,	2.487 Befragte, Infratest Burke;	
1995 (1): 1.4.-29.4.1995,	1.957 Befragte, Emnid;	
1995 (2): 1.10.-31.11.1995,	1.926 Befragte, Infratest Burke;	
1996 (1): 8.8-23.9.1996,	3.076 Befragte, Getas;	
1997 (1): 25.8.-17.10.1997,	1.981 Befragte, Infratest Burke;	
1998 (1): 4.3.-23.4.1998,	2.386 Befragte, Infratest Burke.	

Alle Interviews wurden *face-to-face* durchgeführt.
82 Für die Bundestagswahlen liegen seit 1949 Nationale Wahlstudien vor. Das Politbarometer enthält außer der Sozialstruktur nur wenige Variablen (z. B. Sonntagsfrage), die hier untersucht wurden. Vgl. Zentralarchiv für empirische Sozialforschung an der Universität zu Köln.

2. Facetten einer Partei

2.1 Mitgliederentwicklung

Betrachtet man zunächst die Entwicklung des Organisationsgrades der Bevölkerung, ergeben sich deutlich unterschiedliche Phasen der Mitgliedschaft in Parteien.[83] Die nach dem Zweiten Weltkrieg zunehmende Eintrittsbereitschaft wirkte sich bis in die 80er Jahre auf alle Parteien positiv aus, wenn auch mit unterschiedlicher Intensität. Vor allem die CDU profitierte von der gewachsenen Partizipationsbereitschaft und entwickelte sich vom „Kanzlerwahlverein" zur Mitgliederpartei. Alle Parteien haben, nach der Mobilisierungsphase der 1960er und 1970er Jahre, von den späten 1970er bzw. den frühen 1980er Jahren an deutliche Austritte zu verzeichnen.[84] Zwar stieg die Anzahl der Parteimitglieder als Folge der deutschen Einheit kurzfristig an, was auf die Mitglieder der ehemaligen DDR-Blockparteien zurückzuführen ist. Ein dauerhafter Anstieg ist allerdings nicht zu verzeichnen. Vielmehr scheinen sich in den neuen Ländern vor allem die Mitglieder der Blockparteien aus den Parteien zurückzuziehen.[85] Der in Westdeutschland zu beobachtende Abwärtstrend setzt sich nach der deutschen Vereinigung unverändert den neuen Ländern fort.

Der prozentuale Anteil der Parteimitglieder an der Gesamtbevölkerung war in der DDR wesentlich höher als in der Bundesrepublik. Im Jahre 1989 hatte die SED 2.325.000 Mitglieder,[86] die CDU 134.000, die DBD 117.000, die LDPD 111.000 und die NDPD 101.000.[87] Insgesamt waren somit von 16.434.000 Einwohnern[88] 2.788.000 Parteimitglieder, was einem Organisationsgrad von 16,9 Prozent entspricht. In den alten Bundesländern lag der Organisationsgrad seit 1968 durchschnittlich bei 2,9 Prozent.[89]

---

83 Vgl. Bürklin/Neu/Veen, 1997.

84 Vgl. Bürklin/Neu/Veen, 1997, S. 19; Wiesendahl, 1990, S. 5.

85 Alle Parteien haben keine genauen Angaben über die Fluktuation der ehemaligen Blockparteimitglieder veröffentlicht. Da die Mitgliedschaft in den Blockparteien häufig mit dem Argument der formalen Mitgliedschaft als kleineres Übel gegenüber einer Mitgliedschaft in der SED begründet wird, erscheint ein vermehrtes Austreten der alten Mitglieder zumindest plausibel.

86 UKPV, 1991, S. 12. In anderen Quellen werden abweichende Zahlen genannt. Im ND vom 11. Januar 1989 werden für Anfang 1989 etwa 2,34 Millionen Mitglieder angegeben. Bis Ende des Jahres soll sie etwa 1,7 Millionen Mitglieder (Außerordentlicher Parteitag, 1990b, S. 77) gehabt haben. Die Angaben ab Herbst 1989 sind ungesichert, da die Partei von der Austrittswelle wohl auch organisatorisch überfordert war. Im Februar 1990 gab Gysi 650.000 bis 700.000 Mitglieder an, relativierte allerdings diese Zahl mit dem Hinweis: „Eine exakte Übersicht gibt es zur Zeit noch nicht" (PDS, 1990b, S. 9).

87 UKPV, 1996a, S. 9, 123, 170, 275.

88 Statistisches Bundesamt, 1990a, S. 21.

89 Bürklin/Neu/Veen, 1997, S. 20.

Tabelle 1: Mitgliederentwicklung der Parteien 1989-2000

Jahresende	SPD Bestand	%	CDU Bestand	%	CSU Bestand	%	FDP Bestand	%	Grüne Bestand	%	PDS Bestand	%
1989	921.430	+1,0	662.598	-2,1	185.853	+1,7	65.216	+1,5	37.956	+0,2		
1990	949.550	+3,1	777.767	+17,4	186.198	+0,2	168.217	+157,9	41.316	+8,9	200.000	
1991	919.871	-3,1	751.163	-3,4	184.513	-0,9	140.031	-16,8	38.054	-7,9	172.579	-13,7
1992	885.958	-3,7	713.846	-5,0	181.758	-1,5	103.505	-26,1	35.845	-5,8	146.742	-15,0
1993	861.480	-2,8	685.343	-4,0	177.289	-2,5	94.197	-9,0	39.335	+9,7	131.406	-10,5
1994	849.374	-1,4	671.497	-2,0	176.250	-0,6	87.992	-6,6	43.418	+10,4	123.751	-5,8
1995	817.650	-3,7	657.643	-2,1	179.647	+1,9	80.431	-8,5	46.054	+0,6	114.940	-7,1
1996	793.797	-2,9	645.852	-1,8	178.573	-0,6	75.038	-6,8	48.034	+4,2	105.029	-8,7
1997	777.899	-2,0	631.700	-2,1	178.457	0,0	69.621	-7,2	48.983	+0,2	98.624	-6,1
1998	775.036	-0,4	626.342	-0,8	178.755	+0,1	67.897	-2,5	51.812	+5,7	94.627	-4,1
1999	755.066	-2,6	638.056	+1,9	183.569	+2,7	64.407	-5,1	49.488	-4,5	88.594	-6,4
2000	734.693	-2,7	616.722	-3,3	181.021	-1,4	62.721	-2,6	46.631	-5,8	83.475	-5,8

Quelle: Deutscher Bundestag Drucksachen 12/622; 13/140; 13/145; 13/3390; 13/6472; 13/8923; 14/246; 14/2508, 14/5050; 14/8022; für PDS: Die Angaben für das Rechnungsjahr 1990 sind geschätzt: Die Rechenschaftsberichte der Parteien für 2001 und 2002 sind noch nicht veröffentlicht (Stand: 1. April 2003). Vgl. Niedermayer, 2002, S. 362, dessen Angaben aus den Parteigeschäftsstellen in einzelnen Fällen von den Rechenschaftsberichten an den Deutschen Bundestag abweichen.

Aufgrund der Systemdifferenz entziehen sich die unterschiedlichen Organisations-grade jeglichen systematischen Vergleichs. Die Parteibeitrittsmotive und -anreize sind in Diktaturen und Demokratien unterschiedlich.[90] Auch wenn für Diktaturen keine gesi-cherten empirischen Befunde vorliegen können, sind instrumentelle Beitrittsmotive wahrscheinlich dominierend, da ohne Parteimitgliedschaft der Aufstieg in die politische Elite verwehrt ist. Der rapide Rückgang der Parteimitgliedschaften in den neuen Län-dern kann als Indikator für instrumentelle Beitrittsmotive gewertet werden. Bei in erster Linie normativ oder affektiv begründeter Parteimitgliedschaft wäre eine so dramatische Austrittswelle unwahrscheinlich. Betrachtet man den Organisationsgrad in den neuen Ländern heute, zeigt sich nicht nur ein Einbruch im Vergleich zum DDR-Niveau, son-dern auch eine geringere Beteiligung als in den alten Ländern. So ergeben sich z. B. für 1995[91] in Ostdeutschland folgende Mitgliederzahlen: CDU 71.804; SPD 21.177, FDP 26.888; Grüne 2.827. Rechnet man noch die PDS-Mitglieder hinzu, kommt man auf 241.248 Parteimitglieder. Das entspricht einem Anteil von 8,6 Prozent der Parteimit-glieder aus dem Jahr 1989. Nicht einmal jedes zehnte Mitglied ist in einer Partei geblie-ben. Der Organisationsgrad ist folglich zurückgegangen. Es entspricht bei einer Bevöl-kerungszahl von 15.531.000[92] in den neuen Ländern einem Wert von 1,5 Prozent und liegt damit deutlich unter dem westdeutschen Durchschnittswert von 1995 (2,5 Prozent).

Die Phase des Niedergangs der ehemaligen Staatspartei verlief im Unterschied zu den Blockparteien mit einer stärkeren Dynamik. Am 1. Januar 1989 hatte die SED 2.325.000 Mitglieder, am 31. Dezember 1989 1.464.000 und Anfang Juni 1990 noch rund 350.000.[93] Innerhalb eines Jahres hatte die SED etwa 62 Prozent ihrer Mitglieder verlo-ren; bis 1998 betrug der Verlust 96 Prozent.[94] Für CDU und die FDP können detaillierte Angaben über die Austritte von Blockparteimitgliedern nicht gemacht werden. Analog zum Austrittsverhalten der ehemaligen SED-Mitglieder scheint das Verhalten der ehe-maligen LDPD-Mitglieder in der FDP gewesen zu sein. Die neu hinzugekommenen FDP-Mitglieder sind überdurchschnittlich häufig wieder ausgetreten. Zwar verliert die PDS auch weiterhin Mitglieder, dennoch kann nach dem implosionsartigen Zusammen-bruch nach 1989 von einer schwachen Stabilisierung der Mitgliederbasis gesprochen

---

90 Vgl. Bürklin/Neu/Veen, 1997; Niedermayer, 1989.
91 Eigene Nachfrage bei den Geschäftsstellen 1995. In den Rechenschaftsberichten für den Deutschen Bundestag werden nur die Gesamtzahlen angegeben. Die FDP verzichtet seit 1996 auf eine Differen-zierung nach Ost und West und gibt auch auf Nachfrage keine Zahlen preis. Daher findet als Ver-gleichsbasis eine Beschränkung auf 1995er Daten statt, da 1995 zuletzt ein vollständiger Überblick vorliegt. Der Rückgang der Mitgliederzahlen ist seit 1996 deutlich gebremst, wodurch 1995 als re-präsentativ angesehen werden kann. Differenzieren Parteien nach Ost und West, fehlt die Angabe, zu welchem Gebiet Berlin wie zugerechnet wird. Berlin wird nur noch als Bundesland in den Statistiken geführt. Zeitreihen, die nach Ost und West unterscheiden können daher nicht erstellt werden. Vgl. Niedermayer, 2002, S. 363.
92 Statistisches Bundesamt, 1997, S. 47.
93 UKPV, 1991, S. 12.
94 Der Anteil der Neumitglieder ist nicht zu quantifizieren. Die PDS veröffentlichte keine Angaben ü-ber den Anteil ehemaliger SED-Mitglieder. Andere Quellen liegen nicht vor.

werden. Vergleicht man die Verluste der PDS mit denen der Grünen und der FDP, sind die Abweichungen gering. Bezogen auf die Volksparteien hat die PDS größere Abgänge zu verzeichnen.

Über die Quote der ehemaligen SED-Mitglieder in der PDS gibt es unterschiedliche Angaben. 1990 soll der Anteil der SED-Mitglieder in der PDS bei ca. 95 Prozent gelegen haben.[95] 1994 und 1995 gehörten ca. 90 Prozent der Mitglieder der PDS schon der SED an.[96] Der prozentuale Rückgang des Anteils ehemaliger SED-Mitglieder setzt sich auch weiterhin fort. Nach Angaben des PDS-Parteivorstandes betrug die Quote 1996 16,2 Prozent und 1997 18,2 Prozent.[97] Zwar verbessert sich der Anteil der Nicht-SED-Mitglieder deutlich, doch ist dies nicht auf aktive Mitgliederpolitik oder Eintritte zurückzuführen, sondern auf die starke Überalterung der Mitgliedschaft.

Die PDS hat in den neuen Ländern ihre größte Mitgliederbasis. Alle anderen Parteien zusammen hatten 1995 in den neuen Ländern 128.696 Mitglieder und waren damit fast gleich stark wie die PDS, die 113.035 Mitglieder hatte. Bis 1998 dürfte die PDS Nutzen aus diesem strategischen Vorteil gezogen haben, da bei der PDS-Mitgliedschaft von einem überdurchschnittlichen Engagement ausgegangen werden kann.[98] Nach 1998 scheinen sich die positive Bedingungen bei der Mobilisierung und Ansprache von Wählern allmählich zu verschlechtern. Da Mitgliederzahlen der Parteien für Berlin nicht mehr nach Ost und West getrennt vorliegen, kann nur hilfsweise auf die Mitgliederzahlen der anderen neuen Länder zurückgegriffen werden. Im Jahre 2001 hatten die Bundestagsparteien 96.391 Mitglieder in den neuen Ländern; die PDS 65.076.[99] Damit hat die PDS zwar relativ nach wie vor die höchste Dichte, doch ist der Vorsprung, den sie Mitte der 90er Jahre hatte, geschmolzen.

In der zahlenmäßigen Entwicklung der PDS-Mitglieder spiegeln sich zwei Trends wider: zum einen der demokratische Wandel in der DDR und die Abkehr von der SED-Diktatur, zum anderen der kontinuierliche Mitgliederverlust aufgrund der hohen Altersstruktur der verbliebenen Mitglieder. Im Westen wächst die Mitgliedschaft allmählich und konstant an, allerdings auf niedrigem Niveau.

---

95 Moreau, 1992a, S. 338.
96 Verfassungsschutzbericht 1995, 1996, S. 59; Verfassungsschutzbericht 1996, 1997, S. 57. Der Verfassungsschutzbericht bezieht sich auf Angaben des damaligen Vorsitzenden Bisky.
97 PID, Nr. 21/1997, 26/1998.
98 Pollach, 1997; ISDA, 1991.
99 Niedermayer, 2002, S. 363.

Tabelle 2: Entwicklung der Mitglieder der PDS 1989-1999

	Ost	West	Ost und West
1989 (SED)	2,3 Mio.		2,3 Mio.
1990 (Juni)	200.000/350.000		200.000/350.000
1991	171.757	822	172.579
1992	145.831	911	146.742
1993	130.200	1.180	131.380
1994	121.393	2.326	123.751
1995	113.035	2.388	114.940
1996	102.624	2.405	105.029
1997	96.097	2.527	98.624
1998	91.430	2.917	94.447
1999	84.641	3.773	88.594

Quelle: PID, Nr. 11/1995, 23/1996, 21/1997, 26/1998, 29/1999. Vgl. auch Gerner 1994, S. 114; Wittich 1995, S. 59; Bundestags-Drucksache 14/5050, S. 154. Die Angaben über die Mitgliederzahlen bis 1992 unterliegen starken Schwankungen.[100]

Die Analyse der Mitgliederzahlen in Ost und West verdeutlicht, wie wenig die PDS in den alten Ländern Fuß fassen konnte. 1999 stammen 4,4 Prozent der Mitglieder aus den alten Bundesländern; 1991 betrug die Quote 0,5 Prozent. Der proportionale Anteil hat sich durch die starken Verluste im Osten im Zeitverlauf verbessert. Im Westen hatte die PDS einen minimalen kontinuierlichen Zuwachs.

Sachsen und Ost-Berlin sind die Mitgliederhochburgen. Die höchste Verlustquote hatte die PDS von 1991 bis 1995 in Thüringen, gefolgt von Mecklenburg-Vorpommern. In Brandenburg, Ost-Berlin und mit kleinem Abstand Sachsen-Anhalt und Sachsen fallen die Verluste geringer aus.

Über die Austritts- und Bleibemotive kann nur spekuliert werden, da gesicherte empirische Untersuchungen nicht vorliegen. Die meisten SED-Mitglieder sind wahrscheinlich ausgetreten, weil sie keine starke innere Verbundenheit zur SED hatten und aus Opportunitätsgründen Mitglied waren. Da von einer Mitgliedschaft in der SED-PDS negative Auswirkungen während und nach der Systemtransformation erwartet werden konnten, ist es möglich, dass Mitglieder trotz weltanschaulicher Nähe ausgetreten sind. Über die Bleibemotive der ehemaligen SED-Mitglieder gibt eine Mitgliederbefragung

---

100 Wittich, 1995, S. 61, gibt für 1990 eine Mitgliederbestand von 400.000 und für 1992 von 241.000 an. Auch für 1992 sind Wittichs Angaben noch größer (173.000) als die vom PDS-Parteivorstand. Den dramatischen Mitgliederverlust 1989-91 dokumentiert Gerner, 1994, S. 14, auf Basis unterschiedlicher Quellen. Da die PDS durch den Wegfall ihrer hauptamtlichen Mitarbeiter (ursprünglich ca. 45.000) 1990/91 wohl auch personell nicht in der Lage war, korrekte Mitgliederzahlen anzugeben, sind alle Zahlen bis 1991 Schätzungen und mit Vorsicht zu betrachten. Leichte Abweichungen zu anderen Quellen (z. B. Bundestagsdrucksachen), bestehen, obwohl es sich immer um Mitteilungen der PDS zum 31. Dezember handelt. Ab 1998 wird Ost- und West-Berlin einheitlich zum Osten gerechnet (http://www.pds-online.de/mitgliederzahlen/index.htm, 31. Dezember 1999).

der PDS Auskunft.[101] In der Analyse wird das Bleiben expressiv auf der Basis von affektiven und normativen Motiven begründet. Die affektive Bindung an die PDS als soziale Heimat scheint das Hauptmotiv zu sein. Gefolgt wird diese Motivgruppe von den normativen Bindungsmotiven, die insgesamt aber nicht schwächer ausgeprägt sind als die affektiven. Die ideologische Bindung basiert auf dem sozialistischen Weltbild, das für die Mitglieder bestimmend ist. Damit korrespondiert, dass die PDS selbst angibt, der größte Teil des Mitgliederverlustes erfolge nicht durch Austritte, sondern durch Tod der Mitglieder.

Tabelle 3: Mitgliederentwicklung in den ostdeutschen PDS-Landesverbänden 1990-1998

	1990	1991	1992	1993	1994	1995	1997	1998
Berlin	50.281	30.950	26.807	23.370	21.721	21.373	19.427	17.316
Brandenburg	42.662	24.998	22.864	20.679	18.258	17.950	ca. 15.000	14.950
Mecklenburg-Vorp.	33.031	21.903	18.170	15.857	14.154	13.246	11.926	10.614
Sachsen-Anhalt	43.745	23.180	20.984	19.470	18.270	15.726	13.861	12.107
Sachsen	71.510	45.425	39.876	34.294	32.853	29.910	ca. 25.000	24.333
Thüringen	39.053	25.301	17.130	16.530	16.137	14.748	12.950	12.210
Gesamt Ost	280.282	171.757	145.831	130.200	121.393	113.035	ca. 100.000	91.530

Quelle: PID, Nr. 11/1996, 23/1996 ; 1997: Moreau u. a., 1998, S. 97; 1998: http://www.pds-online.de, 17. Dezember 2000. Für 1996 fehlen die Angaben für Mecklenburg-Vorpommern; Sachsen-Anhalt; Thüringen und Berlin.

Die Entwicklung der Mitgliederzahlen der PDS verläuft umgekehrt proportional zum Ausbau der Wähleranteile: Trotz sinkender Mitgliederzahlen kann sich die PDS bis Ende des Untersuchungszeitraums in der Wählerlandschaft zunehmend etablieren. Monokausale Schlussfolgerungen über die Erfolgsaussichten der PDS bei abnehmender Mitgliederzahl verbieten sich. Da ideologische Bindungsmotive an die SED-PDS auch bei den ehemaligen Mitgliedern nicht auszuschließen sind, sagt die Mitgliederzahl nichts über die Mobilisierungsfähigkeit aus. Vor allem der Vergleich mit den anderen Parteien verdeutlicht die Positionsvorteile der PDS im ostdeutschen Parteiensystem.

2.2 Sozialstruktur der Mitglieder

Die Analyse von Mitgliederstrukturen der Parteien im Kontext von Wahlanalysen folgt häufig unterschwellig der Identitätsthese der Repräsentation. Diese postuliert eine möglichst homogene Beziehung zwischen Repräsentanten und Repräsentierten, die sich nicht auf die Übereinstimmung von Programm und Ideologie beschränkt, sondern auch

---

101 ISDA, 1991, S. 38 ff., Auswertung einer offenen Frage mit Faktor- und Clusteranalysen. Anhand des Materials kann nicht entschieden werden, ob Reliabilität und Validität gewährleistet sind.

eine identische Sozialstruktur beinhaltet. Vor allem Autoren, die sich sozialistischen Denktraditionen verbunden fühlen, neigen dazu, Repräsentanten an die Interessen der jeweiligen Klasse (im marxistischen Sinn) gebunden zu sehen.[102] Der These, dass eine homogene Sozialstruktur eine bessere Interessenvertretung nach sich ziehe als eine inhomogene, wird hier nicht gefolgt. Auch die These, dass eine bestimmte sozialstrukturelle Unterrepräsentation zu einer schwächeren Anbindung der entsprechenden sozialen Klientel führt, wird nicht geteilt. Aus dem Verhalten sozialer Gruppen lassen sich Thesen von soziologisch homogenen Allianzen von Parteimitgliedern und Wählern nicht stützen. Wie andere Parteien auch, mobilisiert die PDS Wählergruppen, die sich von der Mitgliedschaft sozialstrukturell deutlich unterscheiden.

Die Altersstruktur der Wählerpartei und der Mitgliederpartei sind von 1990 bis 1998 nicht kongruent. Die Mitgliederpartei ist deutlich überaltert, während die Wählerpartei von der Alterstruktur eher unauffällig ist und im Bevölkerungsdurchschnitt liegt. Das Hauptproblem, den Mitgliederstamm zu halten, scheint nicht in den Austritten, sondern Verlusten durch Tod zu liegen. So wird als die Ursache des Verlusts von 10.000 Mitgliedern 1996 fast ausnahmslos „Verstorben" genannt.[103]

Die Überalterung und die sinkende Größe werden von der PDS als zunehmend bedrohlich empfunden. „Das von politischen Gegnern häufig und gern benutzte Argument von einer ‚natürlichen‘ Lösung des PDS-Problems ist also keineswegs aus der Luft gegriffen. Und zwar nicht, weil viele alte Genossen der Partei die Treue halten, sondern weil jüngere Jahrgänge nur wenig bereit sind, sich der Partei direkt anzuschließen".[104] Negative Auswirkungen auf die Kampagnenfähigkeit waren bis 1998 nicht sichtbar. Auch was die Bereitschaft zur Aktivität betrifft, scheint das hohe Durchschnittsalter die Handlungsfähigkeit der Partei nicht eingeschränkt zu haben. Doch ist die Zeitbombe unübersehbar. Bis 1998 dürfte die Überalterung noch überschaubare Probleme aufgeworfen haben, die nach der Bundestagswahl 2002 veröffentlichten Angaben zur Mitgliederstruktur dokumentieren die Verschiebungen der Altersgruppen deutlich. Die größte Gruppe stellen die über 70-jährigen Mitglieder. Dies dürfte in Zukunft erhebliche Auswirkungen auf die Kampagnenfähigkeit haben. Bei der Kommunalwahl in Thüringen 2000 wurden die Probleme, die durch die Überalterung entstehen, zum ersten Mal sichtbar. Obwohl die PDS in Thüringen die mitgliederstärkste Partei ist, konnte sie für die Wahlen zu den hauptamtlichen Bürgermeistern häufig keine Kandidaten aufstellen, da sie nach dem Thüringer Wahlgesetz aus Altersgründen nicht in Frage kamen.[105]

---

102 Vgl. kritisch Grebing, 1972.
103 Vgl. PID, Nr. 21/1997.
104 PID, Nr. 16/1997, S. 2 f.
105 „Die Partei ist einfach zu alt", SZ vom 16. Mai 2000.

Tabelle 4: Altersstruktur der PDS-Mitglieder 1991, 1994/95, 1996, 2002 (in Prozent)

1991[1)]

bis 30 Jahre	10,5	
31-50 Jahre	28,1	
51-60 Jahre	21,1	
über 61 Jahre	40,3	

1994/95[2)]

18-24 Jahre	7
35-54 Jahre	22
55-64 Jahre	33
über 65 Jahre	37

1996[3)]

	Ost	West
bis 29 Jahre	2	30
30-39 Jahre	7	29
40-59 Jahre	24	24
über 60 Jahre	67	8

2002[4)]

	Ost	West
unter 30 Jahre	0,6	15,6
30-39 Jahre	2,2	22,8
40-49 Jahre	7,9	23,2
50-59 Jahre	9,1	16,5
60-69 Jahre	30,7	11,2
70-79 Jahre	41,1	9,4
über 80 Jahre	8,5	. 1,3

Quelle: 1) ISDA, 1991, S. 9 (Mitgliederbefragung der PDS); 2) Neugebauer/Stöss, 1996, S. 149 (Auswertung von Forsa-Daten); ebenso Wittich, 1995, S. 67 (Auswertung von Forsa-Daten); 3) Gohde, 1997, S. 3 (Mitgliederbefragung der PDS); 4) Brie/Brie/Chrapa, 2002.

Da keine standardisierten vergleichenden Untersuchungen über das innerparteiliche Aktivitätspotenzial und -niveau vorliegen, können hier nur die Befunde einer Mitgliederumfrage der PDS referiert werden. Die PDS stuft den Aktivitätsgrad ihrer Mitglieder als „beachtlich"[106] ein. Danach nehmen 57 Prozent der Mitglieder regelmäßig an Zusammenkünften teil, und 20 Prozent engagieren sich regelmäßig in Aktionen und Kampagnen der Partei. Ob tatsächlich ein Mobilisierungspotenzial von 77 Prozent der Mitglieder besteht, kann aufgrund der Datenlage nicht entschieden werden. Es erscheint aber aus den Erkenntnissen über Handlungspotenziale von Parteien, die eine ideologisch chiliastische Ausrichtung sowie einen extremistischen Charakter haben, nicht unplausibel.[107]

---

106 Pollach, 1997, S. 27; vgl. Chrapa, 1991.
107 Vgl. Backes/Jesse, 1996.

Die soziale Zusammensetzung der Partei in Ost und West ist nicht nur durch eine abweichende Altersstruktur charakterisiert, sondern auch durch die Fluktuation der Mitglieder. Während im Osten der größte Teil des Mitgliederverlustes auf Todesfälle zurückzuführen ist, scheint im Westen ein permanenter Austausch stattzufinden. Die PDS verzeichnete – nach eigenen Angaben – 1996 in Westdeutschland 330 Neuaufnahmen und 137 Austritte.[108] Auf der Basis einer eigenen Umfrage schätzt die PDS, dass 1996 etwa 40 Prozent der Westmitglieder „erst zwei, maximal zweieinhalb Jahre und weniger"[109] bei der PDS sind. Betrachtet man die Austrittsgründe, ergeben sich für den Westen und den Osten deutliche Differenzen. Im Westen dominieren politisch motivierte Gründe, die auf die Zerstrittenheit der PDS hindeuten. So wurden als Austrittsgründe genannt: Unzufriedenheit mit bestimmten politischen Positionen der PDS (z. B. zu wenig radikalökologisch, zu wenig militant) und Unzufriedenheit mit der politischen Linie (insbesondere „Reformismusvorwurf" an den Parteivorstand). Im Osten hätten Gründe wie Resignation, Ängste und Enttäuschungen eine größere Rolle gespielt.[110]

Der Frauenanteil lag 1995 bei 40 Prozent[111] und stieg bis 1997 auf 46,1 Prozent an.[112] Frauen sind in der PDS leicht unterrepräsentiert (bei einem Bevölkerungsanteil von 53 Prozent). Allerdings ist bei anderen Parteien die Frauenquote wesentlich niedriger. In der Wählerschaft ist das Verhältnis zwischen Männern und Frauen fast ausgeglichen. Der Frauenanteil im Westen liegt deutlich unter dem Ostanteil. Im Westen betrug der Frauenanteil 1997 19,5 Prozent, im Osten lag er bei 46 Prozent.[113] Die Alterspyramide verläuft in Ost und West gegensätzlich. Während im Osten eine deutliche Überalterung der Partei unübersehbar ist, dominieren im Westen die unter 40-Jährigen.

Die Berufsstruktur der PDS hat sich im Rahmen der Systemtransformation erheblich gewandelt, wobei zu berücksichtigen ist, dass die SED-Angaben in Teilen „geschönt" sind. Für die SED gehörte es zu den ideologischen Dogmen, Vertreter der Arbeiterklasse zu sein. Daher hielt sie es aus legitimatorischen Gründen für unerlässlich, einen hohen Arbeiteranteil in ihren Reihen zu haben. Normalerweise ist die Bereitschaft von Personen mit niedrigem Bildungsniveau, sich in Parteien zu organisieren, gering. Die Wahrscheinlichkeit der politischen Beteiligung steigt mit einem höheren sozialen Status.[114] Aus dem selbst gesetzten Legitimationszwang heraus, begann die SED den Arbeiteranteil in den Statistiken zu erhöhen, indem sie z. B. die Führungskader als Arbeiter „honoris causa" einstufte, die Berufe der Väter oder den erlernten Beruf zugrunde legte. So sind Vergleiche mit der PDS eingeschränkt möglich und nur unter der Bedingung, dass der PDS korrekte Angaben vorliegen.

---

108 Gohde, 1997, S. 3.
109 Gohde, 1997, S. 3.
110 Gohde, 1997, S. 4.
111 Wittich, 1995, S. 61.
112 Vgl. http://www.pds-online.de, 31. Dezember 1997.
113 Gohde, 1997, S. 2.
114 Vgl. Milbrath, 1977.

Tabelle 5: Sozialstruktureller Wandel von der SED zur PDS (in Prozent)

| | Gesamt | | | | davon: Berufstätige[*] | | | Rentner | | |
| | SED | PDS | | | SED | PDS | | SED | PDS | |
		1990	1991	1994		1990	1991		1990	1991
Arbeiter	42,6	25,0	26,0	17,0	40,4	14,0	19,0	52,2	41,0	39,4
Angestellte	22,2	38,0	45,2	42,0	23,5	40,0	51,9	18,8	35,0	41,6
Beamte	–	–	2,1	2,0	–	–	2,5	–	–	1,6
Akademiker	26,0	32,0	17,1	31,0	28,4	42,0	18,6	15,0	21,0	14,0
Bauern	4,9	3,0	2,2	2,0	4,9	3,0	2,5	5,0	2,0	2,0
Handwerker	1,2	1,0	0,9	–	0,8	1,0	1,1	3,0	1,0	0,8
Unternehmer	–	–	2,7	6,0	–	–	4,3	–	–	0,3
Gesamtanteil	100,0	100,0	–	–	80,0	56,0	–	17,0	42,0	–

Quelle: Wittich 1994a, S. 230 ff.; Wittich 1995, S. 66.

*) ab 1991 als „Erwerbsfähige" ausgewiesen. Der Anteil der Erwerbsfähigen wird 1991 mit 53 % und 1994 mit 45 % angegeben.

Da der Aufwand für korrekte Mitgliederstatistik sehr hoch ist und permanenter Anstrengung bedarf, ist zu bezweifeln, dass die PDS – wie andere Parteien – regelmäßige valide Karteiüberprüfungen und -korrekturen durchführt. Den Quellen ist nicht zu entnehmen, dass die PDS eine Datenbereinigung durchgeführt hat, um alte Angaben durch eine Neubefragung der Mitglieder zu aktualisieren. Wittich nennt als Quelle die Mitgliederumfrage von 1991 sowie eine „Schätzung auf Grundlage von Mitteilungen der PDS und Wahlforschungen".[115] Die Aussagen der PDS über den Wandel der Berufsstruktur sind daher nur unter Vorbehalt zu interpretieren. Unter der Bedingung, dass die SED nicht auch die Alters- und Geschlechtsstruktur ideologischen Normen angepasst hat (wofür nach dem gegenwärtigen Quellenstand nichts spricht), sind nur diese Daten aussagekräftig, da weder Geschlecht noch Geburtsjahr Veränderungen unterliegen.

Unter Berücksichtigung der oben genannten Einschränkungen lässt sich aus der Veränderung der sozialen Zusammensetzung die Schlussfolgerung ziehen, dass die PDS-Mitglieder von der Transformation der Gesellschaftssysteme stark betroffen waren, was auch den Erwartungen weitgehend entspricht. Nachdem die PDS die Kategorie „Berufstätige" in „Erwerbsfähige" umgewandelt hat, ist der Wandel nicht genau zu quantifizieren. Hinter der Kategorie könnte durch die große Anzahl von Vorruheständlern, die noch im erwerbsfähigen Alter sind, ein wesentlich größerer Rentneranteil verborgen sein. Inwieweit die PDS-Mitglieder tatsächlich in ihrer Erwerbstätigkeit von der Transformation betroffen sind, lässt sich somit aus den Angaben nicht erschließen, da auch über den Anteil der Arbeitslosen nur spekuliert werden kann. Die unsystematische Vermischung von Berufs- und Bildungsstruktur in den Angaben durch die Kategorie „Akademiker" verhindert detailliertere Aussagen. Insgesamt scheinen sich drei diffuse Trends heraus zu kristallisieren: Der Arbeiteranteil ist gesunken, der Akademiker- und Rentneranteil angestiegen. Der einzige gesicherte Befund ist der deutlich angewachsene Rentneranteil, bedingt durch die Verschiebung der Alterspyramide.

Mitglieder- und Wählerpartei unterscheiden sich deutlich. Auch wenn die unterschiedlichen Kategorien, mit denen Mitglieder und Wähler erfasst sind, einen direkten Vergleich nicht möglich machen, war die Sozialstruktur der PDS-Mitglieder Anfang der 90er Jahre den PDS-Wählern ähnlicher als Ende der 90er Jahre. Ursprünglich prägte die DDR-Elite das Profil der Mitglieder- und Wählerpartei. Diese Eigenschaft ist in der Wählerpartei schwächer geworden, die sozialstrukturell eine Volkspartei ist. Doch Mitglieder- und Wählerpartei der PDS lassen sich von anderen Parteien durch eine stärkere affektive Komponente diskriminieren. Boll weist darauf hin, dass die PDS-Mitglieder im Unterschied zu den Mitgliedern anderer Parteien verstärkt eine normative Motivation aufwiesen (im Unterschied zu instrumentellen Bindungsmotiven).[116] Diese normativen und affektiven Bindungsmotive finden sich auch in der Wählerschaft.

---

115 Wittich, 1995, S. 66.
116 Boll, 2000, S. 178.

2.3 West-Partei

Seit dem deutsch-deutschen Einigungsprozess stellt sich für die PDS die Frage, wie sie einen gesamtdeutschen Parteiaufbau bewerkstelligen kann. Die langfristigen Überlebenschancen als ostdeutsche Regionalpartei wurden selbst innerhalb der PDS kritisch bewertet. Die im Westen neu gegründete Partei stand vor dem Problem, wie mit geringen finanziellen Ressourcen sowie fehlender *man-power* eine tragfähige Infrastruktur aufgebaut werden kann. An diesem Grundproblem hat sich bis heute nur wenig geändert. Die PDS muss gesamtdeutsche Wahlkämpfe führen und somit eine gesamtdeutsche Parteiorganisation aufbauen und unterstützen, um eine dauerhafte Verankerung im Parteiensystem der Bundesrepublik zu erzielen, wodurch sich eine realistische Chance für die Überwindung der Fünf-Prozent-Hürde ergibt.

Bei der Suche nach potenziellen Bündnispartnern stieß die PDS an Grenzen, die bis heute ihr Parteienterritorium in den alten Ländern markieren.[117] Da sowohl SPD als auch Grüne auf Distanz zur PDS gingen, knüpfte sie in den alten Ländern an Strukturen an, die vor einer Nähe zur postkommunistischen Partei nicht zurückwichen, z. T. weil schon zur SED Verbindungen bestanden (wie im Falle der DKP). Die PDS bildete sich schnell als „Gravitationszentrum für eine Vielzahl linksextremistischer Gruppen und Zusammenschlüsse"[118] heraus, die bis heute das Erscheinungsbild der PDS im Westen prägen. Im Wesentlichen erhielt die PDS Zulauf vom „Reformer"-Flügel der DKP, dem KB, der VSP und dem BWK.[119] Nachdem bei der Bundestagswahl 1990 Listenverbindungen zugelassen waren, konnte sich die PDS zunächst aus der Pflicht, eine deutsche Gesamtpartei zu gründen, entziehen. Für das Wahlgebiet Westdeutschland wurde die Linke Liste/ PDS aus der Taufe gehoben. Erst nach dem Urteil des Bundesverfassungsgerichts vom 29. September 1990, das Listenverbindungen verbot und zwei getrennte Wahlgebiete mit separaten Fünf-Prozent-Hürden vorschrieb, begann die PDS mit dem eigentlichen Parteiaufbau West. Sie gründete aus der Linken Liste/PDS heraus ihre westdeutschen Landesverbände.

Der formale Aufbau einer gesamtdeutschen Partei ist der PDS zwar schon im Vereinigungsjahr gelungen, der Lösung ihrer Probleme ist sie damit aber nicht näher gekommen. Die Hoffnung, größeren Teilen der Grünen oder der SPD eine neue Heimat zu bieten, hat sich nicht erfüllt. Die PDS hat das für sie mobilisierbare linke Potenzial weitgehend erschlossen. Damit ist zugleich ihre Entwicklungsfähigkeit begrenzt. Lediglich

---

117 Hüllen, 1997; Moreau, 1992a; Neugebauer/Stöss, 1996, 135 ff.; Moreau (Lang/Neu), 1994, S. 89 ff.; Moreau/Lang, 1996, S. 119 ff., S. 245 ff.
118 Moreau u. a., 1998, S. 221. Allerdings halten einige linksextremistische Gruppen wie die MG und die MLPD sowie eine Reihe vor allem trotzkistisch geprägter Zirkel nach wie vor Distanz zur PDS.
119 Allein unter den MdB: Wolfgang Gehrcke (1998-2002; DKP); Heidi Knake-Werner (1994-2002; DKP); Eva Bulling-Schröter (1994-2002; DKP); Rolf Köhne (1994-1998; DKP) Harald Wolf (1994-2002; VSP); Ulla Jelpke (1990-2002; KB, GAL) Andrea Lederer (1990-1998; KB); Heinrich Graf von Einsiedel (1994-1998; NKFD 1943-1945).

Gruppierungen, die in der alten Bundesrepublik zu politischer Unwirksamkeit verurteilt waren, sind in nennenswertem Umfang zur PDS gestoßen.[120]

Die Erwartung, „Überläufer" könnten wichtige neue Impulse für den Parteiaufbau im Westen geben, erwies sich als irrig. Einige Personen haben, nachdem sie schon Jahrzehnte in der politischen Bedeutungslosigkeit[121] gearbeitet hatten, durch die PDS den Einzug in den Bundestag geschafft und politische Einflussmöglichkeiten gewonnen. Insgesamt ist der Anteil der West-Abgeordneten in der Relation zur Gesamtpartei in der Bundestagsfraktion deutlich erhöht.[122] Von den persönlichen Erfolgen abgesehen, fällt die Bilanz für die Partei eher mager aus. Keine der Personen war in der Lage, in für die PDS relevante breitere Wählerschichten hineinzuwirken, da sie entweder in ihren vorherigen Parteien nur ein Randdasein fristeten oder in marginalisierten Kontexten arbeiteten.[123] Ein Teil derer, die zur PDS wechselten, verließen die Partei wieder oder entpuppten sich als politisch untragbar.[124] Die erwartete Sogwirkung blieb aus.[125] Die PDS baut zwar immer noch bei Wahlkämpfen auf „offene Listen", auf denen auch Nicht-Parteimitglieder kandidieren. Doch setzt sie bei der Auswahl der Kandidaten eher auf die Popularität als auf die Parteizugehörigkeit, da man sich durch „neutrale" Persönlichkeiten eine größere Akzeptanz bei den Wählern erhoffte. Allerdings hat die PDS seit der Bundestagswahl 1994 ihre Erwartungen an die Zugkraft solcher Listen zurückgeschraubt.[126]

Die PDS hat im Westen kontinuierlich Mitglieder hinzugewonnen, gleichwohl auf niedrigem Niveau. Die Größe der Partei und die Politikfähigkeit der Akteure im Westen bedürfen jedoch einer kritischen Bestandsaufnahme. Diejenigen, deren politische Heimat die linke bis linksextreme Szene war, transportieren auch ihre Debatten und internen Feindseligkeiten in die PDS (Sektierertum). Vielleicht ist dies die Ursache für die starke Fluktuation bei den Neumitgliedern im Westen.[127] Sicher begrenzt es die Chancen, in breitere Wählerschichten hineinzuwirken.

---

120 Vgl. zur Entwicklung der heterogenen linken Gruppierungen seit den 60er Jahren: Koenen, 2001.
121 Gemessen an politischer Repräsentation in Parlamenten.
122 **1990:** Ulrich Briefs, Bernd Henn, Andrea Lederer, Ulla Jelpke (Quote: 24 %). **1994:** Eva Bulling-Schröter, Heinrich Graf von Einsiedel, Ulla Jelpke, Heidi Knake-Werner, Rolf Köhne, Andrea Lederer, Manfred Müller, Winfried Wolf, Gerhard Zwerenz (30 %). **1998:** Eva Bulling-Schröter, Fred Gebhardt, Wolfgang Gehrcke, Ulla Jelpke, Heidi Knake-Werner, Heidi Lippmann-Kasten, Manfred Müller, Winfried Wolf (22 %). Vgl. Kürschners Volkshandbuch, 1991, 1996, 1998.
123 Z. B. Jürgen Reents, Dorothee Piermont, Heidi Lippmann-Kasten (Grüne); Dieter Dehm, Siegfried Neumann, Andreas Wehr, Uwe Hiksch (SPD); Gerhard Zwerenz (parteilos, 1957 Ausschluss aus der SED). Andere von den Grünen kommende Politiker sind politisch weitgehend unbedeutend geblieben z. B. Dieter Hummel, Astrid Geese, Birgit Arkenstette, Verena Krieger, Ulrich Briefs.
124 Von der ersten Generation der Parteiwechsler wurden Dirk Schneider und Klaus Croissant (beide AL) als IM enttarnt.
125 Vgl. zu Bündnispolitik und Personenrekrutierung: Hoffmann/Neu, 1998, S. 59-67.
126 Vgl. zur Wahlkampfkonzeption der PDS: Neu, 2000a.
127 „Für einen eigenen Weg statt links von der SPD", ND vom 8. Mai 1996; „Stärke im Osten hilft auch im Westen", ND vom 3. August 2000; Klaus H. Jann: Es ist unfair, nur auf Prozent zu schauen. Soll die PDS bei Landtagswahlen im Westen antreten?, in: http://www.sozialisten.de/partei/aktuell/007/jann.htm, 28. Juli 2000.

Die Frage, welcher Weg im Westen der richtige sei, wird daher in der PDS fortwährend diskutiert. Der radikalste Vorschlag in der Debatte ist, dass man sich vom Westen trennen und lediglich als ostdeutsche Regionalpartei bei Wahlen antreten soll. Zwar ist es unrealistisch, dass sich eine solche Forderung durchsetzt, sie verdeutlicht aber das Ausmaß an Entfremdung zwischen Ost- und West-PDS. Nach der Bundestagswahl 1994 hat die PDS die Hoffnung aufgegeben, dass sie im Westen in einem absehbaren Zeitraum eine arbeitsfähige Parteiorganisation aufbauen kann. Impulse für den Westaufbau fallen zögerlich aus. Auf dem Parteitag 1995 widmete sich die PDS der Westproblematik. Die von Claudia Gohde (bis 1997 im Bundesvorstand für die Westkoordination zuständig) getroffene Charakterisierung der PDS hat sich bis heute nicht geändert. Sie führt aus, dass die PDS „eigentlich noch keine Partei" sei. „Wir haben das Problem, dass wir eigentlich erst eine Partei werden müssen, nicht in dem schlechten Sinne, wie es hier häufig kritisiert worden ist, sondern in dem Sinne, dass wir uns in diesem Parteiengefüge bewegen, dass wir auch ernst genommen werden von anderen".[128] Der Parteitagsbeschluss, den Aufbau der PDS als gesamtdeutsche Partei voranzutreiben, ist Lippenbekenntnis geblieben. Im Jahre 1996 spitzte sich die Frage, ob die PDS sich als „ostdeutsche Volkspartei" von der „Westausdehnung" verabschieden sollte, stark zu. Im sogenannten „Brief aus Sachsen" von Christine Ostrowski und Ronald Weckesser wurde die Westausdehnung als gescheitert interpretiert, trotz des „massiven Einsatzes von Mensch und Material". Die Autoren empfahlen die „Abwicklung des ‚Projekts' Westausdehnung", die „mehr als überfällig" sei.[129] Dies löste eine innerparteiliche Debatte um Sinn und Zweck der Westausdehnung aus, was allerdings nur zu einer Statutenänderung auf dem Parteitag 1997 führte, mit der die Eigenwilligkeit der West-Landesverbände eingeschränkt werden sollte. Im Wahlkampf von 1998 hatte sich die PDS strategisch darauf eingestellt, dass die Wahlen im Osten gewonnen werden müssen. Zwar versuchte sie dem Vorwurf zu begegnen, die PDS sei eine reine Ostpartei;[130] eine intensive Auseinandersetzung um und mit dem Westen wurde aber weitgehend vermieden.

Doch nicht allein das Strukturdefizit belastet die PDS. Das Verhältnis zwischen West- und Ost-PDS ist gespannt und wird von ritualisierten Schaukämpfen bestimmt. Die Eigenwilligkeit und weitgehende Autonomie der West-Landesverbände, von denen manche gegen den ausdrücklichen Wunsch der Partei Aktionen durchführen und dadurch – aus der Sicht des Bundesvorstandes – der PDS Schaden zufügen, ist einer der Hauptkonfliktpunkte.[131] Die Weigerung einiger Landesverbände, die Politik der Mutter-

---

128 Disput, H. 3/4 1995, S. 48.
129 „Für einen eigenen Weg statt links von der SPD", ND vom 8. Mai 1996.
130 „PDS (k)eine Ostpartei?" ND vom 8. April 1998, Interview mit Lothar Bisky.
131 Die Auseinandersetzungen mit dem Landesverband Hamburg sind Legion. Ihm wird z. B. vorgeworfen, den friedenspolitischen Antrag des Parteivorstandes auf dem Münsteraner Parteitag 2000 gekippt zu haben, wodurch der Bundesvorstand eine Abstimmungsniederlage erlitt. Vgl. „Die Glaubensgenossen. Kakerlaken? Die Folgen des Kapitalismus. Kritik? Dann gibt es eben erst mal keinen Parteitag. Wenn aus dem Landesvorstand eine Sekte wird.", TAZ vom 4. Mai 2000.

partei zu tragen, sorgt immer wieder für Zündstoff. Die West-PDS artikuliert unbeirrt Minderheitenthemen der extremen und radikalen Linken, z. B. Freilassung der RAF-Strafgefangenen oder „kurdischer Befreiungskampf".[132] Versuche der Parteiführung, die relative Autonomie, das organisatorischen Chaos und den Einfluss anderer Parteien und Organisationen einzudämmen, waren nur halbherzig. Nach wie vor gibt es Auseinandersetzungen der unterschiedlichen Richtungen, die von Anhängern trotzkistischer, stalinistischer, maoistischer, marxistisch-leninistischer oder sonstiger sektiererischer Überzeugungen getragen werden. Auf PDS-Wahlvorschlägen kandidieren Mitglieder anderer Parteien (z. B. der DKP), obwohl dies nach Statutenänderung von 1997 verboten ist.

2.4   Wahlergebnisse in den alten Bundesländern

Der Westen ist und bleibt PDS-Entwicklungsland. Wenn es der Partei nicht gelingt, in Wählerschaften anderer Parteien einzudringen, wird sie auf das Milieu der „extremen Linken" begrenzt bleiben. Die PDS hat seit 1990 nur selten an Landtagswahlen in den alten Ländern teilgenommen, da sie befürchtete, mit schlechten Ergebnissen ihrem Image zu schaden. Wenn sie sich an Wahlen beteiligte, war dies z. T. vom Bundesvorstand nicht gewünscht. In Hamburg und in Niedersachsen handelte es sich um Alleingänge der Verbände, ohne Unterstützung der Bundespartei. Massive Auseinandersetzungen der Hamburger PDS mit dem Bundesvorstand, der eine negative Symbolwirkung für die Gesamtpartei befürchtete, gab es im September 1993 um die Hamburger Kandidatur von PDS-Mitgliedern bei der „Linke Alternative-Wehrt Euch". Die Debatte wiederholte sich bei der Kandidatur der Hamburger PDS zur Bürgerschaftswahl 1997.[133] Hoffnungen auf den Einzug in ein westdeutsches Parlament hatte die PDS 1995 in Bremen. Da sie hier bei der Bundestagswahl 1994 mit 2,7 Prozent ein für die alten Länder respektables Ergebnis erhalten hatte, schien Bremen ein idealer Testfall für die Zukunft des Westaufbaus zu sein.[134] In der internen Beurteilung der politischen Ausgangssituation glaubte der Bundesvorstand gute Bedingungen für ein Engagement im Westen vorzufinden. Wahlkämpfe in Stadtstaaten sind leichter zu organisieren als in Flächenstaaten. Überdies existiert in Bremen ein relativ großes linkes Milieu, das die PDS zu mobilisieren hoffte. Daher fand der Wahlkampf mit massiver Unterstützung durch die Bundes-PDS statt.[135] Das magere Abschneiden bei der Bürgerschaftswahl (2,4 Prozent) führte zu einer Ernüchterung über die Erfolgsaussichten im Westen.[136]

---

132 „Da fliegen die Fetzen", Der Stern vom 29. September 1994.
133 PID, Nr. 14/1997, S. 3.
134 Die PDS wollte sogar ihren Bundesparteitag in Bremen abhalten. Da der Wahltermin vom Herbst in das Frühjahr verlegt wurde, gab sie diesen Plan wieder auf.
135 Vgl. PID, Nr. 12/1995, S. 5. Die PDS veranstalte Aktionstage, Infostände, Kundgebungen und verteilte eine eigene Wahlkampfzeitung. Zudem gab es unter dem Motto „Bremer Stadtmusikanten brauchen Mäuse" eine Spendenaktion in der PDS. Vgl. PID, Nr. 18/1995. S. 1.
136 Bisky bezeichnete das Abschneiden als „enttäuschend". Vgl. PID, Nr. 20/1995, S. 1.

Tabelle 6: Wahlergebnisse der PDS bei Bundestagswahlen:
alte Bundesländer 1990-1998 (in Prozent)

	1990	1994	1998
Baden-Württemberg	0,3	0,8	1,0
Bayern	0,2	0,5	0,7
Berlin	1,3	2,6	2,7
Bremen	1,1	2,7	2,4
Hamburg	1,1	2,2	2,3
Hessen	0,4	1,1	1,5
Niedersachsen	0,3	1,0	1,0
Nordrhein-Westfalen	0,3	1,0	1,2
Rheinland-Pfalz	0,2	0,6	1,0
Saarland	0,2	0,7	1,0
Schleswig-Holstein	0,3	1,1	1,5

Quelle: Statistisches Bundesamt, 1990b, 1994, 1998.

Die Ergebnisse der PDS bei Landtagswahlen unterscheiden sich kaum von denen bei Bundestagswahlen. Insgesamt erzielte sie in den alten Ländern folgende Resultate:

Hamburg[137]	1991: 0,5 Prozent;	1993: 0,5 Prozent;	1997: 0,7 Prozent.
Niedersachsen[138]	1994: 0,2 Prozent;	1998: 0,2 Prozent.	
Bremen	1995: 2,4 Prozent;	1999: 2,9 Prozent.	
Saarland	1999: 0,8 Prozent.		
Schleswig-Holstein	2000: 1,4 Prozent.		
Nordrhein-Westfalen	2000: 1,1 Prozent.		

Bei den Wahlergebnissen im Westen zeichnet sich ein Nord-Süd-Gefälle ab. Die „Hochburgen" der PDS liegen vor allem im Norden. Die besten Wahlergebnisse erzielt sie in den Stadtstaaten Hamburg und Bremen. Am schlechtesten schneidet sie in Bayern ab. Ähnlich wie in den Stadtstaaten ist es der PDS auch im Westteil Berlins gelungen, ihre Ergebnisse leicht zu verbessern. Bei den Wahlen zum Abgeordnetenhaus 1999 konnte die PDS im Westen 4,2 Prozent der Wähler ansprechen; 2001 erhielt sie 6,9 Prozent der abgegebenen Stimmen.[139] Dies ist zum einen auf die Durchmischung der Stadt

---

137 Bei der Bürgerschaftswahl in Hamburg 1993 kandidierte die PDS als „ Linke Alternative – Wehrt euch" 1997 als PDS/Linke Liste. Die Namensgebung weist auf die Traditionslinie hin. 1978 konstituierte sich in Hamburg die „Bunte Liste – Wehrt Euch. Initiative für Demokratie und Umweltschutz", in der der KB über erheblichen Einfluss verfügte. Vgl. Klotzsch/Stöss, 1983, S. 1520.

138 In Niedersachsen firmierte die PDS 1994 unter dem Namen „Linke Liste Niedersachsen". Vgl. http://www.nls.niedersachsen.de/Tabellen/Wahlen/M50003170.html, 2. April 2003. Trotz des geltenden Statuts von 1997 plante die PDS-Niedersachsen, bei der Landtagswahl 1998 die Kandidatenliste für Mitglieder anderer Parteien zu öffnen. Der Beschluss der Bundesschiedskommission untersagte dies. PID, Nr. 1-2/1998, S. 12.

139 1990: 1,1 %; 1995: 2,1 %.

infolge von Umzügen, zum anderen auf Neuzuschnitte der Wahlkreise zurückzuführen.[140] Dennoch darf nicht unterschätzt werden, dass die PDS in Berlin (insbesondere in Kreuzberg) an existierende linke Milieus anknüpfen kann und dort ein langsam wachsendes Unterstützungspotenzial vorfindet.

Bis 1998 zeichnete sich nicht ab, dass der PDS im Westen der „Aufbau von unten" über die Kommunen gelingen würde. Allerdings konnte sie 1999 bei den Kommunalwahlen in Baden-Württemberg und Nordrhein-Westfalen einige Achtungserfolge vorweisen. Im Jahre 2000 verfügte die PDS über etwa 6.000 kommunale Mandate, davon entfielen 87 auf das alte Bundesgebiet.[141] Den größten Zuspruch fand sie in Nordrhein-Westfalen, wo ihr 1999 bei der Kommunalwahl insgesamt 56 Mandate zufielen. Bei der Rekrutierung setzt die PDS auf eine Mischung zwischen „alt" und „neu". Ein Teil der Kandidaten kommt aus dem Bereich von langjährigen Aktivisten des linken Spektrums: von der Friedensbewegung, der DFU, DKP, Trotzkisten oder anderen ehemaligen Aktiven aus den K-Gruppen. Ebenso finden sich Gewerkschafter (HBV, IG-Metall) und Betriebsräte auf den Listen, die für die PDS aus bündnispolitischer Sicht ebenso von Bedeutung sind wie über ihren Bekanntheitsgrad, da dieser bei der Direktwahl Stimmen mobilisieren kann. Auch Kandidaten aus dem universitären Milieu sowie Personen aus dem sozialpflegerischen Bereich haben für die PDS eine hohe strategische Relevanz. Parteiübertritte von Grünen und SPD sind Einzelfälle, von denen keine weitere Sogwirkung auf ihre ehemaligen Parteien ausgeht. Die Mandate, die die PDS durch Übertritte erhalten hatte (Heimbach/Eifel und Stolberg/Rheinland), konnte sie bei der Kommunalwahl 1999 in Nordrhein-Westfalen nicht verteidigen. Sie verfolgt hier – ähnlich wie bei den Bundestags- oder Landtagswahlen – das Prinzip der offenen Listen. Die PDS versucht von der Popularität und dem positiven Image der Kandidaten zu profitieren.[142] Zuletzt greift sie aufgrund der Personalknappheit auf „no-names" zurück, damit sie überhaupt bei einer Wahl antreten kann.

Entscheidend für die Beantwortung der Frage, welche Chancen die PDS im Westen mittel- und langfristig hat, ist die Analyse der Wählerstrukturen, an welche die PDS anknüpft. Dabei konkurrieren zwei Hypothesen miteinander. Die PDS könnte an das Wäh-

---

140 Bei der Abgeordnetenhauswahl 1999 wurde die Anzahl der Abgeordneten von 150 auf 130 und die Zahl der Wahlkreise von 90 auf 78 verringert, wodurch das Wahlgebiet neu eingeteilt wurde. Vgl. http://www.statistik-berlin.de/wahlen/aghbvvwahl-1999/presse/99-05-10.html, 10. Mai 1999.

141 PID, Nr. 11/2000, S. 12 ff. Bei den Kommunalwahlen bestand keine 5-%-Hürde.

142 So kandidierten z. B. in Heidelberg Hannelies Schulte, 78, frühere Religionslehrerin. Sie engagierte sich in der Friedensbewegung, organisierte Ostermärsche und war in der Gesamtdeutschen Volkspartei und später in der DFU aktiv. In Tübingen gewann die PDS Gerhard Bialas. Seit 1975 war er im Tübinger Gemeinderat (ursprünglich für die DKP). Durch sein Engagement gegen den „Radikalenerlass" hatte er einen regional hohen Bekanntheitsgrad. In Duisburg bewarb sich Hermann Dierkes für die PDS um ein Mandat. Er war zum Zeitpunkt der Kandidatur IG-Metall-Mitglied und Betriebsrat und galt als stadtbekannter Gewerkschafter. Er war an den Protesten gegen die Schließung des Krupp-Stahlwerkes in Rheinhausen beteiligt. Vgl.: „Rote Socken am Rhein", Die Zeit vom 2. Dezember 1999; „Die PDS profitiert bei der Wahl stark von alten Namen", Stuttgarter Zeitung vom 29. Oktober 1999.

lerpotenzial der extremen Linken anknüpfen, das überwiegend zur Stimmabgabe für die KPD/DKP neigte. Andererseits könnte sie sich ein eigenes Wählerpotenzial erschlossen haben, das von den Grünen, der SPD oder aus dem Nichtwähler- und Protestwählerlager kommt. Von der Beantwortung der Frage hängt es ab, wie die Erfolgsaussichten der PDS zu bewerten sind. Wenn es sich lediglich um das Anknüpfen an frühere Erfolge der linken Sektiererparteien handelt, sind die Erwartungen um eine mögliche Steigerung des Potenzials eher als gering zu bewerten. Ist es der PDS hingegen gelungen, in das Wählerreservoir der Grünen und der SPD in nennenswertem Umfang einzudringen, hat sie in Zukunft die Chance, ihr Wählerpotenzial konstant auszuweiten. Die Grünen-Hochburgen und die der extremen Linken sind nicht trennscharf voneinander zu unterscheiden; erstere weisen ähnliche Strukturen auf wie die der PDS. Die Grünen und die PDS mobilisieren überdurchschnittlich gut in hoch verdichteten städtischen Räumen (Universitätsstädte), in denen traditionell ein großes linkes Wählerpotenzial lebt. Da die Grünen insbesondere in den ersten Jahren vom Milieu der „K-Gruppen" mitgetragen wurden, ist ein Wechsel gerade dieser Klientel zur PDS nicht auszuschließen.[143] Dies kann allerdings aufgrund der geringen Fallgröße mit statistischen Methoden nicht nachgewiesen werden. Jedoch sprechen Plausibilitätsgründe für einen Wechsel dieser Klientel von den K-Parteien zu den Grünen und dann wieder zur PDS. Dies dürfte als Indiz für die Begrenztheit des Wählermilieus der PDS im Westen gelten.

Das Potenzial der extremen Linken in der Bundesrepublik ist begrenzt. Die KPD konnte im Nachkriegsdeutschland nicht an die Wahlergebnisse der Weimarer Republik anknüpfen.[144] Nur bei einigen Landtagswahlen 1947 (Hamburg, Nordrhein-Westfalen, Hessen, Württemberg-Baden) erzielte sie zweistellige Resultate.[145] Bei der ersten Bundestagswahl 1949 erhielt sie 5,7 Prozent, bei der zweiten 1953 lediglich 2,2 Prozent der Stimmen. Damit war sie schon vor ihrem Verbot in der politischen Bedeutungslosigkeit versunken. Auch die anderen Parteien auf der extremen Linken hatten bescheidene Wahlerfolge vorzuzeigen.[146] Da die KPD/DKP die einzige Partei der extremen Linken war, die einigermaßen kontinuierlich an Wahlen teilnahm und innerhalb des Spektrums den größten Zuspruch hatte, konzentriert sich die Analyse auf sie.

---

143 Müller-Rommel/Poguntke, 1992, S. 319 ff.; Schmitt-Beck, 1998.
144 Ihr bestes Ergebnis (16,9 %) erzielte sie bei der letzten freien Reichstagswahl (6. November 1932).
145 Vgl. Staritz, 1983, S. 1763 ff.
146 Vgl. die Artikel im Parteienhandbuch (Stöss, 1983), v. a. zu: DFU, DKP, EAP, GIM, KBW, KPD, KPD (Maoisten), KPD/ML, Sozialistische Partei West-Berlins (SED-W). Auch die Parteien der extremen Linken, die in den 1980er und 90er Jahren aktiv waren, konnten selbst bei Wahlen mit starker Neigung zu Protestwahlverhalten (etwa Europawahlen) nur geringe Resonanz finden: z. B. Bürgerrechtsbewegung Solidarität, BSA, PASS, MLPD, VSP. Nicht enthalten im Parteienhandbuch sind ADF (da es ein Wahlbündnis war) und DIE FRIEDENSLISTE (FRIEDEN) (da sie erst nach Herausgabe kandidierte: 1984). EAP und Bürgerrechtsbewegung Solidarität sind nicht eindeutig nach dem rechts-links-Schema klassifizierbar. Vgl. Die Europawahl in der Bundesrepublik Deutschland, 1994 und die Artikel zu den Wahlen, in: Backes/Jesse, Jahrbuch, 1989-2000.

Tabelle 7: Wahlergebnisse der DKP (KPD) bei Bundestagswahlen 1949-1987[1] (in Prozent)

	Erststimmen	Zweitstimmen
1949	–	5,7
1953	2,2	2,2
1969 (ADF)	0,6	0,6
1972	0,4	0,3
1976	0,5	0,3
1980	0,3	0,2
1983	0,2	0,2
1987[2] (FRIEDEN)	0,5	–

Tabelle 8: Wahlergebnisse der DKP bei Europawahlen 1979-1989 (in Prozent)

1979	0,4
1984 (FRIEDEN)	1,3
1989	0,2

1) Bei den Bundestagswahlen von 1957-1965 kandierte die KPD nicht, da das Bundesverfassungsgericht 1956 die KPD verboten hatte. Im Jahre 1968 wurde die DKP neu gegründet, da das Verbotsurteil der KPD nicht aufgehoben wurde. Bei der Bundestagswahl 1969 kandidierte die neugegründete DKP in dem Wahlbündnis ADF; vgl. ADF, 1969.

2) Einzelbewerber auf der Liste FRIEDEN (daher sind nur Erststimmen ausgewiesen); keine Kandidatur als Partei. Schon bei der Europawahl 1984 kandierte die DKP nicht selbständig, sondern Einzelkandidaten auf der FRIEDENSLISTE. Ab 1990 ist die DKP bei Bundestags- und Europawahlen nicht eigenständig aufgetreten. Einzelne DKP-Mitglieder kandidierten auf der PDS-Liste; vgl. DIE FRIEDENSLISTE, o. J.

Durch die widerspruchslose Anlehnung an die Sowjetunion und die Hervorhebung der DDR als Vorbild für die Bundesrepublik befand sich die DKP nach ihrer Neukonstituierung am 25. September 1968 auf dem Kurs einer politischen Sekte.[147] Es ist ihr nicht gelungen, an die Wahlergebnisse der KPD anknüpfen. Unabhängig davon ob sie unter eigenem Namen oder im Rahmen eines Wahlbündnisses[148] antrat, erreichte sie bei Bundestagswahlen nie mehr als 0,6 Prozent der Wähler. Lediglich bei der Europawahl 1984 kam das Wahlbündnis FRIEDEN über 1 Prozent. Auch bei Landtagswahlen erhielt die DKP keinen breiteren Zuspruch.[149] Lediglich auf kommunaler Ebene hatte die DKP

147 In ihrem Selbstverständnis sah sich die DKP in der Tradition der am 1. Januar 1919 gegründeten KPD, die 1945 neugegründet und 1956 durch das Urteil des Bundesverfassungsgerichts verboten wurde. Vgl. Wilke/Müller/Brabant, 1990.

148 ADF: Bundestagswahl 1969; FRIEDEN: Europawahl 1984; Bundestagswahl 1987 nur Einzelbewerber; DIE FRIEDENSLISTE HAMBURG – Liste für Frieden, Arbeiterrechte, Demokratie: Bürgerschaftswahl Hamburg 1987; DIE FRIEDENSLISTE NRW: Landtagswahl Nordrhein-Westfalen, 1985. Vgl. Fischer, 1990.

149 Vgl. Heimann, 1983, S. 958 ff., Wilke, 1990, S. 151 ff.; Wilke, 1991.

vereinzelte Erfolge, wodurch sie in wenigen Städten oder Gemeinden vertreten war und ist.[150] Die DKP hat trotz ihrer geringen Akzeptanz in der Bevölkerung ihre Wahlergebnisse schöngeredet. Wie Heimann ausführt, hätten einige kommunale Wahlerfolge der DKP als Beleg der These gedient, dass „ihre geringe Resonanz auf Landes- und Bundesebene nichts über ihren tatsächlichen Einfluss auf Bundesebene aussage".[151]

Auf der Basis der Wahlergebnisse soll geklärt werden, ob es der PDS gelungen ist, in das SPD- oder Grünen-Potenzial einzudringen oder ob die PDS in erster Linie an die Hochburgen der K-Parteien anknüpft. Als Datenbasis dienen hierzu die Wahlergebnisse auf Wahlkreisebene seit der Bundestagswahl 1953. Durch Fortschreibung und Konstanthaltung der jeweiligen Gebietsreformen kann eine Kontinuitätslinie bis 1953 hergestellt werden. Aufgrund des KPD-Verbots sind die Wahlen von 1957 bis 1965 nicht enthalten. Die 1960 gegründete DFU erreichte bei der Bundestagswahl 1961 1,9 Prozent Zweitstimmen und 1965 1,3 Prozent Zweitstimmen.[152] Berlin konnte aufgrund der Besonderheit des Wahlrechts erst ab 1990 in die Analyse mit einfließen, wird aber ausgeklammert, da keine kontinuierlichen Daten ab 1953 vorliegen.[153]

Ziel ist es, regionale Hochburgen der „K-Parteien" und der PDS auf Bundestagswahlkreisebene zu finden. Als Hochburg wurden die Wahlkreise definiert, in denen sowohl die Parteien der extremen Linken (KPD/DKP/Liste FRIEDEN) als auch die PDS bei jeder der Bundestagswahlen ein über dem Durchschnitt liegendes Ergebnis erzielten. Diese Definition ist zwar über den langen Zeitraum recht streng, ermöglicht es aber, die Strukturen von Hochburgen klarer zu analysieren.

Bei dieser Vorgehensweise zeichnen sich eindeutige Kontinuitätslinien ab. Zu den Hochburgen der KPD/DKP/Liste FRIEDEN zählt ein großer Teil der Wahlkreise, die zu den Hochburgen der PDS zählen. In folgenden Wahlkreisen lagen die PDS-Ergebnisse bei den Bundestagswahlen 1990, 1994 und 1998 wie das Ergebnis der kommunistischen Parteien von den Bundestagswahlen 1953 bis 1998 immer über dem Durchschnitt: Hamburg (Mitte, Altona, Eimsbüttel, Nord), Bremen (Ost, West, Bremerhaven, Nord), Köln I, Wuppertal I und II, Solingen-Remscheid, Düsseldorf, Essen I und III, Dortmund I und III, Kassel, Frankfurt a. M. II und III, Mannheim I, München Mitte.[154]

Somit ergibt sich auf Wahlkreisebene eine enge Verbindung zwischen den Wahlergebnissen der PDS und der KPD/DKP. Auch der bisher geringe Zuwachs der PDS im

---

150 So z. B. in den 1970er Jahren in Marburg, Bottrop und Gladbeck.

151 Heimann, 1983, S. 910.

152 Schönfeldt, 1983.

153 Die 22 Abgeordnete des Landes Berlin wurden aufgrund des Viermächtestatus Berlins nicht direkt gewählt, sondern vom Berliner Abgeordnetenhaus entsprechend der Stärke der dort vertretenen Parteien bestimmt. Um die Vergleichsebene Bundestagswahlen konstant zu halten, wurde auf die Analyse der Ergebnisse der Berliner Abgeordnetenhauswahlen verzichtet, da sich in der Zusammensetzung ein Landesergebnis widerspiegelt.

154 Die Gebietsreformen sowie die Änderungen der Wahlkreiszuschnitte wurden berücksichtigt. Es fanden jeweils zum aktuellen Gebietsstand Umcodierungen statt. Damit ist eine kontinuierliche Entwicklung abbildbar.

Westen spricht nicht dafür, dass es der PDS gelungen ist, in die Wählerpotenziale von SPD und Grünen einzudringen. Berücksichtigt man die Herkunft der PDS-Mitglieder im Westen, gewinnt die „K"-Koalition auf Wählerebene an Plausibilität.

In einem zweiten Schritt stehen die Wählerwanderungen bei den Bundestagswahlen ab 1990 im Vordergrund, um herauszufinden, von welchen Parteien die PDS Wähler mobilisieren konnte. Es wird untersucht, wie sich ihr Zugewinnkonto bei Bundestagswahlen insgesamt zusammensetzt, und die alternative These geprüft, ob es der PDS gelungen ist, in die Wählerpotenziale von Grünen und SPD im Westen einzudringen.

Tabelle 9: *Zusammensetzung der PDS-Wählerzugewinne und -verluste bei Bundestagswahlen:*
alte Bundesländer 1990-1998

	1990	1994	1998
CDU	-1,0	9,8	*)
SPD	-12,9	28,4	40,0
FDP	3,2	7,4	10,0
Grüne	72,0	16,7	20,0
REP	3,2	5,4	*)
Sonstige	1,0	12,3	–
Nichtwähler	6,4	20,0	30,0

Quelle: Eigene Berechnung anhand Infas-Wählerwanderungsbilanz[155]; Basis: saldierte Gewinne; vgl. Infas-Report Wahlen 1990c, S. 108, 114 (Bezugsgröße: VKW); Infas-Report Wahlen, 1994, S. 55; Infratest dimap, 1998, S. 46, 50. Nicht enthalten sind Generations- und Ortswechsler.
*)   1998 wurden die CDU und sonstigen Parteien im Westen aus der Modellrechnung herausgenommen, da die PDS gegenüber diesen Parteien Verluste hatte.

Das Wahlergebnis der Bundestagswahl 1990 scheint zu bestätigen, dass die PDS fast ausschließlich ehemalige Grünen-Wähler erreichte (bei einem Wahlergebnis von 0,3 Prozent). Hätte die PDS auch bei den darauffolgenden Wahlen überdurchschnittliche Zugewinne bei den Grünen erzielt, würde das für einen kontinuierlichen Zuwachs aus dem Grünen-Potenzial sprechen. Allerdings sind nicht nur die absoluten, sondern auch die relativen Zuwächse der PDS im Westen gering. Im Jahre 1994 erreichte sie 1,0 und 1998 1,2 Prozent. Daher scheint es plausibel, dass die PDS nicht in die Grünen-Wählerschaft eingedrungen ist, sondern nur in die (wahrscheinlich ideologischen) Randbereiche. Der Zuwachs der PDS aus dem Grünen-Potenzial war bei den Wahlen 1994 und 1998 eher gering. Für Teile der Grünen-Wähler sind Protestmotive bei der Wahlentscheidung charakteristisch. Dieses Protestpotenzial fluktuiert zwischen Nichtwahl und der Wahl kleinerer vorwiegend „unetablierter" Parteien, zu denen „noch" die Grünen zählen. Die PDS erhält auch Stimmen von den Republikanern, den sonstigen

---

155 Die Wählerwanderungsbilanz ist eine Modellrechnung, welche die individuellen Wählerbewegungen beinhaltet.

Parteien und aus dem Nichtwählerlager. Dies ist ein Indiz für ihre Fähigkeit ein – wenn auch sehr kleines – fluktuierendes Protestpotenzial im Westen mobilisieren zu können. Sowohl der Zuspruch ehemaliger SPD- als auch ehemaliger CDU-Wähler spricht dafür, dass größere Teile der PDS-Wählerschaft Protestwähler sind, die keine oder nur eine schwache ideologische Bindung an Parteien aufweisen, der Protest also eher diffuser ideologischer Natur ist.

Die Einstellungsmerkmale der PDS-Anhängerschaft geben Hinweise darauf, dass auch ideologische Momente eine Rolle für die Wahl der PDS im Westen spielen. Die Fallzahl im Westen ist zu gering für empirische Tests. Die programmatische Ausrichtung insbesondere der Grünen hat sich seit den 90er Jahren allerdings gewandelt, wodurch für die PDS eine ideologische Nische im westdeutschen Parteiensystem existiert. Die Betonung des außerparlamentarischen Widerstands, die Aktivitäten im Rahmen der „Anti-AKW-Bewegung" (u. a. bei den Castor-Transporten) oder auch der Antifaschismus sowie das Themenfeld Frieden (hier das Nein der PDS zu den SFOR-Einsätzen) spielen für die Mobilisierungsmöglichkeiten im linken Milieu eine Rolle. Die PDS hat mithin Themenfelder, die in der westdeutschen Linken bedeutsam sind und von den Grünen z. T. nicht mehr vertreten werden, mitbesetzt. Trotz einzelner Überschneidungen ist es der PDS noch nicht gelungen, sich programmatisch in diesem Feld zu positionieren.[156]

Indizien für den langsame Herausbildung einer Konkurrenzsituation von PDS und SPD, welche mit der Entwicklung der Grünen in den 80er Jahren vergleichbar wäre, sind im Westen nicht erkennbar. Zwar hat die PDS auch einige Stimmen ehemaliger SPD-Wähler gewinnen können, eine zunehmende Akzeptanz der PDS innerhalb der SPD-Anhängerschaft fehlt jedoch.

---

156 Als Beispiel hierfür können die Anträge zu Feminismus, Ökologie und zur Entwicklungspolitik des 6. Parteitages 2000 angeführt werden. So ist die sozialistische Vorstellung von Vollbeschäftigung („Tonnenideologie") und Ökologie z. T. nur schwer vereinbar. Bei der Frage, was Vorrang haben sollte – Ökologie oder Erhalt von Arbeitsplätzen? – tendiert die PDS zu Arbeitsplätzen. Um diesem Dilemma zu entgehen, beinhaltet der Antrag den klassischen Zirkelschluss: „Keinen Vorrang der Beschäftigung zulasten der Umwelt und keinen ökologischen Wandel ohne Verknüpfung mit starker Beschäftigungspolitik". Die PDS kann ihre etatistische Grundhaltung nicht verbergen, die im Widerspruch zu den Appellen an die Stärkung der Zivilgesellschaft stehen. In anderen Anträgen demonstriert die PDS, dass ihr die Themen Entwicklungspolitik und Feminismus letztlich fremd sind und sie nicht an den Debattenstand in Westdeutschland anknüpfen kann. Für die PDS ist die kapitalistische Weltordnung die Ursache allen Übels, für die nur die sozialistische Weltordnung die Lösung aller Probleme bietet. Dies widerspricht in großen Teilen dem Verständnis der westdeutschen Linken, die im Sozialismus keineswegs die alleinseligmachende Heilsverprechung sehen. Vgl. PDS, 2000.

2.5 Wahl-Partei

Nach der Vereinigung der beiden deutschen Staaten[157] etablierte sich in Ost und West relativ schnell ein gesamtdeutsches Parteiensystem, das dem westdeutschen Modell im Großen und Ganzen entsprach. Das alte Vier-Parteiensystem, bestehend aus den beiden großen Volksparteien CDU und SPD und den beiden kleineren Parteien FDP und Grüne,[158] wurde bei den Bundestagswahlen im Vereinigungsjahr 1990 in Ost und West bestätigt. Neu hinzu kam die PDS, die mit einem Stimmenanteil von 2,4 Prozent bundesweit allerdings keinen nennenswerten Einfluss erreichen konnte. Auf den ersten Blick erwies sich das westdeutsche Parteiensystem unmittelbar nach der Vereinigung als erstaunlich stabil, indem es den Transformationsprozess von zwei völlig unterschiedlichen Gesellschaftsformen anscheinend unbeschadet überstanden hatte.

Trotz der überraschend hohen Parallelität und der anfänglich schnellen Etablierung des westdeutschen Parteiensystems auf gesamtdeutscher Ebene wiesen die Parteiensysteme in Ost und West Besonderheiten auf, die sich im Zeitverlauf immer stärker als separate Entwicklungstendenzen herauskristallisierten.[159] Die Landtagswahlen von 1994 bis 1998 haben in den neuen Bundesländern fast durchgängig ein Parteiensystem hervorgebracht, das sich von dem Parteiensystem in den alten Bundesländern deutlich unterscheidet. Die beiden Volksparteien CDU und SPD sind zwar in Ost und West ähnlich stark, auf der Ebene der Mittel- und Kleinparteien haben sich aber einige Veränderungen ergeben. Während FDP und Grüne von 1994 an den Wiedereinzug in die Landtage nicht geschafft haben[160], ist die PDS in allen Landtagen in den neuen Bundesländern vertreten, während sie in den alten Bundesländern in keinem Landtag repräsentiert ist.[161]

---

157 Die Bezeichnung „neue Länder" bezieht sich auf das Gebiet der DDR mit Ost-Berlin. In Analysen der Meinungs- und Wahlforschung ist die Zuordnung Berlins zum Wahlgebiet Ost oder West uneinheitlich. 1990 und 1994 wurde West-Berlin zu den neuen Ländern gerechnet, 1998 zu den alten. In den zu unterschiedlichen Zeiten herausgegebenen Berichten der statistischen Ämter und den Studien der Wahlforschung enthalten die Wahlergebnisse leichte Abweichungen. Manchmal ist das vorläufige Wahlergebnis Analysebasis, nicht das endgültige amtliche. Z. T. berechnen statistische Ämter Wahlergebnisse aufgrund von Gebietsreformen „neu". Die hier vorgestellten Wahlergebnisse stammen von den statistischen Landesämtern und statistischen Bundesamt (http://www.destatis.de) bzw. vom Bundeswahlleiter (http://www.bundeswahlleiter.de, 1. Januar 2003, mit Links zu den Ländern). Für die Wahlen 1990: Statistisches Bundesamt, 1992.

158 Am 16./17. Januar 1993 wurde der 1992 unterzeichnete Assoziationsvertrag zwischen Die Grünen und Bündnis 90 angenommen; im April 1993 fand die Urabstimmung darüber und vom 14.-16. Mai 1993 die 1. Ordentliche Bundesversammlung von Bündnis 90/Die Grünen (Grüne) statt.

159 Veen, 1995, S. 117 ff., Linnemann, 1994.

160 Die Ausnahme bildet Sachsen-Anhalt. Dort ist es den Grünen 1994 gelungen, in den Landtag einzuziehen. Sie stellten bis zur Landtagswahl 1998 gemeinsam mit der SPD die Regierung, obwohl sie nicht über eine Mehrheit im Landtag verfügten. Diese Minderheitenregierung war von der Tolerierung der PDS im Landtag abhängig. Bei der Landtagswahl 1998 scheiterten die Grünen an der 5-%-Hürde und sind seither in keinem ostdeutschen Landtag mehr vertreten.

161 Seit er am 7. Januar 1999 Mitglied der PDS wurde, hatte sie mit Christian Schwarzenholz, der 1998 über die Liste der Grünen gewählt wurde, einen fraktionslosen Abgeordneten im Niedersächsischen Landtag. Vgl. http://www.landtag-niedersachsen.de/abgeordnete, 17. August 1999.

Das unerwartete Erstarken der postkommunistischen PDS zählt zu den Besonderheiten des ostdeutschen Parteiensystems. In Ostdeutschland hat sich somit bis 1998 und darüber hinaus ein regionales Dreiparteiensystem etabliert, das sich aus CDU, SPD und PDS zusammensetzt. Die Wahlerfolge der DVU, die in Sachsen-Anhalt 1998 mit 12,9 Prozent und in Brandenburg 1999 mit 5,3 Prozent in den Landtag einzog, sind Ausnahmen, von denen keine nachhaltigen Auswirkungen auf das Parteiensystem zu erwarten sind.[162]

Die PDS erhob den Anspruch, mit ihrer diktatorischen Vergangenheit gebrochen und sich für einen demokratischen Sozialismus ausgesprochen zu haben.[163] Damit kann sie als „qualitativ neuartige" Partei bezeichnet werden.[164] Ob dieser Anspruch bis zum heutigen Tag verwirklicht wurde, ist allerdings fraglich. Ungeachtet dessen, dass der demokratische Charakter der PDS ambivalent bewertet werden kann, hat ihre Integration in das Regierungssystem 1994 begonnen. Mit der Tolerierung der Minderheitenregierung von SPD und Grünen in Sachsen-Anhalt durch die PDS (1994-1998) teilte sie Regierungsverantwortung, ohne selbst Mitglied der Regierung zu sein.[165] Dieser Integrationsprozess wurde 1998 fortgesetzt.[166] Nach der Landtagswahl in Mecklenburg-Vorpommern bildete die PDS gemeinsam mit der SPD eine Koalition, in Sachsen-Anhalt tolerierte die PDS von 1998 bis 2002 eine SPD-Minderheitsregierung.

Die Integration der PDS in das Regierungssystem hängt unmittelbar mit den Wahlerfolgen zusammen. Der rasante Wandlungsprozess in der DDR mündete in die erste demokratische Wahl zur Volkskammer am 18. März 1990. Damit erhielt die Transformation von der Diktatur zur Demokratie ihre Legitimation. Die PDS, als Repräsentant des *ancien régime*, stand vor der Herausforderung, im Parteiensystem und somit im demokratischen Wettbewerb bestehen zu müssen. Das Ergebnis[167] der ersten freien Wahl in der DDR rief Überraschungen hervor. In den Meinungsumfragen im Vorfeld der Volkskammerwahl hatte sich statt des Sieges der konservativen Allianz für Deutschland[168] eher eine Stärke der Sozialdemokratie abgezeichnet. Auch das verhältnismäßig gute Abschneiden der PDS (mit 16,4 Prozent) wurde nicht erwartet.[169]

---

162 Neu/Wilamowitz-Moellendorff, 1998b.
163 Vgl. Außerordentlicher Parteitag, 1990b, S. 41 ff. Michael Schumann hielt den Vortrag: „Wir brechen unwiderruflich mit dem Stalinismus als System!" Referat zur „Krise in der Gesellschaft und zu ihren Ursachen, zur Verantwortung der SED".
164 Welzel, 1992, S. 128.
165 Auf kommunaler Ebene, die anderen Gesetzmäßigkeiten als die Bundes- oder Landesebene unterliegt, kam es vor 1998 kontinuierlich zu Kooperationen mit der PDS, wenn auch meist ohne Koalitionsvereinbarungen (außer z. B. in Weimar) und auf der Basis wechselnder Mehrheiten.
166 Vgl. Hoffmann/Neu, 1998.
167 Vgl. infas-Report Wahlen, 1990a, Forschungsgruppe Wahlen, 1990a. Das Wahlergebnis der VKW: CDU: 40,8 %; SPD: 21,9 %; PDS: 16,4 %; DSU: 6,3 %; Bund Freier Demokraten, 5,3 %; Bündnis 90: 2,9 %; DBD: 2,2 %; Grüne Partei/Unabhängiger Frauenverband: 2,0 %.
168 CDU, Demokratischer Aufbruch, DSU.
169 Vgl. Roth, 1990, S. 369 ff.; Jung, 1990; Gibowski, 1990; Falter, 1995, S. 255 ff.

Für die PDS bedeutete das Wahlergebnis zunächst eine Konsolidierung auf einem relativ hohen Niveau, wodurch sie Zeit gewann, die inneren Verhältnisse der neuen Situation anzupassen. Die Wahlen im Jahr der Vereinigung 1990 gaben der PDS wenig Anlass zum Optimismus. Bei den Landtagswahlen vom 14. Oktober 1990 konnte sie in keinem Bundesland an das Ergebnis der Volkskammerwahl anknüpfen und bei der Bundestagswahl vom 2. Dezember 1990[170] musste sie Verluste hinnehmen. Innerhalb nur eines Jahres hatte sich auf der Strecke von der Volkskammer- zur Bundestagswahl die PDS-Wählerschaft in absoluten Stimmen gerechnet fast halbiert, relativ büßte sie 5,3 Prozentpunkte ein. Der Verlust eines großen Teils der Wählerschaft wurde von einem drastischen Mitgliederschwund und heftigen innerparteilichen Auseinandersetzungen und Skandalen begleitet. Mit einem gesamtdeutschen Wahlergebnis von 2,4 Prozent gelang ihr zwar der Einzug in den 12. Deutschen Bundestag, wenn auch nur durch die für die Wahlgebiete Ost und West getrennt geltende Fünf-Prozent-Hürde. Aufgrund dieser Ausgangslage war es unwahrscheinlich, dass es der PDS gelingen würde, ihre Position im Parteiensystem zu festigen oder auszubauen. Man vermutete, die PDS sei dem „Untergang"[171] geweiht.

Die Aussichten der PDS für die Wahlen 1994 waren somit schlecht. Um so mehr erstaunte ihr Abschneiden bei der Kommunalwahl im Dezember 1993 in Brandenburg, mit der das „Super-Wahljahr" 1994 für die PDS eigentlich begann. Sie wurde mit einem Stimmenanteil von 21,2 Prozent knapp vor der CDU (20,6 Prozent) zweitstärkste Partei. Gegenüber der Kommunalwahl 1990 legte sie in Brandenburg 4,6 Prozentpunkte zu. Dieses unerwartet gute Abschneiden der PDS machte klar, dass mit ihr im Wahljahr 1994 zu rechnen sein würde.[172] Der Aufwärtstrend setzte sich fort. Bei der Europawahl im Juni 1994 erreichte sie bundesweit 4,7 Prozent und verfehlte damit knapp den Einzug in das Europäische Parlament. Auch bei den Kommunal- und Landtagswahlen in den neuen Ländern konnte sie die Ergebnisse der Vorwahlen durchgängig verbessern.

Die PDS hat bei der Bundestagswahl 1994 insgesamt 4,4 Prozent der Zweitstimmen erreicht.[173] In den alten Bundesländern kam sie (mit West-Berlin) auf 1,0 Prozent, in den neuen Bundesländern (mit Ost-Berlin) auf 19,8 Prozent der gültigen Stimmen. Damit verbesserte sie ihr Ergebnis im Vergleich zur Bundestagswahl 1990 um 2,0 Prozentpunkte. In Westdeutschland hatte sie ihren Stimmenanteil verdreifacht (Zugewinn: 0,7 Prozentpunkte). In Ostdeutschland konnte sie ihr Ergebnis um 8,7 Prozentpunkte

---

170 Gregor Gysi wurde 1990 in Berlin-Hellersdorf-Marzahn direkt in den Bundestag gewählt.
171 Moreau, 1992a, S. 459.
172 Neu, 1994c.
173 Nach § 6 Abs. 6 BWahlG nehmen Parteien, die im Wahlgebiet nicht wenigstens 5 % der Stimmen erzielt haben, an der Verteilung der Mandate teil, wenn sie drei Direktmandate („Grundmandate") erworben haben. 1994 zog die PDS mit 30 Abgeordneten in den Bundestag ein, nachdem sie in Berlin-Mitte-Prenzlauer Berg (Stefan Heym), Berlin-Friedrichshain-Lichtenberg (Christa Luft); Berlin-Hellersdorf-Marzahn (Gregor Gysi) und Berlin-Hohenschönhausen-Pankow-Weißensee (Manfred Müller) Direktmandate gewonnen hatte.

verbessern. Betrachtet man die absoluten Stimmen, hat die PDS bei der Bundestagswahl 1994 ihr bis dahin bestes bundesweites Wahlergebnis erreicht. Sie konnte zwei Millionen Wähler mobilisieren, mehr noch als bei der Europawahl im gleichen Jahr (s. o.).

Tabelle 10: Wahlergebnisse der PDS:
Volkskammerwahl, Bundestagswahlen, Europawahlen 1990-2002

	Erststimmen	%	Zweitstimmen	%
VKW 1990: Ost			1.886.116	16,4
BTW 1990: insgesamt	1.049.245	2,3	1.129.578	2,4
West	427	0,0	126.196	0,3
Ost	1.048.818	11,7	1.003.382	11,1
BTW 1994: insgesamt	1.920.420	4,1	2.066.176	4,4
West	165.332	0,4	368.952	1,0
Ost	1.755.088	20,5	1.697.224	19,8
BTW 1998: insgesamt	2.416.781	4,9	2.515.454	5,1
West	295.701	0,7	460.681	1,2
Ost	2.121.080	20,1	2.054.773	21,6
BTW 2002: Insgesamt	2.079.203	4,3	1.916.702	4,0
West	407.487	1,0	442.136	1,1
Ost	1.671.716	19,2	1.474.566	16,9
EUW 1994: insgesamt			1.670.316	4,7
West			183.162	0,6
Ost			1.487.154	20,6
EUW 1999: insgesamt			1.567.745	5,8
West			273.239	1,3
Ost			1.294.506	23,0

Erzielte Mandate: VWK 1990: 66 (von 400); BTW 1990: 17 (von 662); BTW 1994: 30 (von 672); BTW 1998: 36 (von 669); BTW 2002: 2 Direktmandate. EUW 1999: 6 (von 99 deutschen Mandaten).

Auch 1998 hielt der Aufwärtstrend der PDS an. In Sachsen-Anhalt hat sie zwar relativ 0,3 Prozentpunkte verloren, durch die gestiegene Wahlbeteiligung jedoch Stimmen hinzugewonnen. In Mecklenburg-Vorpommern konnte sie ihr Ergebnis sowohl relativ als auch absolut verbessern. Bei der Bundestagswahl am 27. September 1998 erreichte die PDS erneut Zugewinne. Mit einem bundesweiten Zweitstimmenanteil von 5,1 Prozent konnte die PDS zum ersten Mal in Fraktionsstärke in den Bundestag einziehen.[174]

---

174 Auch ohne Überspringen der 5-%-Hürde wäre die PDS wegen der Grundmandatsklausel 1998 in den Bundestag eingezogen. Sie gewann, wie schon 1994, vier Direktmandate: Berlin-Mitte-Prenzlauer Berg (Petra Pau); Berlin-Friedrichshain-Lichtenberg (Christa Luft); Berlin-Hellersdorf-Marzahn (Gregor Gysi); Berlin-Hohenschönhausen-Pankow-Weißensee (Manfred Müller).

Die PDS ist auch nach der dritten gesamtdeutschen Wahl eine ostdeutsche Regionalpartei geblieben. In den alten Ländern kam sie auf 1,2 Prozent (+0,2 Punkte), in den neuen Ländern auf 21,6 Prozent (+1,8 Punkte). Insgesamt gewann sie 0,7 Punkte hinzu. Im Vergleich zur Bundestagswahl 1990 hat sie ihr relatives Ergebnis mehr als verdoppelt.

Tabelle 11: Wahlergebnisse der PDS in den neuen Bundesländern:
Volkskammerwahl, Bundestagswahlen, Europawahlen 1990-1999

	Brandenburg	Meckl.-Vorpommern	Sachsen-Anhalt	Sachsen	Thüringen	Ost-Berlin
VKW 1990[1]						
Stimmen	335.822	305.123	293.605	472.037	217.960	261.569
%	18,3	22,8	14,0	13,6	11,4	30,0
Wahlbeteiligung	93,5	92,9	93,4	93,6	94,5	90,7
BTW 1990						
Erststimmen	166.998	138.877	158.333	253.066	133.003	198.786
% der Erststimmen	11,8	14,1	10,0	9,2	8,8	27,9
Zweitstimmen	157.022	141.906	149.053	251.217	125.154	179.279
% der Zweitstimmen	11,0	14,2	9,4	9,0	8,3	24,8
Wahlbeteiligung	73,8	70,9	72,2	76,2	76,4	76,0
BTW 1994						
Erststimmen	276.820	239.040	264.007	437.858	233.318	326.045
% der Erststimmen	20,3	24,4	17,6	17,2	16,4	40,9
Zweitstimmen	264.239	231.835	270.212	427.694	245.084	258.160
% der Zweitstimmen	19,3	23,6	18,0	16,7	17,2	34,7
Wahlbeteiligung	71,5	72,8	70,4	72,0	74,9	77,2
BTW 1998						
Erststimmen	324.723	268.362	326.008	567.154	332.942	301.891
% der Erststimmen	21,1	24,8	20,1	19,7	21,0	39,3
Zweitstimmen	313.090	257.464	337.393	577.764	338.200	230.862
% der Zweitstimmen	20,3	23,6	20,7	20,0	21,2	30,0
Wahlbeteiligung	78,1	79,4	77,1	81,6	82,3	80,1
EUW 1994						
Stimmen	177.746	230.815	259.293	397.430	230.118	211.055
%	22,6	27,3	18,9	16,6	16,9	15,9
Wahlbeteiligung	41,5	65,8	66,1	70,2	71,9	53,5
EUW 1999						
Stimmen	156.313	165.597	213.539	391.126	229.453	160.580
%	25,8	24,3	20,9	21,0	20,6	16,7
Wahlbeteiligung	30,0	50,8	49,5	53,6	58,1	39,9

1)   Da es damals noch keine Länder in der DDR gab, wurden die Wahlergebnisse der Bezirke addiert.

Die Struktur der Hochburgen[175] ist seit der Volkskammerwahl 1990 bei der PDS relativ stabil geblieben. Strukturell gehören zu den Hochburgen der PDS die Großstädte (insbesondere Berlin) und die Verwaltungszentren bzw. die Bezirkshauptstädte der DDR (Rostock, Erfurt, Potsdam, Magdeburg, Dresden). Mecklenburg-Vorpommern, Brandenburg, Ost-Berlin und Sachsen-Anhalt zählen zu den Hochburgen. Zwar hat die PDS in den nördlichen Ländern nach wie vor ihren Schwerpunkt, doch 1998 konnte die PDS auch in Thüringen und in Sachsen, in denen sie unterdurchschnittlich vertreten war, deutliche Gewinne verzeichnen, wodurch sich die Struktur der Hochburgen abschliff. Die Wahlen von 1998 hatten die PDS nicht nur auf relativ hohem Niveau bestätigt, sie zeigen auch eine Harmonisierung des bislang bestehenden Nord-Süd-Gefälles (ohne Berlin). Während 1994 zwischen dem besten Wahlergebnis (Mecklenburg-Vorpommern, 23,6 Prozent) und dem schlechtesten Ergebnis (Sachsen 16,7 Prozent) noch 6,9 Prozentpunkte lagen, ist diese Differenz 1998 auf 3,6 Prozentpunkte zusammengeschmolzen. Dennoch ist der Aufwärtstrend nicht konstant. Wiewohl die PDS überall Zugewinne verzeichnen konnte, verlor sie bei der Bundestagswahl 1998 in ihrer Hochburg Ost-Berlin 4,7 Prozentpunkte und kam auf ein Ergebnis von 30,0 Prozent.

Tabelle 12: Wahlergebnisse der PDS bei Landtagswahlen: neue Bundesländer 1990-1999

	Brandenburg	Meckl.-Vorpommern	Sachsen-Anhalt	Sachsen	Thüringen	Ost-Berlin
LTW 1990						
Stimmen	170.804	140.397	169.319	269.420	136.098	170.666
%	13,4	15,7 ·	12,0	10,2	9,7	23,6
Wahlbeteiligung	67,1	64,7	65,1	72,8	71,8	76,2
LTW 1994/95						
Stimmen	200.628	221.814	225.243	339.619	235.556	221.731
%	18,7	22,7	19,9	16,5	16,6	36,6
Wahlbeteiligung	56,3	72,9	54,8	58,4	74,8	64,1
LTW 1998/99[1)]						
Stimmen	257.309	264.299	293.475	480.317	247.906	235.890
%	23,3	24,4	19,6	22,2	21,3	39,5
Wahlbeteiligung	54,3	79,4	71,5	61,1	59,9	62,5

1) Um für alle Länder drei Wahlen abbilden zu können, wurden Thüringen, Sachsen-Anhalt und Brandenburg, die wegen der 5-jährigen Legislaturperiode erst 1999 wählten, mit aufgenommen.

Die Landtagswahlen offenbaren ebenfalls ein Abschleifen der Hochburg-Strukturen. Die PDS hat in ihren ursprünglich nur unterdurchschnittlich starken Regionen am stärksten zugelegt. In Brandenburg, Sachsen-Anhalt, Sachsen und Thüringen hat sie von

---

175 Vgl. Falter/Klein, 1994, S. 23.

1990 bis 1998 ihr Wahlergebnis etwa verdoppelt. In Ost-Berlin und in Mecklenburg-Vorpommern konnte sie ihre gute Position verstärkt ausbauen.

Tabelle 13: Wahlergebnisse der PDS in Berlin 1990-1999 (in Prozent)

		West	Ost	insgesamt
1990	VKW	–	30,0	–
	AGH	1,1	23,6	9,2
	BTW	1,3	24,8	9,7
1994	EUW	2,3	40,1	15,9
	BTW	2,6	34,7	14,8
1995	AGH	2,1	36,3	14,6
1998	BTW	2,7	30,0	13,4
1999	EUW	3,6	41,1	16,7
	AGH	4,2	39,5	17,7

Einen Sonderfall stellt Berlin dar. Während sich die PDS in allen anderen Ländern kontinuierlich verbesserte, musste sie in Berlin bei der Bundestagswahl 1998 Verluste hinnehmen. Dennoch ist Ostberlin nach wie vor „die" Hochburg der PDS.

In den alten Bundesländern reduziert sich die Analyse auf die Bundestagswahlen, da die PDS – von einigen Ausnahmen abgesehen – nicht kontinuierlich an Landtagswahlen teilgenommen hat und somit eine Vergleichsbasis nicht gewährleistet ist. Der Zuwachs der PDS in den alten Ländern fand auf niedrigem Niveau statt. Außer den Stadtstaaten Hamburg und Bremen, in denen sie über 2 Prozent hinauskam und auch dort nur als Splitterpartei zu sehen ist, gelang ihr in keinem Land ein nennenswerter Anstieg.

In Westdeutschland liegen die Hochburgen der PDS in den größeren Städten. Überdurchschnittlich gut schnitt sie 1994 in Dienstleistungszentren[176] ab. Gleichfalls konnte sie in Gebieten mit einem hohen Arbeitslosenanteil mehr Wähler gewinnen als in Regionen mit wenig Arbeitslosen. Ihre Zugewinne in Arbeitergebieten waren unterdurchschnittlich, in Gebieten mit hohem Angestellten- und Beamtenanteil überdurchschnittlich. In katholischen Gebieten schnitt sie unterdurchschnittlich ab. Erste Achtungserfolge gelangen ihr in Hochburgen der Grünen (z. B. in Bremen), wo sie auch die höchsten Zuwächse erzielte. In ehemaligen DKP-Hochburgen (z. B. Marburg) schnitt sie ebenfalls überdurchschnittlich gut ab. Detaillierte Auswertungen nach Strukturtypen liegen für 1998 nicht vor. Aber auch in jenem Jahr zeigten sich zwischen PDS und Grünen Überschneidungen in den Schwerpunkten. In den Großstädten West-Berlin, Hamburg, Bremen und Frankfurt liegen sowohl die Hochburgen der Grünen als auch der PDS.

---

176 Infas-Report Wahlen, 1994, Anhang, ohne Seitenabgabe; Dienstleistungszentren: Anteil der Beschäftigten im Dienstleistungssektor über 56,0 %, Dichte über 500 Einwohner je km².

In den neuen Ländern ergeben sich abweichende, aber auch gleiche Strukturen der Hochburgen. Nach der Infas-Wahlanalyse[177] hat die PDS Schwerpunkte in Dienstleistungszentren. Überdurchschnittlich gut schnitt sie dort ab, wo die CDU besonders schwach repräsentiert war und die Grünen ihre Schwerpunkte hatten. In den ländlich-gewerblich und in den gemischt-gewerblichen Strukturtypen lagen ihre schwächsten Wahlergebnisse. Dies weist darauf hin, dass die PDS von einem urbanen Milieu profitiert. Die schon auf Länderebene sichtbaren Nivellierungstendenzen finden sich auch auf der strukturellen Ebene. Die PDS gewann 1998 dort hinzu, wo sie 1994 noch unterrepräsentiert war. Dies gilt für Regionen mit niedriger Bevölkerungsdichte, einem hohen Anteil von Beschäftigten in der Landwirtschaft, einem niedrigen Ausländeranteil und einer hohen Arbeitslosenquote; sprich: die Merkmale des ländlichen Raumes.[178] Bei der Bundestagswahl 1998 gelang es der PDS, in CDU-Hochburgen überdurchschnittliche Zuwachsraten zu erzielen.[179] Dort lagen noch 1994 die „Diaspora"-Gebiete der PDS. In den hoch verdichteten, städtischen Gebieten hat die PDS 1998 nicht zugelegt. In einigen Städten musste sie Verluste hinnehmen (Potsdam, Rostock, Schwerin).

In den strukturellen Veränderungen spiegeln sich zwei Befunde wider. Die PDS ist zum einen Milieupartei geblieben, zum anderen hat sie sich zu einer (nicht im ideologischen Sinn) Volkspartei entwickelt. Typisch für die Milieupartei sind die angestammten Hochburgen der PDS, insbesondere die Ost-Berliner Wahlkreise. In Ost-Berlin findet sich der Typus ihrer ursprünglichen Wählerklientel: zu DDR-Zeiten Privilegierte, die in Partei, Staat, Hochschulen, Massenorganisationen, den bewaffneten Organen oder für die Staatssicherheit arbeiteten. Diese Bevölkerungsgruppe gehörte der SED an und verfügt wahrscheinlich als alte DDR-Nomenklatura über eine enge Anbindung an die PDS. Der Anteil der „ideologischen Einheitsverlierer" ist dort zwangsläufig am stärksten vertreten. Dies lässt sich durch einige Zahlen verdeutlichen: In Ost-Berlin hatte die SED 193.000 Mitglieder, davon etwa 20.000 hauptamtliche Parteifunktionäre und 5.000 Mitarbeiter des ZK, rund 45.000 hauptamtlich Beschäftigte des MfS, etwa 3.000 Mitarbeiter des FDGB; ca. 1.000 Angestellte hatten die DSF und der Kulturbund, der Anteil der SED-Mitglieder bei der AdW, der Akademie der Künste und der Humboldt-Universität dürfte bei ca. 10.000 gelegen haben.[180] Die PDS erhielt in Ost-Berlin bei allen vergangenen Wahlen etwa 200.000 Stimmen. Dies entspricht in etwa der Anzahl der ehemaligen SED-Mitglieder. Zwar lässt sich durch die Aggregatdaten nicht die These belegen, dass alle ehemaligen SED-Mitglieder die PDS wählen, aber zumindest weisen diese Zahlen eine auffällige Ähnlichkeit auf und können als Hinweis auf die Anbindung der ehemaligen DDR-Nomenklatura an die SED-Nachfolgepartei gesehen werden.

---

177 Infas-Report Wahlen, 1994, Anhang, ohne Seitenangabe.
178 Infratest dimap, 1998, S. 77, 83.
179 Daraus ist nicht zu folgern, dass die PDS überdurchschnittlich von CDU-Wählern unterstützt wurde (ökologischer Fehlschluss).
180 Vgl. Welt am Sonntag vom 19. Juni 1994.

Diese Merkmale sind typisch für den Milieucharakter der Partei und ihrer Anhängerschaft. Die PDS ist in Ostdeutschland – was sich am besten in Ost-Berlin ablesen lässt – die wohl einzige Partei mit einer an ein Milieu gebundenen Anhängerschaft. Hier wirken die von der SED geschaffenen Sozialisationsmuster nach und erzeugen eine von DDR-Nostalgie geprägte Bindung an die PDS, die aus einer Mischung zwischen Ost-Solidarität und anti-westlichen Ressentiments besteht.

Der PDS ist es bis 1998 gelungen, diese Milieustrukturen zu konservieren und darüber hinaus in „Diaspora"-Gebieten erheblich zu mobilisieren. Ihre Zuwächse vollzogen sich nicht mehr in den Hochburgen von 1990 und 1994, sondern dort, wo vor allem die CDU stark war: im ländlichen Raum. Die PDS hat ihre Wählerschaft strukturell ausgebaut. Damit trägt sie im Osten die Züge einer in Milieus verwurzelten, aber über diese hinaus mobilisierenden Volkspartei.[181]

2.5.1 Wählerwanderungen

Aufschluss über die Quellen des Wählerzustroms der PDS können die Wählerwanderungsbilanzen geben. Die von Infas entwickelte und von Infratest dimap fortgeführte Methode ist in der sozialwissenschaftlichen Forschung umstritten.[182] Laemmerholds 1983 vorgetragene Bedenken dürften trotz permanent fortentwickelter Methoden bis heute ihre Gültigkeit behalten haben. Die Wählerwanderungsbilanz speist sich aus mehreren Quellen, die auf unterschiedlichen Ebenen erhoben werden: der Individual- und Aggregatebene. Die Individualdaten stammen aus der Wahltagsbefragung (exit polls). Es fließen auch Umfragedaten aus dem Vorfeld der Wahlen ein. Auf der Aggregatebene werden Informationen aus der amtlichen Statistik (Zu- und Fortzüge, Sterbetafel) sowie die Wahlergebnisse selbst genutzt. Mit Ausnahme der Wahlergebnisse gibt es bei den Aggregatdaten die Qualitätsprobleme, die jeder amtlichen Statistik innewohnen, sowie die Gefahr eines Fehlschlusses.[183] Individualdaten (insbesondere bei kleinen Stichproben) leiden unter der Unzuverlässigkeit der Umfrageergebnisse.[184] Seit 1990 werden bei

---

181 Die Einstufung als „Volkspartei" erfolgt nur für die sozialräumliche und sozialstrukturelle Zusammensetzung der Wählerschaft und dient zur Abgrenzung gegenüber einer Milieu- oder Klassenpartei. Die Programmatik der PDS ist die einer Gesinnungs- oder Weltanschauungspartei.

182 Vgl. Laemmerhold, 1983; Küchler, 1983.

183 Vgl. Bürklin, 1988, S. 37.

184 Die Umfrageergebnisse weichen z. T. deutlich über den statistischen Stichprobenfehler von dem Wahlergebnis ab. Häufig wird dann von Fehlertoleranzen gesprochen: Der wahre Wert einer Grundgesamtheit entspricht nicht dem ermittelten Wert. Wenn z. B. in einer Umfrage mit 1.000 Befragten 40 % angeben, die CDU zu wählen, ist der wahre Wert für die CDU 40 % ± 3 %. Konfidenzintervalle sollen ungewichtete Daten „sicherer" machen. In der Praxis veröffentlichen Umfrageinstitute gewichtete Daten. Die Gewichtung hat den Zweck, Fehlertoleranzen zu verringern. So kommt die Fehlertoleranz als eine Art Zugabe auf die gewichteten Ergebnisse hinzu. Vgl. Infratest dimap, „Deutschlandtrend" (Monatliche Umfrage zur politischen Stimmung im Auftrag von ARD/ „Bericht aus Berlin" und 8 Tageszeitungen, erscheint seit November 1997 monatlich).

Bundestagswahlen Wahltagsbefragungen durchgeführt.[185] Diese haben den Vorteil der Stichprobengröße (mehr als 20.000 Befragte) und den Nachteil, dass nur Urnenwähler in die Stichprobe eingehen. Die Wahltagsbefragung hat aufgrund der großen Datenbasis die Wählerwanderungsbilanz sicherlich verbessert. Unschärfen sind dennoch nicht auszuschließen. Wählerwanderungsbilanzen werden als Richtungsindikator interpretiert.

Tabelle 14: Wählerwanderungsbilanz der PDS bei Bundestagswahlen (Saldo) 1990-1998:
neue Bundesländer

		1990 – 1990	1990 – 1994	1994 – 1998
Austausch	CDU	-47.000	+163.000	+130.000
	SPD	-253.000	+178.000	+50.000
	FDP	-69.000	+94.000	+10.000
	Grüne	-61.000	+76.000	+30.000
	REP/Rechte	-13.000	+17.000	-20.000
	Sonstige	+15.000	+24.000	-20.000
Wähler/Nichtwähler		-446.000	+112.000	+160.000
Generationswechsel		+15.000	+49.000	+20.000
Ortswechsel		-30.000	-2.000	-20.000
	alte Bundesländer			
Austausch	CDU	+1.000	+20.000	-40.000
	SPD	+12.000	+58.000	+40.000
	FDP	+3.000	+15.000	+10.000
	Grüne	+67.000	+34.000	+20.000
	REP/Rechte	+3.000	+11.000	-10.000
	Sonstige	+1.000	+25.000	+20.000
Wähler/Nichtwähler		+6.000	+41.000	+30.000
Generationswechsel		+31.000	+20.000	+30.000
Ortswechsel		+2.000	+4.000	-10.000

Quelle: 1990-1990: Infas-Report Wahlen, 1990c, S. 108, S. 115; 1990-1994: Infas-Report Wahlen, 1994, S. 55 (inklusive Berlin; eigene Berechnung); 1994-1998: Infratest dimap, 1998, S. 50 (Alte Länder: inklusive West-Berlin; Neue Länder: inklusive Ost-Berlin)

Nach den Wählerwanderungsbilanzen von Infas und Infratest dimap folgen die Gewinne und Verluste der PDS zwischen 1990 und 1998 nicht den theoretischen Erwartungen über Wähleraustausch innerhalb von Lagern oder ideologisch-politischen Gruppen. Betrachtet man die neuen Bundesländer, entsprechen nur die Verluste aus dem Jahr 1990 den Erwartungen. Hier verlor die PDS zwischen Volkskammer- und Bundestagswahl die meisten Wähler (-253.000) an die SPD, und durch die gesunkene Wahlbeteili-

---

185 Roth, 1998, S. 81 ff.

gung (-18,7 Prozentpunkte) gab sie auch erheblich Stimmen an das Nichtwählerlager ab (-446.000). Doch bei der Bundestagswahl 1994 und 1998 folgten die Wählerströme nicht den gängigen Annahmen vom Wahlverhalten innerhalb politischer Lager. Die PDS gewann zwar auch von der SPD und den Grünen (insgesamt +254.000 Stimmen), aber aus dem bürgerlichen Lager ist die Netto-Bilanz etwa gleich groß (+257.000 Stimmen). Dieser 1994 erkennbare Trend setzte sich 1998 fort. Die PDS mobilisierte im Saldo nochmals 130.000 ehemalige Wähler der CDU. Dies ist – neben dem Zuwachs aus dem Nichtwählerlager – der stärkste Zustrom, den die PDS 1998 verzeichnet.

Der Wähleraustausch zwischen CDU und PDS widerspricht der politischen Positionierung der beiden Parteien, die sich im Parteiensystem als Antipoden gegenüberstehen und auch als solche wahrgenommen werden. Leider liegen keine verwertbaren Daten über die Motive der Wechselwähler vor. Diese für westdeutsche Verhältnisse ungewöhnlichen Austauschprozesse sind in den neuen Ländern eher die Regel denn die Ausnahme. So zeichnen sich die Wähler in den neuen Ländern insgesamt durch eine große Volatilität aus, die bei jeder Wahl zu erheblichen Veränderungen des Vorwahlergebnis führen kann. Bislang liegen keine systematischen Untersuchungen über die Ursachen für das erhebliche Ausmaß der Wechselwahlbereitschaft in den neuen Ländern vor. Wahrscheinlich spielen mehrere Faktoren eine Rolle. Das weitgehende Fehlen langfristiger Parteibindungen und Protestwahlverhalten aufgrund politischer und wirtschaftlicher Unzufriedenheiten dürften einen starken Einfluss haben.

In den alten Ländern entsprechen die Wahlergebnisse der PDS denen einer Splitterpartei. Die PDS zog 1990 Nutzen aus dem schlechten Abschneiden der Grünen. Fast die Hälfte der Wähler, die die PDS 1990 im Westen gewann, votierte bei der vorherigen Wahl für die Grünen. Im Jahre 1994 profitierte sie von der SPD und den Grünen, gewann aber auch in geringerem Umfang von der Union und der FDP; 1998 verlor sie Wähler an die Union. Die Verluste konnte sie durch ehemalige SPD-Wähler kompensieren. Bei jeder Wahl mobilisierte die PDS aus dem Nichtwählerlager und durch den Generationswechsel zusätzlich Wähler. Die Zusammensetzung der Wählerströme deutet darauf hin, dass die geringen Zugewinne überwiegend aus dem Lager der „Linken" stammen, sie aber auch aus anderen politischen Lagern Wähler mobilisieren kann, was eher auf eine Protestpartei hindeutet.

Es stellt sich nun die Frage, wie sich das Zugewinnkonto der PDS insgesamt zusammensetzt, wie der relative Anteil des Zuwachses auf die unterschiedlichen Parteien verteilt ist. Im Ost-West-Vergleich fällt bei den Wahlen 1994 und 1998 auf, dass der relative Anteil der Union am Anwachsen der PDS sehr stark war, während sie in den alten Ländern überwiegend lagerkonforme Wähler ansprach. Wer die Zusammensetzung der Wählerzugewinne in Ost und West vergleicht, erkennt, dass die PDS 1994 von den beiden Volksparteien nur unterdurchschnittlich profitierte, während sie von den kleineren Parteien und dem Nichtwählerlager überdurchschnittlich viele Wähler gewinnen konnte.

Tabelle 15: Zusammensetzung der PDS-Wählerzugewinne und -verluste bei Bundestagswahlen 1990-1998 (in Prozent)

	1990 Ost	1990 West	1994 Ost	1994 West	1998 Ost	1998 West
CDU	-5,4	1,0	24,5	9,8	34,2	*)
SPD	-28,9	12,9	26,8	28,4	13,1	40,0
FDP	-7,8	3,2	14,2	7,4	2,6	10,0
Grüne	-6,8	72,0	11,4	16,7	7,8	20,0
REP	-1,4	3,2	2,6	5,4	*)	*)
Sonstige	*)	1,0	3,6	12,3	*)	–
Nichtwähler	-51,0	6,4	16,9	20,0	47,0	30,0

Quelle: Eigene Berechnung anhand Infas- und Infratest-Wählerwanderungsbilanzen. Basis: saldierte Gewinne. Vgl. Infas-Report Wahlen, 1990c, S. 108, S. 114.; Infas-Report Wahlen, 1994, S. 55; Infratest dimap, 1998, S. 46, 50.

* Da die PDS 1990 bei den sonstigen Partein leichte Zugewinne hatte, wurden sie aus der Modellrechnung herausgenommen. 1998 wurden die rechtsextremen und sonstigen Parteien im Osten und die CDU und sonstigen Parteien im Westen aus der Modellrechnung herausgenommen, da die PDS gegenüber diesen Parteien Verluste hatte.

Die relative Zusammensetzung der Zugewinne der PDS zeigt, dass die PDS vor allem in den alten Bundesländern für eine heterogene Protestwählerklientel attraktiv ist. Bezieht man das Zugewinnkonto der 1990er Wahl in die Betrachtung mit ein, wird dieser Trend klarer. Im Jahre 1990 hat die PDS fast ausschließlich ehemalige Wähler der Grünen für sich gewinnen können (72 Prozent), deren Wahlverhalten häufig von Protestmotiven bestimmt wurde. Dieses Protestpotential fluktuierte zwischen Nichtwahl und der Wahl kleinerer, vorwiegend „unetablierter" Parteien, zu denen auch die Grünen zählen. Die PDS konnte selbst von den Republikanern Stimmen gewinnen. Dies ist ein Beleg für die These, dass Teile dieses Protestpotential keine oder nur eine schwache ideologische Bindung an Parteien aufweisen, der Protest also eher diffuser ideologischer Natur ist. Die Tatsache, dass fast ein Drittel der hinzugewonnenen Wähler in den alten Ländern bei der letzten Bundestagswahl die SPD gewählt hat, könnte ein Indiz für den langsamen Beginn einer Konkurrenzsituation sein, vergleichbar mit der Entwicklung der Grünen in den 80er Jahren. Doch ist das Ausmaß des Austausches so gering, dass diese Entwicklung nur wenig plausibel ist. Im Osten ist das Bild verschoben. Die 1994 neu hinzugewonnene Klientel kommt zu etwa je einem Viertel von SPD und CDU. Diese Klientel ist breiter über die Parteienlandschaft gestreut und kann weniger eindeutig dem linken Lager zugeordnet werden. Dies spricht dafür, dass die PDS in den neuen Ländern breiten Unmut zusätzlich mobilisiert und somit von aktuellen Unzufriedenheiten profitiert. Schließlich kamen die Zuwächse 1998 fast ausschließlich aus dem Lager ehemaliger Nichtwähler und von der CDU.

Tabelle 16: Frühere Wahlentscheidung der PDS-Wähler
alte Bundesländer 1990-1998 (in Prozent)

Recall	CDU/CSU	SPD	FDP	Grüne	PDS	REP	NW	sonstige/k. A.
PDS-Anhänger	6	14	1	16	33	7	15	8

Quelle: Konrad-Adenauer-Stiftung, Kumulierter Datenfile; Gesamtkumulation der Einzelstudien.

Betrachtet man das Wahlverhalten der PDS-Anhänger in den alten Ländern im kumulierten Überblick[186] von 1990 bis 1998, werden die Wählerwanderungsbilanzen von Infas und Infratest tendenziell bestätigt. Die PDS mobilisiert Wähler überdurchschnittlich stark im rot-grünen Lager, besonders bei den Bündnisgrünen, aber auch in der Gruppe der Nichtwähler und der Republikaner, einer Klientel, die zum Protestwahlverhalten neigt.

In den neuen Ländern stellt sich die Situation im Zeitverlauf anders dar. Dort hat die PDS vor allem von der SPD und vom Lager der Unentschlossenen Zuspruch gewinnen können. Dies gilt insbesondere für die Zuwachsphase ab 1994, als die PDS in Umfragen die Wähleranteile fast verdoppeln konnte.

Inwieweit die PDS in der Lage ist, innerhalb des linken Lagers Austauschprozesse in Gang zu setzen, verdeutlicht die Analyse des Stimmensplittings. Die PDS hat den Einzug in den Bundestag 1990 und 1994 bekanntlich nicht durch den Sprung über die Fünf-Prozent-Hürde geschafft. Sie gewann 1990 in Ost-Berlin ein, 1994 vier und 1998 ebenfalls vier Direktmandate. In den Jahren 1994 und 1998 hatte die PDS in den Wahlkreisen mit Aussicht auf Gewinn des Direktmandats erhebliche Erststimmenüberhänge.[187] Ihren Vorsprung von 1994 konnten die Direktbewerber 1998 ausbauen.

Durch dieses strategisch motivierte Wahlverhalten wurde der Einzug der PDS in den Bundestag 1994 erst möglich und 1998 abgesichert. Im Unterschied zur PDS verzeichnen kleinere Parteien normalerweise einen Zweitstimmenüberhang. Entweder unterstützen die Wähler größerer Parteien kleinere Parteien mit ihrer Zweitstimme, oder die Wähler kleinerer Parteien geben einem „aussichtsreicheren" Kandidaten einer größeren Partei ihre Erststimme. Bei der PDS wurde dieses Prinzip zwar umgekehrt, ist aber auf eine vergleichbare Motivation zurückzuführen: der kleineren Partei den Einzug in den Bundestag zu ermöglichen.

---

186 Alle empirischen Ergebnisse, die aus Umfragen der Konrad-Adenauer-Stiftung stammen, sind politisch (recall) gewichtet.

187 Differenz Erststimmen-Zweitstimmen (in Punkten) **1994**: Berlin-Hellersdorf-Marzahn (Gregor Gysi): +11,2; Leipzig I (Barbara Höll): +8,8; Berlin-Mitte (Stefan Heym): +7,4; Berlin-Friedrichshain (Christa Luft): +6,7; Potsdam (Rolf Kutzmutz): +6,0; Berlin-Hohenschönhausen (Manfred Müller): +3,5; Eberswalde-Bernau (Dagmar Enkelmann): +3,0. **1998**: Berlin-Hellersdorf-Marzahn (Gregor Gysi): +14,1; Berlin-Friedrichshain (Christa Luft): +9,5; Berlin-Mitte (Petra Pau): +9,1; Köpenick-Treptow (Lothar Bisky): +7,3; Berlin-Hohenschönhausen (Manfred Müller): +6,7; Potsdam (Rolf Kutzmutz): +6,5; Rostock (Wolfgang Methling): +4,9.

Tabelle 17: Frühere Wahlentscheidung der PDS-Wähler:
neue Bundesländer 1990-1998 (in Prozent)

Recall	1990	1991	1993	1994	1995	1996	1997	1998
CDU	4	2	3	7	3	3	5	12
SPD	4	4	10	17	13	10	13	14
FDP	3	8	1	2	–	1	–	–
Grüne	–	2	1	7	1	2	–	2
PDS	74	61	71	54	81	70	62	54
Sonstige	3	–	–	1	1	–	1	1
Nichtwähler	4	16	9	2	1	9	15	8
Nicht wahlberechtigt	3	–	–	1	–	3	–	6
k. A.	5	6	4	9	–	3	–	3

Quelle: Konrad-Adenauer-Stiftung, Kumulierter Datenfile.

2.5.2   Wählerpotenziale

Die Wahlgeschichte der PDS ist bis 1998 von einem kontinuierlichen Ausbau der Wählerschaft geprägt. Der wachsende Zuspruch lässt sich an den Umfragen der Meinungsforschungsinstitute ablesen.[188] Insgesamt unterlag die Wahlabsicht („Sonntagsfrage") in
den alten wie auch in den neuen Ländern deutlichen Schwankungen. Betrachtet man nur
die PDS, ergeben sich zwei Besonderheiten. In den alten Ländern ist ihr Potenzial weitgehend nicht „messbar", bewegt sich um ein Prozent. In den neuen Ländern hat sich der
Anteil derjenigen, die eine Wahlabsicht für die PDS äußern, stetig vergrößert. Erstmals
1993 stieg die Resonanz der PDS bei den Wählern und wuchs bis 1998 stetig an.

Um die Größe der Anhängerschaft und der Sympathisanten der PDS zu schätzen,
eignen sich neben der Wahlabsicht und dem tatsächlichen Wahlverhalten andere, „weichere" Indikatoren, wie die Entwicklung der Wählerpotenziale. Grundlage der Potenzi-
alberechnungen bilden die Sympathie-Skalometer, auf denen Befragte auf einer von +5
bis -5 reichenden Skala ihre Sympathie für alle Parteien ausdrücken können.

Analog zur Wahlabsicht und zur tatsächlichen Stimmabgabe, haben sich auch die
Sympathisantenpotenziale der PDS seit 1991 vergrößert, die als Indikator für die Akzeptanz der PDS in den neuen Ländern interpretierbar sind. Bis 1994 ist das Potenzial auf
etwa ein Viertel der Bevölkerung gewachsen. Seit 1996 sind deutliche Ausschläge nach
oben und unten zu verzeichnen, wobei die PDS zwar nicht mehr unter die Größe des bis
Mitte der 90er Jahre erreichten Potenzials zurückfällt, nach oben aber mit dem 1996er
Wert von 34 Prozent einen Höhepunkt erreicht hatte. In den alten Ländern stagnierten
beide Potenzialbestimmungen auf relativ niedrigem Niveau. Von einem Spitzenwert
von 13 Prozent 1993 abgesehen, der im Zusammenhang mit der Debatte um Politikver-

---

188 Vgl. u. a. Politbarometer der Forschungsgruppe Wahlen, EMNID Wochenberichte.

drossenheit zu sehen ist und nicht als tatsächliche Zustimmung zur PDS interpretierbar ist, kann die PDS in den alten Ländern auf keinen Sympathiezuwachs bauen.

Tabelle 18: Wahlabsicht 1990-1998

	CDU	SPD	FDP	Grüne	PDS	Sonstige	k. A.
			– neue Bundesländer –				
1990	30	21	4	6	9	3	26
1991	20	29	7	5	6	1	31
1993	18	23	8	10	11	5	26
1994	29	24	3	3	15	2	26
1995	23	17	3	7	13	3	34
1996	18	17	3	4	14	1	42
1997	17	26	4	8	16	4	25
1998	13	33	4	6	18	5	22
			– alte Bundesländer –				
1990	32	29	7	7	0	3	22
1991	27	31	8	5	0	3	26
1993	25	25	8	7	0	5	30
1994	34	31	6	6	1	3	18
1995	31	22	5	14	1	3	24
1996	26	23	6	8	1	3	34
1997	25	30	6	12	0	4	23
1998	23	36	5	8	1	4	23

Quelle: Konrad-Adenauer-Stiftung, Kumulierter Datenfile

Tabelle 19: Entwicklung des PDS-Sympathisantenpotenzials 1990-1998

	Potenzial: neue Bundesländer		Potenzial: alte Bundesländer	
	maximal	minimal	maximal	minimal
1990	12	6	2	0
1991/1	11	6	3	0
1991/2	15	6	5	1
1993/1	23	9	13	0
1993/2	24	10	6	1
1993/3	22	8	6	0
1994	25	12	4	0
1996	34	14	7	1
1997	26	11	5	0
1998	30	17	5	1

Quelle: Konrad-Adenauer-Stiftung, kumulierter Datenfile. Maximales Potenzial: PDS als sympa-
thischste Partei oder auf gleicher Position mit anderer Partei genannt (wenn ein Befragter z. B.
SPD und CDU als gleich sympathisch einstuft, wird er sowohl dem SPD- als auch dem CDU-
Potenzial zugerechnet). Minimales Potenzial: PDS sympathischer als andere Parteien.

Tabelle 20: Entwicklung der Sympathisantenpotenziale der Parteien 1990-1998

	CDU*)	SPD	FDP	Grüne	PDS	REP
			– neue Bundesländer –			
1990	46	33	15	17	12	2
1991	31	46	21	22	15	3
1993	30	42	24	34	23	7
1994	43	42	8	17	25	4
1996	40	40	16	32	34	9
1997	24	41	9	26	26	5
1998	19	48	6	14	30	6
			– alte Bundesländer –			
1990	40	39	14	17	2	4
1991	36	46	20	18	5	7
1993	42	45	26	31	13	19
1994	45	41	9	21	4	3
1996	40	44	15	28	7	8
1997	35	43	12	28	5	6
1998	26	50	10	19	5	6

Quelle: Konrad-Adenauer-Stiftung, kumulierter Datenfile; *) ohne CSU-Potenzial (für alte Länder).

Im Vergleich zu allen anderen Parteien in den neuen Ländern ist die PDS die einzige Partei, die einen kontinuierlichen Sympathiegewinn verbuchen konnte. Bei den anderen Parteien sind deutliche Schwankungen charakteristisch. Das Ausmaß der Veränderungen unterschied sich deutlich von dem in den alten Ländern. Während in den alten Ländern (von dem Jahr der „Politikverdrossenheit" 1993 einmal abgesehen) die Schwankungsbreite der Parteisympathien relativ gering war, fanden sich in den neuen Ländern z. T. erhebliche Differenzen, die einen Hinweis auf die schwächeren langfristigen Parteineigungen geben.

Insgesamt zeigt die Potenzialmessung, dass sich die PDS im Parteiensystem der neuen Länder bislang fest etabliert hat. Da das Parteiensystem aber sehr biegsam ist, sind deutliche Abweichungen die Regel. Schließlich ist die Wechselbereitschaft der Wähler und auch das tatsächliche Wechselwahlverhalten in den neuen Ländern wesentlich stärker ausgeprägt.[189]

---

189   Vgl. zu den Ursachen der steigenden Wechselbereitschaft Zelle, 1995.

3. Theorien des Wahlverhaltens

3.1 Wahlforschung im Verfassungsstaat

Der Wahl[190] kommt im modernen Verfassungsstaat die zentrale legitimationszuweisende Rolle zu, die man mit der Aussage Wildenmanns zusammenfassen kann: „ohne Wahlrecht keine Demokratie"[191]. Aus ihrer zentralen Funktion für die Demokratie erklärt sich auch das sozialwissenschaftliche Interesse am Wahlverhalten. Die individuelle, am Wahltag getroffene Entscheidung ist in der Wahlsoziologie in einen fortlaufenden Prozess politischer Entscheidungs- und Meinungsbildung einzugliedern, bei dem Wahlen als „institutionalisierte, symbolisch hochdramatisierte Einschnitte"[192] bewertet werden. Die Wahlen in der DDR sowie nach der deutschen Vereinigung vom 3. Oktober 1990 sind zudem Gradmesser für den Transformationsprozess von zwei Staatsformen. So fanden am 18. März 1990 zum ersten Mal seit den Reichstagswahlen vom 6. November 1932 auf dem Gebiet der DDR freie Wahlen statt.[193]

Mit der Wiedervereinigung stellte sich für die Wahlsoziologie die Frage, wie das Wahlverhalten in den fünf neuen Bundesländern zu analysieren ist bzw. welche Konzepte der Wahlsoziologie angewendet werden können. Einigkeit herrschte darüber, dass die bisherigen Befunde über das Wahlverhalten in den alten Ländern nicht ohne weiteres auf die neuen übertragen werden können, da die Erfahrungen der Menschen und die Prägekraft der Systeme unterschiedliches Wahlverhalten bedingen könnten. Vor allem für die Wahlen von 1990 und 1994 wurde diskutiert, ob sowohl die Analysemethoden, die das Wahlverhalten aus kurzfristigen Trends herleiten als auch die Konzepte, die langfristige Bindungen berücksichtigen, zur Erklärung des Wahlverhaltens herangezogen werden können. Geht man von einer „Stunde Null" aus, wird Wahlverhalten in erster Linie aus kurzfristigen Faktoren heraus erklärt, während die Hypothese der „Durchlässigkeit der Mauer" auch die Einbeziehung langfristiger Faktoren erlaubt.

Generell geht der Trend in der Wahlsoziologie dahin, „mit einer vergleichbaren Logik [...] die Analyse des Wahlverhaltens in den neuen Bundesländern in den wahlsoziologischen Mainstream" zu integrieren.[194] Der Streit um die Haupterklärungsfaktoren des Wahlverhaltens in Ost und West ist dementsprechend im Zeitverlauf einem Pragmatis-

---

190 Teile dieses Kapitels basieren auf meiner unveröffentlichten Magisterarbeit zum Thema „Wahlverhalten von Übersiedlern. Eine politikwissenschaftlich-statistische Untersuchung des Wahlverhaltens von Übersiedlern im Landkreis Ludwigshafen", die im Januar 1991 an der Universität Mannheim bei Prof. Dr. Rudolf Wildenmann eingereicht wurde. In seinem 1992 erschienenen Buch „Wahlforschung" sind Teile der Arbeit veröffentlicht worden (S. 28-57; 77-82). Im Vorwort wies Wildenmann darauf hin, dass ich ihn „bei der Entstehung dieses Buches sehr unterstützt" habe.

191 Wildenmann (Unkelbach/Kaltefleiter), 1965, S. 9. Vgl. Kapitel 5.

192 Klingemann/Kaase, 1986, S. 7.

193 Sowohl den Reichstagswahlen vom 5. März 1933 als auch den Landtagswahlen vom 20. Oktober 1946 kann der Charakter von freien Wahlen aufgrund der Wahlbehinderungen nur mit Einschränkung zugesprochen werden.

194 Kaase/Klingemann, 1998, S. 9.

mus gewichen. Die gleichen Modelle werden angewendet, auch wenn die Ergebnisse z. T. sehr unterschiedlich sind. Tatsächlich war die Theorienkonkurrenz auch in der westdeutschen Vergangenheit nicht stark ausgeprägt, da die unterschiedlichen Vorgehensweisen als komplementär angesehen wurden.[195] Dennoch ist es lohnenswert, das Wahlverhalten der deutschen Teilgesellschaften auf Basis der historischen Entwicklung zu analysieren und die Praktikabilität der Theorien zu prüfen.

Im methodischen Bereich zählt die Wahlsoziologie zu den am weitesten entwickelten Zweigen der empirischen Politikwissenschaft. Die Bestandsaufnahme Kaases, in der Wahlsoziologie sei eine „konzeptuelle Stagnation" erkennbar,[196] bezieht sich auf zwei Probleme, die bis heute generell für die Sozialwissenschaften kennzeichnend sind. Zum einen sind neue theoretische Erklärungsansätze nicht erkennbar. Im Wesentlichen bewegen sich die Analysen der Wahlforschung bei unterschiedlicher Akzentsetzung im theoretischen Kanon, der seit der Entwicklung der Wahlforschung in den 1940er Jahren maßgeblich ist. Zum anderen fehlt trotz der Fülle an Informationen „ein integriertes theoretisches Konzept"[197], das Wahlverhalten erklärt. So ist es bisher nicht gelungen, eine Reihe unterschiedlicher Forschungsansätze in eine allgemeine Theorie des Wahlverhaltens zu integrieren. Dass eine allgemeine Theorie des Wahlverhaltens nach wie vor zu den Desiderata der Wahlsoziologie zählt, wurde durch die Probleme deutlich, die bei der Prognose des Wahlverhaltens in der DDR (besonders bei der Volkskammerwahl am 18. März 1990) entstanden. Im Vorfeld der Wahl zeichnete sich ab, dass die SPD stärkste Partei werden würde, was sie aber nicht wurde. Diese Prognose beruhte allerdings weniger auf theoretischen als auf historischen Kenntnissen über das Wahlverhalten im Kaiserreich und der Weimarer Republik.[198] Für die (Fehl-)Prognose ist allerdings nicht nur der Mangel an theoretischen Vorüberlegungen verantwortlich. Es fehlten sowohl empirische Daten als auch theoretische Modelle für Wahlverhalten in posttotalitären und postdiktatorischen Gesellschaften, die für die Prognosemodelle unerlässlich sind.

Dass es keine allgemeine Theorie des Wahlverhaltens gibt, die dieses (auch zeitliche) Dilemma hätte lösen können, hat verschiedene Ursachen. Für das Auseinanderdriften der unterschiedlichen Ansätze lassen sich vereinfacht die spezifisch historischen, nationalen und politischen Fragestellungen verantwortlich machen, mit denen die einzelnen Forschungsansätze konfrontiert waren und sind. In diesem Zusammenhang beschreiben Kaase/Klingemann den Weg, den die Wahlsoziologie einschlagen sollte: „Vielmehr dürfte nunmehr eine Forschungsphase erreicht sein, in der die Gesichtspunkte der systematischen Überprüfung und Verfeinerung bereits vorhandener Ergebnisse sowie der Verbesserung der Forschungsmethodologie zunehmend an Bedeutung gewinnen werden. Von einer solchen Entwicklung könnten die empirischen Sozialwissenschaften in

---

195 Bretthauer/Horst, 2001, S. 387 ff.
196 Kaase/Klingemann, 1998, S. 175.
197 Naschold, 1971, S. 62.
198 Walter, 1991, S. 207 ff.; Falter, 1992, S. 166.

besonderem Maße profitieren, die sich bis heute eher durch eine gewisse Unverbunden-
heit und Nichtkumulativität, um nicht zu sagen Beliebigkeit ihrer Bemühungen auszeichnen".[199] Die empirische Wahlsoziologie bedürfe somit einer theoretischen Kumulation ihrer Einzelansätze. Ein derartiger Schritt wurde noch nicht vollzogen, wobei das
Ziel utopisch sein dürfte. Unterschiedliche theoretische Konzeptualisierungen mit verschiedenen, sich auch widersprechenden Hypothesen und Schlussfolgerungen bestimmen nach wie vor das Erscheinungsbild der Wahlsoziologie. Die divergenten Erklärungsmodelle für Wahlverhalten sind nach folgenden Kriterien zu klassifizieren:

-   „nach der Methode, mit deren Hilfe die Ergebnisse gewonnen werden,
-   nach der Art der Daten, die in das Schätzverfahren eingehen,
-   nach den jeweils vertretenen theoretischen Konzepten und Fragestellungen, d. h.
    nach den wissenschaftlichen Schulen der Wahlforschung, die jeweils unterschied-
    liche Vorstellungen dazu entwickelten, über welche Faktoren politisches Verhal-
    ten determiniert sei".[200]

Zwischen den verschiedenen Erklärungsansätzen werden Fragen nach dem Gewicht
der einzelnen Determinanten, welche Kausalitäten die einzelnen Faktoren bestimmen
und in welchem Verhältnis die Determinanten zueinander stehen, kontrovers bewertet.
Einigkeit herrscht darüber, dass sich die Wählerentscheidungen in einem Spannungsverhältnis zwischen kurz- und langfristigen Determinanten sowie Persönlichkeits- und
Umweltfaktoren formieren. Die theoretischen Erklärungsansätze lassen sich in drei
Hauptrichtungen[201] unterteilen: die (mikro- und makro-)soziologische, die sozialpsychologische und die Theorie des rationalen Wählers.

3.2 Soziologische Ansätze

Das mikrosoziologische Erklärungsmodell der sogenannten Columbia-Schule geht auf
die Beobachtung zurück, dass in Gebieten verschiedener Sozialstruktur die Parteien unterschiedlich erfolgreich sind. Daraus wurde ein Erklärungsansatz formuliert,[202] der bis
heute in der Wahlsoziologie Gültigkeit hat. Er basiert auf dem Zusammenhang zwischen
Wählerverhalten und sozialstruktureller Verankerung sowie der Bedeutung der Kontext-
und Milieubindungen.[203] Das eigentliche Design der Arbeit von Lazarsfeld/Berelson/
Gaudet war auf die Wirkung der Massenmedien im Wahlkampf und den Meinungsbil-
dungsprozess ausgerichtet. Die Autoren erkannten aber bald, dass die Wahlentscheidung
bei den meisten Wählern bereits vor dem Wahlkampf feststand. Zur Erklärung des Phänomens wurde der *Index of Political Predisposition* (IPP) gebildet. Dieser aus unabhän-

---

199 Kaase/Klingemann, 1983, S. 8.
200 Bürklin, 1988, S. 19.
201 Vgl. Roth, 1998, S. 23 ff.
202 Lazarsfeld/Berelson/Gaudet, 1969.
203 Diederich, 1965, S. 92 ff.

gigen Variablen (sozioökonomischer Status, Religion, Wohngegend) gebildete Index determiniert die Wahlentscheidung des Individuums nachhaltig und langfristig.

Die Aussage Lazarsfelds, „A person thinks, politically, as he is, socially. Social characteristics determine political preference"[204], fasst den Kerngedanken der „schichtspezifischen Sozialisation"[205] zusammen. Die Entscheidung des Wählers ist demnach nicht auf einen individuellen Entscheidungsprozess rückführbar, sondern das Resultat von Sozialisationseffekten, also die Funktion sozialer Prozesse.

Nach Lazarsfelds Ansatz wird die Parteibindung als Unterkategorie der politischen Sozialisation, durch die Kommunikation mit Meinungsführern gebildet, verstärkt und aktualisiert. Unter Berücksichtigung von Erkenntnissen aus der Kommunikationsforschung kann man feststellen, dass der Kommunikationsprozess u. a. von dem Prinzip der Vermeidung kognitiver Dissonanzen[206] geprägt ist. Danach selektiert das Individuum die Informationskanäle in Übereinstimmung mit der eigenen vorhandenen Meinung, um die tatsächliche Heterogenität der Umwelt zu kompensieren.[207]

Der erläuterte Erklärungsansatz bezieht sich im Wesentlichen auf konstantes Wahlverhalten, während divergentes oder wechselndes Wahlverhalten von ihm nicht abgedeckt wird. Volatiles, also ein öfter wechselndes Wahlverhalten wird anhand der Hypothese abgeleitet, dass die Intensität der Parteibindung davon abhängig ist, ob das Individuum homogenen oder divergierenden Einflüssen ausgesetzt ist. Eine Verhaltensänderung wird dann wahrscheinlich, wenn der soziale Kontext verlassen wird oder innerhalb des Kontextes unterschiedliche, widersprüchliche Meinungen vorhanden sind.[208] Die Zugehörigkeit zu unterschiedlichen Gruppen mit sich parteipolitisch überschneidenden Einflüssen führt zu der sogenannten *cross-pressure*-Situation. In der Folge tendieren Wähler verstärkt dazu, ihre politischen Orientierungen und auch ihr Wahlverhalten zu ändern. Empirisch wurden bei Personen, die sich unter *cross-pressure* befanden, ein inkonsistenteres Wahlverhalten, deutlich geringeres politisches Interesse und eine niedrigere Wahlbeteiligung als Merkmale festgestellt.[209]

Die Kritik am mikrosoziologischen Modell basiert zum einen auf dem inhaltlichen Vorwurf des „Sozialdeterminismus", zum anderen auf der methodologischen Einschränkung, es würde ahistorisch und im Allgemeinen atheoretisch verfahren, indem es „prognostischer Fähigkeit den Vorrang vor kausaler Erklärungskraft einräume". Dies führte in der Geschichte der Wahlforschung zur Entwicklung des makrosoziologischen Modells, das die „sozialhistorischen und politikgeschichtlichen Elemente in den soziologischen Ansatz integriert".[210]

---

204 Lazarsfeld/Berelson/Gaudet, 1969, S. 27.
205 Bürklin, 1988, S. 21.
206 Festinger, 1957.
207 Lazarsfeld/Berelson/Gaudet, 1969, S. 118; Kaltefleiter/Nißen, 1980, S. 109.
208 Bürklin, 1988, S. 49.
209 Lazarsfeld/Berelson/Gaudet, 1969, S. 102 ff.
210 Beide Zitate: Falter/Schumann/Winkler, 1990, S. 7.

Im makrosoziologischen Ansatz steht die individuelle Entscheidung für eine Partei in Abhängigkeit zur Konflikt- und Sozialstruktur und den Institutionen eines politischen Systems. Die Rahmenbedingungen, die die Konfliktstruktur bedingen, systematisieren Lipset/Rokkan anhand des Begriffs der *thresholds* (Schwellen)[211]. Den institutionellen Einflussfaktoren räumen sie einen entscheidenden Einfluss auf die Ausprägung des Parteiensystems und somit auch der Konflikt- und Sozialstruktur ein. Hierin unterscheiden sie sich stark von Lazarsfelds Vorgehensweise, der die vorgelagerten systembedingten Faktoren in seinem Konzept nicht berücksichtigt. Lipset/Rokkan unterscheiden vier Schwellen, von denen die spezifisch nationale Konfliktstruktur abhängt:[212]

- Die erste Schwelle liegt im Bereich der Legitimation (*threshold of legitimation*) und bezieht sich auf die Möglichkeiten der sozialen Interessenartikulation, d. h. sie bestimmt, welche Konflikte artikuliert werden können, ohne dass Sanktionen folgen. Die Interessenartikulation ist auf der institutionellen Seite vom Regierungssystem abhängig sowie von der im System vorherrschenden politischen Kultur.
- Die zweite Schwelle behandelt den Grad der Einbeziehung in das politische System (*incorporation*) und entscheidet, „welche Konfliktgruppen mit welchem Ausmaß an Unterstützung in die Konkurrenz um politische Macht eintreten können".[213] In historischer Perspektive war die Höhe der Schwelle dadurch bestimmt, welchen Gruppen das Wahlrecht zugesprochen wurde.
- Ob und wie Unterstützung in der Wählerschaft mobilisiert werden kann, hängt von der dritten Schwelle, der Repräsentation, ab. Die Partizipationsmöglichkeiten der Konfliktgruppen in Parteien und somit im politischen System sind je nach Wahlverfahren begrenzt bzw. erweitert.
- Die vierte Schwelle ist die der *majority power*, also der Mehrheitsmacht. Wenn eine Partei die Mehrheit erreicht hat, sind ihre politischen Gestaltungsmöglichkeiten von den institutionellen und staatsrechtlichen Optionen abhängig.[214]

Neben den institutionellen Einflussfaktoren ist auch die spezifische Konfliktstruktur einer Gesellschaft oder einer Nation eine entscheidende Größe für die Herausbildung der Parteiensysteme. Lipset/Rokkan verstehen hierbei das bestehende Parteiensystem als das Ergebnis der langfristigen Entwicklung des Wählerverhaltens in einem bestimmten institutionellen Rahmen, wobei sich Konflikt- und Sozialstruktur und die institutionellen Regelungen gegenseitig beeinflussen.[215] Die Parteien symbolisieren in dem langfristigen Prozess der Herausbildung des Wahlverhaltens den „agent of conflict and instrument of integration",[216] wobei die Anzahl der Parteien von der Anzahl der Konflikte

211 Lipset/Rokkan, 1967, S. 26 ff.
212 Lipset/Rokkan, 1967, S. 26 ff.
213 Kaltefleiter/Nißen, 1980, S. 31.
214 Lipset/Rokkan, 1967, S. 26 ff; Kaltefleiter/Nißen, 1980, S. 32 ff.
215 Bürklin, 1988, S. 69.
216 Lipset/Rokkan, 1967, S. 3.

und den tatsächlich erfolgenden Koalitionsbildungen sowie von den Grenzen und Möglichkeiten, die durch Institutionen vorgegeben werden, abhängig ist. Die Konfliktstruktur eines gesellschaftlichen und politischen Systems wird mit dem Terminus technicus *cleavage* benannt. *Cleavages* werden durch Koalitionen von Parteieliten und sozialen Gruppen getragen, deren Grundlage jeweils verschiedene Interessenspositionen in Bezug auf politische Streitfragen sind.[217] Innerhalb der Entwicklung des europäischen Parteiensystems werden von Lipset/Rokkan folgende vier *cleavages* identifiziert:

- Der Zentrum-Peripherie-Konflikt beschreibt die mit dem Prozess der Nationalstaatsbildung zusammenhängende Verschiebung der Macht von den alten auf die neuen Willensbildungszentren.

- Der Staat-Kirche-Konflikt reflektiert den Prozess der Säkularisierung, der sich auch am Konflikt der kirchlichen mit der staatlichen Kontrolle im Bildungswesen ablesen lässt.

- Im Stadt-Land-Konflikt spiegelt sich das Auseinanderdriften des primären und des sekundären Wirtschaftssektors wider, was die Differenzierung der städtischen und der ländlichen Bevölkerung zur Folge hat.

- Der Arbeitgeber-Arbeitnehmer-Konflikt kennzeichnet den mit der Industrialisierung einsetzenden Klassenkonflikt zwischen Arbeitern und den Besitzern von Produktionsanlagen.[218]

Als gemeinsamen Nenner erkennen Lipset/Rokkan, die *cleavages* seien „all movements of protest against the established elite and its cultural standards and [...] parts of a broad wave of emancipation and mobilization".[219]

Diese Konflikte haben, je nach Land, eine unterschiedliche Gewichtung auf die Ausbildung des Parteiensystems gehabt, da die Sozialstruktur der Gesellschaft als langfristig prägende Komponente bestimmt, welche potentielle Anhängerschaft einer Partei zukommen kann. Die vergleichende Beobachtung der europäischen Parteiensysteme veranlasste Lipset/Rokkan zur These vom Einfrieren der Hauptkonfliktlinien und damit der Parteiensysteme, denn die Parteiensysteme „of the 1960's reflect, with few but significant exceptions, the cleavage structures of the 1920's".[220] Das deutsche Parteiensystem gehört zwar zu den von Lipset/Rokkan benannten Ausnahmen, da sich das Parteiensystem der Weimarer Republik von dem der Bundesrepublik Deutschland deutlich unterschied, dennoch existieren auch für das deutsche Parteiensystem konstituierende Konfliktlinien: der Klassenkonflikt und der konfessionelle Konflikt.

Ob es sich um einen makro- oder mikrosoziologischen Ansatz handelt, die Kenntnis der Sozialstrukturen ist in jedem Falle unerlässlich. Unter Sozialstruktur im weitesten Sinne wird ein dauerhaftes System sozialer Beziehungen verstanden, wobei die Art der

---

217 Lipset/Rokkan, 1967, S. 9 ff.
218 Lipset/Rokkan, 1967, S. 47; Bürklin, 1988, S. 22.
219 Lipset/Rokkan, 1967, S. 23.
220 Lipset/Rokkan, 1967, S. 50.

Beziehungen und die Lokalisierung der Positionen analysiert werden.[221] Bei der Analyse der in einer Gesellschaft zentralen sozialstrukturellen Konflikte ist generell zu berücksichtigen, dass „sozialstrukturelle Merkmale keinen direkten objektiven Einfluss auf politisches Verhalten" haben, „sondern dass sie über die Deutungsleistungen der verschiedenen sozialen und gesellschaftlichen Gruppierungen, die sich entlang der Konfliktstruktur organisieren, politisch wirksam werden".[222]

Im wahlsoziologischen Kontext liegt die Erklärungskraft sozialstruktureller Variablen sowohl im Bereich des konsistenten als auch des inkonsistenten Wahlverhaltens. Die Analysen der Sozialstruktur bieten den Vorteil langfristiger Erklärungen, die auf der Seite politischer Systeme mit für die Stabilität verantwortlich sind. Die Stabilität der Koalitionen zwischen politischen und sozialen Eliten liegt darin begründet, dass „dabei anlässlich neu auftauchender politischer Interessenskonflikte" die Koalitionsbildung nicht „jeweils neu ausgehandelt" wird, „sondern auf der Basis der vorher entstandenen Koalitionen" erfolgt.[223] Von sozialwissenschaftlichem Interesse sind vor allem diejenigen gesellschaftlichen Beziehungen, die sowohl auf der Ebene des einzelnen als auch in ihrer Summe auf der Makroebene einer gewissen Systematik unterliegen.[224]

Parallel zum Terminus Sozialstruktur werden die Begriffe soziale bzw. gesellschaftliche Schichtung oder gesellschaftliche Klassen verwendet. Auch wenn inhaltliche Unterschiede zwischen den Begriffen feststellbar sind, behandeln sie gemeinsam drei verschiedene Momente des gesellschaftlichen Lebens:

1. Die Gliederung der Gesellschaft nach Ständen, Klassen oder Schichten;
2. Die Bewegung zwischen den verschiedenen Schichten (soziale Mobilität);
3. Die unterschiedliche Interessenlage zwischen den Schichten und Verteilung von Macht, Eigentum, Besitz und Kompetenz.[225]

Anhand dieser drei Dimensionen lassen sich Lebensqualität, Lebenslage und Lebenschancen des Einzelnen bestimmen. Um die soziale Schichtung innerhalb einer Gesellschaft festzustellen, bzw. um den Begriff soziale Schichtung zu operationalisieren, werden in der empirischen Sozialforschung vor allem Einkommen, berufliche Stellung und formaler Bildungsgrad als Kriterien verwendet.[226]

Mit den individuellen kontextbezogenen Merkmalen, die sich in der Tradition der Wahlanalysen als bedeutsame Bestimmungsfaktoren erwiesen haben, wird kein direkter objektiver Einfluss auf das Wahlverhalten gemessen. Die für das Wahlverhalten relevanten Merkmale wie Schulbildung oder Berufszugehörigkeit definieren maßgeblich den Status in der sozialen Hierarchie; Gewerkschaftszugehörigkeit ist ein Indiz für die Zugehörigkeit zu einem arbeitsweltlichen Bereich, das Lebensalter bezieht sich auf un-

---

221 Pappi, 1977, S. 13 ff.
222 Bürklin, 1988, S. 69.
223 Bürklin, 1988, S. 70.
224 Mielke, 1987, S. 59.
225 Voigt/Voß/Meck, 1987, S. 120.
226 Voigt/Voß/Meck, 1987, S. 120 ff.

terschiedliche, nach Generationen gruppierbaren Sozialisationserfahrungen usw.[227] Die Analyse der Sozialstruktur folgt konzeptuell den Erkenntnissen der *cleavage*-Theorie. Parallel zu den sozialstrukturellen Ansätzen entwickelten sich seit den 1980er Jahren Lebensstiluntersuchungen, die Wählergruppen über die sozialstrukturelle Bindung hinaus durch Einstellungsdimensionen und Lebensweisen konstruierten. Ursächlich für die Entwicklung neuer Analyseraster ist das sogenannte *dealignment*, die seit den 1970er Jahren messbare abnehmende Prägekraft von sozialstruktureller Bindung und sozialstrukturell verankerten *cleavages*. Der in diesem Zusammenhang erkennbare Individualisierungsprozess führt zu einer nachlassenden Bedeutung der sozialstrukturellen Verankerung auf das Verhalten. Dabei sind zwei Ebenen zu unterscheiden: ökologisches *dealignment*, das durch abnehmende Gruppengrößen verursacht wird, und sektorales *dealignment*, das auf die schwächer werdende Prägekraft der Milieus zurückzuführen ist.[228] Aus diesen Analysen ist jedoch noch kein alternatives Modell zur Klassifizierung des Wahlverhaltens hervorgegangen. Der Erklärungsbeitrag der Lebensstilforschung liegt in der Erforschung des gesellschaftlichen Wandels, der nur bedingt durch tradierte sozialstrukturelle Zugehörigkeiten zu erfassen ist.[229]

Insgesamt liefern sozialstrukturelle Ansätze einen Beitrag, konstantes Wahlverhalten zu erklären. „Die Ursachen des individuellen Parteienwechsels bleiben mit der sozialstrukturellen Theorie weitgehend ungeklärt".[230]

3.3 Übertragung der soziologischen Ansätze auf die neuen Bundesländer

Für die westlichen hochindustrialisierten Gesellschaften sind es vor allem die Berufswelt und der durch die Religionsgemeinschaften verkörperte Bereich der Werthaltung und Wertübertragung, die langfristig stabile Beziehungsmuster hervorbringen.[231] Für das Nachkriegsdeutschland wird weithin übereinstimmend akzeptiert, dass die „spezifisch deutsche Variante des Konfliktes zwischen Staat und Kirche [...] von Protestanten und Katholiken sowie der Gegensatz zwischen Beschäftigten und Selbständigen auf die Sozialstruktur nachwirken und den Boden für weiter ausdifferenzierte soziale Beziehungen abgeben".[232] Diese Zusammensetzung der sozialen Blöcke spiegelt sich auch in der Entwicklung des Parteiensystems in Deutschland wider.

Im Parteiensystem avancierte die CDU im westlichen Nachkriegsdeutschland zum „Repräsentanten eines religiösen Traditionalismus", mit der Folge, dass die konfessionell stärker Gebundenen und hierbei besonders die Katholiken eher der CDU zuneigen.

---

227 Mielke, 1990, S. 161.
228 Vgl. Bürklin/Klein, 1998, S. 83.
229 Vgl. Gluchowski, 1987; Vester u. a.; 1993; Vester 1995; Becker/Becker/Ruhland, 1992; Eith/ Mielke, 1994.
230 Roth, 1998.
231 Mielke, 1987, S. 59.
232 Mielke, 1987, S. 60.

Umgekehrt ist eine ähnliche Bindung der Protestanten an die SPD nicht feststellbar. Eine gewerkschaftliche Bindung wirkt sich allerdings ähnlich proportional positiv auf die SPD aus wie die konfessionelle Gebundenheit auf die CDU. Zur CDU tendieren weiterhin die „gesellschaftlich und wirtschaftlich stärkeren Gruppierungen des Mittelstandes, der Beamten [und] Bauern, [...] während die Gruppen mit geringerem gesellschaftlichen Einfluss, wie etwa Rentner, junge Menschen oder Studenten, eher mit der SPD in Verbindung gebracht werden".[233] Für die CDU wirkt sich die Variable „ländlich" und für die SPD dementsprechend „städtisch" eher positiv aus. Bei der Koppelung von Alter mit der intervenierenden Variable Schulbildung zeigen sich folgende Trends: mit zunehmendem Alter und abnehmender Schulbildung steigt die Neigung zur CDU und umgekehrt mit abnehmendem Alter und hohem Bildungsgrad die Neigung zu den Grünen (SPD).[234] Bezogen auf die Gruppe der Erwerbstätigen erhält die SPD in der Arbeiterschaft relativ mehr Stimmen als in der „neuen" Mittelschicht und dort wiederum mehr Stimmen als in der „alten" Mittel- und Oberschicht.[235]

Dennoch sind die „Nivellierungstendenzen" in der Wählerschaft unübersehbar. Die Volksparteien haben sich „hinsichtlich der Sozialstruktur ihrer Wähler seit den 50er Jahren fortschreitend einander angenähert".[236] Als Ursachen hierfür sind neben dem Wandel der Bildungsstruktur (Bildungsexpansion) auch die Veränderungen der berufsstrukturellen Verankerung in den unterschiedlichen Sektoren (Anwachsen des tertiären Sektors) zu nennen. Dadurch haben sich die sozialstrukturellen Merkmale der Gesellschaft seit den 50er Jahren deutlich gewandelt. Obwohl in der sozialen Zusammensetzung der Parteianhängerschaften seit den 50er Jahren Angleichungsprozesse stattgefunden haben[237] und die „traditionellen Kernpotenziale"[238] schrumpfen, zeigen die Vergleiche der Berufskategorien und der Konfessionen ein Muster, das noch Züge des traditionellen Klassenkonfliktes trägt, da auch soziokulturelle Schwerpunkte erhalten blieben. Die Stabilität der Koalitionen ist zwar noch vorhanden, die Gruppen sind allerdings immer kleiner geworden. Dies gilt für den Arbeiteranteil und die Kirchengebundenen gleichermaßen. Zudem hat sich der konfessionelle Konflikt in einen religiösen Konflikt gewandelt.[239] Mit dem sozialstrukturellen Wandel, der die Gruppengrößen verändert hat, ist der Rückgang der Bindungsintensität innerhalb der Gruppen einhergegangen, sodass man von einer Lockerung der Beziehungen zwischen den traditionellen Stammwähler-

---

233 Bürklin, 1988, S. 73.
234 Bürklin, 1988, S. 75.
235 Schmitt, 1990, S. 142; Feist/Krieger, 1987, S. 33 ff.; Winter, 1987, S. 78 ff.; Pappi, 1986, S. 369 ff., Gluchowski/Wilamowitz-Moellendorff, 1997.
236 Veen/Gluchowski, 1994, S. 165.
237 Veen/Gluchowski, 1983, S. 545 ff.; 1988, S. 225 ff.; 1994, S. 165 ff.
238 Wildenmann, 1989, S. 63.
239 Pappi, 1984, S. 287 ff; 1990, S. 15 ff.

schaften und den Parteien sprechen kann.[240] Zudem hat sich das gesamtdeutsche Elektorat durch die deutsche Vereinigung sowohl quantitativ als auch qualitativ verändert.

Die Muster der sozialstrukturellen Anbindung von Wählern an Parteien wichen in Ostdeutschland bei der Volkskammerwahl 1990 und bei den Bundestagswahlen bis 1998 von den Strukturen im Westen leicht ab. Die CDU konnte bei der Volkskammerwahl und den Bundestagswahlen 1990 und 1994 überproportional viele Arbeiter an sich binden. Bei den (wenigen) Katholiken schnitt sie besser ab als bei den Protestanten und konnte insgesamt bei den beiden Gruppen mehr als die Hälfte der Wähler an sich binden, während Alter und Geschlecht nur schwach differenzierten. Zudem erreichte sie in den ländlichen Regionen mehr Wähler als in den städtischen.[241] Die SPD wird wie die PDS von den konfessionslosen Wählern präferiert. Weder bei den Angestellten noch bei den Arbeitern lässt sich im Osten eine verstärkte Neigung für die SPD erkennen. Bei Akademikern besteht eine deutliche PDS-Präferenz. Die Bundestagswahl 1998 veränderte diese Trends. Die Union hat ihren Vorsprung bei den Arbeitern zugunsten der SPD weitgehend verloren. Diese Trends entsprechen nicht kongruent den Wählerblöcken in der Bundesrepublik und widersprechen auch den Erfahrungen über die Wirkung von sozialen Traditionen. Es lässt sich an dieser Stelle – quasi als Zwischenergebnis – lediglich festhalten, dass eine direkte Übertragung der bundesrepublikanischen Erkenntnisse und Erfahrungen auf die neuen Bundesländer aus den oben beschriebenen Unterschieden in den Wählerblöcken heraus problematisch ist, da bisher unklar ist, ob sich die Wählerblöcke anhand von neuen oder auch alten *cleavages* oder anhand von kurzfristigen Entscheidungen formiert haben.

Bei der Übertragung der soziologischen Ansätze auf die neuen Bundesländer sind einige Einschränkungen zu berücksichtigen, die vom theoretischen Status der Konzepte unabhängig sind. Zunächst bestehen bei der Datenlage in der DDR Probleme. Es gestaltet sich als ausgesprochen schwierig, die Sozialstruktur der DDR-Bevölkerung anhand der vorliegenden Statistiken im Aggregat korrekt zu rekonstruieren. Das in der DDR politisch definierte Verständnis von Sozialstruktur als „das sich wandelnde, durch einen Annäherungs- und Vereinheitlichungsprozess bestimmte Verhältnis von Arbeiterklasse, Genossenschaftsbauern, Intelligenz und den anderen befreundeten Schichten"[242] hat immense Informationsverluste zur Folge. Besonders die Forschung zur sozialen Ungleichheit ist in der DDR systematisch vernachlässigt worden. So erklärt Lötsch retrospektiv die Unmöglichkeit, soziale Ungleichheit zu erforschen, damit, dass es sie von „vornherein nicht geben durfte, da nicht sein kann, was nicht sein darf".[243] Demnach erlaubt die sozialstrukturelle Datenlage aus der DDR nur in beschränktem Umfang, Vergleiche durchzuführen bzw. den sozialen Wandel zu rekonstruieren, da der Vergleich

---

240 Gluchowski/Wilamowitz-Moellendorff, 1997, S. 207.
241 Forschungsgruppe Wahlen, 1990a, 1990b, 1990c, 1994.
242 Glaeßner, 1988, S. 4.
243 Lötsch, 1991, S. 139.

„in manchen Bereichen, wo er interessant wäre, nicht möglich [ist], in einigen anderen bleibt er problematisch, die Konturen seiner Ergebnisse weisen ab und zu gewisse Unschärfen auf".[244] Als Folge dieser Datenlage ist die Sozialforschung größtenteils darauf angewiesen, vom Ist-Stand nach der Vereinigung auszugehen und sich in verstärktem Maße auf in Umfragen erfasste („weiche") Daten zu konzentrieren. Dies ist ein methodisches Problem, aber auch ein hermeneutisches, da sich nach vierzig Jahren DDR die subjektiven und objektiven Lebenslagen und -chancen so verändert haben könnten, dass sie eine – aus westlicher Sicht – verzerrte Konfliktstruktur ergeben. Es stellt sich daher die Frage, ob und wie sich die für die alte Bundesrepublik erkennbaren Koalitionen zwischen gesellschaftlichen Gruppen und Parteien auch auf die neuen Bundesländer übertragen lassen, also inwiefern vergleichbare oder unterschiedliche Koalitionen bestehen.

Von der konfessionellen Gebundenheit und der Schichtzugehörigkeit, die zu den traditionellen *cleavages* gehören, geht nach wie vor eine dominante Prägekraft für die Stimmabgabe aus. Da mit beiden Momenten der sozialen Determiniertheit nach wie vor Wahlverhalten erklärt werden kann, stellt sich die Frage, ob diese *cleavages* in der DDR ihre Prägekraft erhalten haben könnten.

Historisch ist der konfessionelle Konflikt auf die Trennlinie zwischen katholischer und protestantischer Bevölkerung zurückzuführen. Die jahrhundertelange konfessionelle Spaltung, deren Spektrum vom Augsburger Religionsfrieden (*cuius regio, eius religio*) bis zur „Mobilisierung des politischen Katholizismus durch die Zentrumspartei während des Kulturkampfes im Deutschen Kaiserreich"[245] reicht, hat sich über die Weimarer Republik bis zum Ende des Zweiten Weltkrieges erhalten. Schmitt nennt als Grund für die Ausprägung einer abgegrenzten katholischen Subkultur, dass „die Formierung des sozialen politischen Katholizismus" der Parlamentarisierung und der Massenpolitisierung vorausging „und er daher bereits als Milieu etabliert war, als mit dem Durchschlagen der Industrialisierung der Sozialismus zur breiten politischen Bewegung wurde. Der politische Katholizismus hatte damit einen zeitlichen Vorsprung nicht nur vor der Sozialdemokratie, sondern auch vor der evangelischen Kirche, den diese, selbst wenn sie es gewollt hätte, nicht hätte aufholen können".[246] Gegen die Ausformung einer vergleichbaren protestantischen Subgesellschaft spricht, dass es keinen dem Kulturkampf entsprechenden Konflikt gab, „der den Gesamtprotestantismus in eine geschlossene Frontstellung hätte bringen können", sondern der Protestantismus Staatskirche war. In der Parteienlandschaft der Weimarer Republik gab es für die Katholiken (im Gegensatz zu den Protestanten, deren Parteipräferenz nicht im gleichen Maße determiniert war) eine eindeutige Wahlnorm für „eine katholische Volkspartei, die sich ausschließlich nach konfessionellen Kriterien quer zu Klassen und Schichten rekrutierte".[247]

---

244 Geißler, 1992, S. 12.
245 Bürklin, 1988, S. 71.
246 Schmitt, 1984, S. 28.
247 Beide Zitate: Schmitt, 1984, S. 30.

Die Teilung Deutschlands führte zu einer Entschärfung dieses Konfliktes, da mit der Grenzziehung weite Teile protestantisch dominierter Gebiete auf dem Territorium der DDR lagen und somit die Minderheitensituation des Katholizismus in der Bundesrepublik aufgelöst wurde. Auch die Gründung der CDU und der CSU als überkonfessionelle Parteien, die sich von der engen Parteitradition des Zentrums programmatisch und politisch lösten, führte zu einer Entspannung des Konfliktes. Die Unionsparteien standen dadurch nicht länger in der Tradition der Weltanschauungsparteien oder der christlichen Gesinnungspartei wie noch in der Weimarer Republik. „Der Boden des alten Systems, in dem die Parteien nicht beliebige Funktionsträger politischer Interessen von Milieus, sondern integrale Bestandteile darstellten, war verlassen".[248] Auch die SPD hat mit dem Godesberger Programm[249] den Turm der Weltanschauungspartei verlassen, indem sie den Kirchen eine „Zusammenarbeit im Sinne freier Partnerschaft" anbot.

In der Bundesrepublik verlor mit der Entschärfung des Konfliktes auf politischer Ebene, der zunehmenden Pluralisierung der Gesellschaft und der damit verbundenen „Erosion der Milieus",[250] die Konfessionszugehörigkeit für die Wahlentscheidung nicht in gleicher Weise an Gewicht. Sie beeinflusst hier nach wie vor die Wahlentscheidung. Schmitt stellt fest, dass „insgesamt für den Zeitraum von 1953 bis 1983 von einer parteipolitischen Nivellierung zwischen den Konfessionen keine Rede sein kann".[251]

Allerdings hat sich die Qualität des Konfliktes in der Bundesrepublik verändert. Als Resultat der Allgemeinen Bevölkerungsumfrage der Sozialwissenschaften (ALLBUS) 1982, die als besonderen Schwerpunkt religionssoziologische Fragestellungen untersuchte, ergibt sich eine Trennungslinie zwischen konfessionell gebundenen und konfessionslosen Personen.[252] Operationalisiert durch die Frage nach der Kirchgangshäufigkeit, wurden zwischen Protestanten und Katholiken im Wertebereich geringe Unterschiede festgestellt, während bei Konfessionslosen und Personen mit geringer Kirchenbindung deutliche Unterschiede auszumachen waren. „Regelmäßige Gottesdienstbesucher beider Konfessionen sind sich an den meisten Stellen sehr ähnlich; dasselbe gilt für die dem Gottesdienst fernstehenden Kirchenmitglieder, die ihrerseits den Ausgetretenen vielfach recht nahe stehen."[253] Zu vergleichbaren Ergebnissen kommt Pappi, der eine „Lockerung der Koalition zwischen katholischer Kirche und CDU/CSU" konstatiert, die zu einer „Auflösung der konfessionellen Konfliktlinie führen dürfte"[254], auch wenn die Stabilität der konfessionell-religiösen Konfliktlinie nach wie vor vorhanden ist[255].

---

248 Schmitt, 1984, S. 31.
249 Godesberger Programm (1959), in: http://www2.spd.de/partei/dokumente/godesberg, 3. September 2003.
250 Mooser, 1983, S. 143.
251 Schmitt, 1984, S. 37.
252 Lukatis/Lukatis, 1985, S. 442.
253 Lukatis/Lukatis, 1985, S. 443.
254 Pappi, 1984, S. 288.
255 Vgl. Gluchowski/Wilamowitz-Moellendorff, 1997, S. 192 ff.

Alles in allem hat sich die ursprüngliche Konfliktlinie, die zwischen den Konfessionen verlaufen ist, zu einer Scheidelinie zwischen Religiosität und Nicht-Religiosität entwickelt. Da die Politisierung der konfessionellen Lager in das 19. Jahrhundert zurückreicht und spätestens seit Ende des Zweiten Weltkrieges eine deutliche Entschärfung der Spannung feststellbar ist, wird das Weiterbestehen der Konfliktlinie erklärungsbedürftig. Denn gerade durch die territoriale Aufspaltung des Protestantismus in Folge der Staatsgründung der DDR und durch die Gründung der CDU als überkonfessionelle Partei in der Bundesrepublik hätte der konfessionelle Konflikt als entscheidungsrelevantes Kriterium des Wahlverhaltens an Bedeutung verlieren müssen.

Für das Weiterbestehen des historischen Konfliktes führt Pappi die Koalitionsbindung der katholischen Kirche an. „Die Kirche unterstützte [...] deshalb die neue, auf Bundesgebiet überkonfessionelle, in vielen Regionen aber mehrheitlich katholische Partei, während die evangelischen Landeskirchen eine ähnlich enge Bindung nicht herstellten. Damit waren die politischen und organisatorischen Weichen für ein Weiterbestehen der alten konfessionellen Konfliktlinie in der deutschen Politik gestellt. Der Unterschied zu früher bestand aber darin, dass die Gegner dieser Konfliktlinie eindeutiger als früher die Liberalen und die Sozialdemokraten und nicht die Protestanten waren."[256] Dieses Erklärungsmuster folgt Pappis Definition vom *cleavage* als dauerhaftem Konflikt, der in der Sozialstruktur verankert ist und im Parteiensystem seinen Ausdruck gefunden hat.[257]

Mit Blick auf das politische System, seine Institutionen und Staatszielbestimmungen, kann nur sehr eingeschränkt davon ausgegangen werden, dass die politischen Parteien in der DDR die Interessen sozialstrukturell oder konfessionell gebundener Gruppen wahrgenommen haben. Erkennbar ist vielmehr eine Dekonfessionalisierung und Säkularisierung der Politik entsprechend der Zielsetzung der SED. Aufgrund des nicht mehr politisierten Konfliktes in der DDR müsste die Konfessionszughörigkeit somit für das Wahlverhalten irrelevant geworden sein. Ist die Konfessionszugehörigkeit für das Wahlverhalten nicht irrelevant, müsste dies mit einer Hilfskonstruktion erklärt werden. Wird die These der Koalition von Parteieliten und sozialen Klassen, die die *cleavages* bewirkt, angewandt, müsste es in der DDR eine solche Koalition gegeben haben. Diese Koalitionsfunktion könnten die CDUD[258] oder die Kirchen eingenommen haben.

Die CDUD folgte dem antiklerikalen Kurs der SED, obwohl sie den christlich gebundenen Teil der DDR-Bevölkerung in das politische System integrieren sollte, wobei sie auch als Mittler für das Gespräch zwischen SED und Kirchen fungierte. Zwar verfolgte die SED das Ziel, über die CDUD die Christen als Zielgruppe in der Bevölkerung

---

256 Pappi, 1984, S. 268 Er folgt damit der These, dass das Parteiensystem das Ergebnis der langfristigen Entwicklung des Wählerverhaltens in einem bestimmten institutionellen Rahmen ist. Historisch bilden demnach die gesellschaftlichen Konfliktstrukturen die Grundlage für die Entwicklung von Parteien und die von Pappi benannten langfristigen Koalitionsbindungen.

257 Pappi, 1977, S. 194.

258 Anfänglich gebräuchliches Kürzel für die CDU in der sowjetischen Besatzungszone. Hier verwendet zur Bezeichnung der Blockpartei.

zu erreichen. Durch die Funktion als „Transmissionsriemen" und ihre institutionelle Eingebundenheit in den „Demokratischen Block" blieb ihr aber wenig Raum für politische Eigenständigkeit. Da sie Christen einen gewissen politischen Schutz gewähren und ihnen eine berufliche Karriere ermöglichen konnte, liegt die Vermutung nahe, dass sie auch konfessionelle Milieus an sich binden konnte. Eine tatsächliche Interessenvertretung der Christen konnte die CDUD allerdings nur schwerlich wahrnehmen. Die konfessionelle Konfliktlinie verlief in der DDR zwischen Staat und Christen.

Die Analysen der Wahlergebnisse in den neuen Ländern zeigen, dass die religiöse Bindung das Wahlverhalten mitdeterminiert. Seit der Volkskammerwahl hat die CDU (bzw. die Allianz für Deutschland) unter den katholischen wie unter den evangelischen Befragten die eindeutige Mehrheit. Anders verhält es sich mit den konfessionslosen Wählern: Hier hat die PDS einen eindeutigen Vorsprung.[259]

Bei Analysen in den neuen Bundesländern ist außerdem zu berücksichtigen, dass im Gegensatz zur Bundesrepublik, wo fast jeder Wähler einer Religionsgemeinschaft angehört, schon die Zugehörigkeit zu einer Kirche ein Merkmal ist, das eine starke konfessionelle Bindung ausdrückt und das in Verbindung mit der Kirchgangshäufigkeit noch potenziert wird. Zudem können Befragte, die konfessionslos sind, eine Kirchenbindung aufweisen. Dies kann analog zur historischen Entwicklung des politischen Katholizismus, der sich aus einer defensiven Haltung gegenüber der Mehrheitsposition der Protestanten entwickelt hat, erklärt werden. Da das praktizierende Christentum nach der Staatsdoktrin der DDR unerwünscht und in der Regel auch mit Benachteiligungen verbunden war, befanden sich die Christen in einer defensiven Stellung zum Staat. Daher erscheint es plausibel, dass sich durch die „gemeinsam erfahrenen Repressionen [...] ein Bewusstsein der Zusammengehörigkeit gebildet" hat.[260] Durch Austritt aus der Kirche konnten Christen Benachteiligungen entgehen ohne quasi in „innerer Emigration" mentale Bindungen aufzugeben. Ähnlich wie die CDUD können somit die Kirchen in der DDR eine Koalitionsfunktion eingenommen haben, denn je „mehr die Staatspartei ihre Basis im Volk verlor und sich die Legitimitätsressourcen verbrauchten, wurden die Kirchen zur einzigen Öffentlichkeit von sozialer Resonanz".[261]

In den neuen Bundesländern ist davon auszugehen, dass die Konfessionszugehörigkeit bzw. die Religiosität nach wie vor Auswirkungen auf das Wahlverhalten hat. Parallel zur Entwicklung in der Bundesrepublik scheint sich die Scheidelinie zwischen Religiosität und Nicht-Religiosität entwickelt zu haben. Allerdings ist der Anteil religiöser Wähler hier wesentlich geringer als in den alten Bundesländern.

Neben *cleavages* wird Milieus eine langfristige Prägekraft auf das Wahlverhalten zugesprochen. Hier soll anhand des konfessionellen Paradigmas untersucht werden, ob sich auch Milieu-Ansätze auf Ostdeutschland übertragen lassen. In Anlehnung an Lep-

---

259 Forschungsgruppe Wahlen, 1990a, 1990c, 1994, 1998.
260 Neubert, 1991, S. 24.
261 Neubert, 1991, S. 23.

sius' Konzeption der sozialmoralischen Milieus werden Milieus als „Bezeichnung für soziale Einheiten, die durch eine Koinzidenz mehrerer Strukturdimensionen wie Religion, regionale Tradition, wirtschaftliche Lage, kulturelle Orientierung, schichtspezifische Zusammensetzung der intermediären Gruppen [...]" miteinander verbunden sind, verstanden. Es ist ein „sozio-kulturelles Gebilde, das durch eine spezifische Zuordnung solcher Dimensionen auf einen bestimmten Bevölkerungsteil bestimmt wird".[262]

Um vom sozio-kulturellen Milieu mit gemeinsamen Wertorientierungen und geeigneten Integrationsmechanismen zur Parteibindung zu kommen, muss noch ein Bindeglied eingefügt werden. Darunter ist ein Substrat von Partei-Images zu verstehen, das als „so etwas wie eine allgemeine gesellschaftliche Ordnungskonzeption für den Wähler erkennbar wird und mit deren Wertorientierungen korrespondiert".[263] Für die Anbindung des katholischen Milieus an die Unionsparteien kann die Studie Kührs[264] exemplarisch angeführt werden. Als tragende Säulen benennt er:

1. das katholische Wert- und Normensystem, das sowohl den Zusammenhalt der Subkultur garantiert als auch deren Abgrenzung nach außen ermöglicht,
2. das weit verzweigte, dicht gesponnene Netzwerk kirchlicher Suborganisationen,
3. eine der unmittelbaren Verhaltenssteuerung dienende Ritualisierung des Alltagslebens.

Kühr kommt zu dem Ergebnis, dass für den Bestand von Milieus vor allem die ideologische Integration sowie die damit zusammenhängende Abdichtung gegen Einflüsse der sich modernisierenden gesellschaftlichen Umwelt von Bedeutung sind. Die politische Transformation der konfessionellen Bindung findet überwiegend in den kirchlichen Organisationen mit ihren mittelbar politischen Funktionen statt.[265] Ähnlich argumentiert Schmidtchen, der Konfessionen als Sozialisationssysteme interpretiert, die durch ihre Erziehungs- und Sozialisationspraktiken auch auf Kirchenferne Einfluss ausüben. „Erstens wegen der Intaktheit einer religiösen Minimalerziehung, zweitens weil verschiedene Erziehungspraktiken mit ursprünglich religiöser Motivation längst in die allgemeine konfessionelle Erziehungskultur übergegangen sind."[266]

Diese Erklärungsmuster erlauben bezüglich Konsistenz und Tradition der Sozialisationsmuster auch eine Übertragung auf die DDR, da als Vermittlungsinstanz die primäre Umwelt wie die Familie eine herausragende Rolle spielt und man Organisationen des vorpolitischen Raumes nicht zu berücksichtigen braucht.

Bei der Analyse des Klassen-*cleavage* und seiner Auswirkungen auf das Wahlverhalten steht die Frage nach dem sozialen Wandel in der DDR, da die Transformation des politischen und des ökonomischen Systems nach 1945 einen tiefgreifenden Wandel der

---

262 Lepsius, 1966, S. 383.
263 Winter, 1987, S. 64.
264 Kühr, 1984, S. 245 ff.
265 Kühr, 1984, S. 249 ff.
266 Schmidtchen, 1984, S. 14.

Sozialstruktur bewirkte. Eckpunkte der sogenannten „antifaschistisch-demokratischen Umwälzung" führten unter dem Banner der Entnazifizierung zu einer Reorganisation der Justiz und Verwaltung. Der politisch induzierte soziale Wandel brachte ein Ansteigen des Arbeiteranteils an den Funktionseliten. Die mit der Veränderung der Eigentumsstruktur und der politischen Reorganisation der Gesellschaft zusammenhängende Auf- und Abstiegsmobilität wird auf mehrere hunderttausend Personen beziffert.[267]

Als Mittel zur Etablierung der neuen gesellschaftlichen Verhältnisse wurde die Bildungspolitik eingesetzt, die zur Rekrutierung qualifizierter und politisch zuverlässiger Führungskader beitragen sollte.[268] Bis 1963 wurden überwiegend benachteiligte soziale Schichten bei der Zulassung zur weiterführenden Bildung bevorzugt, was dazu führte, dass der Anteil der Arbeiterkinder bei den Direktstudenten an den Hochschulen 1960 auf 50,3 Prozent anstieg. Nach 1963 ging der Anteil der Arbeiterkinder zugunsten des Anteils der Kinder von Angehörigen der Intelligenz zurück. Bis 1967 sank der Arbeiteranteil der Studierenden auf 38,7 Prozent.[269] Zurückzuführen ist dieser Rückgang auf eine stärkere Berücksichtigung des Leistungsprinzips im Gegensatz zur sozialen Herkunft. Da ab Ende der 60er Jahre keine statistischen Daten über die Herkunft der Studierenden veröffentlicht wurden, ist zu vermuten, dass der Selbstrekrutierungstrend bei der Intelligenz weiterhin bestand. Eine weitere Einschränkung erfuhr die „Annäherung der Klassen und Schichten" durch die Neuorientierung der Bildungspolitik in den 70er Jahren, die die Zulassungsquote zu den Hochschulen einschränkte, um dem Facharbeitermangel entgegenzuwirken.[270] Festzuhalten bleibt: die Bildungsqualifikation, als zentrales Kriterium sozialer Statuszuweisung, führte – zumindest in der Anfangsphase – zu einem Austausch der Eliten. Die politisch-ideologischen Prämissen halfen, alte sozioökonomische Milieus aufzulösen, indem die soziale Auf- und Abstiegsmobilität erhöht wurde. Das Ausmaß des Austauschprozesses ist bisher nicht genau quantifizierbar, da die DDR-Statistik dazu neigt, zwei Phänomene gleichzeitig zu dokumentieren, nämlich sozialen Wandel und Modernisierung. Die Vermutung des erheblichen sozialen Wandels in der DDR impliziert nicht das Verlorengehen schichtspezifischer Verhaltensweisen. Wie Voigt am Beispiel des Arbeits- und Freizeitverhaltens verdeutlicht, lässt sich in der DDR schichtspezifisches Verhalten nachweisen.[271]

Festzuhalten bleibt: In der DDR kam es nicht zum Verschwinden sozialer Ungleichheiten, sondern zu einer temporären Verringerung des Selbstrekrutierungsprozesses der sozialen Schichten. Ob sich die Entwicklung der Stratifikation der DDR-Gesellschaft mit der bundesrepublikanischen vergleichen lässt, ist anhand der bisher zur Verfügung stehenden Datenlage nicht eindeutig erschließbar.

---

267 Glaeßner, 1988, S. 3 ff.; Lötsch, 1988, S. 13 ff.; Welsh, 1989.
268 Thomas, 1989, S. 32.
269 Rytlewski/Opp de Hipt, 1987, S. 126.
270 Thomas, 1989, S. 33.
271 Voigt/Voß/Meck, 1987, S. 168 ff.

Es stellt sich die Frage, ob von der Stratifikation der DDR-Gesellschaft Wirkungen auf das Wahlverhalten zu erwarten sind. Betrachtet man das Abstimmungsverhalten in den neuen Ländern, votierten die Arbeiter überwiegend für die CDU bzw. die Allianz für Deutschland[272]. Im Jahre 1998 büßte die CDU den Vorsprung ein.[273]

Zu klären bleibt, warum sich die Arbeiter bis 1998 so häufig für die CDU entschieden haben. Dies könnte damit zusammenhängen, dass die Konfliktlinie, die entlang der Klassenzugehörigkeit verläuft, in der DDR ihre Prägekraft verloren hat, was u. a. durch die Rotation in Schichten erklärt werden kann. Zudem könnte für eine Verschiebung der Konfliktlinie die unterschiedliche Rolle der Gewerkschaften herangezogen werden. Die Gewerkschaften, die in der Bundesrepublik, ähnlich wie die Kirchen zur CDU, eine Vermittlungsinstanz zur SPD darstellen, konnten in der DDR diese Aufgabe nicht wahrnehmen. Zum einen nahmen die Gewerkschaften im politischen System der DDR nicht die Interessen der Arbeitnehmer wahr; zum anderen hat es keine Partei gegeben, welche die Interessen der Arbeiter aggregierte. Die positive Beziehung der Gewerkschaftsmitgliedschaft zur SPD in der Bundesrepublik wurde in der DDR auch nicht von einer anderen Institution hergestellt. Dies hängt mit dem für die DDR spezifischen Auseinanderklaffen von Ideologie und politischer Realität zusammen, was – in einer eher sozialpsychologischen Perspektive – zu einer Auflehnung gegen die Sozialisationsmuster der eigenen Schicht geführt haben kann. Der ideologische Grundwiderspruch von vermeintlicher und tatsächlicher Macht der „Arbeiterklasse" legte offen, dass eine Interessenvertretung der arbeiterspezifischen Belange nicht möglich war. Dies könnte zur Folge haben, dass sich die Parteiorientierungen in einem wesentlich geringeren Maße an der Dimension Klasse strukturieren als in der Bundesrepublik.

Wenn die Wahlentscheidung weniger durch Gruppenzugehörigkeit vorgeprägt ist, kann eine Erklärung nach der *rational-choice*-Theorie wahrscheinlicher werden, d. h. der Wähler wählt nach dem Eigennutz-Axiom die Partei, von der er sich den größten Vorteil erwartet. Diese auch von Gibowski[274] und Roth[275] vertretene Ansicht basiert auf der Beobachtung, dass sich die Scheidelinie des Wählerverhaltens in der DDR bei der Volkskammerwahl 1990 nicht an der Schichtzugehörigkeit messen lässt, wobei als Vergleichsparameter die Schichtzugehörigkeit in der Bundesrepublik und deren Implikationen herangezogen wurden. Fraglich ist, ob damit nicht gegen das Gebot, wesentlich Gleiches gleich und wesentlich Ungleiches ungleich zu behandeln, verstoßen wurde; anders formuliert: ist die Schichtzugehörigkeit in der DDR äquivalent zu der Schichtzugehörigkeit in der Bundesrepublik zu behandeln? Geht man von der These aus, dass es auch in der DDR strukturell verankertes Wahlverhalten gibt, verlieren die berufsstruktu-

---

272 Forschungsgruppe Wahlen, 1990a, 1990c, 1994.

273 Infas-Report Wahlen, 1994; Infratest dimap, 1998. Demnach wählten 39 % der ostdeutschen Arbeiter 1994 die CDU und 24 % 1998.

274 Gibowski, 1990.

275 Roth, 1990.

rellen Muster nicht zwingend an Bedeutung, nur weil sich die in der Bundesrepublik messbaren Parameter in der DDR nicht identisch messen lassen. Als Bedingung für eine andere Interpretationsmöglichkeit nennt Schultze, dass man sich von den am Beispiel der „industriellen Demokratien gewonnenen Interpretationsmustern der Wahlsoziologie" lösen müsse. In seiner Analyse der Volkskammerwahl 1990 präsentiert sich die „Allianz für Deutschland" als Träger des „Strukturwandels, von dem sich insbesondere Arbeiter [...] die rasche Veränderung ihrer (entgegen der einheitssozialistischen Ideologie eben gerade nicht privilegierten) Arbeits- und Lebenssituation erwarten".[276] Im Gegensatz hierzu steht das Angebot der PDS, die er als Partei des Status quo einordnet.[277] Schultze verweist damit auf ein Problem, das bei der Interpretation des Wählerverhaltens in den neuen Ländern häufig vernachlässigt wird: dass mit der nominellen Zugehörigkeit zu einer Gruppe wie bspw. den Arbeitern, nicht auch mit der Bundesrepublik vergleichbare Lebenslagen oder Lebenschancen impliziert sind.

Welche Auswirkungen die Schichtzugehörigkeit in der DDR langfristig auf das Wahlverhalten haben wird, bleibt abzuwarten. Dabei ist zwar nach wie vor eine Belebung des Klassen-*cleavage* nicht auszuschließen, sofern es den Gewerkschaften gelingt, als Vermittlungsinstanz zu wirken. Das Wahlverhalten in den neuen Ländern deutet allerdings nicht auf die Entwicklung einer solchen Konfliktlinie hin. Auch eine Wiederbelebung des Zentrum-Peripherie-Konfliktes im Sinne eines regional-ökonomischen *cleavage* ist eher ungewiss. Ob sich dieser Konflikt als „kulturell ökonomischer Konflikt zwischen den agrarisch-ländlichen Interessen und Lebensgewohnheiten des Nordens und der eher industriell-großstädtisch geprägten Lebensweise des Südens"[278] oder als neuer Ost-West-Konflikt ausprägen wird, ist noch nicht klar konturiert. Als Hauptkonfliktlinie scheint sich die individuelle Positionierung im Vereinigungsprozess herauszukristallisieren.[279]

3.4 Sozialpsychologischer Ansatz

Das von Belknap/Campbell[280] entworfene sozialpsychologische Konzept der Parteiidentifikation hat zum Ziel, den „statisch-sozialdeterministischen"[281] Ansatz der Columbia-Schule um die zwei Dimensionen Politik und Fluktuation des Wählerverhaltens zu erweitern.[282] Der sozialpsychologische Ansatz versucht eine langfristige psychische Be-

---

276 Schultze, 1990, S. 143.
277 Schultze, 1990, S. 143.
278 Averkorn/Eith, 1992, S. 45.
279 Welche Rolle die Zugehörigkeit zu den „Vereinigungsgewinnern oder den Vereinigungsverlierern" spielt, soll später ebenso wie die Frage des Ost-West-*cleavage* untersucht werden. Hierbei wird überprüft, ob dies tatsächlich eine Konfliktlinie bildet oder eher mit dem sozialpsychologischen Konzept der relativen Deprivation erklärt werden kann.
280 Belknap/Campbell, 1951.
281 vgl. Kaase, 1970, S. 52.
282 Kaase 1970, S. 53.

ziehung zwischen Wähler und Partei nachzuweisen, d. h. die Entwicklung einer affektiven Bindung von Wählern zu Parteien, ohne dass direkte Kontakte zu diesen notwendig sein müssen.[283] Dabei werden die Parteien als Bezugsgruppen aufgefasst, mit denen sich das Individuum identifiziert und somit auch deren Wert- und Normensysteme übernimmt.[284]

Campbell et al. nehmen an, „dass die Sozialstruktur nicht direkt auf politisches Verhalten wirke, sondern [...] über politische Einstellungen (attitudes)" vermittelt werde. Das Erklärungsmodell beruht auf der Beobachtung des Verhaltens der Individuen, das „nicht so sehr in Abhängigkeit von den objektiven Umweltfaktoren erklärt werden kann, sondern eher danach, wie sie diese Umwelt subjektiv wahrnehmen".[285] Die Grundannahme ist also, dass ein Teil der Wähler sich einer bestimmten Partei enger verbunden fühlt, ihr in der Regel seine Stimme gibt und von diesem Verhalten nur in Ausnahmesituationen abweicht. Die Abweichungen von dieser langfristigen Bindung „reflektieren den jeweils politischen Charakter der jeweiligen Wahl, sei dieser nun durch bestimmte Personen, Probleme oder beides geprägt".[286] Die Wahlentscheidung wird demnach von dem Wähler aus dem Spannungsverhältnis zwischen der langfristigen Parteibindung und seiner aktuellen Bewertung der Politik heraus getroffen. „Parteiidentifikation wird damit zum Hauptbindeglied von vergangenen externen Ereignissen in den individuellen Lebensgeschichten der Wähler mit dem abhängigen Wahlverhalten."[287]

Drei Variablen strukturieren das politische Verhalten: Parteiidentifikation (*party identification*), Kandidatenorientierung (*candidate partisanship*) und politische Sach- und Streitfragen (*issue partisanship*). Diese Variablen werden auf einem Zeitkontinuum, das in Abhängigkeit zur Wahl steht, eingetragen. Variablen wie *issue*- und Kandidatenorientierung sind auf der „Zeitdimension näher am abhängigen Verhaltensakt angesiedelt, als die Parteiidentifikation. Parteiidentifikation ist diesen Variablen zeitlich vorgelagert und erhält den Charakter einer Prädispositionsvariablen, welche die Entscheidung des Individuums bei jeder Wahl mehr oder weniger stark in Richtung derjenigen Partei, mit der sich das Individuum identifiziert, festlegt".[288] Der Ansatz wollte die eher politischen Ursachen des Wahlverhaltens in eine Theorie einbinden.

Die Michigan-Schule hat vor allem zwei Befunde herausgefunden, mit der Parteiidentifikation charakterisiert wird: „eine hohe Übereinstimmung der Parteiidentifikation zwischen Eltern und ihren Kindern und eine zunehmende Intensität der Parteiidentifikation mit zunehmendem Alter der Wähler".[289] Parteiidentifikation scheint somit als Resultat von Lebenszyklus und Sozialisation zu stabilem Wahlverhalten zu führen.

---

283 Campbell u. a., 1960, S. 120 ff.
284 Gluchowski, 1989, S. 677.
285 Bürklin, 1988, S. 54.
286 Kaase, 1970, S. 55.
287 Gluchowski, 1978, S. 266.
288 Gluchowski, 1978, S. 267.
289 Gluchowski, 1983, S. 444.

In den bisherigen Erläuterungen ist ein Bereich ausgespart worden, nämlich die heftige Kritik, der die Parteiidentifikation seit den ersten Versuchen, sie auf die Bundesrepublik zu übertragen,[290] ausgesetzt ist. Der Streit ist bis heute nicht entschieden. Es gibt einige Versuche, das Konzept auf die spezifische Situation der Bundesrepublik anzuwenden.[291] Allerdings konnte kein Konsens erzielt werden, ob die Parteiidentifikation überhaupt übertragbar sei. Auch die von Converse[292] erarbeitete Weiterentwicklung der Parteiidentifikation, das „*normal-vote*-Konzept", hat den Streit zwar nicht neu entfacht, aber auch nicht entschieden. Die Annahme von Converse, die Stimmabgabe werde durch die Parteiidentifikation bestimmt und die kurzfristigen Abweichungen vom „normalen Wahlverhalten" ließen sich quantitativ bestimmen, konnte bislang trotz aufwendiger statistischer Methoden nicht bewiesen werden.[293] Denn das zentrale Dilemma des Ansatzes, die Konstrukt-Validität, d. h. eine unabhängige Überprüfung der Validität von Konstrukt und Messinstrument, konnte bis heute nicht gelöst werden.[294]

Allerdings richtet sich die Kritik nicht nur auf die Konstrukt-Validität, sondern gegen den Anspruch auf Prognosefähigkeit, den die Parteiidentifikation erhebt. Sie gibt sich nicht mehr mit *ex-post*-Erklärungen zufrieden, hat also den Anspruch, Theorie zu sein. Sie „erfüllt eine doppelte Integrationsfunktion: Formal will das Konzept verschiedene Forschungsansätze [...] zu einer allgemeinen Theorie der Wahl integrieren. Inhaltlich fungiert die Parteiidentifikation als Fundamentalorientierung nicht nur für die Stimmabgabe, sondern für politisches Verhalten allgemein. Parteiidentifikation übernimmt damit die Funktion, Ausdruck der Loyalität zu einer Bezugsgruppe zu sein."[295]

Wie die Forschung gezeigt hat, unterliegt die (wie auch immer gemessene) Parteiidentifikation starken Schwankungen, wodurch sich kurz- und langfristige Faktoren nicht voneinander trennen lassen. Diese Effekte können als Ergebnis „der (Re-)Aktivierung von Parteibindungen durch den jeweiligen Wahlkampf"[296] interpretiert werden.

Summa summarum war die Debatte, inwieweit eine Übertragbarkeit der Parteiidentifikation auf deutsche Verhältnisse möglich sei, seit den 1980er Jahren abgeflacht und ist erst im Zuge der Vereinigung Deutschlands neu entflammt. Dabei wurde der Aspekt vernachlässigt, inwieweit die Eigenschaften, welche der Parteiidentifikation zugesprochen werden, überhaupt zutreffend sind. Im Fokus stand nur noch die Frage der Anwendbarkeit. Damit ist letztlich der Anspruch der Parteiidentifikation, eine Theorie des Wahlverhaltens zu entwickeln, nicht eingelöst worden. Freilich trifft das auf alle unterschiedlichen Konzeptualisierungen zu. Bürklin/Klein verdeutlichen, dass eine „Ent-

---

290 Zohlnhöfer, 1968, S. 126 ff.
291 Falter, 1977, S. 476 ff.; Falter/Rattinger, 1983, S. 320 ff.; Falter, 1984, S. 13 ff.; Gluchowski, 1978, S. 265 ff.; 1983, S. 442.
292 Converse, 1966.
293 Falter/Rattinger, 1986, S. 289 ff.
294 Falter, 1984, S. 18
295 Wildenmann, 1968, S. 235
296 Roth, 1998, S. 43

scheidung darüber, welcher Stellenwert den verschiedenen Faktoren in einer Theorie des Wahlverhaltens zukommen kann, in absehbarer Zeit nicht in Aussicht steht".[297]

3.5 Übertragung des sozialpsychologischen Ansatzes auf die neuen Bundesländer

Wie schon oben dargestellt, ist das zentrale Konstrukt des sozialpsychologischen Ansatzes die Parteiidentifikation. Die zentrale Frage für die Wahlforschung ist daher, ob es in den neuen Bundesländern eine Parteiidentifikation geben kann. Stimmt man dieser These zu, dann ist das Wahlverhalten nicht durch kurzfristige Faktoren wie Kandidaten- oder der *issue*-Orientierung zu erklären. Die Übertragung des Ansatzes auf die neuen Bundesländer hängt davon ab, ob schon vor dem Fall der Mauer eine Bindung an westdeutsche Parteien vorhanden war.

Bei Meinungsumfragen, die kurz nach Öffnung der Grenze in der DDR durchgeführt wurden, ist ein überraschend hoher Grad an Parallelität der West- und Ostdeutschen im Bereich der Meinungen und Werte zutage gefördert worden. So stellten zwei Umfragen bei Jugendlichen in Ost- und Westdeutschland[298] ähnliche Werte und Meinungen fest, die entweder als „atemberaubende Anpassung" an die Denkweisen Jugendlicher im Westen seit der Öffnung der Grenzen oder als Resultat eines gleichförmigen mentalen Entwicklungsprozesses in der DDR und der Bundesrepublik bewertet werden können. Für eine parallele Entwicklung sprechen die Befunde der Shell-Studie, die zeigt, dass in „Lebensstil, Lebensgefühl und in den Wertvorstellungen der heutigen DDR-Schülergeneration [...] bereits lange vor der Revolution auf der Straße eine Revolution in den Köpfen" stattgefunden habe. Des Weiteren konstatierte man einen kontinuierlichen Mentalitätswandel unter Jugendlichen in der DDR, der in „Richtung und Ausmaß durchaus dem Wertewandel vergleichbar" sei, der für die Bundesrepublik prägend ist.[299]

Ähnlich sehen Herbert/Wildenmann eine Grundidentität der Deutschen in Ost und West. „Unsere vergleichenden Analysen zur Selbstcharakterisierung der Deutschen, zu ihren Wertorientierungen und zu ihrem Verständnis von Freiheit und Demokratie zeigen jedoch, dass sie sich nahezu gleich geblieben sind. Insbesondere überrascht, dass – abgesehen von einigen situativ erklärbaren Einzelfacetten – Wertpräferenzen, das Verständnis und die Bewertung politisch-demokratischer Normen große Ähnlichkeiten aufweisen. Wertewandel, Individualisierung und Pluralisierung der Lebensstile haben offensichtlich auch bei den Menschen in der DDR ihre Spuren hinterlassen."[300]

Wenn man der These zustimmt, dass es eine – *cum grano salis* – parallele Entwicklung einer gemeinsamen Grundidentität der Deutschen gibt, muss ein kontinuierlicher Export des Wertesystems stattgefunden haben.

---

297 Bürklin/Klein, 1998, S. 64
298 Shell, 1990; Veen u. a., 1994a; Hoffmann-Lange, 1995.
299 Shell, 1990, S. 3.
300 Herbert/Wildenmann, 1991, S. 95.

Voraussetzung für die Auf- und Übernahme von Werten ist eine innere Bereitschaft und eine affirmative psychologische Grundstimmung. Die Forschung hat anerkannt, dass eine solche Grundstimmung bei den DDR-Bürgern vorhanden war. Weidenfeld sprach von der „massenmedialen Präsenz der Bundesrepublik als zweiter Wirklichkeit in der DDR", die dazu führte, dass die Bürger beider Staaten „psychologisch aufeinander bezogen" blieben, wobei die Bundesrepublik den „Bezugspunkt der Aufmerksamkeit" geboten habe.[301] Staritz war der Ansicht, „die kulturelle und häufig auch politische West-orientierung" werde „durch die materielle verfestigt".[302] Die Westorientierung wurde durch das Arrangement zwischen Staat und Bürgern – die sogenannte „Als-Ob-Klausel", die den Bürgern erlaubt, „öffentlich so zu tun, als glaubten sie tatsächlich, was ihnen aufgegeben war"[303] – zumindest nicht unmittelbar in Frage gestellt. Ähnlich diagnostizierte Lemke eine „politische Doppelkultur", die durch die „im Herrschaftssystem selbst angelegte Trennung und Spaltung von offizieller politischer Kultur und der im tatsächlichen Lebensbereich dominanten politischen Kultur" entstanden sei.[304]

Zwei Vermittlungsinstanzen sind in dem Kommunikationsprozess für die Übertragung der Werte in Betracht zu ziehen: Im Rahmen der Individualkommunikation wird der Austausch und die Vermittlung von Werten durch Verwandte/Bekannte, durch Tourismus oder durch geschäftliche und berufsbezogene Kommunikation erzielt. Die Anzahl der *face-to-face*-Kontakte von Bundesbürgern und DDR-Bürgern schwankte, da sie in direkter Abhängigkeit zu der jeweiligen politischen Situation standen, sie hatten sich jedoch in den letzten Jahren auf einem relativ hohen Niveau bewegt. 1986 wurden 8,74 Millionen Begegnungen gezählt und auch in den folgenden Jahren war der Trend ansteigend.[305] Im Unterschied zu anderen Reisen von Bundesbürgern hatten die deutschdeutschen Begegnungen in der DDR und die wenigen Reisen von DDR-Bürgern in der Bundesrepublik[306] einen besonderen Stellenwert, da eine Touristengettoisierung wie in klassischen Urlaubsländern nicht stattfand. Zu berücksichtigen ist lediglich, dass die Besuchskontakte aufgrund der Einbindung in unterschiedliche Gesellschaftssysteme nicht problemlos waren.

Das quantitative Argument der Begegnungen muss im Zusammenhang mit den Funktionen gesehen werden, welche persönliche Kontakte haben. Denn mit den zwischenmenschlichen Kontakten „wird ein deutlicher Beitrag zur Verlangsamung des sozialen und kulturellen Desintegrationsprozesses geleistet, der vor allem darin besteht, dass Erfahrungen über die meinungsbildende Lebenssituation und die Umwelt des Partners an

---

301 Weidenfeld, 1989, S. 25.
302 Staritz, 1989, S. 75.
303 Staritz, 1989, S. 77.
304 Lemke, 1991, S. 277.
305 Rüther, 1988, S. 130.
306 Allerdings war mit dem Honecker-Besuch in der Bundesrepublik ein rapider Anstieg von Rentnerreisen (1987: 3,8 Mio.; 1988: 6,7 Mio.) und Reisen in dringenden Familienangelegenheiten (1987: 1,2 Mio; 1988: 1,1 Mio.) nach Westdeutschland zu verzeichnen. Vgl. Plück, 1997, S. 392.

Ort und Stelle gewonnen werden können".[307] In der Konsequenz waren Besuchskontakte fast die einzige Möglichkeit, Primärerfahrungen über die Bundesrepublik zu machen.

Die andere Vermittlungsinstanz, die Sekundärerfahrungen ermöglicht, liegt im Bereich der Massenkommunikation. So erscheint plausibel, dass durch die Medien ein Export der Politik der Bundesrepublik in die DDR stattgefunden hat. Durch den Export der „Lebensstile und Gesellschaftsbilder"[308], der auf eine affirmative Grundorientierung stieß, könnten sich schon Loyalitäten gegenüber Parteien gegründet haben, da eine starke Rezeption des westlich-bundesrepublikanischen Systems stattgefunden hat.

Zur Erklärung, welchen Stellenwert die (West-)Medien in der DDR gehabt haben können, eignen sich die traditionellen theoretischen Ansätze der Medienwirkungsforschung nur bedingt, da das jeweilige Beweisniveau oft zu hoch angesiedelt ist und sich an Verhaltens- und Einstellungsänderungen orientiert. Meines Erachtens reicht es für das zu erklärende Phänomen, nämlich die gemeinsame Grundidentität der Deutschen, aus, von einem Ansatz auszugehen, der nicht versucht, Einstellungs- oder Verhaltensänderungen durch die Medienwirkung zu erklären, sondern der den Medien lediglich einen gestaltenden Einfluss bei der Formung und Bildung der Realität zugesteht. Diese Prämisse ist im Kultivierungsansatz[309] und in der *agenda-setting*-Forschung enthalten.[310] Beide lokalisieren als entscheidenden Einfluss der Medien nicht die Veränderungen von Einstellungen und Verhalten, sondern die Entstehung und die Herausbildung von Vorstellungen über die Realität. Den Medien wird dabei eine prägende Sozialisationsfunktion zugeschrieben, die in ihrer Fähigkeit zur Ausbildung und Kultivierung von grundsätzlichen Ansichten über die Beschaffenheit von Realität normbildend wirkt. Dieser Ansatz, der den Medien lediglich eine prägende Wirkung einräumt, scheint für die messbare Grundidentität der Deutschen eine entscheidende Erklärungskraft zu haben. Wer davon ausgeht, dass die Massenmedien im soziokulturellen Bereich „wesentlich an den Sozialisations- und Entkulturationsprozessen beteiligt" sind, „in deren Verlauf das gesellschaftliche Normen- und Wertsystem von den Mitgliedern der Gesellschaft aufgenommen wird",[311] kann ihnen die Möglichkeit nicht absprechen, auf diese Weise Normen und Werte von der Bundesrepublik in die DDR transportiert zu haben, die dann internalisiert werden konnten.

Die potenzielle Wirkung der Medien wurde vermutlich durch die strukturelle Abhängigkeit von Informationen in der DDR noch erhöht. Die zunehmende Abhängigkeit von Sekundärerfahrungen beschreibt das Dependenzmodell von Ball-Rokeach/DeFleur.[312] Es geht auf die zunehmende Bedeutung der Massenmedien für die Sekundärerfahrung und die daraus abzuleitende Abhängigkeit der Rezipienten ein. „Wenn das, was Men-

---

307 Schneider, 1976, S. 149.
308 Herbert/Wildenmann, 1991, S. 95.
309 Gerbner/Gross, 1976, S. 173 ff.
310 McCombs/Shaw, 1972, S. 176 ff.
311 Schatz, 1989, S. 389.
312 Zit. nach Hesse, 1988, S. 29 ff.

schen über die unmittelbare und mittelbare Umwelt erfahren, zu einem großen Teil indirekte Erfahrungen sind, meist vermittelt durch die Massenmedien, dann sind wir in unserem Wissen, unseren Vorstellungen, von der Wirklichkeit und den daraus resultierenden Handlungen von den Massenmedien abhängig.“[313] Für die spezifische Situation in der DDR besitzt dieses Modell zumindest einen heuristischen Wert.

Nach anfänglichen Versuchen, den Empfang des Westfernsehens in der DDR zu unterbinden, wurde 1973 auf der 9. Tagung des ZK der SED von Erich Honecker mit seiner Aussage, jeder in der DDR könne Fernsehen und Hörfunk nach Belieben ein- und ausschalten,[314] zumindest *nolens volens* der Empfang westlicher Programme konzediert.

Fernsehsendungen von ARD und ZDF waren außer im Raum Dresden und Greifswald überall zu empfangen, und West-Fernsehen wurde selbst in Kabelanlagen eingespeist. Zuletzt konnten vier von fünf DDR-Bürgern westliches Fernsehen empfangen. Neben dem Fernsehen (ARD, ZDF und die Dritten Programme sowie seit Ende der 1980er Jahre auch SAT 1 und RTL plus) strahlten auch die Hörfunkprogramme der Sender DLF, BR, HR, NDR, SFB und RIAS in das Gebiet der DDR hinein, wodurch auch Regionen, die kein West-Fernsehen empfangen konnten, nicht vom Informationsfluss abgeschnitten waren. Die einzige Abhängigkeit bestand gegenüber den Printmedien, da Einfuhr und Vertrieb westlicher Presseerzeugnisse in der DDR untersagt war. Im Bereich der elektronischen Medien bestand demgegenüber eine Vergleichsmöglichkeit, die auch genutzt wurde. Der Ausstattungsgrad an Fernsehgeräten betrug Ende der 80er Jahre 95,2 Prozent[315], was ungefähr dem Stand in der Bundesrepublik entsprach.[316]

In der DDR-Forschung herrschte schon immer allgemeiner Konsens, dass eine hohe Nutzungsfrequenz der empfangbaren West-Medien bestand. Die Vermutungen der bundesrepublikanischen Forscher über den täglichen Empfang des West-Fernsehens (Netto-Reichweite) vor der Grenzöffnung schwankten zwischen 50 Prozent und 90 Prozent.[317] Spätere Untersuchungen ergaben einen Marktanteil der westdeutschen Fernsehsender von ca. 70 Prozent im Frühjahr 1990.[318] Vermutlich war der Anteil des West-Fernsehens vor dem Mauerfall ähnlich hoch oder noch höher.

Die Medienforschung arbeitet in der Regel mit einem Modell, das einen Kommunikationsprozess vom Sender über ein Medium zu einem Empfänger beschreibt. Bei den Wirkungen sind die einzelnen Elemente interdependent. Im Rahmen dieser Analyse sollen nur einige Wirkungsdimensionen des Senders berücksichtigt werden, nämlich das Image und die Glaubwürdigkeit. Die These lautet, dass die potentielle Prägung, die vom Fernsehen ausgehen kann, dann steigt, wenn das Image gut und die Glaubwürdigkeit

---

313 Hesse, 1988, S. 29.
314 ND vom 29. Mai 1973.
315 Schwartau/Vortmann, 1989, S. 300.
316 Vgl. Schatz, 1989, S. 396.
317 Holzweißig, 1983, S. 22; Hesse, 1986; Holzweißig, 1999.
318 Wild, 1990, S. 566.

hoch ist. Voraussetzung für die potenzielle Wirkung von Image und Glaubwürdigkeit ist natürlich, dass das Medium genutzt wird.

Ein Indiz für die Bedeutung des Fernsehens ist die Quantität der Nutzung. Generell liegt aufgrund der geringen Attraktivität des Freizeitangebots in der DDR „eine verstärkte Nutzung des West-Fernsehens in Ermangelung funktionaler Äquivalente zur Befriedigung von Bedürfnissen"[319] nahe. Dass die durchschnittliche Sehdauer der DDR-Bürger tatsächlich höher lag als die der Bundesbürger, konnte nach der deutschen Vereinigung nachgewiesen werden.[320]

Eine Untersuchung Hesses fördert eine hohe Nutzungsfrequenz des West-Fernsehens zutage: 82 Prozent derjenigen, die es empfangen konnten, sahen es fast jeden Tag. Ein Argument für eine starke Bindung an das Medium ist, wenn es nicht nur regelmäßig, sondern auch gezielt eingeschaltet wird. In Hesses Untersuchung gaben 92 Prozent der Befragten an, gezielt einzelne Sendungen von ARD und ZDF anzuschauen. Die politischen Magazine und die Nachrichten kamen auf die höchste Nutzungsfrequenz, wobei Magazine wie „Kennzeichen D" oder das „ZDF-Magazin" aufgrund der Themenstellung besonders stark präferiert wurden.[321]

Der Befund, „wo ARD und/oder ZDF zu empfangen sind, wird das DDR-Fernsehen nur selten und dann selektiv eingeschaltet" symbolisiert das negative Image, welches das DDR-Fernsehen hatte.[322] Als Gründe für die Ablehnung wurden in einer Umfrage von Übersiedlern 1988 im Informationsbereich die „parteiliche Instrumentalisierung mit der Folge geringer Glaubwürdigkeit" genannt. Im Unterhaltungsbereich wurde das Programm des DDR-Fernsehens als „wenig geeignet empfunden [...], um Bedürfnisse nach Ablenkung, Entspannung und Rekreation zu befriedigen. Den Interviewpartnern missfiel besonders die häufige Thematisierung der Arbeitswelt". Zu dem Akzeptanzproblem kommt noch die Geringschätzung der eigenen Spitzenstars, die „als Sendboten der Regierung, als Hofnarren der Parteidynastie" galten.[323]

Die negative Bewertung des eigenen Fernsehens ist im Zusammenhang mit dessen politischer Instrumentalisierung zu sehen. Die Medien der DDR hatten die Aufgabe, „planmäßig das Bewusstsein der Menschen im Sinne der sozialistischen Weltanschauung zu beeinflussen"[324] und somit parteilich Agitation und Propaganda im Sinne der SED zu betreiben, mit dem Ziel der „Befestigung der realsozialistischen SED-Staatlichkeit". Damit waren die Medien einem „System totalitärer Prägung verpflichtet".[325] Insgesamt erhöhte dies sicherlich weder den Unterhaltungswert der Programme noch trug es dazu bei, dem DDR-Fernsehen das Prädikat „glaubhaft" zu verleihen.

---

319 Hesse, 1988, S. 53.
320 Wild, 1990, S. 561.
321 Hesse, 1986, S. 266.
322 Hesse, 1988, S. 68.
323 Hesse, 1988, S. 69.
324 Lau, 1988, S. 34.
325 Faul, 1991, S. 152.

Das West-Fernsehen wurde gegensätzlich bewertet. Bei einer offenen Fragestellung („Wenn Sie mal das West-Fernsehen beurteilen: Was hat Ihnen so ganz allgemein am West-Fernsehen besonders gut gefallen?") ermittelte Hesse als Ergebnis, dass sich die positiven Äußerungen über das Fernsehen vorwiegend auf das Grundsätzliche, also die Dimensionen der Meinungsvielfalt und der Aufmachung der Sendungen bezogen, wohingegen die Kritik zumeist nur Details, d. h. partielle Kritik bzw. Geschmacksurteile zu einzelnen Sendungen betraf.[326]

Nachdem festgestellt wurde, dass das West-Fernsehen ein positives Image hatte, soll nun überprüft werden, ob es auch glaubwürdig war. „In einer solchen Konstellation, in der die Hörfunk- und Fernsehnachrichten des DDR-Rundfunks mit denen der bundesrepublikanischen Sender konkurrieren, gewinnt die Glaubwürdigkeit als intervenierende Variable im Kommunikationsprozess eine besondere Bedeutung",[327] da „eine größere Wirkung glaubwürdiger Quellen [...] feststellbar" ist[328]. Die Forschung sieht in der Variablen Glaubwürdigkeit einen wichtigen Einflussfaktor für die Einstellungsbildung und die bedeutendste Beurteilungsdimension.[329] Auch in Bezug auf die Glaubwürdigkeit hatte das Westfernsehen gegenüber dem Ostfernsehen einen erheblichen Vorsprung.[330]

Mit Blick auf die Art der Nutzung in der DDR scheint dem West-Fernsehen bei der Erklärung der Parallelität von Werten, Normen und Einstellungen die zentrale Funktion des Transportes in die DDR zuzukommen. Die Art, wie die DDR-Bürger das Medium nutzten, die hohe Glaubwürdigkeit und das positive Image, welches das Fernsehen genoss, sind Rahmenbedingungen, welche die Vermittlungsmöglichkeiten plausibel und wahrscheinlich machen. Von dem Befund ausgehend, dass zwischen Deutschen in Ost und West eine gemeinsame Grundidentität besteht, ist die Schlussfolgerung wahrscheinlich, dass die Wirkung westdeutscher Massenmedien am Angleichungsprozess beteiligt waren. Die Darstellung der innerdeutschen Kommunikationsprozesse erlaubt, auf die Wahlsoziologie bezogen, folgendes Fazit: Es ist sehr wahrscheinlich, dass zu den bundesrepublikanischen Parteien als Bezugsgruppe so etwas wie eine affektive Parteiloyalität entstanden ist und der sozialpsychologische Ansatz zur Erklärung von Wahlverhalten herangezogen werden kann.

Die Schlussfolgerung wird durch empirische Studien gestützt. Wie oben erwähnt, war die Forschung zunächst von der Frage geprägt, ob es prinzipiell eine Bindung an die westlichen Export-Parteien geben kann. Eine frühe Analyse von Roth[331] negierte dies zwar, indem sie das Wahlverhalten bei der Volkskammerwahl als rein rational bewertete; weitere Analysen konstatierten bald, dass es ein vereinigtes Elektorat gebe[332]. Einem

---

326 Hesse, 1988, S. 67.
327 Hesse, 1988, S. 77.
328 Hesse, 1988, S. 79.
329 Hesse, 1988, S. 80.
330 Hesse, 1988, S. 82.
331 Roth, 1990, S. 369 ff.
332 Gibowski, 1990.

ersten empirischen Test wurde die Frage nach der Parteiidentifikation von Bluck/Krei-
kenbom unterworfen, die das Konstrukt der „quasi-Parteibindung" einführten.[333] Sie
stellten die Hypothese auf, dass es schon in der DDR eine politische Vorprägung zur
Bundesrepublik gegeben habe, die durch die Abwendung vom politischen System der
DDR entstanden sei. In nicht-repräsentativen Untersuchungen stellten sie bei Bürgern in
Jena fest, dass diese sich schon vor der „Wende" an bundesrepublikanischen Parteien
orientierten (quasi-Parteibindungen). Die Art der Orientierung sei als geistige Mitgliedschaft[334] zu verstehen, die erst nach der „Wende" einem Test in der Realität standhalten
müsse. Diese These wurde durch Ergebnisse von Gluchowski/Zelle[335] bestätigt, die die
Existenz von Parteibindungen schon vor 1989/90 nachwiesen. „Als Fazit ergibt sich,
dass Parteiidentifikationen sich auf dem Gebiet der DDR bereits entwickelt haben und
sich wahrscheinlich noch weiter entwickeln werden".[336] Auch Schmitt stellte nicht nur
das Vorhandensein von Parteiidentifikationen fest, sondern auch weitreichende Über-
einstimmungen der Parteibindungen von West- und Ostdeutschen.[337]

Die Betrachtung der soziologischen Modelle und des sozialpsychologischen Modells
zeigen, dass langfristige Variablen zur Erklärung des Wahlverhalten herangezogen werden können. Die spezifische Entwicklung der DDR-Gesellschaft muss in Analysen einbezogen werden, um die komplexen Ursachen des Wahlverhaltens in den neuen Ländern zu entschlüsseln. Dass sich während der Phase der Zweistaatlichkeit so etwas wie
eine affektive Loyalität von DDR-Bürgern zu den bundesrepublikanischen Parteien
entwickelt hat und der sozialpsychologische Ansatz zur Erklärung von Wahlverhalten
herangezogen werden kann, ist plausibel. Die reine Existenz von Parteibindungen sagt
allerdings noch nichts über ihre Richtung und Intensität aus.

3.6 *Rational-choice*-Theorie

Die *rational-choice*-Theorie versucht eine demokratietheoretische Erklärung des Wahlverhaltens zu geben. Das individuelle Wahlverhalten wird aus dem Axiom des Rationa-
litätsprinzips abgeleitet, mit dem die Formen politischer Handlungen sowohl von Seiten
der Wähler als auch von Seiten der Parteien erklärt werden. Unter Rationalität des Verhaltens ist – abweichend vom alltagssprachlichen Gebrauch des Begriffes – nicht ein
„objektiv definierbares und intersubjektiv nachvollziehbares Zweck-Mittel-Denken" zu
verstehen, sondern eine „subjektive Verbindung von Zielen mit der Stimmabgabe".[338]
Das Grundprinzip der Neuen Politischen Ökonomie basiert auf der Annahme, dass

---

333 Bluck/Kreikenbom, 1991, S. 495 ff.
334 Bluck/Kreikenbom, 1991, S. 501.
335 Gluchowski/Zelle, 1992, S. 261 ff.
336 Gluchowski/Zelle, 1992, S. 267.
337 Schmitt, 1992, S. 237.
338 Kaltefleiter/Nißen, 1980, S. 120.

„Wähler auf der Basis eines Parteien-Differentials ihre Entscheidung so treffen, dass ihr politischer Nutzen, d. h. der Nutzen aus der Regierungstätigkeit, maximiert wird".[339]

Mit der rationalistischen Theorie des Wählerverhaltens entwickelte Downs in seiner „Ökonomischen Theorie der Demokratie" Schumpeters Ansatz weiter, der bereits 1942 in seinem Buch „Kapitalismus, Sozialismus und Demokratie" die Grundzüge einer ökonomischen Theorie der Demokratie entworfen hat. Lehner interpretiert die Sichtweise Downs als ein komplexes Tauschsystem, das als eine Art politischer Markt verstanden werden kann, in dem die beiden Akteure, Wähler und Parteien, Stimmen gegen Programme und Leistungen der Regierung tauschen.[340]

Das Verhalten der Wähler ist dann rational, wenn sie die Partei wählen, von der sie sich den höchsten Nutzen versprechen, die ihre individuellen Ziele am ehesten zu realisieren vermag.[341] Für die Parteien gilt als Handlungsaxiom, dass sie anstreben, Wahlen zu gewinnen,[342] also Regierungsmacht zu erreichen und zu behalten. Um dieses Ziel zu erreichen, versuchen die Parteien so viele Wählerstimmen wie möglich zu erhalten. Die Programme, die zur Stimmenmaximierung führen sollen, werden unter Berücksichtigung der Präferenzen der Wähler entwickelt. Das Verhalten von Wählern und Parteien ist dann rational, wenn es nicht von altruistischen, sondern von utilitaristischen Motiven zur Maximierung des Eigennutzens bestimmt ist.

Im Gegensatz zu den anderen Erklärungsansätzen, deren theoretisches Gebäude aus empirischen Verallgemeinerungen über das Wählerverhalten aufgrund von Einzelbeobachtungen gewonnen wird, geht die *rational-choice*-Theorie methodologisch von einer allgemeinen Verhaltenstheorie aus, die das „entscheidungslogische Instrumentarium der modernen Wirtschaftstheorie zur Erklärung und Vorhersage politischer Prozesse" anwendet.[343] Aus der methodologischen Vorgehensweise resultiert das Erklärungspotenzial, das nicht nach den Ursachen der Wahlentscheidung auf individueller Ebene (soziologische oder sozialpsychologische Bestimmungsgründe) fragt, sondern diese als gegeben voraussetzt. Das Bestreben der rationalistischen Ansätze besteht darin, „politisches Verhalten bei gegebenen und nicht weiter zu analysierenden individuellen Präferenzen als Anpassung an variierende politische Bedingungen, sogenannte situative Restriktionen," zu prognostizieren und zu erklären.[344] Problematisch, wenn nicht nach wie vor ungelöst, ist die empirisch valide Umsetzung der Theorie. Wann wählt ein Wähler rational, also rein an der Lösungskompetenz der Parteien zu verschiedenen politischen Themen (*issue-voting*) orientiert, und wann wählt er – im Sinne der Theorie – irrational: indem er einer Partei aufgrund seiner Parteiidentifikation die beste Problemlösung zutraut?[345]

---

339 Lehner, 1979, S. 71.
340 Lehner, 1981, S. 21.
341 Downs, 1968, S. 258 ff.
342 Downs, 1968, S. 11.
343 Falter/Schumann/Winkler, 1990, S. 11.
344 Falter/Schumann/Winkler, 1990, S. 11.
345 Vgl. Jagodzinski/Kühnel, 1990, S. 5 ff.; Kühnel/Fuchs, 1998, S. 317 ff.

3.7 Übertragung der *rational-choice*-Theorie auf die neuen Bundesländer

Die Vermutung, „Erklärungsansätze, die sich auf längerfristige Einflussvariablen stützen", würden sich verbieten, da die „Vorbedingungen der Wahl zur Volkskammer mit denen westlicher Wahlen" unvergleichbar seien,[346] führte dazu, auf die *rational-choice*-Theorie zurückzugreifen. Die Probleme, die sich aus den Fragen ergeben, ob Parteiloyalitäten in der DDR vorhanden waren oder in welchem Umfang *cleavages* ihre Prägekraft erhalten haben oder welche sozialstrukturellen Faktoren Einfluss auf die Parteipräferenz haben, bedürfen im Rahmen dieses Konzeptes keiner weiteren Diskussion,[347] da die individuelle Wahlentscheidung in Abhängigkeit zu *issues* getroffen werde. So argumentieren Feist/Hoffmann, dass bei den ersten Landtagswahlen in der DDR „Sachfragen zur Entscheidung standen, an denen persönliche Interessenlagen ziemlich pragmatisch festgemacht werden konnten. Traditionelle Loyalitäten, die durch stabile soziale oder konfessionelle Milieus abgestützt wurden, existierten nicht oder schlugen nicht auf das Wahlverhalten durch".[348] Da Vorinformationen über längerfristige, das Wahlverhalten prägende Strukturen zu diesem Zeitpunkt nicht vorhanden waren, wurde aus der Not eine Tugend gemacht, die Wirkung längerfristiger Variablen negiert und das Wahlverhalten aus den Einstellungsmustern heraus erklärt.

Die Übernahme der *rational-choice*-Theorie in diesem Kontext entspricht allerdings einer verkürzten Adaption des Modells. Auch wenn im rationalen Modell die langfristigen Bindungen in der Analyse nicht zum Tragen kommen, ist das Konstrukt nicht a-historisch. Die in Umfragen gemessenen Einstellungen zu unterschiedlichen Themen markieren einen beliebigen Zeitpunkt innerhalb des Informationsbeschaffungsprozesses der Bürger. Sie messen somit eine momentane „Abstraktion von der wirklichen Fülle des Menschen".[349] Die Bürger beschaffen sich politische Informationen „1. als Hilfsmittel für ihre Wahlentscheidung und 2. um sich in den politischen Fragen eine Meinung zu bilden".[350] Dass dieser Prozess der Information in der DDR erst nach der „Wende" einsetzte, ist nicht wahrscheinlich. Darauf weisen die Ergebnisse der Mediennutzung hin. Somit ist die Hilfskonstruktion, die DDR sei zum Zeitpunkt der ersten Landtagswahlen „eine Art politisches Niemandsland"[351] gewesen, für die *rational-choice*-Theorie redundant. Auch wenn langfristige Variablen im Modell nicht integriert sind, werden sie doch nicht negiert. Dementsprechend ist auch der These, man habe bei den Wahlen in der DDR *issue-voting* in fast reiner Form erlebt[352] nicht zuzustimmen. Damit soll nicht die Relevanz geschmälert werden, welche die Einstellungsmuster für das Wahlverhalten

---

346 Roth, 1990, S. 369.
347 Roth, 1990, S. 369 ff.
348 Feist/Hoffmann, 1991, S. 29.
349 Downs, 1968, S. 7.
350 Downs, 1968, S. 233.
351 Feist/Hoffmann, 1991, S. 6.
352 Roth, 1990, S. 371.

haben. Dass die Einstellungen wahlrelevant sind, ist in einer Reihe von Analysen nachgewiesen worden.[353] Vielmehr soll darauf aufmerksam gemacht werden, dass auch durch die *rational-choice*-Theorie die These der mentalen Stunde Null nicht gestützt werden kann.[354]

353 Vgl. Roth, 1990; Feist/Hoffmann 1991; Jung, 1990; Gibowski; 1990; Falter; 1992; Schmitt, 1992; Oberndörfer/Mielke/Eith, 1992.
354 Vgl. Winter, 1996, S. 298 ff.

4. Politisches Verhalten der PDS-Wähler

4.1 Vereinigungsverlierer- und *cleavage*-Hypothese

Für die Überprüfung, in welchem Koordinatensystem sich die Wählerschaft der PDS ausrichtet, bietet sich die Theorie der relativen Deprivation an. Unzufriedenheiten und Frustrationen sind fast normale Pathologien von Gesellschaften. Durch eine Systemtransformation kann sich eine Potenzierung oder Ausdifferenzierung von Unzufriedenheiten ergeben, die selbst potentielle Transformationsgewinner erreichen kann. Das 1970 erschienene Buch „*Why Men Rebel*" von Gurr widmet sich den Ursachen politischer Gewalt. Der politischen Gewaltanwendung vorgelagert sieht er Unzufriedenheit, die durch die Wahrnehmung relativer Deprivation entsteht. Sie definiert sich als „actors' perception of discrepancy between their value expectations and their value capabilities".[355] Er verdeutlicht den Unterschied zwischen objektiver und wahrgenommener Lage. Die Position eines Individuums oder einer Gruppe in einer Gesellschaft kann aus der Perspektive eines Beobachters objektiv unproblematisch sein, aber vom Individuum oder der Gruppe subjektiv anders wahrgenommen werden. Relative Deprivation drückt die Diskrepanz aus zwischen dem, von dem angenommen wird, dass es einem legitimerweise zusteht, und dem, was man in der eigenen Wahrnehmung tatsächlich erhält. Somit bezieht sich die relative Deprivation auf individuelle, subjektive Wahrnehmungen; nicht auf kollektive, objektive Lagen. Gurr definiert nicht abschließend, was für die relative Deprivation konstituierend ist. Daher können alle Momente bzw. Bezugsobjekte von Unzufriedenheit oder Frustration zur relativen Deprivation beitragen.

Die von Klein/Caballero[356] eingeführte Differenzierung zwischen subjektiven und objektiven Vereinigungsgewinnern ist für die Einstellungsebene und die Sozialstruktur relevant. Eine Differenzierung nach subjektiver und objektiver Unzufriedenheit ist nach Gurr unerheblich, da die Wahrnehmung und nicht die tatsächliche objektive Lage des Individuums entscheidend ist. Dennoch ist zu untersuchen, inwiefern tatsächliche Vereinigungsverlierer eine erhöhte Affinität zur PDS aufweisen. Zu den objektiven Vereinigungsverlierer können auch Personen gerechnet werden, die zwar nicht zu den DDR-Eliten zählten, aber z. B. durch den Verlust des Arbeitsplatzes Nachteile infolge der Systemtransformation hinnehmen mussten. Die PDS würde in dieser Wählergruppe als soziale Protestpartei wahrgenommen.[357] Die von Zelle separat vorgestellte Hypothese der Transformationsprobleme[358] kann unter zur Protestpartei-Hypothese gerechnet werden, da beide um die Frage der Vereinigungsfolgen kreisen. Bei dieser Hypothese hat die Nähe zur DDR und die ideologische Befürwortung des Sozialismus eine nachgeordnete Bedeutung. Entscheidend sind die Elemente Ablehnung des Westens und eine ost-

---

355 Gurr, 1972, S. 22.
356 Klein/Caballero, 1996, S. 231.
357 Zelle, 1998, S. 226; Falter/Klein, 1994, S. 34.
358 Zelle, 1998, S. 226.

deutsche Sondermentalität („Nostalgie"). Dazu zählen auch Enttäuschungen über den Verlauf der Einheit sowie politische und ökonomische Verdrossenheiten. Die Neigung zur PDS hat somit ihre Ursache in eher situativen Momenten wie der wirtschaftlichen Lage. Entscheidend sind kritische Bewertungen mit dem *output* des politischen und wirtschaftlichen Prozesses. Im Unterschied zur Eliten-Hypothese ist die Bindung an die PDS demnach nicht von lang- sondern von kurzfristigen Ereignissen abhängig. Wenn die *output*-Bewertung besser wird, sinkt die Wahrscheinlichkeit, PDS zu wählen.

Von der Protestpartei-Hypothese ist die Elitenhypothese zu unterscheiden. Die von Klein/Caballero und Zelle[359] formulierte Hypothese der stärkeren Bindung der ehemaligen Eliten an die PDS hat sowohl eine Einstellungs- als auch eine sozialstrukturelle Komponente. Die ehemaligen Eliten können eine objektive Schlechterstellung erfahren haben (z. B. durch Vorruhestand, Arbeitslosigkeit, Statusverlust). Das Elitenproblem kann aber auch auf der Einstellungsebene existieren und sich in einer größeren Distanz zum politischen System niederschlagen, was auf eine relative Deprivation zurückzuführen wäre. Die Elitenhypothese besagt in ihrem Kern, dass diejenigen, die in der DDR „staatsnah" und Teil der wirtschaftlichen, gesellschaftlichen oder politischen Funktionselite waren, sich der PDS besonders verbunden fühlen. Damit ist eine hohe Akzeptanz des Systems der DDR verbunden und eine entsprechende Ablehnung der Bundesrepublik. Theoretisch sind drei Untergruppen möglich: die subjektiven und die objektiven Verlierer der deutschen Einheit. Die dritte Gruppe der – plakativ formuliert – „Wendehälse" hatte entweder schon während der DDR keine Bindung an das System, oder hat sich von den Bindungen im Zuge der deutschen Einheit befreit.[360] Bei den ersten beiden Gruppen – den subjektiven und den objektiven Verlierern der deutschen Einheit – bleibt als konstitutives Element eine nach wie vor vorhandene Identifikation mit der DDR oder eine Akzeptanz der sozialistischen Ideologie bestehen. Dabei muss im Falle der objektiven Einheitsverlierer eine, im Falle der subjektiven Einheitsverlierer keine Benachteiligung (materieller oder ideeller Art) eingetreten sein.[361]

Nach der *cleavage*-Hypothese hat sich die PDS entlang einer neuen Konfliktlinie formiert, die das Parteiensystem langfristig neu ordnet. Mögliche *cleavages* könnten sein: der Ost-West-Konflikt, der Konflikt alte Elite versus neues System (Stichwort: Nostalgie/Ostmentalität).[362] Ob die These von Neugebauer/Stöss[363] zutrifft, wonach nur der Konflikt „zwischen sozialer Gerechtigkeit und Marktfreiheit" *cleavage*-Charakter hat, weil sich die Konfliktlinie des Ost-West-Gegensatzes durch den Gegensatz von Kapitalismus und Sozialismus (auf der Systemebene) nicht verkörpern lasse,[364] steht dahin.

---

359 Zelle, 1998, S. 224.
360 Klein/Caballero, 1996, S. 232, bezeichnen diese Gruppe als die „gefallenen Eliten", die im Unterschied zu den Eliten über kein gemeinsames Klassenbewusstsein verfügen.
361 Vgl. Gurr, 1972.
362 Winter, 1996, S. 298 ff.
363 Neugebauer/Stöss, 1996, S. 271 ff.
364 Neugebauer/Stöss, 1996, S. 263.

Die Begründung, dass „angesichts der erheblichen Demokratiezufriedenheit der sozialistisch orientierten Befragten Zweifel darüber aufkommen, ob die sozialistischen Einstellungen tatsächlich antikapitalistisch motiviert sind",[365] verschleiert, dass die ideologische oder sozialstrukturelle Verbundenheit mit dem *ancien régime* durchaus das Potenzial zur Herausbildung eines *cleavage* besitzt.

Unabhängig, woran sich der Konflikt materialisiert, müssen sich entlang dieser Konfliktlinie dauerhafte Einstellungen von Wählern zu Parteien formieren. Als Antipoden würden sich CDU und PDS gegenüberstehen. Die CDU könnte als die Partei der Vereinigung auf diejenigen, die für sich eine Verbesserung der Lebenssituation bilanzieren, eine ähnliche Anziehungskraft ausüben wie die PDS auf diejenigen, die eine Verschlechterung ihrer Situation konstatieren. Die CDU stände als Partei des gesellschaftlichen Strukturwandels für die individuellen Chancen und Risken, die PDS als Partei des *status quo ante* für kollektive Absicherung und sozialistische Ideale. Die Wählerkoalition, die für PDS oder CDU signifikant wäre, müsste sich bei jeder Wahl erneut an die jeweilige Partei binden. Konstituierend für die Konfliktlinie wäre somit ein Einstellungssyndrom, das sich in einem politisch-ideologischen Raum verorten ließe.

4.2 Sozialstruktur der PDS-Wähler

Im Unterschied zu den Wählerschaften[366] der anderen Parteien ist die Altersstruktur der PDS-Anhänger eher homogen. Während die Union ein eindeutiges Übergewicht der älteren Wähler und die Grünen der jüngeren Wähler haben[367], sind die Abweichungen vom Durchschnitt bei PDS weniger deutlich ausgeprägt. Sie mobilisiert die jüngeren Altersgruppen etwas besser und ist in den älteren Altersgruppen leicht unterrepräsentiert. Bei jüngeren Frauen liegt die Zustimmung leicht über dem Durchschnitt. In den weiblichen Altersgruppen der 18 bis 24-Jährigen und der 25- bis 34-Jährigen hat die PDS ihren Anteil im Vergleich zur Bundestagswahl 1990 mehr als verdoppelt und findet von etwa einem Viertel der Wählerinnen in dieser Altersgruppe Zuspruch.

Wenn die mittleren und älteren Altersgruppen überdurchschnittlich starke Affinität zur PDS aufweisen, könnte ein Sozialisationseffekt vorliegen, da aktuelle Einstellungen und Verhalten durch die Sozialisation in der DDR geprägt wären. Insgesamt sind die Differenzen in der Altersstruktur kaum ausgeprägt, so dass man nicht von generativem Wahlverhalten sprechen kann. Die Sozialisationsthese kann zumindest für das Wahlverhalten der unterschiedlichen Altersgruppen zurückgewiesen werden. Sie wird später in Bezug auf soziale Stratifikation und sich daraus ergebende Systemnähe erneut geprüft.

---

365 Neugebauer/Stöss, 1996, S. 264.
366 Die Untersuchung endet mit der Bundestagswahl 1998. Bei der Bundestagswahl 2002 sind sowohl Kontinuitäten als auch Divergenzen erkennbar. Vgl. Forschungsgruppe Wahlen, 2002, S. 50 ff.; Infratest dimap, 2002, S. 143 ff.
367 Molitor/Neu, 1999.

Tabelle 21: Abweichungen des PDS-Wahlergebnisses vom durchschnittlichen Ergebnis bei Bundestagswahlen 1990-1998 (in Prozentpunkten)

	1990	1994	1998
Männer insg.	2,8	4,6	5,2
18-24 Jahre	-0,1	+0,2	+0,2
25-34 Jahre	±0	+0,6	-0,3
35-44 Jahre	+0,2	+0,4	+0,5
45-59 Jahre	±0	-0,7	±0
60 Jahre und älter	+0,1	-0,4	-0,8
Frauen insg.	2,5	4,2	5,1
18-24 Jahre	-0,2	+1,3	+2,1
25-34 Jahre	+0,3	+1,4	+0,1
35-44 Jahre	+0,2	+0,9	+0,4
45-59 Jahre	±0	+0,1	+0,3
60 Jahre und älter	-0,3	-1,6	-0,9

Quelle: 1990: Repräsentative Wahlstatistik, in: Wahlergebnisse in der Bundesrepublik Deutschland und in den neuen Ländern, 2001. Die repräsentative Wahlstatistik wurde 1994 und 1998 nicht erhoben. Berechnungsgrundlage sind die Wahltagsbefragungen: Forschungsgruppe Wahlen, 1994; Infratest dimap, 1998 (eigene Berechnung).

Durch die Betrachtung der Zusammensetzung der Anhängerschaft der PDS im Zeitverlauf wird die Zurückweisung der Sozialisationsthese bestätigt. Die PDS erhält im Zeitverlauf in allen Altersgruppen einen der jeweiligen Größe dieser Gruppe (dem Bevölkerungsdurchschnitt) entsprechenden Zuspruch. Abweichungen vom Durchschnitt sind eher gering.[368] Der Zuwachs der PDS-Anhängerschaft wirkt gleichförmig in die Bevölkerung hinein. Lebenszykluseffekte und generatives Wahlverhalten haben somit auf die Wahrscheinlichkeit, die PDS zu wählen, nur einen geringen Einfluss.

In den alten Ländern ergibt sich ein anderes Bild. Dort sind die jüngeren Altersgruppen eindeutig überrepräsentiert. Etwa drei Viertel der West-Anhänger sind unter 44 Jahren, während der Anteil in der Bevölkerung bei etwa der Hälfte liegt. Die PDS findet den stärksten Zuspruch bei den Jung- und Erstwählern. Sie finden sich etwa doppelt so häufig in der PDS-Anhängerschaft wie im Bevölkerungsdurchschnitt. Dementsprechend unterrepräsentiert sind die älteren Jahrgänge der über 60-Jährigen.

---

368 Leichte Abweichungen können innerhalb des statistischen Messfehlers liegen.

Tabelle 22: Alter der PDS-Anhänger: neue Bundesländer 1990-1998 (in Prozent)

	18-24 Jahre		25-29 Jahre		30-44 Jahre		45-59 Jahre		60 Jahre u.ä.	
	PDS	Gesamt	**PDS**	Gesamt	**PDS**	Gesamt	**PDS**	Gesamt	**PDS**	Gesamt
1990	14	12	19	12	27	28	25	25	15	23
1991	10	12	8	9	33	30	25	26	25	24
1993	13	12	6	9	21	29	23	27	38	24
1994	8	10	13	11	26	29	26	26	28	25
1995	9	10	9	10	28	28	28	27	25	25
1996	12	10	13	9	24	29	29	27	22	26
1997	12	11	7	8	26	28	32	27	22	26
1998	5	11	7	7	31	29	25	26	33	27

Quelle: Konrad-Adenauer-Stiftung, kumulierter Datenfile.[369]

Tabelle 23: Alter der PDS-Anhänger: alte Bundesländer 1990-1998 (in Prozent)

	PDS-Anhänger	Gesamt
18-24 Jahre	23	11
25-29 Jahre	15	10
30-44 Jahre	32	27
45-59 Jahre	23	25
60 Jahre und älter	6	28

Quelle: Konrad-Adenauer-Stiftung, kumulierter Datenfile; Gesamtkumulation Einzelstudien 1990-1998.

Das Verhältnis der Geschlechter[370] bei PDS-Anhängern in den neuen Ländern weist leichte Schwankungen auf. Bis 1996 fand die PDS bei Männer eher überdurchschnittlichen Zuspruch, 1998 bei den Frauen. Doch wie das Wahlverhalten nach Alter und Geschlecht bei der Bundestagswahl 1998 bestätigt, sind geschlechtsspezifische Unterschiede nur schwach ausgeprägt – mit der Ausnahme der stärkeren Zuwendung jüngerer Frauen zur PDS.

---

369 Zur Methode der Kumulation: Empirische Analyse über die Einstellungen und das Verhalten der PDS-Anhänger im Westen sind schwierig, da die Fallzahlen einer einzigen normalen Umfrage mit 1.000-2.000 Befragten für Analysen zu klein sind. Um dieses Problem zu umgehen, wurden die Einzelstudien der Konrad-Adenauer-Stiftung von 1990 bis 1998 zu einer Datei zusammengefügt. Alle Fragen, die wiederholt gestellt wurden, konnten in die Untersuchung mit einfließen. Ohne Kumulation hätte keine Auswertung erfolgen können. Inwieweit Veränderungen auf der Zeitachse stattfanden, kann hierdurch nicht mehr geklärt werden. Allerdings wurde geprüft, ob in unterschiedlichen Zeitphasen signifikante Veränderungen auftraten. Dabei wurde der Zeitraum von 1990-1996 mit dem Zeitraum 1990-1998 kontrastiert (andere Zeiträume waren aufgrund der geringen Fallzahl nicht nachzuprüfen). Die Veränderungen zwischen den Zeiträumen sind so gering (±1-3 Prozentpunkte), dass die Kumulation methodisch vertretbar erscheint. Fallzahl (ungewichtet) aller Umfragen von 1990-1998: 51.866; davon PDS-Anhänger im Westen: 151.

370 Bezogen auf die Grundgesamtheit der jeweiligen Stichprobe.

Tabelle 24: Geschlecht der PDS-Anhänger: neue Bundesländer 1990-1998 (in Prozent)

	PDS-Anhänger		Gesamt	
	Frauen	Männer	Frauen	Männer
1990	47	53	47	53
1991	57	43	48	53
1993	49	51	48	53
1994	50	51	47	53
1995	56	44	48	52
1996	52	48	47	53
1997	47	53	48	52
1998	42	58	47	53

Quelle: Konrad-Adenauer-Stiftung, kumulierter Datenfile.

In den alten Ländern dominieren die Männer. Dies kann mit der in der Wahlforschung häufig beobachteten stärkeren Zurückhaltung der Frauen gegenüber den nicht etablierten oder auch extremistischen Parteien erklärt werden.[371] So weist die Wählerschaft der Republikaner einen größeren Männeranteil auf.[372] Auch die Grünen hatten bis zur Bundestagswahl 1990 einen Männerüberhang.[373] Erst bei der Bundestagswahl 1994 ist der Frauenanteil der Grünen über den Männeranteil gewachsen.

Tabelle 25: Geschlecht der PDS-Anhänger: alte Bundesländer 1990-1998 (in Prozent)

	PDS-Anhänger	Gesamt
Männer	55	47
Frauen	45	53

Quelle: Konrad-Adenauer-Stiftung, kumulierter Datenfile; Gesamtkumulation Einzelstudien 1990-1998.

Die Betrachtung von Alter und Geschlecht zeigt allerdings, dass es innerhalb der Altersgruppen Unterschiede gibt.[374] Teilweise, aber nicht durchgängig bei allen Wahlen findet die PDS bei jüngeren Frauen überproportionalen Zuspruch. Bei der Bundestagswahl 1994 hat die PDS in der Altersgruppe der 18- bis 34-jährigen Frauen 1994 ihren Anteil im Vergleich zur Bundestagswahl 1990 mehr als verdoppelt und stieß etwa bei einem Viertel der Wählerinnen in dieser Altersgruppe auf Zuspruch.[375] Diesen Vorsprung konnte die PDS 1998 halten.

---

371 Molitor, 1992.
372 Molitor, 1992, S. 121 ff.; Falter (Klein), 1994.
373 Repräsentative Wahlstatistik, in: Wahlergebnisse in der Bundesrepublik Deutschland und in den Ländern, 2001.
374 Vgl. Rattinger, 1994b, S. 73 ff.
375 Vgl. Neu, 1995c, S. 1 ff.

Tabelle 26: Wahlverhalten jüngerer Frauen bei Bundestagswahlen:
neue Bundesländer 1990-1998 (in Prozent)

	1990	1994	1998	1990	1994	1998	1990	1994	1998
Alter	18-24	18-24	18-24	25-34	25-34	25-34	insg.*⁾	insg.*⁾	insg.*⁾
CDU	32,9	25,2	23,9	36,2	27,5	21,1	41,4	38,5	27,4
SPD	23,7	29,9	29,1	24,6	33,7	31,5	24,1	31,5	35,2
FDP	12,2	3,0	5,4	12,6	2,9	1,6	13,0	3,5	3,3
Grüne	13,5	10,9	6,1	10,0	8,6	8,1	5,5	4,3	4,0
PDS	11,4	25,0	25,8	12,0	26,0	24,8	11,5	19,8	21,5

Quelle: 1990: Repräsentative Wahlstatistik, in: Wahlergebnisse in der Bundesrepublik Deutschland und in den neuen Ländern, 2001; Die repräsentative Wahlstatistik wurde 1994 und 1998 nicht erhoben. Berechnungsgrundlage sind die Wahltagsbefragungen: Forschungsgruppe Wahlen, 1994; Infratest dimap, 1998.
*) Männer und Frauen; Abweichungen aufgrund des Stichprobenfehlers.

Bei der Berufsstruktur weist die PDS seit 1990 ebenfalls ein relativ stabiles Muster auf. Der Arbeiteranteil ist unterdurchschnittlich, der Anteil der Angestellten, vor allem der Anteil der leitenden Angestellten, ist überdurchschnittlich hoch.

Betrachtet man die PDS-Anhängerschaft im Zeitverlauf, ergeben sich einige interessante Aspekte. PDS-Anhänger sind von der Transformation in den neuen Ländern offenbar stärker als der Bevölkerungsdurchschnitt betroffen. Der Anteil der Arbeitslosen liegt zwar im Zeitverlauf etwa im Durchschnitt, die Entwicklung der Rentner verläuft diskontinuierlich. Im Jahre 1990 lag der Rentneranteil in der PDS-Anhängerschaft 6 Prozentpunkte unter dem der Bevölkerung; 1991 lag er um 13 Punkte höher. Es gibt keinen Hinweis, dass der dramatische Anstieg der Rentner durch eine Verschiebung des Altersanteils in der PDS-Anhängerschaft verursacht sein könnte. Vielmehr scheint sich hierin eine hohe verdeckte Arbeitslosigkeit durch die Vorruhestandsmaßnahmen im Zuge der deutschen Einheit abzuzeichnen.

Als Trend lassen sich Nivellierungstendenzen in der PDS-Anhängerschaft feststellen. Mit dem Anstieg der PDS-Wählerschaft ab 1993 schleifen sich die spezifischen sozialstrukturellen Muster ab. Vor allem die starke Unterrepräsentation der Arbeiter wird geringer. Zwar bleibt eine Kernstruktur vorhanden (Unterrepräsentation von Arbeitern, Überrepräsentation von Angestellten), die Zuwächse der PDS finden jedoch homogen in allen Gruppen statt, d. h. der prozentuale Anteil bleibt bei den Zuwächsen relativ konstant. Dies spricht für eine gleichförmige Mobilisierung in allen Bevölkerungsschichten.

Tabelle 27: Berufstätigkeit und Berufsgruppen der PDS-Anhänger: neue Bundesländer 1990-1998 (in Prozent)

	berufstätig		arbeitslos/Kurzarbeit		Rentner		Hochschule		Sonstige	
	PDS	Gesamt	PDS	Gesamt	PDS	Gesamt	PDS	Gesamt	PDS	Gesamt
1990	66	63	4	5	16	22	3	3	11	6
1991	50	51	10	17	36	23	2	6	2	4
1993	41	47	19	15	36	31	3	5	1	3
1994	45	49	13	14	35	31	6	4	1	2
1995	48	47	14	15	30	31	6	6	2	2
1996	43	42	17	18	27	30	9	6	5	4
1997	41	41	24	20	25	29	5	7	5	3
1998	41	45	20	18	35	29	3	5	2	3

Die Kategorie „Hochschule" umfasst: Studierende (Universitäten, Fachhochschulen); Auszubildende, Zivil- und Militärdienstleistende; unter „Sonstige" sind neben nicht klassifizierbaren und fehlenden Angaben auch Hausfrauen zusammengefasst; in der Kategorie Rentner ist auch der Vorruhestand beinhaltet.

	Arbeiter		Angestellte		leitende Angestellte		Beamte		Freie Berufe/Selbständige		Sonstige	
	PDS	Gesamt	PDS	Gesamt	PDS	Gesamt	PDS	Gesamt	PDS	Gesamt	PDS	Gesamt
1991	16	40	37	32	18	13	–	1	6	5	22	10
1993	28	38	39	36	22	14	–	1	4	6	7	6
1994	29	41	37	31	23	15	2	2	4	6	4	5
1995	24	39	40	34	24	14	–	1	3	6	8	7
1996	30	41	38	36	19	11	2	1	4	6	8	6
1997	36	38	33	31	19	15	3	2	3	6	8	9
1998	27	38	36	32	23	15	1	2	8	6	6	8

Quelle: Konrad-Adenauer-Stiftung, kumulierter Datenfile; in der Kategorie „Sonstige" sind auch Landwirte enthalten.

Die Berufsstruktur der PDS-Anhänger in den alten Ländern weicht von der Gesamt-Bevölkerung nur in wenigen Punkten ab, die allerdings in erster Linie als Alterseffekte zu erklären sind. Da die PDS-Anhänger in den alten Ländern deutlich jünger sind als die Bevölkerung, ist der Anteil der Berufstätigen und derjenigen, die in einer Ausbildung (Hochschule) sind, naturgemäß höher. Wie auch im Osten sind leitende Angestellte in der PDS-Anhängerschaft in den alten Ländern überrepräsentiert. Der proportional größere Arbeiteranteil der PDS in den alten Ländern kann als Hinweis gewertet werden, dass die PDS dort noch stärker janusköpfig ist. Zum einen hat sie noch die Sozialstruktur einer „Klassenpartei", zum anderen weist sie Züge einer kommunistischen Elitenpartei auf. Diese Dichotomie erinnert an die Zusammensetzung der KPD/DKP, die ebenfalls sowohl von Akademikern als auch von Arbeitern stark geprägt war.

Tabelle 28: Berufsstruktur der PDS-Anhänger: alte Bundesländer 1990-1998 (in Prozent)

	PDS-Anhänger	Gesamt
Berufstätigkeit		
- berufstätig	59	49
- Lehre, Berufsausbildung, Hochschule, Militär	21	8
- arbeitslos, Kurzarbeit	7	4
- Rentner	6	23
- Sonstiges (inkl. Hausfrau)	8	16
Beruf		
- Arbeiter, Facharbeiter	32	28
- Angestellte	32	34
- leitende Angestellte	14	10
- Beamte	7	7
- Selbständige/Freie Berufe	5	7
- sonstiges/nie berufstätig/Landwirte	11	14

Quelle: Konrad-Adenauer-Stiftung, kumulierter Datenfile, Gesamtkumulation der Einzelstudien von 1990-1998.

Wie Umfragen zeigen, hat die PDS-Anhängerschaft in Ost und West ein über dem ostdeutschen Durchschnitt liegendes Bildungsniveau. Andererseits macht der Trend deutlich, dass sich die PDS-Anhängerschaft in den neuen Ländern im Zeitverlauf im Bildungsniveau egalisiert hat. Die alte „Intelligenz" bekennt sich zwar nach wie vor in hohem Maße zur Nachfolgepartei der SED, der Zuwachs der Anhängerschaft rekrutiert sich zunehmend aus anderen Bildungsgruppen.

Tabelle 29: Schulabschlüsse der PDS-Anhänger: neue Bundesländer 1991-1998 (in Prozent)

	Hauptschule		Realschule		Abitur		FH/Uni	
	PDS	**Gesamt**	**PDS**	**Gesamt**	**PDS**	**Gesamt**	**PDS**	**Gesamt**
1991[*)]	25	44	8	24	29	16	37	14
1993	28	50	17	22	23	12	25	12
1994	42	56	18	20	14	10	24	12
1995	21	40	28	28	18	12	30	14
1996	23	35	35	36	16	11	20	11
1997	34	42	27	30	19	14	19	13
1998	40	45	23	28	17	13	20	13

Quelle: Konrad-Adenauer-Stiftung, kumulierter Datenfile.
*) Bei den Angaben 1991 sind umfragetechnische Messfehler in den Schulabschlusserhebungen nicht auszuschließen. Die Kategorie Hauptschule umfasst POS bis 10. Klasse; Realschule entspricht POS mit Abschluss 10. Klasse; Abitur entspricht EOS. Fehlende Werte zu 100 %: sonstige Abschlüsse.

Wie schon bei der Berufsstruktur beginnt der Egalisierungstrend im Bildungsniveau der PDS-Wähler in den neuen Ländern etwa 1993/94. Während 1991 nur ein Drittel der PDS-Anhänger über ein niedriges bis mittleres Bildungsniveau verfügte und zwei Drittel über ein hohes, setzte 1993 ein Veränderungsprozess ein. Bis 1998 haben sich die Größenordnungen etwa umgedreht. Etwa zwei Drittel der PDS-Anhänger weisen ein niedriges bzw. mittleres Bildungsniveau auf, ein Drittel ein hohes. Damit hat die PDS-Anhängerschaft zwar immer noch ein über dem Bevölkerungsdurchschnitt liegendes Bildungsniveau, die Nivellierungstendenzen sind aber auch hier unübersehbar.

Tabelle 30: Bildungsniveau der PDS-Anhänger: neue Bundesländer 1991-1998 (in Prozent)

	Niedrig/Mittel			Hoch		
	PDS	**Gesamt**	**Differenz**	**PDS**	**Gesamt**	**Differenz**
1991	33	68	-35	66	30	+36
1993	45	72	-27	48	24	+24
1994	60	76	-16	38	22	+16
1995	49	68	-19	48	26	+22
1996	58	71	-13	36	22	+14
1997	61	72	-11	38	27	+11
1998	63	73	-10	37	26	+11

Quelle: Konrad-Adenauer-Stiftung, kumulierter Datenfile; fehlende Werte zu 100 %: sonstige Abschlüsse.

Das hohe Bildungsniveau der PDS-Anhänger in den neuen Ländern ist neben des überdurchschnittlichen Anteils leitender Angestellter ein Zeichen für die nach wie vor starke Bindung der DDR-Eliten an die PDS. Da der Zugang zu Fachhochschulen und

Universitäten bzw. schon zur EOS nicht frei, sondern staatlich reglementiert war, fand hier schon eine Vorauswahl statt. Zudem wurde die Ausbildung in allen Fächern von einer ideologischen Schulung begleitet. Da die DDR besonderen Wert auf eine auch ideologische Nähe zum System ihrer Eliten legte, steigt dadurch die Wahrscheinlichkeit, dass Personen mit höherer Bildung „systemnäher" waren als Personen, die nicht zur „sozialistischen Dienstklasse" gehörten.

Die PDS-Anhänger in den alten Ländern zeichnen sich wie diejenigen in den neuen Ländern durch ein erhöhtes Bildungsniveau aus. Allerdings ist das absolute Niveau etwas zu relativieren, da es sich hierbei auch um einen Alterseffekt handelt (Bildungsgefälle bei den älteren Kohorten durch Einsetzen der Bildungsrevolution in den 1960er und 1970er Jahren). So haben mehr als ein Drittel der PDS-Anhänger in den alten Ländern hohes Bildungsniveau (Abitur/Universität) und nur ein Fünftel der Bevölkerung.

Tabelle 31: Bildungsniveau der PDS-Anhänger: alte Bundesländer 1990-1998 (in Prozent)

	PDS-Anhänger	Gesamt
Hauptschule	33	51
Realschule	27	25
Abitur	22	13
Fachhochschule/Universität	15	8
Sonstiges	3	3

Quelle: Konrad-Adenauer-Stiftung, kumulierter Datenfile; Gesamtkumulation der Einzelstudien 1990-1998. Bildung ist definiert als jeweils höchster Abschluss.

Betrachtet man als letzten Faktor gesellschaftlicher Stratifikation das Haushaltseinkommen der PDS-Anhänger, zeigt sich, dass auch das Nettoeinkommen etwa im Durchschnitt der Bevölkerung liegt. Auch hier lassen sich die oben beschriebenen Trends der Nivellierung zeigen. Im Jahre 1991 lag das Haushaltseinkommen der PDS-Anhänger deutlich über dem Durchschnitt. Vor allem in der Gruppe mit einem Haushaltsnettoeinkommen von über 4.000 DM waren die PDS-Anhänger überdurchschnittlich vertreten, was die These der Partei der ehemaligen Eliten stützte. Zwar ist die PDS-Anhängerschaft nach wie vor mit einer besseren Einkommensstruktur ausgestattet, allerdings hat sich die einseitig schiefe Verteilung verändert. Seit etwa 1993 setzt ein Angleichungsprozess der Einkommensstruktur ein. Das könnte auf soziale Abstiegsmobilitäten der PDS-Anhängerschaft wie auf Aufstiegsmobilitäten der in der DDR nicht Privilegierten hinweisen. Für die soziale Abstiegsmobilität der ehemaligen DDR-Nomenklatura spricht der Anstieg der Rentner und Vorruheständler innerhalb der PDS-Klientel. Dagegen spricht, dass die PDS in ihrer gesamten Sozialstruktur Nivellierungstendenzen zu verzeichnen hat.

Tabelle 32: Haushaltsnettoeinkommen der PDS-Anhänger:
neue Bundesländer 1991-1998 (in Prozent)

| | bis 2.000 DM | | bis 3.000 DM | | bis 4.000 DM | | über 4.000 DM | |
	PDS	Gesamt	PDS	Gesamt	PDS	Gesamt	PDS	Gesamt
1991	40	57	31	31	23	11	6	3
1993	23	29	32	31	29	23	16	17
1994	21	22	34	34	26	26	19	18
1995	21	22	31	31	27	27	22	20
1996	21	23	32	29	28	27	19	21
1997	28	27	35	30	22	23	15	20
1998	23	27	26	29	31	29	20	15

Quelle: Konrad-Adenauer-Stiftung, kumulierter Datenfile.

Das Haushaltseinkommen der PDS-Anhänger in den alten Ländern liegt etwa im Bevölkerungsdurchschnitt. Somit ist es für das hohe Bildungsniveau zwar eher niedrig, bezogen auf das niedrige Durchschnittsalter aber eher hoch.[376] Da das Bildungsniveau allerdings überdurchschnittlich hoch ist, könnte dies auch darauf hindeuten, dass die PDS-Klientel in den alten Ländern sich häufiger in unterqualifizierten Beschäftigungsformen befindet. Allerdings spricht das niedrige Alter dieser Klientel dafür, dass innerhalb der beruflichen Mobilität die hierarchischen „Endpositionen" noch nicht eingenommen wurden. Welcher der beiden Erklärungsansätze richtig ist, kann anhand der Datenlage (vor allem aufgrund der niedrigen Fallzahlen) nicht verifiziert werden.

Tabelle 33: Haushaltsnettoeinkommen der PDS-Anhänger:
alte Bundesländer 1990-1998 (in Prozent)

	PDS-Anhänger	Gesamt
bis 2.000 DM	18	16
bis 3.000 DM	29	22
bis 4.000 DM	20	23
über 4.000 DM	34	39

Quelle: Konrad-Adenauer-Stiftung, kumulierter Datenfile; Gesamtkumulation der Einzelstudien von
           1990-1998.

In der PDS-Anhängerschaft finden sich deutlich die durch die SED veranlassten Säkularisierungstendenzen. Fast die gesamte Anhängerschaft (knapp 90 Prozent) gehört keiner Religionsgemeinschaft an. Auch hier zeigt sich, dass die PDS sowohl bei den Konfessionslosen als auch bei den konfessionell gebundenen gleichförmig, d. h. ohne

---

376 Vgl. Arzheimer/Klein, 1997, S. 58; Sie bewerten das Einkommensniveau der Anhänger der PDS im
     Westen als „erkennbar schlechter", was allerdings nach deren Analyse nur für die niedrigste Einkommensgruppe gilt.

Veränderungen im Zeitverlauf mobilisierte. Doch ist der Anteil der konfessionell Gebundenen verschwindend gering. Seit 1990 ist eine Minderheit von etwa 10 Prozent evangelisch, der Anteil der Katholiken beläuft sich auf etwa 2 Prozent.

Tabelle 34: Religionszugehörigkeit der PDS-Anhänger:
neue Bundesländer 1990-1998 (in Prozent)

	evangelisch		katholisch		andere		keine		k. A.	
	PDS	Gesamt	PDS	Gesamt	PDS	Gesamt	PDS	Gesamt	PDS	Gesamt
1990	11	34	1	6	–	1	87	58	1	1
1991	10	35	2	5	2	1	85	58	–	1
1993	10	31	3	5	–	2	87	62	–	–
1994	11	31	–	4	–	1	88	64	1	1
1995	8	27	2	3	2	1	89	66	–	1
1996	10	26	2	4	–	1	88	67	–	2
1997	10	27	1	4	–	1	87	68	1	1
1998	10	23	1	3	–	1	89	72	–	1

Quelle: Konrad-Adenauer-Stiftung, kumulierter Datenfile.

Tabelle 35: Kirchenbindung („keine Verbundenheit") der PDS-Anhänger:
neue Bundesländer 1990-1998 (in Prozent)

	PDS	Gesamt
1990	74	52
1991	80	55
1993	82	62
1994	82	59
1995	81	60
1996	82	67
1997	73	58
1998	77	61

Quelle: Konrad-Adenauer-Stiftung, kumulierter Datenfile.

Dementsprechend schwach sind auch die Bindungen der PDS-Anhänger an die Kirchen ausgeprägt. Etwa 80 Prozent der PDS-Anhänger sagen, dass sie keine Bindung an die Kirchen haben, während es in der Gesamtbevölkerung etwas mehr als die Hälfte der Bevölkerung ist. Die PDS ist somit die säkularisierteste Partei in einer weitgehend säkularisierten Gesellschaft.

Die Bindung an Gewerkschaften hat sowohl in der PDS-Anhängerschaft als auch in der Bevölkerung abgenommen. Hatten Anfang der 90er Jahre noch bis zu 80 Prozent der PDS-Anhänger eine Gewerkschaftsbindung, sind es Ende der 90er Jahre noch gut die Hälfte. Auch in der Bevölkerung in den neuen Ländern ist ein Vertrauensverlust unübersehbar. Nur noch etwa die Hälfte der Bürger in den neuen Ländern hat eine Bindung an Gewerkschaften.

Tabelle 36: Gewerkschaftsverbundenheit der PDS-Anhänger:
neue Bundesländer 1990-1998 (in Prozent)

	PDS	Gesamt
1990	72	58
1991	80	54
1993	68	44
1994	61	45
1995	57	46
1996	48	34
1997	57	46
1998	57	47

Quelle: Konrad-Adenauer-Stiftung, kumulierter Datenfile.

Das ostdeutsche Muster der PDS-Anhänger findet sich fast spiegelbildlich in den alten Ländern wieder. Auch dort ist die Anhängerschaft von einer stärkeren Gewerkschaftsbindung bei schwacher Kirchenbindung geprägt und zeichnet sich durch überproportionale Konfessionslosigkeit aus.

Tabelle 37: Kirchen- und Gewerkschaftsbindung der PDS-Anhänger:
alte Bundesländer 1990-1998 (in Prozent)

	PDS-Anhänger	Gesamt
Konfession		
- evangelisch	27	45
- katholisch	27	42
- keine	42	10
- sonstige	4	3
Kirchenverbundenheit		
- stark	6	18
- etwas	23	48
- keine	68	33
- k. A.	2	2
Gewerkschaftsverbundenheit		
- stark	12	7
- etwas	46	34
- keine	39	58
- k. A.	3	2

Quelle: Konrad-Adenauer-Stiftung, kumulierter Datenfile; Gesamtkumulation der Einzelstudien von 1990-1998.

Die Kirchen- und Gewerkschaftsbindung verweisen auf für die deutsche Linke typische *cleavages*: das Klassen- und Konfessions-*cleavage*.

Die überdurchschnittlich starke Anbindung der Eliten an die PDS lässt sich durch die Kombination mehrerer Merkmale illustrieren. Als ostdeutsche Elite wurden diejenigen definiert, die über Abitur oder einen höheren Bildungsabschluss verfügen oder als leitende Angestellte oder Beamte (ab gehobenem Dienst) beschäftigt sind bzw. waren. Damit sind nicht nur die Bildungseliten, sondern auch die Aufstiegseliten in der Definition eingeschlossen. Diese weite Definition von Elite erhält den Vorzug, um Fallzahlenprobleme zu vermeiden. In einer parallelen Kontrolluntersuchung, bei der die Merkmale Bildung und Beruf kombiniert wurden, ergab sich das gleiche Muster. Wie bei allen anderen untersuchten Fragen kann die Binnenmobilität nicht separat ausgewiesen werden, weil sie in Umfragen nicht erhoben wird. Damit zählen die Westdeutschen, die in den neuen Ländern arbeiten, zur Elite. Weitere Differenzierungen der zur Elite zählenden PDS-Anhänger sind aufgrund der geringen Fallzahl nicht möglich.[377]

Tabelle 38: Wahlverhalten der Elite: neue Bundesländer 1991-1998 (in Prozent)

	CDU	SPD	FDP	Grüne	PDS	NW/k. A.
1991						
- Elite	13	25	·15	12	14	18
- Nichtelite	21	27	11	9	3	24
1993						
- Elite	13	20	8	15	18	22
- Nichtelite	20	25	7	8	7	27
1994						
- Elite	25	24	3	4	24	17
- Nichtelite	30	23	2	3	11	29
1995						
- Elite	17	22	6	8	28	18
- Nichtelite	29	23	3	5	10	26
1996						
- Elite	17	18	3	6	23	33
- Nichtelite	18	17	3	4	11	45
1997						
- Elite	17	24	4	11	21	21
- Nichtelite	18	27	4	7	14	27
1998						
- Elite	7	28	5	10	28	19
- Nichtelite	16	35	3	4	14	23

Quelle: Konrad-Adenauer-Stiftung, kumulierter Datenfile; fehlende Werte zu 100 %: sonstige. Im Durchschnitt zählen 27,5 % der Bevölkerung in den neuen Ländern zur Elite.

---

377 Vgl. Bürklin/Rebenstorf (u. a.), 1997.

Der Langzeittrend fördert zwei Befunde zutage: Zum einen kann die PDS konstant auf eine über dem Durchschnitt liegende Unterstützung durch die Elite zählen. Zum anderen wuchs die Akzeptanz der PDS innerhalb der Elite parallel zur Zustimmung in der ostdeutschen Bevölkerung mit. Im Vergleich zu 1991 hat sich der Anteil der PDS-Anhänger in der Elite – je nach Befragungszeitpunkt – verdoppelt. Damit kann die These der „gefallenen" Eliten nicht verifiziert werden. Die Untersuchung von Auf- und Abstiegsmobilitäten innerhalb der PDS-nahen Elite ist aufgrund der geringen Fallzahl nicht möglich. Dennoch erscheint es plausibel, dass nicht die aus dem Westen Hinzugezogenen, sondern die Dienstklasse der SED eine stärkere Anbindung an die PDS hat.

4.3 Parteiidentifikation der PDS-Wähler

Nach der Vereinigung der beiden deutschen Staaten wurde innerhalb der Wahlforschung diskutiert, ob sich bereits in der DDR Bindungen an westdeutsche Parteien entwickelt hätten oder ob man von einer „Stunde Null" auszugehen habe, und somit die Wahlentscheidung in den neuen Ländern in erster Linie auf rationalem Abwägen basiere.[378] Verschiedene Untersuchungen fanden heraus, dass es schon vor der Vereinigung Identifikationen mit West-Parteien gegeben hat (sogenannte „quasi-Parteibindungen").[379]

Umfang und Intensität dieser Bindungen unterscheiden sich allerdings von den alten Ländern. „Die Sympathien für die politischen Parteien (und damit die Wahrscheinlichkeit der Stimmabgabe) hängen [...] in Westdeutschland stärker von längerfristig stabilen ideologischen Orientierungen ab, in Ostdeutschland eher von kürzerfristigem Wandel unterworfenen situativen Faktoren".[380] Als Parteiidentifikation wird eine dauerhafte psychische Bindung von Wählern an Parteien definiert. Parteien sind für Wähler Bezugsgruppen, mit denen sie sich identifizieren. Die Bindungen, welche die Wähler an „ihre" Parteien unterhalten, sind in den neuen Bundesländern schwächer ausgeprägt als in den alten, daher sind die Austauschprozesse zwischen den Parteien fließender. Das Parteiensystem im Osten ist daher insgesamt flexibler, was durch ein geringes Maß an traditionellen Parteibindungen begünstigt wird. Für Parteien ist es vorteilhaft, wenn ihre Anhänger über eine langfristige psychologische Bindung (Parteiidentifikation) verfügen. Wähler mit Parteiidentifikation sind im Allgemeinen leichter mobilisierbar und somit „verlässlicher" in ihrer Wahlentscheidung. Da das Parteiensystem in den neuen Ländern stärker im Fluss ist als in den alten, bringt eine Anhängerschaft, die zugleich eine Bindung an die jeweilige Partei unterhält, bei Wahlen einen Startvorteil.

In den neuen Ländern ist das Parteiengefüge insgesamt biegsamer, von der „strukturellen Mehrheit" einer Partei kann nicht gesprochen werden. Kometenhafer Auf- oder Abstieg von Parteien bei Wahlen ist nicht ungewöhnlich. So erreichte die SPD in Bran-

---

378 Vgl. Roth, 1990, S. 369 ff.; vgl. Kapitel 3.4 und 3.5.
379 Vgl. Bluck/Kreikenbom, 1991, S. 495 ff.; Gluchowski/Zelle, 1992.
380 Rattinger, 1994a, S. 309; vgl. Rattinger, 1994c, S. 101.

denburg bei der Landtagswahl 1990 38,2 Prozent, stieg 1994 auf 54,1 Prozent an und fiel 1998 auf 39,3 Prozent ab – oder um es anders auszudrücken: bei fast jeder Wahl findet man Differenzen von mehr als 10 Punkten, bezogen auf das Abschneiden einer Partei oder die Wahlbeteiligung. Die Wahlabsicht unterliegt starken, kurzfristigen und situativen Schwankungen. Sie reflektiert somit – wie auch in den alten Ländern – die momentane Stimmungslage und lässt nur bedingt Rückschlüsse auf die tatsächlichen Stimmabgabe zu. Außer bei der PDS, deren anwachsender Zuspruch in der Wahlabsicht sich auch im Wahlverhalten widerspiegelt, stellt die Wahlabsicht kein kontinuierliches Kriterium dar. Dies ist auf zwei Ursachen zurückzuführen. Zum einen ist in Phasen zwischen Bundestagswahlen regelmäßig ein typischer Vertrauenszyklus zu beobachten, der eine kritische Bewertung der Regierung beinhaltet. Zum anderen war der Anteil der Unentschlossenen, also derjenigen, die ihre Wahlentscheidung noch nicht getroffen hatten, ausgesprochen hoch. Je höher der Anteil kurzfristig Mobilisierbarer in einer Anhängerschaft ist, desto stärker können auch die Abweichungen ausfallen.

Billigt man den Umfragen von 1990 Ausreißercharakter zu, ergibt sich ein eindeutiges Ergebnis: Im Osten ist der Anteil derer, die keine Parteineigung aufweisen, deutlich größer als im Westen. Der Niveauunterschied bleibt über die Jahre relativ konstant.

Tabelle 39: Keine Parteineigung: alte und neue Bundesländer 1990-1998 (in Prozent)

	West	Ost	Differenz
1990	36	34	-2
1991	33	36	+3
1993	43	55	+12
1994	30	39	+9
1995	33	43	+10
1996	40	54	+14
1997	39	53	+14
1998	36	45	+9

Quelle: Konrad-Adenauer-Stiftung, kumulierter Datenfile.

Bei SPD und CDU fallen die Schwankungen relativ deutlich aus, während die PDS ein kontinuierliches Anwachsen der „Parteineiger" verzeichnet. Doch rechtfertigen die Ergebnisse keine Schlussfolgerungen auf die Bindungsintensität, da die Veränderungen im Einklang mit den sich ändernden Wahlabsichten stehen. In der Theorie des Wahlverhaltens wird die Parteiidentifikation als Indikator einer längerfristigen Bindung der Wähler an Parteien betrachtet. Die starken Schwankungen weisen darauf hinweisen, dass die gemessene Parteiidentifikation dem theoretischen Anspruch nicht genügt, weil sie situativen Veränderungen unterliegt. Für den Aufstieg der PDS ergeben sich aus der rein quantitativen Verteilung der Parteiidentifikation keine Aufschlüsse, die über die Wahlabsicht hinausgehen.

Tabelle 40: Parteiidentifizierer (CDU, SPD, PDS): neue Bundesländer 1990-1998 (in Prozent)

	CDU	SPD	PDS
1990	45	26	13
1991	33	36	9
1993	28	32	15
1994	40	34	17
1995	39	29	22
1996	33	30	25
1997	28	37	21
1998	22	44	23

Tabelle 41: Intensität der Parteiidentifikation: neue Bundesländer 1990-1998 (in Prozent)

Anhängerschaft	CDU	SPD	PDS
Grundsätzlich und stark			
1990	31	18	35
1991	25	17	43
1993	12	9	26
1994	21	17	27
1995	15	10	27
1996	14	6	29
1997	20	14	20
1998	19	18	34
Grundsätzlich und schwach; nur augenblicklich			
1990	49	54	42
1991	57	52	45
1993	48	48	43
1994	51	56	44
1995	56	53	48
1996	54	55	49
1997	43	45	38
1998	49	47	40
Keine Parteineigung			
1990	20	29	23
1991	18	32	13
1993	38	44	32
1994	28	26	29
1995	29	36	25
1996	32	39	22
1997	37	42	42
1998	32	35	26

Quelle: Konrad-Adenauer-Stiftung, kumulierter Datenfile; fehlende Werte zu 100 %: sonstige Parteien.

Tabelle 42: Parteiidentifikation*) (CDU, SPD, PDS): neue Bundesländer 1991, 1994, 1998 (in Prozent)

es stimmen zu (Anhänger):	CDU			SPD			PDS		
	1991	1994	1998	1991	1994	1998	1991	1994	1998
1) Mir bedeutet diese Partei viel. Es ist mir nicht gleichgültig, was mit ihr passiert.	50	44	47	39	41	37	71	55	52
2) Diese Partei vertritt meine Weltanschauung am besten.	63	49	45	52	49	44	78	61	56
3) Diese Partei setzt sich am meisten für die Gruppe ein, der ich mich zurechne.	63	52	44	55	57	49	71	62	59
4) Ich kann mich der Meinung fast immer anschließen, die die Partei in wichtigen politischen Fragen vertritt.	55	42	44	46	38	38	63	50	51
5) Diese Partei vertritt meine Interessen am besten.	70	58	49	58	56	50	69	63	65
6) Ich fühle mich dieser Partei schon länger verbunden.	44	40	46	33	37	35	66	42	51
7) Die Meinung, die diese Partei in wichtigen politischen Fragen vertritt, hilft mir, um mich in der Politik zurecht zu finden.	53	41	35	43	41	34	63	41	50
8) Ich unterstütze bei fast jeder Wahl diese Partei mit meiner Stimme.	65	61	59	45	56	47	68	60	59
9) Die Partei an sich bedeutet mir weniger, aber sie macht im Augenblick die bessere Politik.	37	38	31	31	34	26	22	35	35

Tabelle 42 (Fortsetzung)

es stimmen zu (Anhänger):	CDU			SPD			PDS		
	1991	1994	1998	1991	1994	1998	1991	1994	1998
10) Die Partei an sich bedeutet mir weniger, aber sie hat zur Zeit die besten Politiker.	39	31	23	27	22	28	22	30	28
11) Ich mag keine Partei besonders, aber diese ist für mich das kleinere Übel.	23	20	17	17	19	22	20	18	18
12) Mir gefallen auch andere Parteien, aber diese gefällt mir am besten.	47	38	35	39	38	26	44	32	35
13) Ich fühle mich dieser Partei zwar nicht besonders verbunden, habe sie aber in der Vergangenheit oft gewählt.	34	33	35	21	29	24	24	24	22
14) Im Grunde sind mir alle Parteien egal, aber man muss sich ja für eine entscheiden.	18	15	22	15	15	14	10	15	14

Quelle: Konrad-Adenauer-Stiftung, kumulierter Datenfile.
*) Werte 5-7 auf einer von 1 („trifft überhaupt nicht zu") bis 7 („trifft sehr stark zu") reichenden Skala

Zieht man die Bindungsintensität zur Erklärung hinzu, zeigt sich, dass die PDS im Vergleich zu CDU und SPD einen deutlichen Vorteil aufweist. Die Bindungsintensität ist innerhalb der PDS-Anhängerschaft größer, auch wenn die Schwankungsbreite insgesamt sehr groß ist. Damit unterscheidet sich die Anhängerschaft der PDS von den Anhängerschaften der anderen Parteien. Wenn eine Wahlabsicht zugunsten der PDS besteht, geht dies mit einer Bindung einher. Zwar liegen keine Paneldaten zur Überprüfung vor, doch scheint die Annahme plausibel, dass zwar innerhalb des Ostens eine enorme Fluktuation herrscht, die Wahlabsicht zugunsten der PDS aber mit einer größeren emotionalen Bindung einhergeht.

Die *items* 1 bis 8 (Tabelle 42) bilden die Dimension der Parteien als Bezugsgruppe ab. Dabei wurden unterschiedliche Ebenen operationalisiert.[381] In *item* 1 spiegelt sich eine affektive Parteibindung wider; stabile oder konative Bindungen von Wählern und Parteien beinhalten die *items* 6 und 8; *item* 2 steht für die ideologische Bindung an Parteien, *item* 4 für den Bezugsgruppeneinfluss, *item* 5 für die individuelle Interessenvertretung und *item* 7 für den individuellen Nutzen der Parteibindung. Die *items* 2, 3, 4 und 5 repräsentieren die „Komponente des Bezugsgruppeneinflusses". Danach übernimmt das Individuum die Argumente der Partei und entwickelt so ein „konsistentes und kohärentes Einstellungssystem, das positiv auf die Partei bezogen ist".[382] Die *items* 9 bis 14 stehen für kurzfristige Bindungen von Wählern an Parteien. In *item* 9 und 10 wird die Kandidaten- und Themenorientierung operationalisiert. Die *items* 11 bis 14 stehen für die habituelle Parteipräferenz. Die Wahlentscheidung soll weder auf der Basis einer positiv-affektiven Beziehung getroffen werden noch als Ergebnis rationalen Überlegens,[383] wobei *item* 12 die positive Umkehrung von *item* 11 darstellt und auch einen affektiven kurzfristigen Inhalt hat.

Betrachtet man die Ausprägungen der Parteiidentifikation in den neuen Ländern, fällt zunächst auf, dass sich bei fast allen Variablen im Zeitverlauf eine Entemotionalisierung breit gemacht hat. Im Jahre 1991 sind innerhalb aller Anhängerschaften die affektiven Elemente, also die, welche eine „positive psychische Beziehung eines Individuums zu einer Partei"[384] ausmachen, weiter verbreitet als 1998. Auch die Partei als Bezugsgruppe erhält 1991 deutlich mehr Zuspruch als 1998.

Die Anhängerschaft der PDS erscheint 1991 als verschworene Gemeinschaft. Die Identifikation mit ihr beruht auf einer Komponente, die man übergreifend als politische Heimat bezeichnen kann. Die PDS ist für ihre Wähler gleichermaßen emotionale und ideologische Bezugsgruppe. Dies zeigt sich an der Begründung der Parteiidentifikation. Die Anhänger der PDS begründen ihre Neigung häufiger mit einem affektiven Argument als die Wähler anderer Parteien, was auf eine eher positive psychische Beziehung

---

381 Vgl. zur Definition der unterschiedlichen Dimensionen, Gluchowski, 1983, S. 468.
382 Gluchowski, 1983, S. 467.
383 Gluchowski, 1983, S. 469.
384 Gluchowski, 1983, S. 467.

zwischen Partei und Wähler hinweist. Die PDS-Anhänger bejahen überdurchschnittlich häufig, dass ihnen die Partei viel bedeute und es ihnen nicht gleichgültig sei, was mit ihr passiere. Des Weiteren wirkt sich in der PDS-Anhängerschaft der Bezugsgruppeneinfluss stärker aus. Die PDS-Wähler übernehmen häufiger als die Wähler anderer Parteien die politischen Argumente ihrer Partei und haben in stärkerem Maß ein mit der Partei übereinstimmendes Einstellungssystem. Insgesamt sind in der PDS-Anhängerschaft die Komponenten der Parteiidentifikation stark ausgeprägt, die auf eine dauerhafte, stabile und positiv-affektive Beziehung hinweisen. Doch auch in der PDS-Anhängerschaft sinkt der Anteil der affektiv und über die Wahrnehmung der Partei als Bezugsgruppe begründeten Parteineigungen. Mit dem Anwachsen der Wählerschaft von 1991 bis 1998 zeigen sich somit auch auf der Ebene der Parteiidentifikation Nivellierungserscheinungen. Dennoch ist die Bindung an die Partei auch 1998 noch intensiver. Eine positive Parteiidentifikation findet sich innerhalb der PDS-Anhängerschaft häufiger als innerhalb der Anhängerschaften der anderen Parteien.

Doch mit dem Absinken der reinen Parteiidentifikation erleben die situativen und habituellen Fragen keinen durchgehenden gleichförmigen Aufschwung. In der CDU-Anhängerschaft geht die Bedeutung der kurzfristigen Faktoren von 1991 bis 1998 zurück (*item* 9 und 10), die SPD-Anhängerschaft tendiert uneinheitlich. Lediglich in der PDS-Anhängerschaft steigt die Bedeutung der kurzfristigen Faktoren an. Die reine Antiparteienhaltung (*item* 11, aber auch 14) stoßen zu keinem Zeitpunkt in keiner Anhängerschaft auf deutlichen Rückhalt. Damit ist zwar die Parteiidentifikation insgesamt von 1991 bis 1998 schwächer geworden, die kurzfristigen und habituellen Begründungen der Wahlentscheidung sind allerdings nicht in diese Lücke vorgestoßen.

4.4 Imagekomponenten der PDS

Die Selbst- und Fremdwahrnehmung von Parteien und Bürgern sollten idealtypisch übereinstimmen. Doch weichen die Images von Parteien in der Wahrnehmung der Bürger von der Selbstbestimmung häufig voneinander ab. Die Images der Parteien sind für die Wähler Orientierung und motivieren somit die Wahl. Wenn die PDS in den neuen Ländern ein *cleavage* gebildet hat, müssen sich die durch die eigene Anhängerschaft aber auch durch die Bevölkerung im Osten wahrgenommenen Imagekomponenten der PDS deutlich von denen der Bevölkerung im Westen unterscheiden.

Zwei Imagekomponenten dominieren im Jahre 1994 die Sicht der Ostdeutschen[385] auf Parteien: Protest und Fürsorge. Das Image, die PDS kümmere sich um „die Probleme der Bürger", führt allerdings nicht dazu, dass ihr Politikfähigkeit attestiert wird. Sowohl in der Regierungsfähigkeit als auch bei der allgemeinen Problemlösungskompe-

---

385 Bei der Interpretation der Daten ist zu berücksichtigen, dass sich die Größe der jeweiligen Parteianhängerschaften auf die Selbst- bzw. Fremdwahrnehmung und somit auf die Eigenschaftsprofile der Parteien auswirkt.

tenz wird der PDS – außer bei ihrer eigenen Anhängerschaft – keine Kompetenz zugeschrieben. Von 1994 bis 1998 bleibt das Image der PDS weitgehend stabil. Auch wenn
die Frage nach dem Protest 1998 nicht wieder erhoben wurde, ist die Struktur und die
relative Gewichtung gefestigt. In einigen *items* hat sich das Image der PDS zwar gering-
fügig verändert, diese Veränderungen sollten allerdings nicht überinterpretiert werden,
da die Konstanz signifikanter ist. Zwischen den PDS-Anhängern und der Bevölkerung
besteht bezogen auf die Imagekomponenten etwa die gleiche hierarchische Ordnung. Allerdings ist die Distanz zwischen der Bevölkerung und den PDS-Anhängern deutlich,
zumal in der Bevölkerung auch kritische Meinungen gegenüber der PDS bestehen, wenn
auch nur auf einem wesentlich niedrigeren Niveau. Attribute wie Unehrlichkeit oder
Radikalität werden lediglich in der Bevölkerung wahrgenommen. Im Westen hat die
PDS hingegen kein Image. Die einzigen Attribute, die ihr zugesprochen werden sind
Radikalität, Unehrlichkeit, Protest und – allerdings nur in geringem Umfang – Macht-
orientierung. Zwischen 1994 und 1998 bleibt zwar auch im Westen das Image konstant;
allerdings schleifen sich die negativen Attribute leicht ab. Im Übrigen herrscht auch
1998 völliges Desinteresse gegenüber der PDS.

Tabelle 43: Eigenschaftsprofil der PDS: 1994, 1998 (in Prozent)

	1994			1998		
	PDS-Anhänger	Ost insg.	West insg.	PDS-Anhänger	Ost insg.	West insg.
Bündelt Protest[*]	59	39	28	–	–	–
Kümmert sich um die Probleme der Bürger	84	35	3	84	35	4
Ist offen für neue Ideen	74	28	4	68	28	3
Ist demokratisch	66	26	5	62	26	6
Verfolgt eine klare politische Linie	64	21	4	59	24	3
Verdient Vertrauen	74	19	1	71	20	1
Ist unehrlich in ihren Äußerungen	1	18	32	4	12	11
Hat die besseren Politiker	54	14	1	47	16	1
Ist radikal	1	13	48	2	11	35
Hat das bessere Programm	52	12	0	51	15	1
Kann Probleme der Zukunft lösen	39	9	1	34	14	1
Ist regierungsfähig	30	9	3	38	14	2
Denkt nur an ihre Macht	1	8	15	1	6	4
Ist zerstritten	5	5	4	3	7	2

Quelle: Konrad Adenauer-Stiftung, Archiv-Nr. 9401, 9801; PDS-Anhänger: Ost; *) 1998 nicht erhoben.

Die Struktur der Images aus Sicht der PDS-Anhänger basiert auf demselben Muster
wie die Parteiidentifikation. Die von den Wählern wahrgenommen Images der PDS liegen nicht auf einer rationalen, sondern auf einer affektiven Ebene. Die rationalen Images
(besseres Programm, Regierungsfähigkeit, Zukunftskompetenz oder bessere Politiker)

sind im Vergleich zu den affektiven weit abgeschlagen. Der Partei wird ein soziales Gewissen („Kümmerer-Image") zugeschrieben; man glaubt, sie verdiene Vertrauen und sei offen für neue Ideen. Zudem nehmen ihre Anhänger die PDS als demokratisch wahr. Angesichts der Realität, in der sich konkurrierende politische Strömungen ununterbrochen bekämpfen, erstaunt es, wenn der PDS attestiert wird, sie verfolge eine klare politische Linie, und wenn sie nicht als zerstritten wahrgenommen wird. Die von der PDS selbst leidenschaftlich und permanent geführte Frage nach der Beteiligung an Koalitionen hat innerhalb der Anhängerschaft eine eher nachgeordnete Bedeutung.

Tabelle 44: Images der PDS (in Prozent)

	West	Ost	PDS-Anhänger
1) Es ist gut, dass die PDS im Bundestag vertreten ist.	25	67	99
Die anderen Parteien sollten mit der PDS zusammenarbeiten.	24	62	99
Die PDS darf in keinem Fall an einer Bundesregierung beteiligt sein.	67	38	7
Die PDS darf keinen Einfluss auf die Bundespolitik haben.	69	37	4
Die PDS ist eine normale demokratische Partei wie die anderen auch.	18	63	94
Die PDS ist in ihrem Kern eine kommunistische Partei geblieben.	84	66	41
Die PDS beschönigt die früheren Verhältnisse in der DDR.	82	47	7
Die PDS verspricht viel, was sie niemals einhalten kann.	81	55	14
Die PDS nutzt die Sorgen und Nöte der Menschen aus.	76	45	8
In der PDS haben die Alten SED-Kader immer noch das Sagen.	83	51	13
Die PDS ist als linksradikale Partei letztlich genauso abzulehnen wie rechtsradikale Parteien.	71 .	27	2
2) Die PDS hatte Erfolg, weil sie von vielen alten SED-Funktionären gewählt wird.	82	56	25
Die PDS steht für die Hoffnung auf einen besseren Sozialismus.	51	53	73
Die PDS setzt sich überzeugend für die Interessen der Ostdeutschen ein.	52	72	98
Die PDS schiebt der Macht der großen Parteien einen Riegel vor.	30	39	62
Durch die Wahl der PDS bestand die Chance, die bürgerliche Koalition in Bonn abzusetzen.	30	27	50
Die PDS wird gewählt, weil die Bürger von den anderen Parteien enttäuscht sind.	83	86	93
Die PDS leistet vor Ort in der Gemeinde gute Arbeit.	41	56	85
Die PDS wurde aus Protest gegen die „Wessi-Mentalität" gewählt.	81	71	63
Die PDS ist die einzige wirkliche Oppositionspartei.	10	25	58

Quelle: Konrad-Adenauer-Stiftung, Archiv-Nr. 9401; PDS-Anhänger: Ost.
  1)   je: stimme eher zu; Antwortalternative: stimme eher nicht zu;
  2)   je: trifft zu; Antwortalternative: trifft nicht zu.

Im Jahre 1994 polarisiert die PDS wie keine andere Partei die Ost- und die Westdeutschen. Das zeigt sich an den zentralen Fragen des Umgangs mit ihr. Gut zwei Drittel der Westdeutschen lehnen nicht nur die politische Repräsentation der PDS, sondern auch ihre politischen Einflussmöglichkeiten ab. Eine Mehrheit im Westen weist der PDS negative Images zu. Sie wird als kommunistische, populistische und undemokratische Partei angesehen. Konträr dazu verhält sich die Sicht im anderen Teil Deutschlands. Zwei Drittel der Ostdeutschen finden es gut, dass die PDS im Bundestag vertreten ist und fast genauso viele befürworten eine Zusammenarbeit der anderen Parteien mit der PDS. In diesen Punkten fällt die Polarisierung innerhalb der unterschiedlichen Parteianhängerschaften schwächer aus als vermutet. Selbst in der Anhängerschaft der CDU in den neuen Ländern befürworten 44 Prozent die Repräsentation der PDS im Bundestag, 42 Prozent halten sie für eine normale demokratische Partei und 38 Prozent sind der Ansicht, dass die anderen Parteien mit der PDS zusammenarbeiten sollten. In der Wahrnehmung der Ostdeutschen profitiert die PDS vor allem von der Enttäuschung über die anderen Parteien und von ihrem Einsatz als ostdeutsche Interessenvertretung. So sind 72 Prozent der Ostdeutschen und sogar die Mehrheit der Westdeutschen der Meinung, die PDS setze sich „überzeugend für die Interessen der Ostdeutschen ein".

Je zwei Drittel der Ostdeutschen bescheinigen der PDS gleichermaßen eine „normale demokratische Partei" und eine Partei, die „in ihrem Kern eine kommunistische Partei geblieben" sei, zu sein. Entweder werden Demokratie und Kommunismus nicht als fundamentaler Widerspruch empfunden, oder die Konzeption freiheitlich-demokratischer Verfassungsstaaten wird mit dem Kommunismus für vereinbar gehalten. Westle arbeitet heraus, dass „für rund drei Viertel der Ostdeutschen Elemente des Ideals eines demokratischen Sozialismus mit Elementen der Demokratie übereinstimmen".[386] Diese Gleichzeitigkeit eigentlich unvereinbarer politischer Ordnungsvorstellungen markiert allerdings keine grundsätzliche Option zur Demokratie. Vielmehr hat die Sozialisation in der DDR dazu geführt, dass langfristig erworbene, sozialistische Ordnungsvorstellungen nach wie vor vorhanden sind und diese das Bild einer idealen Demokratie mitprägen. Fritze weist darauf hin, dass die Ablehnung des diktatorischen Sozialismus nicht mit der Ablehnung sozialistischer Wertevorstellungen und sozialistischer Ideen gleichzusetzen sei.[387] Für Veen/Zelle ist es nicht verwunderlich, dass „40 Jahre sozialistischer Erziehung und Sozialisation ihre Spuren in der Mentalität der Bevölkerung hinterlassen haben".[388] Doch selbst wenn sozialistische Wertvorstellungen den Zusammenbruch der DDR überdauert haben, sei die „realpolitische Relevanz eher gering".[389] Da die PDS in den neuen Ländern das Image einer normalen demokratischen, kommunistischen Partei hat, teilt nur etwa ein Viertel der Ostdeutschen die Meinung, die PDS sei als „linksradi-

---

386 Westle, 1994, S. 589.
387 Fritze, 1995, S. 5.
388 Veen/Zelle, 1994, S. 13.
389 Veen/Zelle, 1994, S. 13.

kale Partei letztlich genauso abzulehnen wie rechtsradikale Parteien". Sie wird von vielen nicht mehr in erster Linie als „SED-Nachfolgepartei", sondern als eine zumindest partiell erneuerte Partei wahrgenommen. So sieht weniger als die Hälfte der Ostdeutschen in der PDS die Partei der „ewig Gestrigen"[390], und nur eine knappe Mehrheit glaubt, die „alten SED-Kader" hätten „immer noch das Sagen".

Die PDS entfaltet in der ostdeutschen Parteienlandschaft offenkundig eine doppelte polarisierende Wirkung. Sie polarisiert einerseits die Parteianhängerschaften innerhalb der neuen Länder: in ihren Einstellungen und Wertungen sind die Anhänger von CDU und PDS Antipoden. Andererseits polarisiert sie in beträchtlichem Maße die ostdeutsche gegen die westdeutsche Wählerschaft.

4.5 Vereinigungsverlierer

Konstituierend für die PDS-Anhänger könnte die Scheidung in Vereinigungsverlierer und Vereinigungsgewinner sein. Leider liegen nur zu zwei Zeitpunkten Messungen vor. Mehr als die Hälfte der PDS-Anhänger konstatiert für sich 1994 und 1996 eine Verschlechterung ihrer Situation im Vergleich zur DDR. Keine andere Anhängerschaft nimmt sich in ähnlich großem Ausmaß als Verlierer wahr.

Tabelle 45: Vereinigungsgewinner und -verlierer*): neue Bundesländer 1994, 1996 (in Prozent)

			Anhänger von:				Bevölkerung
		CDU	**SPD**	**FDP**	**Grüne**	**PDS**	**insg.**
1994:	Gewinner	39	18	31	25	9	22
	Stabile	42	42	38	50	31	42
	Verlierer	20	40	31	25	60	36
1996:	Gewinner	35	24	29	28	16	22
	Stabile	42	37	29	28	25	34
	Verlierer	24	39	42	44	59	45

Quelle: Konrad-Adenauer-Stiftung, Archiv-Nr. 9401, 9601.

*)   Selbsteinstufung auf einer von 1 (unten) bis 10 (oben) reichenden Skala; gefragt wurde nach der heutigen gesellschaftlichen Lebenslage und nach der Lebenslage vor der Vereinigung. Als „Gewinner" werden diejenigen eingestuft, die bei der heutigen Lebenslage einen höheren Skalenwert angaben als bei der Einstufung der früheren Lebenslage. Die Kategorien „Verlierer" und „Stabile" wurden analog gebildet. Fragetext: „Man kann ja die Gesellschaft im Hinblick auf unterschiedliche Lebenslagen in oben und unten einteilen. Wenn Sie jetzt einmal an die bundesdeutsche Gesellschaft denken, wo würden Sie sich persönlich einordnen. [...] Und wie war das vor der Wiedervereinigung, also vor 1990. Wie hätten Sie sich damals eingeordnet?"

---

390 Infratest, in: Neue Zeit vom 25. März 1994

Die Theorie der relativen Deprivation wird durch die überdurchschnittlich hohe Selbsteinstufung als Vereinigungsverlierer bereits gestützt. Trotz der kleinen Fallzahl soll ermittelt werden, ob es sich bei den Vereinigungsverlierern eher um objektive oder subjektive Verlierer handelt. Nimmt man als Kriterium für die Zugehörigkeit zur Elite den höchsten erreichten Schulabschluss (EOS oder Abschluss an einer Universität, Hoch- oder Fachhochschule), rechnen sich 1994 überdurchschnittlich viele Personen mit höherer Bildung zur Gruppe der Verlierer. Ebenso stufen sich überdurchschnittlich viele Befragte, die arbeitslos sind, als Verlierer ein, während Rentner und Vorruheständler sich eher im Durchschnitt befinden. 1996 hat sich das Bild gewandelt. Abgesehen von einer Überrepräsentation der Arbeitslosen unterscheiden sich diejenigen, die sich als Vereinigungsverlierer fühlen, kaum vom Bevölkerungsdurchschnitt. Wegen der geringen Fallzahlen sind tiefer gehende Analysen über das Wählerprofil der Einheitsverlierer in der PDS-Anhängerschaft nicht möglich. Die vorliegenden Ergebnisse deuten darauf, dass (gemessen an der Arbeitslosigkeit) unter den Vereinigungsverlierern auch objektive Verlierer sind, die Gruppe sich aber eher aus subjektiven Verlierern zusammensetzt. Die hohe Quote der besser Gebildeten unter den Vereinigungsverlierern 1994 deutet darauf, dass sich der Statusverlust der ehemals Privilegierten auf die Wahrnehmung als Einheitsgewinner oder -verlierer auswirkte. Dieser Effekt hat sich 1996 nivelliert. Die Befunde stützen die These der relativen Deprivation in dieser Gruppe.

Tabelle 46: Sozialprofil der Vereinigungsverlierer: neue Bundesländer 1994, 1996 (in Prozent)

		1994		1996	
		Verlierer	Bev. insg.	Verlierer	Bev. insg.
Schulabschluss:	- niedrig	36	56	34	35
	- mittel	39	20	36	36
	- hoch	36	22	23	22
Berufstätigkeit:	- ganztags berufstätig	35	43	30	39
	- Arbeitslosigkeit	23	13	26	18
	- Rentner/Pensionär	21	25	25	27
	- Vorruhestand	8	6	3	3

Quelle: Konrad-Adenauer-Stiftung, Archiv-Nr. 9401, 9601; fehlende Werte zu 100 %: halbtags berufstätig und sonstige Tätigkeiten.

4.6 Ost-West-*cleavage*

Wenn sich zwischen Ost- und Westdeutschland ein neues *cleavage* gebildet hat, muss dies durch dauerhafte Koalitionen auf der Wählerebene bestätigt werden. Aus der Sozialstruktur ergeben sich wenig Anzeichen dafür; vielmehr bilden sich die bislang bekannten Konfliktlinien (Konfessions- und Klassen-*cleavage*) ab. Werden die Wahlerfolge der PDS auf der Basis eines neuen Ost-West-*cleavage* erklärt, müssen – wenn nicht sozialstrukturell, so doch auf der Einstellungsebene – erkennbare und kontinuierliche Unterschiede existieren. Da hier lediglich die Wahlerfolge der PDS erklärt werden sollen, ist die Frage nach den Besonderheiten der ostdeutschen Mentalität nachrangig, da es ausreichend ist, wenn die PDS-Wählerschaft sich von anderen Gruppen klar unterscheiden lässt. Die Forschungsergebnisse der Mentalitätsforschung sind disparat und reichen von dem Postulat grundlegender mentaler sozialisationsbedingter Unterschiede bis zur These, dass nur die Angleichung der materiellen Lebensverhältnisse zur Vollendung der inneren Einheit erfolgen müsse.[391] Die Forschungen von Veen markieren einen Mittelweg, der die ältere Sozialisationstheorie dynamisiert, indem er auf das rationale und kognitive Veränderungspotenzial der Menschen verweist.[392]

Die nationale Selbsteinstufung differiert zwischen Ost- und Westdeutschland und den Anhängerschaften der Parteien beträchtlich. CDU und PDS[393] bilden hier die Antipoden. Durchgängig fühlen sich auch die ostdeutschen CDU-Anhänger stärker als Deutsche angesprochen, während sich die PDS-Anhängerschaft in erster Linie als Ostdeutsche empfindet. In den neuen Ländern besteht im Unterschied zu den alten Ländern eine weitaus stärkere Identifikation mit dem Landesteil als mit der Gesamtnation. Die doppelten Identifikationen der Ostdeutschen bewerten Veen/Zelle nicht als Widerspruch, da Bindungen und Zugehörigkeiten koexistieren und Ausdruck der „unleugbaren Besonderheiten" sein können. Die Positionierung der PDS-Anhängerschaft interpretieren sie hingegen als Zeichen einer „politisch-gesellschaftlichen Konfliktlinie", da die ostdeutsche Identifikation dem Bekenntnis zum *ancien régime* entspricht.[394]

Tabelle 47: Nationale Identifikation „Wir-Gefühl": 1993, 1995, 1998 (in Prozent)

	1993	1995	1998
CDU-Ost: „wir als" - Deutsche	5,35	5,27	5,28
- Ostdeutsche	4,56	5,15	4,73
PDS-Ost: „wir als" - Deutsche	3,60	4,02	4,17
- Ostdeutsche	5,46	5,61	5,28
Insgesamt Ostdeutschland: „wir als" - Deutsche	4,55	4,67	4,71
- Ostdeutsche	5,00	4,75	4,95
Insgesamt Westdeutschland: „wir als" - Deutsche	4,73	4,94	4,80
- Westdeutsche	3,86	4,10	3,06

Quelle: Konrad-Adenauer-Stiftung, kumulierter Datenfile; Mittelwerte auf einer von 1 („fühle mich überhaupt nicht angesprochen") bis 7 („fühle mich sehr stark angesprochen") reichenden Skala.

---

391 Vgl. Pollack/Pickel, 1998, S. 10 f.
392 Vgl. Veen, 1997, S. 19 ff.
393 Andere Parteien sind nicht dargestellt. Ihre Anhängerschaften bewegen sich zwischen CDU und PDS.
394 Veen/Zelle, 1994, S. 32.

Um die Eliten-These prüfen zu können, wurde durch die Kumulation der Jahre 1993, 1995 und 1998 die Fallzahl erhöht. Zwar ist unter der PDS-Anhängerschaft die Identifikation als Ostdeutsche bei denjenigen, die nicht der Elite angehören, etwas größer als bei den Angehörigen der Elite, allerdings hat die Elite keine „doppelte Identifikation", sondern eine fast ausschließlich ostdeutsche. Die Zugehörigkeit zur Elite bringt eine größere Distanzierung mit sich, die sich nicht unbedingt in der Wahl der PDS niederschlagen muss. Das vergleichsweise hohe Ausmaß der Identifikation der Eliten mit Ostdeutschland und die Anbindung an die PDS bestätigt die These des Vorhandenseins einer ostdeutschen Konfliktlinie.

Tabelle 48: Nationale Identifikation: neue Bundesländer

	Wir als „Deutsche"	Wir als „Ostdeutsche"
PDS-Anhänger: - Elite	3,69	5,35
- Nicht Elite	4,13	5,53
Ostdeutsche insgesamt: - Elite	4,11	4,87
- Nicht Elite	4,84	5,15

Quelle: Konrad-Adenauer-Stiftung, kumulierter Datenfile; Kumulation der Einzelstudien 1993, 1995, 1998. Mittelwerte auf einer von 1 („fühle mich überhaupt nicht angesprochen") bis 7 („fühle mich sehr stark angesprochen") reichenden Skala. „Elite" wurde definiert durch Schulabschluss (Abitur und höher) und Beruf (leitende Angestellte und Beamte ab gehobenem Dienst).

Ohne hier auf die Frage des Wertewandels einzugehen,[395] gilt die These des unaufhaltsamen Anwachsens der Postmaterialisten (*silent revolution*)[396] heute als widerlegt; man geht aber von einer Wertesynthese aus. Die konkreten Ergebnisse der Werteforschung sind unerheblich für die Überprüfung der These, die Wahl der PDS sei auf die Ausbildung einer Konfliktlinie zurückzuführen.[397] Entscheidend ist, ob sich in den Parteianhängerschaften dauerhafte Unterschiede in den Wertedimensionen ablesen lassen.[398]

---

395 Vgl. Klages/Hippler/Herbert, 1992. Die Werteforschung ist in den letzten Jahren aus der Mode gekommen.
396 Inglehart, 1977.
397 Vgl. zur Frage der Anwendbarkeit und Übertragbarkeit der Werteforschung auf die neuen Länder Klages/Gensicke, 1993, S. 216 ff.; Gensicke, 1998.
398 In Anlehnung an die Untersuchungen von Inglehart und Klages hat die Konrad-Adenauer-Stiftung eine eigene Fragebatterie mit 6 Werte-*items* entwickelt, die von den Befragten in eine Rangfolge gelegt werden. Pflicht- und Entfaltungsorientierung (Materialisten): 1. Bewährtes schätzen und achten; 2. Es durch Leistung zu etwas zu bringen; 3. Rechte und Gesetze achten; Entfaltungsorientierung (Postmaterialisten):1. Offen für neue Ideen und geistigen Wandel; 2. Der Mensch zählt mehr als das Geld; 3. Die Bürger an allen Entscheidungen beteiligen. (Vgl. Tabelle 49.)

Tabelle 49: Werte: neue Bundesländer 1991-1998

	rein material.	gemischt material.	gemischt postmat.	rein postmat.
1991: - CDU	9	59	30	2
- SPD	5	49	42	4
- PDS	2	31	53	14
- Sonstige Parteien	7	42	41	9
- NW/Unentschlossene	6	51	35	6
- Insgesamt Ost	6	48	39	6
- Insgesamt West	7	50	33	7
1993: - CDU	8	60	32	–
- SPD	3	48	42	2
- PDS	3	33	48	15
- Sonstige Parteien	2	41	50	6
- NW/Unentschlossene	5	50	38	4
- Insgesamt Ost	4	48	41	4
- Insgesamt West	7	46	39	7
1995: - CDU	3	52	37	–
- SPD	3	40	44	4
- PDS	3	34	46	13
- Sonstige Parteien	3	44	39	7
- NW/Unentschlossene	4	37	40	4
- Insgesamt Ost	3	42	41	5
- Insgesamt West	7	40	38	10
1996: - CDU	9	58	30	2
- SPD	3	55	35	6
- PDS	3	41	45	11
- Sonstige Parteien	5	31	51	11
- NW/Unentschlossene	6	48	42	2
- Insgesamt Ost	6	48	40	5
- Insgesamt West	11	45	37	6
1997: - CDU	4	58	36	1
- SPD	2	46	48	3
- PDS	4	30	56	10
- Sonstige Parteien	4	39	51	7
- NW/Unentschlossene	3	48	43	3
- Insgesamt Ost	3	45	47	5
- Insgesamt West	5	46	40	8
1998: - CDU	5	58	33	3
- SPD	3	44	48	4
- PDS	1	32	57	10
- Sonstige Parteien	1	31	55	13
- NW/Unentschlossene	4	46	41	8
- Insgesamt Ost	3	42	47	7
- Insgesamt West	5	45	40	7

Quelle: Konrad-Adenauer-Stiftung, kumulierter Datenfile; fehlende Werte zu 100 %: keine eindeutige Rangfolge, k. A.

131

Die Unterschiede zwischen West und Ost sind verhältnismäßig gering: 1997 und 1998 nehmen in Ostdeutschland die gemischt-postmaterialistischen Werte zu. In den Jahren zuvor finden Pflicht- und Akzeptanzwerte einen stärkeren Rückhalt. Die reinen „Kategorien" spiegeln sowohl in Ost- als auch in Westdeutschland Minderheitenpositionen wider. Im beobachteten Zeitraum weichen die Einstellungen der PDS-Anhänger von den Anhängerschaften anderer Parteien sowie den Ost- und Westdeutschen ab. Die entfaltungsorientierten gesellschaftlichen Werte dominieren. Innerhalb der PDS-Anhängerschaft sind die reinen Postmaterialisten zudem überrepräsentiert. Unabhängig von der dimensionalen Vergleichbarkeit der Entfaltungswerte in Ost- und Westdeutschland, sind die Konturen der Wählerschaften ähnlich. Die PDS besetzt im Osten mit der sie tragenden Wertestruktur ihrer Wähler den Raum, den im Westen die Grünen besetzen, was den geringen Erfolg der Grünen in den neuen Ländern erklären könnte. Für die Frage nach einer Konfliktstruktur ist die Dauerhaftigkeit der Einstellungsmuster entscheidend. Hier zeigen sich deutliche Parallelen zu den vorherigen Befunden.

4.6.1   Einstellungen der PDS-Wähler zur wirtschaftlichen Lage

Die signifikante Sonderstellung der Einstellungsmuster der PDS-Anhängerschaft spiegelt sich in den wirtschaftlichen Haltungen wider. Die nach dem Umbruch sichtbare Euphorie wich einem wachsenden Pessimismus. Im Unterschied zur Bevölkerung in den neuen Ländern waren in der PDS-Anhängerschaft eine negative Weltsicht und trübe Zukunftserwartungen von Anfang an stärker ausgeprägt. Von 1990 bis 1998 sank die Zukunftszuversicht um etwa die Hälfte. Somit befinden sich die PDS-Anhänger im gleichen Sog wie die Bevölkerung, nur von Anfang an auf einem niedrigeren Niveau.

Tabelle 50: Zukunftszuversicht: neue Bundesländer 1990-1998 (in Prozent)

| | eher mit Zuversicht | | eher mit Befürchtungen | | unentschieden | |
	PDS	**Gesamt**	**PDS**	**Gesamt**	**PDS**	**Gesamt**
1990	31	54	55	29	12	17
1991	15	39	61	39	22	20
1993	20	37	70	48	10	15
1994	23	44	61	35	16	18
1995	30	41	52	36	17	22
1996	27	34	56	45	17	22
1997	15	26	55	57	16	16
1998	14	27	71	53	15	20

Quelle: Konrad-Adenauer-Stiftung, kumulierter Datenfile.

Damit korrespondiert eine weit verbreitete kritische Einschätzung wirtschaftlicher Entwicklungen. Nur eine Minderheit in der PDS beurteilt die derzeitige Wirtschaftslage als gut, wobei auch nur noch eine Minderheit glaubt, dass sich die wirtschaftliche Lage verbessern wird. Obwohl das durchschnittliche Haushaltseinkommen nicht unter dem Ost-Niveau liegt, sehen sich die PDS-Anhänger in der Selbsteinstufung in einer schlechteren finanziellen Lage und befürchten überdurchschnittlich häufig, dass sich ihre Situation noch weiter verschlechtern wird.

Tabelle 51: Einschätzung der wirtschaftlichen Lage in der Bundesrepublik: neue Bundesländer 1990-1998 (in Prozent)

	sehr gut/gut		teils/teils		eher schlecht/schlecht	
	PDS	Gesamt	PDS	Gesamt	PDS	Gesamt
1990	–	3	22	23	78	74
1991	2	7	22	41	76	52
1993	7	13	39	50	54	37
1994	14	27	60	59	26	14
1995	18	28	57	58	25	14
1996	12	18	46	50	42	32
1997	13	16	35	42	53	41
1998	7	14	36	44	57	42

Quelle: Konrad-Adenauer-Stiftung, kumulierter Datenfile.

Tabelle 52: Einschätzung der zukünftigen wirtschaftlichen Lage in der Bundesrepublik: neue Bundesländer 1990-1998 (in Prozent)

	besser		gleichbleibend		schlechter	
	PDS	Gesamt	PDS	Gesamt	PDS	Gesamt
1990	51	66	26	23	23	11
1991	44	59	32	30	24	12
1993	17	28	30	43	52	29
1994	27	37	48	50	26	13
1995	16	22	49	56	35	22
1996	16	16	44	50	41	34
1997	6	14	42	51	50	33
1998	12	19	53	50	32	31

Quelle: Konrad-Adenauer-Stiftung, kumulierter Datenfile.

1990 wurde die wirtschaftliche Situation noch von fast drei Viertel der PDS-Anhänger, aber auch der Bevölkerung in den neuen Ländern kritisch eingeschätzt. Von diesem gemeinsamen Ausgangsniveau verläuft die Entwicklung in der PDS-Anhängerschaft und der Bevölkerung unterschiedlich. Die PDS-Anhänger zeichnen sich schon 1990 durch einen größeren Pessimismus aus, was die zukünftige Entwicklung der wirtschaftliche Situation der Bundesrepublik angeht. Zwischen 1991 und 1993 ist bei ihnen ein deutlicher Einbruch an Zuversicht feststellbar. In der Phase, in der die PDS zuneh-menden Rückhalt in der Bevölkerung erfährt, überwiegen in der PDS-Anhängerschaft Zweifel und Skepsis gegenüber der zukünftigen wirtschaftlichen Entwicklung. Von 1991 bis 1993 steigt der Anteil der Pessimisten von 24 Prozent auf 52 Prozent an. Zwar sinkt dieser Anteil 1994 auf 26 Prozent, steigt aber in den folgenden Jahren wieder deut-lich an, um sich 1998 kaum vom Bevölkerungsdurchschnitt zu unterscheiden. Ob zuerst der Vertrauensbruch gegenüber der wirtschaftlichen Entwicklung der Bundesrepublik entstand und dann die Sympathie gegenüber der PDS oder umgekehrt, kann aus der Da-tenlage nicht entschieden werden. Die Depression war aber für die Konstituierungs- und Aufstiegsphase der PDS charakteristisch. Doch wie die Daten von 1998 zeigen, waren negative wirtschaftliche Einschätzungen in der PDS-Anhängerschaft nicht mehr signifi-kant. Insbesondere in der wirtschaftlichen Zukunftserwartung sowie den Einschätzung der eigenen aktuellen und zukünftigen finanziellen Lage sind die Unterschiede zwischen PDS-Anhängern und Gesamtbevölkerung kaum noch sichtbar.

Tabelle 53: Einschätzung der eigenen finanziellen Lage:
neue Bundesländer 1990-1998 (in Prozent)

	sehr gut/gut		teils/teils		schlecht/sehr schlecht	
	PDS	**Gesamt**	**PDS**	**Gesamt**	**PDS**	**Gesamt**
1990	49	46	32	41	19	13
1993	35	50	41	35	25	15
1994	39	51	47	37	14	12
1995	47	46	36	40	17	14
1996	39	44	42	43	19	14
1997	34	44	43	38	23	18
1998	44	41	33	40	23	18

Quelle: Konrad-Adenauer-Stiftung, kumulierter Datenfile.

Tabelle 54: Einschätzung der eigenen finanziellen Lage in einem Jahr:
neue Bundesländer 1990-1998 (in Prozent)

	mehr leisten		weniger leisten		gleichbleibend	
	PDS	**Gesamt**	**PDS**	**Gesamt**	**PDS**	**Gesamt**
1990	16	32	52	26	32	42
1993	10	15	34	30	56	55
1994	8	14	40	25	52	61
1996	11	12	31	28	59	59
1997	6	8	29	23	61	64
1998	7	10	39	33	53	56

Quelle: Konrad-Adenauer-Stiftung, kumulierter Datenfile.

Unter den westdeutschen PDS-Anhängern dominieren ebenfalls Verdruss und Pessimismus. Auch sie schätzen alle wirtschaftlichen Indikatoren negativer ein, obwohl ihr Einkommensniveau nicht unterdurchschnittlich ist. Die Grundmuster entsprechen den bekannten Befunden: Trotz negativer Sicht auf die gesamtwirtschaftlichen Verhältnisse wird die eigene finanzielle Situation besser eingestuft. In einem Punkt ist der Unterschied zum Verdruss deutlich: Positiv wird die zukünftige eigene finanzielle Situation betrachtet, was mit dem niedrigen Durchschnittsalter und der damit verbundenen Erwartung eines beruflichen Ein- bzw. Aufstiegs verbunden sein kann.

Tabelle 55: Wirtschaftliche Einstellungen: alte Bundesländer 1990-1998 (in Prozent)

		PDS-Anhänger	Gesamt
Zukunftszuversicht:	- eher mit Zuversicht	21	32
	- eher mit Befürchtungen	50	38
	- unentschieden	23	17
Wirtschaftliche Lage:	- sehr gut/gut	25	34
	- teils/teils	36	42
	- schlecht/sehr schlecht	38	24
Zukünftige wirtschaftliche Lage:	- besser	14	20
	- gleichbleibend	38	48
	- schlechter	47	31
Eigene finanzielle Lage:	- sehr gut/gut	33	42
	- teils/teils	28	23
	- sehr schlecht/schlecht	12	7
Eigene finanzielle Lage in einem Jahr:	- mehr leisten	16	11
	- weniger leisten	27	27
	- gleichbleibend	57	61

Quelle: Konrad-Adenauer-Stiftung, kumulierter Datenfile; Gesamtkumulation der Einzelstudien 1990-1998.

4.6.2   Einstellungen der PDS-Wähler zu Staat und Gesellschaft

Wenn die PDS sich selbst als in Opposition zu dieser Gesellschaft stehend empfindet, liegt es nahe, bei ihren Anhängern ähnliche Einstellungsmuster zu suchen. Wie schon im Kapitel zur Sozialstruktur ausgeführt wurde, ist die Einkommensstruktur der PDS-Anhänger nicht unterdurchschnittlich. Aber in der subjektiven Wahrnehmung sehen sich die PDS-Anhänger auf der Verliererseite der Einheit, was mit einem realen Statusverlust der ehemaligen Eliten und mit dem Gefühl der subjektiven Deprivation erklärt werden kann.[399] Die PDS-Anhänger empfinden die Wiedervereinigung als Phase individuellen Abstiegs und sehen sich heute auf der Verliererseite des Lebens stehen.

---

399 Gurr, 1972.

Korrespondierend mit der Selbsteinstufung als Vereinigungsverlierer ist ihre Sicht auf die Gesellschaftsordnung der Bundesrepublik: sie wird als ungerecht empfunden. Waren 1991 nur etwa die Hälfte der PDS-Anhänger der Ansicht, das Gesellschaftssystem sei ungerecht, stieg dieser Anteil bis 1998 auf etwa drei Viertel an. Allerdings sind die PDS-Anhänger mit dieser Ansicht nicht allein. Seit 1996 teilt die Mehrheit der Bürger der neuen Länder diese Meinung. Nach den vorliegenden Daten wurde die kritische Einstufung der Gesellschaft bei den PDS-Anhängern 1991 zuerst gemessen, war aber wahrscheinlich bereits früh vorhanden. Im Jahre 1993 kam es zu einem beträchtlichen Anstieg. Wie schon die Befunde zu anderen Fragen nahe legen, hat sich damals ein Wechsel im Meinungsklima vollzogen. Die Bevölkerung in den neuen Ländern begann die Vereinigung und deren Realitäten zunehmend kritisch zu reflektieren. Dabei war die Fremdwahrnehmung negativer als die Einstufung der eigenen Situation.

Tabelle 56: Gerechtigkeit des Gesellschaftssystems: neue Bundesländer 1991-98 (in Prozent)

	eher gerecht		eher ungerecht		teils/teils	
	PDS	Gesamt	PDS	Gesamt	PDS	Gesamt
1991	2	11	52	33	46	57
1993	5	9	72	48	23	43
1996	3	10	75	55	20	34
1997	4	9	74	57	23	34
1998	3	7	71	57	26	38

Quelle: Konrad-Adenauer-Stiftung, kumulierter Datenfile.

Tabelle 57: Zugehörigkeit zu benachteiligter Gruppe:
neue Bundesländer 1991-1998 (in Prozent)

	eher benachteiligt		eher bevorzugt		weder/noch	
	PDS	Gesamt	PDS	Gesamt	PDS	Gesamt
1991	40	38	10	4	50	58
1993	40	30	6	5	55	64
1996	39	31	1	4	61	66
1997	40	29	3	4	56	65
1998	36	33	2	4	61	62

Quelle: Konrad-Adenauer-Stiftung, kumulierter Datenfile.

Zwar wird das Gesellschaftssystem als ungerecht empfunden, doch in der Beurteilung der individuellen Benachteiligung unterscheiden sich die PDS-Anhänger nicht vom Durchschnitt in den neuen Ländern. Sowohl bei den PDS-Anhängern als auch in der Bevölkerung zeigt sich hier ebenso wie bei der Beurteilung der wirtschaftlichen Lage eine Diskrepanz zwischen Wahrnehmung der übergeordneten Ebene (Wirtschaft/Gesellschaft) und der Einstufung der eigenen Situation. Das Gefühl der individuellen Benachteiligung hat nur ein Drittel der Bevölkerung; das Gefühl der Ungerechtigkeit der Gesellschaft teilt mehr als die Hälfte. Bei den PDS-Anhängern fällt die Diskrepanz noch größer aus. Dies könnte auch auf eine ideologische Übereinstimmung der PDS-Anhänger mit der Ideologie der PDS hindeuten. Auf dieser Ebene sind allerdings Protest und Ideologie nicht mehr von einander zu trennen.

In den alten Ländern sind sich die PDS-Anhänger ebenfalls einig, dass das Gesellschaftssystem ungerecht sei. Hier scheint, wie in den neuen Ländern, der wesentliche Mobilisierungsgrund zu liegen, der zu einer Wahl der PDS führt. Allerdings unterscheiden sich die PDS-Anhänger im Westen in der Selbst- und Fremdwahrnehmung. Wie in den neuen Ländern ist das Unbehagen gegenüber dem Gesellschaftssystem groß, doch fühlen sie sich anders als im Osten auch überdurchschnittlich häufig einer benachteiligten Gruppe zugehörig. Mit einem relativen Anteil von 43 Prozent liegen sie noch über dem Anteil im Osten von 36 Prozent.

Tabelle 58: Bewertung des Gesellschaftssystems: alte Bundesländer 1990-1998 (in Prozent)

		PDS-Anhänger	Gesamt
Gerechtigkeit des Gesellschaftssystems:	- eher gerecht	1	22
	- eher ungerecht	74	34
	- teils/teils	23	43
	- k. A.	1	1
Zugehörigkeit zu benachteiligter Gruppe:	- eher benachteiligt	43	20
	- eher bevorzugt	9	11
	- weder/noch	49	68

Quelle: Konrad-Adenauer-Stiftung, kumulierter Datenfile; Gesamtkumulation der Einzelstudien von 1990-1998.

4.6.3 Einstellungen der PDS-Wähler zu Demokratie und Institutionen

Betrachtet man das Vertrauen in politische und gesellschaftliche Institutionen, ergibt sich ein interessantes Muster. Auf der prinzipiellen Ebene der Systemakzeptanz, gemessen an der Demokratiezufriedenheit, bestehen innerhalb der PDS-Anhängerschaft große Ressentiments. Diese Unzufriedenheit kann zum Teil aus der generellen Ablehnung der repräsentativen Demokratie und der Affinität zum Sozialismus erklärt werden. Der PDS kam von Anfang an eine weit verbreitete Skepsis gegenüber dem Westen zugute. Die Anhänger der PDS scheinen sich insgesamt eher mit einem reformierten Sozialismus als der westlichen Demokratie zu identifizieren. Schon 1990 gaben drei Viertel der PDS-Anhänger an, sie würden grundsätzlich viel von der Idee des Sozialismus halten.[400] Dieser Anteil ist seit dieser Zeit etwa konstant geblieben. Bei der nach wie vor hohen Affi-

---

400 Vgl. Forschungsgruppe Wahlen, 1990a.

nität zum Sozialismus ist es daher nicht weiter verwunderlich, dass die westdeutsche Demokratie nicht auf breite Zustimmung stößt. Diese distanzierte Haltung gegenüber der Demokratie bestimmte allerdings von Anfang an die PDS-Anhänger. Während 1990 über die Hälfte der Befragten sehr viel oder viel von der Demokratie der Bundesrepublik hielt, betrug der Anteil in der PDS-Anhängerschaft gerade 20 Prozent.[401]

Tabelle 59: Demokratiezufriedenheit: neue Bundesländer 1991-1998 (in Prozent)

	sehr zufrieden		einigermaßen zufrieden		unzufrieden		k. A.	
	PDS	Gesamt	PDS	Gesamt	PDS	Gesamt	PDS	Gesamt
1991	4	6	43	67	45	22	8	6
1993	–	4	32	53	67	39	2	4
1994	1	4	34	58	64	34	1	5
1995	–	3	29	53	68	38	4	6
1996	2	5	40	53	57	38	1	4
1997	–	3	34	53	65	43	1	2
1998	1	3	32	50	66	43	1	4

Quelle: Konrad-Adenauer-Stiftung, kumulierter Datenfile.

Die niedrige Systemakzeptanz kann als Hinweis auf politische Entfremdung gewertet werden. Die PDS-Anhänger sind jedoch nicht generell vom politischen System entfrem-det, sondern punktuell. Sie zeigen insbesondere ein erhebliches Ausmaß an Misstrauen gegenüber den Parteien und dem Staat. Sie sind im Übrigen nicht deutlich verdrossener als die Anhänger der anderen Parteien und haben auch in diesen Punkten nicht das Profil einer typischen „Protestklientel". Die allgemeine Verdrossenheit, Unzufriedenheit und politische Apathie findet sich pointierter bei den Unentschlossenen und Nichtwählern. Protest und Ressentiments der PDS-Anhänger sind wahrscheinlich auf andere Ursachen zurück zu führen.

Das Misstrauen der PDS-Anhänger gegenüber Demokratie, Staat und Parteien be-zieht sich auch auf den Parlamentarismus. Sowohl der Regierung als auch der Opposit-ion wird nur geringes Vertrauen entgegengebracht. Die Kritik an der Bundesregierung erscheint für Anhänger einer Oppositionspartei zwar noch nachvollziehbar, die deutliche Unzufriedenheit mit den Leistungen der Opposition verweist aber auf ein Politikver-ständnis, das dem parlamentarischen Wechselspiel zwischen Regierung und Opposition entgegensteht. Üblicherweise sind Anhänger der Oppositionsparteien mit der Leistung der Opposition deutlich zufriedener als mit den Leistungen der Regierung. Die Ableh-nung von Opposition und Regierung gleichermaßen scheint eher auf eine prinzipielle Ablehnung der parlamentarischen Parteiendemokratie hinzudeuten.

---

401 Vgl. Forschungsgruppe Wahlen, 1990a.

Tabelle 60: Zufriedenheit mit Regierung und Opposition:
neue Bundesländer 1993-1998 (in Prozent)

	Unzufrieden mit der Bundesregierung		Unzufrieden mit der Opposition	
	PDS	**Gesamt**	**PDS**	**Gesamt**
1993	80	51	50	46
1994	62	28	54	34
1995	71	46	67	45
1996	68	45	55	48
1997	76	59	37	39
1998	84	67	34	37

Quelle: Konrad-Adenauer-Stiftung, kumulierter Datenfile.

Die West-Anhänger unterscheiden sich in diesem Bereich ihrer Einstellungsmuster ebenfalls nicht von den Ost-Anhängern. Auch hier findet sich eine tiefgreifende Ablehnung des politischen Systems, der Demokratie und des Parlamentarismus, die wahrscheinlich gemeinsame Wurzeln hat.

Tabelle 61: Demokratievertrauen: alte Bundesländer 1990-1998 (in Prozent)

		PDS-Anhänger	**Gesamt**
Demokratiezufriedenheit:	- sehr zufrieden	5	15
	- einigermaßen zufrieden	36	61
	- nicht zufrieden	58	20
	- k. A.	2	4
Zufriedenheit mit der Bundesregierung:	- sehr zufrieden	–	4
	-einigermaßen zufrieden	21	46
	- nicht zufrieden	79	47
	- k. A.	–	4
Zufriedenheit mit der Opposition:	- sehr zufrieden	1	2
	- einigermaßen zufrieden	32	41
	- nicht zufrieden	67	49
	- k. A.	–	8

Quelle: Konrad-Adenauer-Stiftung, kumulierter Datenfile; Gesamtkumulation der Einzelstudien 1990-1998.

In Campbells Konzept der *political efficacy* wird die Erwartung des Einzelnen gemessen, im politischen Prozess wirksam sein zu können.[402] Dabei stehen sich idealtypisch zwei Grundgedanken über die Verfasstheit des Wählers gegenüber: der affektivvertrauende und der rational-kritisch kontrollierende Wähler. Doch kann sich hinter dem

---

402 Campbell/Gurin/Miller, 1954, S. 187 ff.

kritischen auch der verdrossene Wähler verbergen, da kritische Distanz ebenso Ausdruck von politischer Apathie, Resignation oder Enttäuschung sein kann.

Für diese Analyse wurden zu den PDS-Anhängern drei Vergleichsgruppen gebildet, da Wähler im Vergleich zu Nichtwählern über andere Einstellungsmuster gegenüber Staat und Parteien verfügen sollten. Anhänger von Parteien müssten sich von den Nicht-Anhängern durch stärkere affektive Bindungen trennen lassen.

Tabelle 62: Einstellungen zu Staat und Parteien: neue Bundesländer 1991, 1993, 1996-1998

	PDS-Anhänger	Anhänger anderer Parteien	Unentschlossene/NW	insgesamt
Der Staat fordert immer mehr Steuern, ohne dass die staatlichen Leistungen für den Bürger besser werden.				
1993	2.24	1.60	1.96	1.79
1996	2.07	1.74	1.98	1.89
1997	2.37	1.94	2.10	2.05
1998	2.05	1.90	2.17	1.98
Alles in allem kann man darauf vertrauen, dass der Staat das Richtige für die Bürger tut.				
1993	-1.65	-.36	-.73	-.61
1996	-1.34	-.04	-.89	-.58
1997	-1.21	-.36	-.98	-.65
1998	-1.30	-.30	-1.24	-.68
Die Parteien sind alles in allem zuverlässig und verantwortungsbewusst.				
1991	-1.02	-.04	-.65	-.29
1993	-1.47	-.44	-1.03	-.75
1996	-1.02	-.22	-1.09	-.70
1997	-1.20	-.42	-1.14	-.72
1998	-.94	-.40	-1.44	-.71

Quelle: Konrad-Adenauer-Stiftung, kumulierter Datenfile; Mittelwerte auf einer von +3 bis -3 reichenden Skala mit 0-Punkt.

Die PDS-Anhänger unterscheiden sich von allen diskriminierten Gruppen durch eine besonders große Distanz gegenüber dem Staat. Zwar könnte dies im Sinne des kritisch distanzierten Wählers interpretierbar sein, allerdings spricht das Gesamtbild dagegen. Die PDS-Anhänger ließen sich als Personengruppe identifizieren, die über eine affektive Parteiidentifikation verfügen. Der Theorie über das idealtypische Eigenschaftsprofil entsprechend, müsste bei ihnen auch affektives Staatsvertrauen zu finden sein. Dass bei ihnen die Abneigung und das Misstrauen noch größer ist als bei den Unentschlossenen und Nichtwählern, spricht eher für These zwei, wonach sich hinter den Variablen Verdrossenheit und Ablehnung verbirgt. Die Vertrauenswerte liegen deutlich unter denen der Anhänger anderer Parteien, aber auch den Unentschlossenen und Nichtwählern. Besonders niedrig fällt das Vertrauen in die Regelungskompetenz des Staates aus.

Von Balch[403] wurde die *political efficacy* um die Dimensionen externe und interne subjektive Kompetenz erweitert. Mit der internen subjektiven *efficacy* wird die eigene Einschätzung gemessen, dem politischen Prozess gewachsen zu sein, die externe subjektive *efficacy* gibt das Ausmaß dessen wider, wie der Einzelne seine Handlungs- und Einflussmöglichkeiten im politischen System einschätzt.

Tabelle 63: Wahrgenommene politische Kompetenz:
neue Bundesländer 1991, 1993, 1996-1998

	PDS-Anhänger	Anhänger and. Parteien	Unentschl./NW	Insgesamt
		Externe subjektive Kompetenz:		
	Leute wie ich haben sowieso keinen Einfluss darauf, was die Regierung tut.			
1993	1.11	1.07	1.55	1.26
1996	.68	.88	1.63	1.17
1997	.86	.57	1.39	.82
1998	.42	.69	1.39	.79
		Wählereinfluss:		
	Wenn die Bürger sich stärker politisch beteiligen, nehmen die Politiker auch mehr Rücksicht auf die Meinung der Bevölkerung.			
1993	.91	1.00	.48	.80
1996	.93	.81	.15	.55
1997	.90	1.06	.13	.82
1998	.86	1.14	.07	.86
	Auf meine eigene Stimme kommt es bei Bundestagswahlen überhaupt nicht an.			
1991	-.46	-.70	-.03	-.47
1993	-.99	-.54	.61	-.15
1996	-.61	-.74	.54	-.18
1997	-.84	-.78	.02	-.60
1998	-1.26	-.62	.29	-.55
		Interne subjektive Kompetenz:		
	Politik ist so kompliziert geworden, dass man als Bürger oft gar nicht richtig versteht, worum es geht.			
1991	-.81	-.52	-.05	-.36
1993	.53	.75	1.12	.87
1996	.27	.69	.89	.72
1997	.70	.84	1.24	.91
1998	.48	.71	1.24	.78

Quelle: Konrad-Adenauer-Stiftung, kumulierter Datenfile; Mittelwerte auf einer von +3 bis -3 reichenden Skala mit 0-Punkt.

---

403 Balch, 1974.

Sieht man von den schon mehrfach als Ausnahme auffallenden Daten von 1993 ab, haben die PDS-Anhänger ein hohes Vertrauen in ihre eigene Kompetenz und Gestaltungsfähigkeit. Das entspricht dem Bild des kontrollierenden aktiven Staatsbürgers, der nicht affektiv vertraut. In der subjektiven Kompetenz zeigen die PDS-Anhänger Vertrauen in ihre Fähigkeiten. Im Jahre 1991 lehnen sie das *item* „Politik ist so kompliziert geworden, dass man als Bürger gar nicht richtig versteht, worum es geht" am stärksten von allen anderen Gruppen ab. Auch die darauffolgenden Jahre, in denen sich insgesamt eine Ernüchterung breit macht, stimmen die PDS-Anhänger dieser Aussage am schwächsten zu. Somit fühlen sie sich dem politischen Prozess nur wenig entfremdet, glauben nicht, dem politischen Prozessen intellektuell nicht gewachsen oder überfordert zu sein. Dieser Anteil liegt eindeutig unter dem Niveau in den neuen Ländern. Betrachtet man die externe subjektive Kompetenz, also die Einschätzung, ob man durch Teilnahme am politischen Prozess Einfluss ausüben kann, trauen sich wiederum die PDS-Anhänger am meisten zu. Sie sind überwiegend skeptisch, glauben jedoch häufiger an den Sinn politischer Beteiligung und die Möglichkeiten politischer Beeinflussung.

Fasst man beide Befunde zusammen, kommt man auf den ersten Blick im Sinne der Theorie der *political efficacy* zu einem konsistenten Bild: Die PDS-Anhänger sind moderne Wähler, die aufgrund einer kritischen Distanz und einer hohen eigenen Kompetenzzuschreibung unabhängig von lang anhaltenden Bindungen und affektiven Neigungen Politik interpretieren. Im Kontext der übrigen Befunde lässt sich ein anderes Bild konstruieren: Die affektive Nähe zur PDS geht einher mit einer Distanz und Abkehr von Politik, Parteien und Staat. Doch läuft diese Distanz nicht, wie häufig bei politisch Verdrossenen, auf politische Apathie hinaus.[404]

Das Akzeptanz von Institutionen in den neuen Ländern ist schwächer ausgeprägt als in den alten Ländern und weist auch ein anderes Muster auf.[405] PDS-Anhänger und die Bevölkerung in den neuen Ländern, unterscheiden sich deutlich im Vertrauen in die staatlichen, politischen und gesellschaftlichen Institutionen der Bundesrepublik. Zum einen fällt die starke Hierarchie ins Auge. Innerhalb der PDS-Anhängerschaft kristallisiert sich eine klare Vertrauenspyramide heraus, während in der Bevölkerung eine homogenere Einschätzung erfolgt und eine Reihe von Institutionen etwa gleichauf liegen. Gewerkschaften genießen die größte und Regierungen die geringste Wertschätzung. Mit deutlichem Abstand teilen sich Polizei und Gerichte Rangplatz zwei und drei. Die hervorgehobene Position der Gewerkschaften könnte einerseits darauf hindeuten, dass sie schon in der DDR ein relativ gutes Image hatten, das sie nach der Vereinigung ausbauen konnten, andererseits könnte dies auf sozialisationsbedingten Mustern (Vertreter der „Arbeiterklasse" im „Arbeiter- und Bauernstaat") basieren. Dass die DDR-Sozialisation den Hintergrund für die Vertrauenspyramide bildet, lässt sich darüber hinaus an der 1991 besonders starken Ablehnung der Bundeswehr illustrieren. Ebenso spricht das

---

404 Vgl. Zelle, 1995, S. 190 ff.
405 Vgl. Gabriel, 1993, S. 3 ff.

schlechte Abschneiden der Kirchen für eine sozialistische Grundeinstellung, da Vertrauen in eine Institution unabhängig von der Mitgliedschaft ist. Doch nicht nur innerhalb der Einstellungsstruktur PDS-Anhängerschaft lassen sich die Züge sozialistischer Politik erkennen, sondern in den neuen Ländern insgesamt. Die Gewerkschaften genießen im Vergleich zu den Kirchen die ungleich größere Wertschätzung, obwohl erstgenannte gleichgeschaltet waren. Im Westen liegen die Kirchen knapp vor den Gewerkschaften. Zwar rangieren auch im Westen die Parteien auf der Skala weit hinten; Judikative, Exekutive und Legislative genießen hingegen klares Vertrauen.

Insgesamt ist das Vertrauen in Regierungen und Parlamente, aber auch Parteien als Organe der Interessenvermittlung insbesondere innerhalb der PDS-Anhängerschaft schwach ausgeprägt, während Judikative und Exekutive relativ gut abschneiden. Doch auch hier scheint man den klassischen politikwissenschaftlichen Interpretationsweg verlassen zu müssen. Das Vertrauen bzw. das Misstrauen gegenüber der Legislative kann auch ideologisch erklärt werden. Die Demokratie, repräsentiert durch die „bürgerlichen" Parteien, das Parlament und die Regierung, stößt auf prinzipielle Vorbehalte, da die bürgerliche Demokratie und der von der PDS angestrebte Sozialismus nicht kompatibel sind.[406] Auch wenn die PDS bereit ist, politische Macht zu teilen, so lehnt sie das politische System der Bundesrepublik ab.[407] Die Grundvorbehalte gegenüber dem „Westen" gehörten zum politischen Standard der SED.[408]

---

406 Vgl. zum Parlamentarismus: Lang, 1998.
407 Siehe Kapitel 6.
408 Vgl. zu den Sozialismusvorstellungen Westle, 1994; Roller, 1992.

Tabelle 64: Institutionenvertrauen 1991, 1993, 1995, 1997

		PDS-Anhänger	Anhänger anderer Parteien	Unentschl./ NW	Ost insg.	West insg.
Regierungen (und Parlamente)[*]:	- 1991	2.84	4.16	3.58	3.95	4.15
	- 1993	2.40	3.81	3.34	3.50	3.90
	- 1995	2.58	3.84	3.15	3.44	3.64
	- 1997	2.45	3.34	2.74	3.05	3.29
Parlamente:	- 1991	–	–	–	–	–
	- 1993	2.92	3.83	3.40	3.58	4.05
	- 1995	2.82	3.75	3.21	3.44	3.71
	- 1997	2.69	3.40	2.84	3.14	3.49
Gerichte:	- 1991	3.94	4.35	4.06	4.26	4.61
	- 1993	3.92	3.98	3.72	3.87	4.62
	- 1995	3.80	4.09	3.91	3.99	4.39
	- 1997	3.65	3.76	3.52	3.69	4.17
Behörden:	- 1991	3.47	3.56	3.47	3.53	4.06
	- 1993	3.35	3.41	3.32	3.37	4.11
	- 1995	3.24	3.69	3.36	3.52	3.92
	- 1997	3.09	3.36	3.17	3.27	3.72
Polizei:	- 1991	3.60	3.96	3.83	3.91	4.69
	- 1993	3.72	3.94	3.75	3.84	4.84
	- 1995	3.73	4.27	4.08	4.13	4.89
	- 1997	3.99	4.33	3.92	4.17	4.65
Bundeswehr:	- 1991	2.97	4.00	3.49	3.82	4.11
	- 1993	3.37	4.26	4.14	4.14	4.38
	- 1995	3.31	4.44	4.03	4.15	4.52
	- 1997	3.92	4.49	4.01	4.28	4.49
Parteien:	- 1991	3.09	3.51	2.84	3.34	3.55
	- 1993	3.20	3.55	2.95	3.28	3.46
	- 1995	2.60	3.20	2.68	2.94	3.11
	- 1997	2.83	3.17	2.49	2.95	3.05
Kirchen:	- 1991	2.42	3.23	2.85	3.09	4.00
	- 1993	2.23	3.30	3.29	3.21	3.89
	- 1995	2.39	3.40	2.94	3.11	3.74
	- 1997	2.38	3.34	2.72	3.03	3.82
Gewerkschaften:	- 1991	4.24	3.94	3.61	3.89	3.78
	- 1993	4.65	3.85	3.79	3.89	3.71
	- 1995	3.57	3.77	3.61	3.69	3.56
	- 1997	3.80	3.71	3.15	3.59	3.60

		PDS-Anhänger	Anhänger anderer Parteien	Unentschl./ NW	Ost insg.	West insg.
Medien:	- 1991	2.77	3.19	2.96	3.11	3.94
	- 1993	–	–	–	–	–
	- 1995	–	–	–	–	–
	- 1997	–	–	–	–	–
Fernsehen:	- 1991	–	–	–	–	–
	- 1993	3.16	3.46	3.37	3.40	4.07
	- 1995	3.22	3.89	3.68	3.73	3.83
	- 1997	–	–	–	–	–
Zeitungen:	- 1991	–	–	–	–	–
	- 1993	3.12	2.81	2.90	2.87	3.94
	- 1995	2.93	3.48	3.38	3.37	3.82
	- 1997	–	–	–	–	–

Quelle: Konrad-Adenauer-Stiftung, kumulierter Datenfile, außer den Zahlen „West insg." beziehen sich alle Daten auf Ostdeutschland, Mittelwerte auf einer von 1 (geringes Vertrauen) bis 7 (großes Vertrauen) reichenden Skala.

*) Antwortkategorie 1993: Regierungen; 1991: „Regierungen und Parlamente"; 1995 und 1997: Regierungen und Parlamente separat abgefragt.

4.7 Politische Partizipation

Wie die bisherige Analyse gezeigt hat, sind die PDS-Anhänger mit dem politischen System unzufrieden. Dies könnte sich in politischer Apathie oder Passivität, aber auch in einem konfrontativen Aktivismus niederschlagen. Nachdem sich bei der Analyse der *political efficacy* gezeigt hat, dass die PDS-Anhänger über große externe und interne subjektive *efficacy* verfügen, wird nun untersucht, welche Möglichkeiten genutzt werden, auf die politische Willensbildung und Entscheidungsfindung Einfluss auszuüben. Leider stehen für die Untersuchung der politischen Partizipation keine Zeitreihen zur Verfügung.

Die positive Grundhaltung zu den eigenen Fähigkeiten (s. o.) findet ihre Entsprechung in den Formen der politischen Partizipation.[409] Insgesamt unterscheiden sich die Bürger in Ost und West nur gering in ihren Partizipationsmustern. In den neuen Bundesländern stoßen lediglich Demonstrationen und öffentliche Diskussionen auf größere Resonanz, was durch die politischen Erfahrungen im „Wende"-Herbst 1989 erklärbar ist.

---

409 Barnes/Kaase et al., 1979; Bürklin, 1992b; Fuchs, 1989; Kaase, 1989.

Tabelle 65: Politische Partizipation 1993 (in Prozent)

habe ich selbst schon gemacht...	PDS-Anhänger	West insg.	Ost insg.
Staatsbürgerrolle:			
- Seine Meinung sagen	96	85	87
- Sich an Wahlen beteiligen	78	88	81
Problemspezifische Partizipation:			
- Briefe an Politiker oder eine Zeitung schreiben	27	14	14
- Mitarbeit in einer Bürgerinitiative	15	10	10
- Teilnahme an einer genehmigten[410] politischen Demonstration	48	16	26
- Unterschriften sammeln	34	16	13
- Sich an Versammlungen und an öffentlichen Diskussionen beteiligen	56	22	31
Ziviler Ungehorsam:			
- Passiven Widerstand gegen Maßnahmen des Staates leisten (z. B. Gebühren oder Abgaben nicht zahlen)	4	3	3
- Aktiven Widerstand leisten (bzw. Besetzung von Fabriken, Ämtern oder Häusern)	8	2	2
Politische Gewalt:			
- Sich an einer öffentlichen Protestaktion beteiligen, auch wenn es dabei zu einer direkten Konfrontation mit der Polizei, mit der Staatsgewalt kommen sollte	6	1	1
- Bei einer Demonstration mal richtig Krach schlagen, auch wenn dabei einiges zu Bruch geht oder wenn dabei die Verletzung von Personen in Kauf genommen werden muss	2	1	0

Quelle: Konrad-Adenauer-Stiftung, Archiv-Nr. 9301.

Die PDS-Anhänger unterscheiden sich in ihrem Aktivitätsniveau allerdings erheblich sowohl von der Bevölkerung in den neuen als auch in den alten Bundesländern. Die PDS-Anhänger engagieren sich überdurchschnittlich stark im Feld der problemspezifischen Partizipation, wie z. B. Demonstrationen, öffentlichen Diskussionen oder Unterschriftensammlungen. Diese Aktivitäten zielen auf Einflussnahme in einer spezifischen politischen Sachfrage und haben daher situativen Charakter. Die PDS ist somit in der Lage, ihre Anhänger für konkrete, punktuelle Probleme zu mobilisieren, durch die Öffentlichkeit hergestellt werden kann.

Aber nicht nur im Bereich der unkonventionellen Partizipation findet sich bei der PDS-Anhängerschaft ein höheres Aktivitätsniveau. Auch Aktionsformen aus dem Bereich des zivilen Ungehorsams und der politischen Gewalt werden von ihr – wenn auch auf niedrigem Niveau – eher präferiert als in der Bevölkerung. Zusätzlich findet sich bei

---

410 Der Begriff „genehmigte" Demonstration wird umgangssprachlich in Umfragen verwendet. Korrekt müsste differenziert werden nach „angemeldet/nicht angemeldet".

ihr eine etwas größere Bereitschaft, sich an konfrontativen Aktivitäten zu beteiligen. Politische Gewalt, bei der Sachschäden oder die Verletzung von Personen in Kauf genommen werden müsste, wird innerhalb der PDS-Anhängerschaft ebenso abgelehnt wie in der Bevölkerung.

Die PDS-Anhänger zeigen sich auch gegenüber Wahlkampfaktivitäten aufgeschlossen und weisen ein höheres Aktivitätsniveau als Anhänger anderer Parteien auf. Sie waren hochgradig mobilisiert und präsent. Die PDS-Anhänger haben sich im Wahlkampf intensiver informiert und haben hierbei auch unterschiedliche Quellen genutzt. Gleichzeitig war bei ihnen die Diskutierfreude weit verbreitet. Auch die Teilnahme an Wahlveranstaltungen und Straßenständen war für ein Viertel der PDS-Anhänger selbstverständlich, während noch nicht einmal jeder zehnte Anhänger einer anderen Partei hierfür zu mobilisieren war. Bei dem Engagement der Anhängerschaft ist zu berücksichtigen, dass die PDS in den neuen Ländern die mitgliederstärkste Partei ist und sie den vorpolitischen Raum weitgehend besetzt hat.

Tabelle 66: Wahlkampfaktivitäten: neue Bundesländer 1994 (in Prozent)

	PDS-Anhänger	Anhänger anderer Parteien	Ost insg.
Habe Fernsehdiskussionen mit Spitzenpolitikern der Parteien und/oder Berichte über die Wahl gesehen.	100	95	93
Habe Informationen von Parteien gelesen bzw. Wahlkampfwerbung von Parteien im Fernsehen verfolgt.	73	61	60
Habe mit Freunden und Bekannten über die Wahl diskutiert.	66	47	48
Habe durch Anstecknadeln bzw. Aufkleber einer Partei gezeigt, dass mir die Partei gefällt.	3	1	1
Habe Wahlveranstaltungen besucht.	26	8	10
Habe mich an Straßenständen informiert bzw. habe dort diskutiert.	26	9	11
Habe mich aktiv im Wahlkampf engagiert	5	2	2

Quelle: Konrad-Adenauer-Stiftung, Archiv-Nr. 9401.

4.8   1993: Geburtsjahr der DDR-Nostalgie

In der Längsschnittbetrachtung der PDS-Anhänger fällt auf, dass 1991 und 1993 in den Zeitreihen Ausnahmejahre markieren. Für 1991 fällt die Erklärung noch relativ leicht, da es in die Phase der Systemtransformation fällt. Dem Jahr 1993 kommt aber eine andere Bedeutung zu. Zum einen ist es das Jahr der Ernüchterung. Der Einheitseuphorie folgt der „Einheitskater". Daneben war 1993 ein Jahr der Politikverdrossenheit.

Seit Beginn der 1990er Jahre gab es in den politischen Feuilletons eine Invasion von Leitartikeln, welche die sogenannte Politikverdrossenheit thematisierten. Sinkende Wahlbeteiligungen und vereinzelte Wahlerfolge extremistischer Splitterparteien seien – so die gängige Interpretation – Momente des politischen Protestes. Besonders das Jahr 1993 war von der Verdrossenheitsdebatte dominiert, und so manchem Journalisten schien das Ende des westlichen Abendlandes schon nah. „Die Zeit" fragte sich, ob in der Bundesrepublik „Das Weimar-Syndrom" grassiere.[411] Die „Süddeutsche Zeitung" titelte „Schrecken ohne Ende. Wie die parlamentarische Demokratie verludert"[412], und die „Frankfurter Allgemeine Zeitung" sah die „Krise des Politischen" heranziehen[413]. Doch auch in der wissenschaftlichen Literatur fand diese Debatte ihren Niederschlag.[414]

Das Klima hatte Auswirkungen auf Einstellungen gegenüber dem politischen System und seinen Repräsentanten. Die Vertrauensverluste von Regierungen, Parteien und Politikern erreichten 1993 einen Höhepunkt. Nach Umfragen der Konrad-Adenauer-Stiftung war der Anteil derjenigen, der kein Vertrauen in Parteien hat, von 38 Prozent 1984 auf 49 Prozent 1993 angestiegen.[415] Deutlich getrübt war auch das Verhältnis zu den Politikern. Mehr als die Hälfte der Bundesbürger war 1993 der Ansicht, die Politiker seien alle „gleich, sie wirtschaften doch nur in die eigene Tasche".[416] Dies zog auch die allgemeine Demokratiezufriedenheit in Mitleidenschaft. Etwa ein Viertel der Bundesbürger war 1993 mit der Demokratie nicht zufrieden. Damit hatte sich der Anteil der Unzufriedenen, der seit den 70er Jahren bei etwa 10 Prozent lag, mehr als verdoppelt.

Vom allgemein negativen Meinungsklima war die CDU stark betroffen. Im Januar 1991 kam sie in der Wählergunst noch auf 45 Prozent.[417] Zwei Jahre später, im Januar 1993, war sie auf 37 Prozent gesunken, und erst im Laufe des Jahres 1994 erholte sie sich von dem Stimmungstief. Bei den sinkenden Sympathiewerten für die Union ist allerdings zu berücksichtigen, dass kritische Bewertungen der Regierungsparteien, die von einem Vertrauensverlust begleitet werden, in der Mitte von Legislaturperioden ein regelmäßig zu beobachtendes Phänomen sind. Der sogenannte *mid-term*-Effekt ist eine relativ normale Begleiterscheinung der Wahlzyklen und kein Anlass zur Besorgnis.

„Politikverdrossenheit" war 1993 das Modethema[418] und avancierte zu den wichtigsten politischen Problemen – allerdings nur in den alten Ländern. Dass die Karriere der

411 Die Zeit vom 9. Juli 1993.
412 SZ vom 4. Dezember 1993.
413 FAZ vom 14. Oktober 1993.
414 Falter/Schumann, 1993. Vgl. Stöss, 1990.
415 Konrad-Adenauer-Stiftung, Archiv-Nr. 8401, 9301 (Wert 1993: nur alte Bundesländer).
416 Konrad-Adenauer-Stiftung, Archiv-Nr. 9303.
417 Vgl. Politbarometer 1993, Forschungsgruppe Wahlen (ZA-Datensatz).
418 Die Entwicklung der „Politikverdrossenheit" zum Modethema ist von der Kritik am politischen System, die auch unter dem Stichwort „Politikverdrossenheit" diskutiert und erforscht wird, unabhängig. Politikverdrossenheit war 1993 ein Megathema, das die Befunde zur Systemzufriedenheit, Institutionenvertrauen oder zur *efficacy* beeinflusste. Daher ist zwischen dem Zeitgeist-, Mode- und Medienphänomen und der auch empirisch messbaren „Verdrossenheit" zu differenzieren.

„Politikverdrossenheit" auf die alten Bundesländer beschränkt blieb, ist ein Hinweis auf ihren Status als Zeitgeistphänomen. Anfang 1993 tauchte sie plötzlich auf der Rangskala der wichtigsten politischen Probleme auf und verschwand still und leise gegen Ende 1994 von der Agenda.[419] Gerade der schnelle Aufstieg des Themas und sein Abstieg in die Bedeutungslosigkeit zeigen, dass es sich bei der Politikverdrossenheit um ein Modethema handelte.

Mit dem Verweis auf „DDR-Nostalgie"[420] oder Neudeutsch: „Ostalgie" werden die Wahlerfolge der PDS erklärt. Doch so griffig dieses Schlagwort auch sein mag, der eigentliche Inhalt ist nur schwer zu fassen. Er steht für einen Teil der in Ostdeutschland stattfindenden Vergangenheitsbewältigung. Dominierte noch nach der „Wende" das Bestreben, so „westlich" wie möglich zu sein und Altes zu verdrängen, begegnet man zunehmend sich und seiner eigenen Biographie mit mehr Selbstbewusstsein. Zum ersten Mal sichtbar wurde diese Stimmung 1993 im Kommunalwahlkampf in Brandenburg. Der Kandidat der PDS in Potsdam, Rolf Kutzmutz (bis 1998 MdB) kokettierte mit seiner Tätigkeit für das Ministerium für Staatssicherheit. Sein Slogan „Meine Biographie fängt nicht erst 1989 an" traf die Stimmung vieler Ostdeutscher. Auf der politischen Agenda wurden eine stärkere Anerkennung von Erfahrungen und Kenntnissen, eine größere Toleranz gegenüber Versäumnissen und Fehlern sowie eine Wegnahme des Legitimationsdruck gegenüber dem Westen artikuliert. Dieses Meinungsklima verbesserte die Situation der PDS deutlich.

Spätestens seit 1993 ist neben der individuellen auch die kollektive Vergangenheit von einer Verklärung betroffen. Das politische System der DDR schnitt in der Erinnerung aber auch im direkten Vergleich von DDR und Bundesrepublik immer besser ab.[421] Basis der Nostalgie wurde nicht die gesamte DDR-Vergangenheit, sondern die „sozialistischen Errungenschaften", nämlich das soziale System und die soziale Sicherheit. Fritze verdeutlicht, dass „nicht die absolute Höhe der verabreichten Leistungen, sondern das in der DDR vorhanden gewesene Gefühl gemeint [ist], bei einem Mindestmaß an staatskonformen Verhalten in sozialer Hinsicht nicht wirklich scheitern zu können".[422]

Förderlich für die Ostalgie war die fehlende Einsicht, dass die DDR vor dem absoluten wirtschaftlichen Ruin gestand hatte. Maßgeblich war eher das Bild der Vollbeschäftigung in der DDR.[423] Wirtschaftlicher Niedergang und Arbeitslosigkeit konnten so weniger als Altlasten des SED-Regimes, sondern zunehmend als Folgen der westdeutschen Wirtschaft (insbesondere der Treuhand-Anstalt) und der Bonner Regierung interpretiert werden. Als Antwort auf die wirtschaftliche Umstrukturierung folgte der Ruf nach dem Staat, der die Probleme lösen sollte. Dieses Verhalten hatte seinen Ursprung in den Er-

---

419 Vgl. Politbarometer, Forschungsgruppe Wahlen (ZA-Datensatz).
420 Falter/Klein, 1994. Der Untertitel der Publikation über die Wähler der PDS lautet: „Zwischen Ideologie, Nostalgie und Protest".
421 Roller, 1992.
422 Fritze, 1995, S. 7.
423 Vgl. zur Frage der DDR als Sozialstaat Müller, 2001; Bouvier, 2002; Roller, 1992.

fahrungen, die mit dem SED-Regime gemacht wurden. Der Staat hatte seine Bürger in gewisser Weise verwöhnt, da er – wenn auch auf niedrigem Niveau – Arbeit und Wohnungen für alle bot. Die daraus resultierende Versorgungsmentalität hinterließ ihre Spuren, da der Staat die Rolle eines betreuenden und bevormundenden Übervaters einnahm. Rudimente dieses Bewusstseins sind in den neuen Ländern nach wie vor vorhanden.

Im Unterschied zum Ende der NS-Diktatur war die SED-Diktatur weit weniger diskreditiert, wodurch die friedliche Revolution auch nicht in gleichem Maße als „Stunde Null" empfunden wurde. Deswegen könnte der Zwang zur moralischen Distanz gegenüber der vorangegangenen totalitären Diktatur wesentlich weniger wirksam sein als dies nach dem Zweiten Weltkrieg der Fall war. Weder Rechtsstaat noch gesellschaftlicher Druck scheinen zu einer vergleichbaren moralischen Distanzierung zu führen. Da die SED-Diktatur nicht völlig diskreditiert war und sogar teilweise das Image eines „normalen" Staates hatte, konnten sich *peu à peu* die als positiv wahrgenommenen Bereiche zu konkreten Forderungen verfestigen. An dieser Stelle wird auch schmerzhaft das Fehlen eines Totalitarismusverständnisses spürbar, das den Extremismus rechts und links brandmarkt. Da der totalitäre Charakter des SED-Regimes vielen nicht bewusst ist, haben Themen im Kontext der Aufarbeitung der DDR-Geschichte an Stellenwert eingebüßt.

5.   Politischer Extremismus

5.1   Definition und Anwendungsbereich

Die Herkunft der PDS aus der SED legt es nahe, ihre Haltung zum demokratischen Verfassungsstaat zu überprüfen. Die Transformation der SED zur PDS[424] folgte eher dem Muster einer „Zwangsdemokratisierung" als dem eines freiwilligen Wandels.[425] Die SED bzw. die PDS musste sich, zumindest im Sinne des Parteien- und Wahlgesetzes, demokratisieren, um unter den politischen Bedingungen einer Demokratie zu überleben, wodurch sie ihre innerparteilichen Strukturen fast über Nacht den normativen Erfordernissen der demokratischen Ordnung anpassen musste. Der Prozess lässt sich als eine durch den Lauf der politischen Ereignisse von außen aufgezwungene „Demokratisierung von oben" beschreiben. Für die SED/PDS fanden die Diskussionen um Reformen, Veränderungen sowie um Demokratisierung immer unter der Vorgabe statt, dass von politischen Strukturen der DDR Kerne erhalten blieben. Die These, dass innerhalb der PDS Strukturen vorhanden sind, die im Widerspruch zum demokratischen Verfassungsstaat stehen, könnte auch historisch unterstützt werden. Die PDS vereinigt nicht nur die Tradition einer diktatorischen Staatspartei in sich. Spätestens seit der während der Weimarer Republik einsetzenden Stalinisierung der kommunistischen Weltbewegung sind antidemokratische Wurzeln sichtbar. Die Erfahrungen und theoretischen Grundlagen kommunistischer Machtstrategien und Herrschaftsansprüche in einem demokratischen politischen System sind für die Untersuchung von Interesse, da nicht auszuschließen ist, dass ähnliche Vorstellungen in der PDS ihre Heimat finden. Daher soll eine extremismustheoretische Analyse der PDS vorgenommen werden.[426]

Je nachdem, was im Fokus des Interesses steht, bezieht sich Extremismus auf unterschiedliche Elemente. So können sowohl politische Einstellungen, Ideologien und Doktrinen, Aktionen und Strategien als auch Organisationen extremistisch sein.[427] Ebenso

---

424 Vgl. zum Wandel von der SED zur PDS: Bortfeldt, 1990, 1991a-d, 1992; Fraude, 1993; Gerner, 1994; Welzel, 1992; Schneider, 1990; Pfahl-Traughber, 1992a; Philips 1991; Suckut/Staritz 1994; Wilke 1990, 1992; Moreau 1992.

425 Der Zusammenbruch der SED ist nur in Grundrissen erforscht. Vgl. Hertle/Stephan; 1997, Gysi/ Falkner, 1990. Aus „verschwörungstheoretischer" Sicht: Czichon/Marohn, 1999. Zu den offenen Fragen zählt u.a. die personelle Auswahl des Ausschusses zur Vorbereitung des außerordentlichen Parteitages. Ein Teil der Zusammensetzung erklärt sich funktional (Bezirkssekretäre), ein Teil des Personaltableaus ist offen. Unklar ist auch, warum die Wahl auf Gysi als Kandidat für den Parteivorsitz fiel.

426 Als Quellen dienen zentrale PDS-Dokumente von 1990-1998. Des Weiteren werden Äußerungen von PDS-Repräsentanten herangezogen und organisatorische und personelle Verbindung in das (links-)extremistische Lager überprüft. Für das Demokratieverständnis der PDS ist neben dem Parteiprogramm 1993 und den programmatischen Parteitagsbeschlüssen vor allem der Verfassungsentwurf vom 12. Januar 1994 aussagekräftig, da hier das politische Staatsverständnis zum Ausdruck kommt. Deutscher Bundestag, 1994c. Zur programmatischen Entwicklung der PDS vgl. Neu, 2001a-b; Wilke/Prinz, 2001.

427 Vgl. Backes/Jesse, 1996, S. 47.

können Herrschaftsformen und Regime wie der Nationalsozialismus unter dem Aspekt des Extremismus Forschungsgegenstand sein. Merkmal des Begriffs ist eine Heterogenität der Analysegegenstände. Der Begriff „Extremismus" gilt in der wissenschaftlichen und in der politischen Welt (ähnlich wie der Begriff „Totalitarismus") als umstritten.[428] Der Totalitarismus[429] versucht Nationalsozialismus und Kommunismus als unterschiedliche Formen eines Typs von Herrschaft zu erklären.[430] Mit dem Extremismusbegriff sollen alle politischen Erscheinungsformen mit antidemokratischem Charakter erfasst werden, unabhängig von ihrer politischen Verortung oder Begründung. Diese vermeintliche Gleichsetzung hat zur Kritik an beiden Begriffen beigetragen. Häufig wird bemängelt, der Extremismusbegriff beziehe sich auf unterschiedliche politische Phänomene wie z. B. Nationalsozialismus, Stalinismus, Faschismus, Kommunismus, Anarchismus, Terrorismus oder religiösen Fundamentalismus. Hauptkritikpunkt ist somit die gleichzeitige Anwendung auf inhaltlich durchaus unterschiedliche politische Phänomene.[431]

Der Extremismus-Begriff teilt das Schicksal ähnlicher Großkategorien wie Totalitarismus oder Faschismus, wissenschaftliches Analyseinstrument und Gegenstand politischer Auseinandersetzungen zu sein. Narr hat Extremismus und Radikalismus als „Kampfbegriffe" bezeichnet.[432] Es besteht in der politischen Auseinandersetzung die Tendenz, die jeweils entgegengesetzte Richtung mit dem Extremismusstigma zu belegen.[433] Dem Extremismusbegriff wird mit dem Vorwurf begegnet, er diene nur zur „‚Ausgrenzung' unbequemer Kräfte".[434] Von einigen Wissenschaftlern wird gefordert, den Extremismusbegriff aufgrund seiner politischen Instrumentalisierung als Kampfbegriff zu vermeiden bzw. sich „unbefangen"[435] mit den Phänomenen auseinander zu setzen. Dabei werden jedoch zwei zu trennende Grundfragen miteinander vermischt. Erstens können sich unter dem Deckmantel der (instrumentellen oder taktischen) Anerkennung des demokratischen Verfassungsstaat antidemokratische Ziele verbergen. Zweitens ist Kritik am Verfassungsstaat, seinen Institutionen oder politischen Entscheidungen noch kein hinreichendes Indiz für Extremismus. Das ist im Einzelfall zu prüfen.

428 Einen systematischen Überblick zur Kritik am Extremismusbegriff findet sich bei Pfahl-Traughber, 1992b, S.67 ff.
429 Vgl. zum Forschungsstand: Jesse, 1996. Bei manchem Forscher ist nicht auszuschließen, dass der eigene politische Standort zu einer Ablehnung des Extremismusbegriffes führt. Die Ablehnung des Begriffes ist z. T. auf ein marxistisch orientierten Staatsverständnis zurückzuführen. Die Kritik am Extremismusbegriff geht daher mit der Kritik am demokratischen Verfassungsstaat einher, der als Garant des „bürgerlichen" Systems die „echte" Demokratie verhindere. Vgl. Everts, 2000, S. 85 ff.
430 Arendt, 1955; Friedrich, 1957; Seidel/Jenkner; 1968; Jesse, 1996; Maier, 1996; eine Übersicht über Inhalt und Kritik findet sich bei Lieber, 1991.
431 Vgl. für die Diskussion um den Begriff: Backes/Jesse, 1985, S. 17 ff.; Pfahl-Traughber, 1992b, S. 74 ff.; vgl. zur Kritik am Extremismusbegriff: Grebing, 1971; Jaschke, 1991; Stöss, 1983, S. 304.
432 Narr, 1980, S. 367.
433 So bekämpfen sich z. B. die „antifaschistische Linke" und der rechtsextreme „Anti-Antifa" gegenseitig mit dem Extremismusstigma.
434 Vgl. Backes/Jesse, 1996, S. 19
435 Jaschke, 1991, S. 46.

Ursache für die Kritik am Extremismusbegriff ist das Unbehagen, das viele Forscher befällt, wenn „rechte" wie „linke" Phänomene unter den gleichen Oberbegriff fallen. Dass in der marxistischen Forschung die Demokratie immer nur von rechts und nie von links bedroht ist und es somit auch keinen Linksextremismus geben kann, ist zwangsläufig. Doch auch außerhalb der Forschung, die einer sozialistisch/kommunistischen Weltanschauung anhängt, sind Vorbehalte gegenüber der Suche nach Analogien und Klassifizierungen extremistischer Phänomene weit verbreitet. Grebing spricht sich gegen die Gleichsetzung von Links- und Rechtsradikalismus[436] aus. Sie argumentiert, dass Linke „die Erweiterung der Autonomie des Einzelnen, den Fortschritt der Emanzipation sozialer Gruppen [...] neue erweiterte Formen der Beteiligung aller [...] – dies alles unter Benutzung eines optimal als rational ausweisbaren Instrumentariums" wollten. Rechte wollten hingegen „die Einordnung des Individuums in haltende natürliche Gemeinschaften, die Bindung der sozialen Gruppen an eine hierarchisch gestufte Ordnung der Gesellschaft, die Stabilisierung von Entscheidungsstrukturen, die durch Individuum und Gesellschaft vorgeordnete Institutionen bestimmt werden – dies alles mit einem Instrumentarium, das überrationale Bezüge in den Vordergrund zu rücken ermöglicht".[437] Für Stöss liegt der prinzipielle Unterschied darin, dass der „Rechtsextremismus [...] die Beseitigung der Demokratie", der „Sozialismus jedoch die Abschaffung des Kapitalismus" anstrebe.[438] Daher sei „Rechtsextremismus [...] grundsätzlich von der Idee her und in seinen Zielen antidemokratisch, der Sozialismus ist es nur, wenn er bürokratisch missbraucht oder pervertiert wird".[439] Ähnlich argumentiert Stöss in der Klassifikation des Parteiensystems, die er in seiner Einleitung des Parteienhandbuchs[440] vornimmt. Er unterteilt die Parteien in vier Grundtypen: Antikapitalistische Parteien, Bürgerlich-Demokratische Parteien, Antidemokratische Parteien und Massenlegitimationsparteien. Während er die rechtsextremen Parteien im Spektrum der antidemokratischen Parteien ansiedelt, erhalten die linksextremen Parteien das Attribut antikapitalistisch, ohne je selbst als linksextrem bezeichnet zu werden. Ähnlich wie Grebing klassifiziert Stöss auf unterschiedlichen Ordnungsebenen: bei den rechtsextremen Parteien im Hinblick auf ihre Haltung zur Demokratie, bei den linksextremen Parteien im Hinblick auf die Wirtschaftsordnung. Ohne hier die Frage diskutieren zu wollen, ob es einen demokratischen Sozialismus geben kann, da der Sozialismus nur die Veränderung der Produktions- und Eigentumsverhältnisse anstrebe, negiert diese Sichtweise zum einen die strukturellen Analogien des Links- und des Rechtsextremismus, zum anderen wird die Grundfrage

---

436 Häufig findet sich eine begriffliche Gleichsetzung von Extremismus und Radikalismus in der Literatur. Ob Grebing mit Radikalismus auch Extremismus gemeint hat, ist nicht eindeutig, scheint aber durch den Kontext gestützt zu werden. Zur Unterscheidbarkeit von Extremismus, Radikalismus und Populismus: Lepszy/Veen, 1993, S. 3 ff.
437 Grebing, 1971, S. 8 ff.
438 Stöss, 1989, S. 18.
439 Stöss, 1989, S. 18.
440 Stöss, 1983, S. 167.

ausgeblendet, welche Folgen für den demokratischen Verfassungsstaat entstehen. Denn unabhängig von der Änderung der Wirtschaftsordnung ist die Voraussetzung für den Sozialismus die Ausschaltung der bürgerlichen Gesellschaft und ihrer Staatsform.

Ziel der Extremismusforschung ist nicht, das Trennende zu verwischen und Erscheinungen zu verharmlosen, sondern – bei allen inhaltlichen Differenzierungen – die Gemeinsamkeit in den Strukturen aufzuzeigen und auch Unterschiede deutlicher sichtbar werden zu lassen. Die Methode der Analogiebildung (nach der Formel: im Wesen Gleiches gleich und im Wesen Ungleiches ungleich) nur zu verwerfen, weil sie auf den ersten Blick Unterschiedliches nach Gemeinsamem untersucht, scheint eine wissenschaftliche Verengung zu sein, vor allem da die Analogiebildung eine hermeneutische Methode ist, ohne die die Geisteswissenschaften (und hier an erster Stelle die Rechtswissenschaft) nicht denkbar sind. Vielmehr kann die Analyse von Extremismus die Gemeinsamkeiten in den politischen Denkweisen und Doktrinen herausarbeiten, ohne das Spezifische aus den Augen zu verlieren. Die Frage der Grenzziehung zwischen dem, was bereits als extremistisch oder als noch demokratisch bewertet wird, stellt ein weiteres Problem dar. Zweifellos gibt es auch in demokratischen Bewegungen extremistische Einstellungen und die Versuche der Einflussnahme extremistisch ausgerichteter Personen oder Gruppen („Unterwanderung") gerade in diesen Bewegungen. Erst die sorgfältige Analyse z. B. der Mehrheitsverhältnisse oder der politischen Ziele bewahrt vor Pauschalisierung, Stigmatisierung und Verschwörungstheorien. Bei der Bewertung historisch abgeschlossener Phänomene ist ein Interpretationskonsens zudem wahrscheinlicher als bei aktuellen.

Extremismus ist ein normativ gebundener Begriff, der sich auf eine bestimmte Staatsform bezieht und das „Kriterium" der Wertfreiheit und Wertneutralität nicht erfüllen kann. Wenn auch die Termini Radikalismus und Populismus weniger umstritten sind als Extremismus,[441] weisen sie alle einen Mangel an theoretischer Präzision auf. Die politische Instrumentalisierung von Begriffen ist jedoch nicht nur auf den Extremismus, Radikalismus, Populismus oder Totalitarismus beschränkt. Auch Begriffe wie Demokratie, Faschismus oder Sozialismus sind davor nicht gefeit. Gerade wegen der Instrumentalisierbarkeit ist eine präzise politikwissenschaftliche Definition mit trennscharfen Kriterien unumgänglich. Ein Verzicht auf den Extremismusbegriff hätte zur Folge, dass die „Kriterien zur Bewertung entsprechender politischer Phänomene fehlen und [...] die Werte und Spielregeln demokratischer Verfassungsstaaten relativiert" würden.[442]

Die Abgrenzung dessen, was extremistisch ist und was nicht, kann nur schwer allgemeingültig, also über alle Epochen und Systeme hinweg, eindeutig definiert werden. Auch sind inhaltliche Konkretisierungen hochabstrakter Begriffe nicht in jedem Fall zu verwirklichen. Ob z. B. eine Einstellung als noch konservativ oder schon rechtsextremistisch definierbar ist, wird immer bis zu einem gewissen Grad dem jeweiligen For-

---

441 Vgl. Lepszy/Veen, 1993, S. 3 ff.
442 Pfahl-Traughber, 1992b, S. 76.

schungskonzept sowie den zeitlichen und politischen Umständen geschuldet sein. Jaschke argumentiert, dass das „grundsätzliche Dilemma in der Einschätzung eines politischen Verhaltens zwischen legaler Opposition und illegaler Staatsgefährdung [...] bis heute nicht wirklich begrifflich" geklärt und die „Toleranzbreite gegenüber der nonkonformen politischen Intoleranz von Normabweichlern zeitbedingt"[443] sei. Um die begriffliche Unschärfe möglichst klein zu halten, bietet es sich an, Extremismus als normativen Begriff zu verwenden, der in Bezug zu einem konkreten konstitutionellen Werterahmen gesetzt wird. Dies basiert auf der Überlegung, dass es innerhalb von Demokratien einen verbindlichen Minimalkonsens geben muss, der nicht im Gegensatz zu Wandel und Weiterentwicklung der Demokratie steht, aber Gewähr für die prinzipielle Existenz der Demokratie bietet. Diesem Interpretationsmuster folgt die Definition von Lipset/Raab: „extremism means going beyond the limits of the normative procedures which define the democratic political process".[444]

Generell kann Extremismus als Ablehnung von Demokratie verstanden werden. Da auch der Begriff Demokratie (wie fast alle übergeordneten Begriffe) nicht frei von politischer Instrumentalisierung ist und mit unterschiedlichen Inhalten gefüllt werden kann,[445] ergibt sich eine weitere normativ notwendige Einschränkung auf einen Staatstypus, nämlich den demokratischen Verfassungsstaat.[446] Politischer Extremismus wird hier als Sammelbezeichnung für „unterschiedliche politische Gesinnungen und Bestrebungen [...], die sich der Ablehnung des demokratischen Verfassungsstaates und seiner fundamentalen Werte und Spielregeln einig wissen, sei es, dass das Prinzip menschlicher Fundamentalgleichheit negiert (Rechtsextremismus), sei es, dass der Gleichheitsgrundsatz auf alle Lebensbereiche ausgedehnt wird und die Idee der individuellen Freiheit überlagert (Kommunismus), sei es, dass jede Form von Staatlichkeit als ‚repressiv' gilt (Anarchismus)" verstanden.[447] Der demokratische Verfassungsstaat ist nicht als eine festgefügte Staatsordnung zu verstehen. „Die Definition nimmt vielmehr in fundamentalen Werten ihren Ausgang, zu deren Schutz bestimmte staatliche Grundprinzipien unabdingbar sind."[448] Konkret sieht Lang den Extremismus als Antithese zum Wertekanon des demokratischen Verfassungsstaates. „Er gibt einen genauen Rahmen vor, verhindert also, den Extremismus-Begriff nach Belieben ausufern zu lassen. Die Grenzen des Extremismus sind deshalb aber nicht ohne weiteres die, die ihm eine bestimmte politische Machtordnung setzt. Umgekehrt wird ja auch der demokratische Verfassungsstaat nicht zu einem monolithischen, unwandelbaren Herrschaftskonstrukt, nur weil er auf be-

---

443 Jaschke, 1991, S. 33.
444 Lipset/Raab, 1971, S. 5
445 So etwa das kommunistische Verständnis von Demokratie: Was ist Demokratie, Anonymus, 1946, S. 216 ff. Vgl. aus kritischer Perspektive Müller, 2002, S. 323 ff.
446 Vgl. zum demokratischen Minimalkonsens: Backes, 1989, S. 87 ff., vgl. zur Definition des demokratischen Verfassungsstaat: Backes/Jesse, 1996; S. 37
447 Backes/Jesse, 1996, S. 45.
448 Lang, 2003, S. 43.

stimmten normativen Prinzipien beruht."[449] Der demokratische Verfassungsstaat wird durch einen „Minimalkonsens"[450] konstituiert. Die unterschiedlichen Prinzipien, die ihre Basis in normativen Setzungen und historischen Erfahrungen haben, stehen in einem Spannungsverhältnis, da jede Festlegung Auswirkungen auf ein anderes Prinzip hat. Doch sind die Prinzipien nicht gegeneinander „aufrechenbar". So würde sich ein Staat, der absolute Gleichheit normiert und dafür Freiheit einschränkt, nicht mehr im Kanon der demokratischen Verfassungsstaaten befinden. Der demokratische Verfassungsstaat setzt Regeln und Schranken für die Entfaltung fundamentaler Menschenrechte. Der Entfaltungsspielraum der Freiheit des Individuums findet seine Grenzen im Gemeinwohl und der Gleichheit der Menschen. Politischer, weltanschaulicher und religiöser Pluralismus findet seine Beschränkung bei Angriffen auf den Nukleus des Wertekanons, da Werterelativismus zur Selbstaufgabe dessen führen könnte, was geschützt werden soll. Die beständige Konkurrenz fundamentaler Menschenrechte und ihre jeweils konkrete Ausgestaltung prägen den demokratischen Verfassungsstaat.[451] Er steht für die Gewährung und den Schutz der Menschenrechte, die Begrenzung des staatlichen Gewaltmonopols, die Trennung von Staat und Gesellschaft, die Teilung der Gewalten, die Wählbar- und Abwählbarkeit der Repräsentanten und die Absage an identitäre Staatsmodelle.

Für den politischen Kontext der Bundesrepublik hat Maihofer politischen Extremismus als „verfassungsfeindliche Bestrebungen im Kampf gegen unsere freiheitlich-demokratische Grundordnung" konkretisiert.[452] Was unter den fundamentalen Werten und Spielregeln zu verstehen ist, was zum unveräußerlichen Grundbestand zählt, ist einmal aus der Verfassung selbst und aus der konkretisierenden Rechtsprechung des Bundesverfassungsgerichts zu entnehmen. Dabei ist das hierin gestaltende Prinzip der „streitbaren Demokratie"[453] eine deutsche Besonderheit, in der sich die negativen Erfahrungen mit der Weimarer Republik und ihrer quasi legalen Aushöhlung durch die Feinde der Demokratie widerspiegeln.[454] Das Ziel der Nationalsozialisten, der Abschaffung

---

449 Lang, 2003, S. 45
450 Vgl. Eisel, 1986.
451 Vgl. Popper, 1977.
452 Maihofer, 1975, S. 365.
453 Durch das Prinzip der streitbaren Demokratie wird die Abwehr verfassungswidriger Bestrebungen gewährleistet. Im Unterschied zur Weimarer Reichsverfassung erhalten Exekutive und Legislative in der Bundesrepublik die Möglichkeit, einer Aushöhlung der Demokratie durch deren Feinde vorzubeugen. Damit ist ein normativ juristischer Rahmen gesteckt, welcher dem demokratischen Rechtsstaat Handlungsmöglichkeiten einräumt, Gefahren abzuwenden. Dazu wurden das Bundesamt für Verfassungsschutz, der Bundesnachrichtendienst und der Militärische Abschirmdienst errichtet. Entsprechend der Fragestellung ist hier nur die Tätigkeit des Verfassungsschutzes von Interesse. Aufgabe des Amtes ist, gemäß Bundesverfassungsschutzgesetz, „die Sammlung und Auswertung von Informationen" über „Bestrebungen, die gegen die freiheitlich demokratische Grundordnung, den Bestand oder die Sicherheit des Bundes oder eines Landes gerichtet sind oder eine ungesetzliche Beeinträchtigung der Amtsführung der Verfassungsorgane des Bundes oder eines Landes oder ihrer Mitglieder zum Ziel haben".
454 Vgl. Backes/Jesse, 2000, S. 13. Sie sprechen von einem „antiextremistischen Konsens".

der Weimarer Republik ein formal legalistisches Aussehen zu geben, hat Goebbels 1928 angekündigt: „Wir gehen in den Reichstag hinein, um uns im Waffenarsenal der Demokratie mit deren eigenen Waffen zu versorgen [...] um die Weimarer Gesinnung mit ihrer eigenen Unterstützung lahm zu legen. Wenn die Demokratie so dumm ist, uns für diesen Bärendienst Freifahrkarten zu geben, ist das ihre eigene Sache [...]. Uns ist jedes gesetzliche Mittel recht, den Zustand von heute zu revolutionieren [...]. Wir kommen als Feinde! Wie der Wolf in die Schafherde einbricht, so kommen wir".[455] Die Ausgestaltung des Prinzips der wehrhaften Demokratie[456] im Grundgesetz ist zwar als Reflex auf den Zusammenbruch der Weimarer Republik zu verstehen. Zugleich besteht weitgehend Konsens,[457] dass nicht die mangelnde Rigidität der Verfassung die Machtergreifung der Nationalsozialisten ermöglichte, sondern ein komplexes Ursachenbündel.[458] Im Unterschied zum werterelativistischen Konzept der Weimarer Reichsverfassung ist der Pluralismus des Grundgesetzes durch den Kanon von Wertegebundenheit und Wehrhaftigkeit geprägt.[459] Die Vorverlagerung des Demokratieschutzes dient der Prävention. Ohne Einschränkung der Meinungsfreiheit besteht die Möglichkeit, Maßnahmen zu ergreifen, bevor ein konkreter Angriff auf die Grundordnung erfolgt. Wäre dies nicht möglich, könnte es zur Abwehr zu spät sein, könnte eine Beeinträchtigung oder Abschaffung der garantierten Bürger- und Menschenrechte erfolgen. Dabei muss die Erforderlichkeit staatlichen Handelns gewährleistet sein. Es ist jeweils zu prüfen ob und welche Gefahren für die freiheitliche demokratische Grundordnung bestehen.

Demokratien stehen vor dem Problem, dass sie eine Bestandssicherung ihrer Normen benötigen, damit sich nicht die Freiheitsrechte gegen die Demokratie richten. Auch wenn die konkrete Ausgestaltung der streitbaren Demokratie eine deutsche Besonderheit ist, trifft dies für die verfassungsrechtlich festgelegten Grenzen der Toleranz nicht zu. Diese Schranken ergeben sich aus dem Ziel, die Toleranz dauerhaft zu etablieren.[460] Die politische Toleranz muss normativ dort ihre Grenzen haben, wo die Toleranz bedroht wird. Dementsprechend steht in der Allgemeinen Erklärung der Menschenrechte der Vereinten Nationen[461]: „Keine Bestimmung dieser Erklärung darf so ausgelegt werden, dass sich daraus für einen Staat, eine Gruppe oder eine Person irgendein Recht ergibt, eine Tätigkeit auszuüben oder eine Handlung vorzunehmen, welche auf die Vernichtung der in dieser Erklärung angeführten Rechte und Freiheiten abzielen". Die Konsequenz hieraus ist die wehrhafte Demokratie. Drei Elemente sollen zur Sicherung des Grundgesetzes gegen dessen Aushöhlung dienen: Artikel 79 Absatz 1, der das Verbot der Verfassungsdurchbrechung beinhaltet, Artikel 79 Absatz 2, der die erschwerte Abänderbar-

---

455 Zit. nach Billing, 1997, S. 8.
456 Vgl. Jesse, 1980.
457 Boldt, 1987, S. 61.
458 Vgl. Bracher, 1955; Broszat, 1984.
459 Vgl. Boventer, 1985.
460 Vgl. Kriele, 1980, S. 353.
461 Vom 10. Dezember 1948, Art. 30.

keit der Verfassung regelt und Artikel 79 Absatz 3, der die sogenannte „Ewigkeitsgarantie" enthält. Zum Wesensgehalt des Grundgesetzes gehören demnach die Mitwirkung der Länder bei der Gesetzgebung und die Gliederung des Bundes in Länder. Zu den weiteren in Artikel 79 Absatz 3 niedergelegten Grundsätzen zählen die Inhalte von Artikel 1 (Menschenwürde) und Artikel 20: Demokratieprinzip (demokratische Legitimation allen staatlichen Handelns), Republik, Rechts- und Sozialstaat.

In der Ewigkeitsgarantie ist zwar definiert, was zum unveräußerlichen Bestandteil der demokratischen Ordnung der Bundesrepublik gehört; doch der Umkehrschluss, dass derjenige ein Extremist ist, der diese Prinzipien verändern möchte, ist nicht in jedem Fall richtig. Wenn ein Monarchist gegen die Ewigkeitsgarantie der Republik ist, ist das noch kein eindeutiger Hinweis auf Verfassungsfeindlichkeit bzw. Verfassungswidrigkeit und Extremismus. Zwischen Verfassungswidrigkeit und Verfassungsfeindlichkeit wird umgangssprachlich kaum differenziert. Über Verfassungswidrigkeit kann nach Artikel 21 Absatz 2 nur das Bundesverfassungsgericht entscheiden. „Parteien, die nach ihren Zielen oder nach dem Verhalten ihrer Anhänger darauf ausgehen, die freiheitliche demokratische Grundordnung zu beeinträchtigen oder zu beseitigen oder den Bestand der Bundesrepublik Deutschland zu gefährden, sind verfassungswidrig." Verfassungsfeindlichkeit ist nicht an Parteien gebunden. Zum Beamtenverhältnis zählt etwa eine besondere Identifikation mit Staat und Verfassung. Bei Mitgliedschaft in einer verfassungsfeindlichen Partei oder Organisation ist damit zu rechnen, dass diese Treue fehlt.[462] Kriele sieht jene Parteien oder Vereine als verfassungswidrig, die formell verboten sind, während er als verfassungsfeindlich Aktivitäten einstuft, die darauf zielen, die freiheitliche demokratische Grundordnung zu beeinträchtigen oder zu beseitigen.[463]

Die konkrete Ausgestaltung von Kriterien der Verfassungswidrigkeit findet man in zwei Urteilen des Bundesverfassungsgerichts zum Verbot der SRP und der KPD. Das Gericht entschied über die Verfassungswidrigkeit von Parteien (Artikel 21 Absatz 2 GG). Im Urteil über die Verfassungswidrigkeit der SRP hat das Bundesverfassungsgericht einen Katalog umrissen, was zum unverzichtbaren Wesensgehalt gehört:[464] Die freiheitlich-demokratische Grundordnung ist „[…] eine Ordnung, die unter Ausschluss jeglicher Gewalt- und Willkürherrschaft eine rechtsstaatliche Herrschaftsordnung auf der Grundlage der Selbstbestimmung des Volkes nach dem Willen der jeweiligen Mehrheit und der Freiheit und Gleichheit darstellt. Zu den grundlegenden Prinzipien dieser Ordnung sind mindestens zu rechnen: die Achtung vor den im Grundgesetz konkretisierten Menschenrechten, vor allem vor dem Recht der Persönlichkeit auf Leben und freie Entfaltung, die Volkssouveränität, die Gewaltenteilung, die Verantwortlichkeit der Regierung, die Gesetzmäßigkeit der Verwaltung, die Unabhängigkeit der Gerichte, das Mehrparteienprinzip und die Chancengleichheit für alle politischen Parteien mit

---

462 Vgl. BVerfGE 39, 334 (Extremisten-Beschluss); BVerwGE 61, 218 (Wehrsportgruppe Hoffmann).
463 Vgl. Kriele, 1980.
464 BVerfGE 2, 12 f.

dem Recht auf verfassungsmäßige Bildung und Ausübung von Opposition". Im KPD-Verbotsurteil[465] hat das Gericht konkretisiert, dass die Nichtanerkennung der obersten Prinzipien der freiheitlich-demokratischen Grundordnung nicht ausreiche, um eine Organisation als verfassungswidrig zu bewerten. Es müsse „vielmehr eine aktiv kämpferische, aggressive Haltung gegenüber der bestehenden Ordnung hinzukommen".[466]

Der Vorteil der juristischen Definition von Verfassungswidrigkeit liegt darin, dass ein Minimalkonsens zur Klärung, was unter demokratischem Verfassungsstaat zu verstehen sei, ausreicht und sich anhand dieser Kriterien politischer Extremismus bestimmen lässt.[467] Doch für die Politikwissenschaft greift diese Definition zu kurz. Dass auch die sozialwissenschaftliche Analyse ohne die „Legaldefinition" von Extremismus nicht auskommt, rechtfertigt nicht die Kritik an der Extremismustheorie. Jaschke wendet ein, dass die „verfassungsrechtlich angeleitete Sicht" eine „entscheidungsorientierte postfestum Perspektive" sei, der es „nicht um die Analyse von politisch-sozialer Wirklichkeit" gehe, sondern „um die Beurteilung vorliegender Fälle nach festgelegten Kriterien".[468] Zwar kann politischer Extremismus als Folge „politisch-sozialer Wirklichkeit" interpretiert werden; ob dies zutrifft, bedarf aber einer empirischen Überprüfung, der eine Operationalisierung von politischem Extremismus vorausgehen muss.

Die Problematik der juristischen Definition von Extremismus liegt in der Verengung auf Tatbestände, die als legal oder illegal qualifiziert werden müssen. Das Bundesverfassungsgericht definierte nicht Extremismus, sondern entwickelte einen Prüfkatalog zur Verfassungswidrigkeit von Parteien. Zwar ist dieses Verständnis auf die sozialwissenschaftliche Forschung übertragbar, deckt aber nicht alle Bedürfnisse. Die politik- und sozialwissenschaftliche Analyse hat ein wesentlich breiteres Verständnis von Extremismus, als es die juristische Sicht der Verfassungswidrigkeit oder -feindlichkeit zulässt. Somit steht auch nicht die Überprüfung der Gegnerschaft zum Grundgesetz im Fokus, sondern die „Gegnerschaft zu den Prinzipien eines demokratischen Verfassungsstaats als einem auf den Menschenrechten gründendem Ordnungsprinzip", zumal mit der politikwissenschaftlichen Analyse keine Folgen verbunden sein müssen.[469] Daher braucht der politikwissenschaftliche Extremismusbegriff nicht mit dem juristischen deckungsgleich zu sein. Aus politikwissenschaftlicher Sicht sind Fragestellungen wie Entwicklung von Ideologie und Organisation oder Wirkung im vorpolitischen und politischen Raum von Interesse, die aus der verfassungsrechtlichen Sicht keine Bedeutung erlangen. Ob der Begriff durch das in erster Linie juristische Verständnis heute mehr ein „praktisch-politischer als ein politikwissenschaftlicher" Begriff zu verstehen ist, bleibt allerdings fraglich.[470]

---

465 BVerfGE 5, 85.
466 Vgl. zur Konzeption der streitbaren Demokratie: Jesse, 1980.
467 Vgl. zur Definitionsproblematik: Backes, 1989, S. 31 ff., 87 ff.
468 Jaschke 1991, S. 49.
469 Pfahl-Traughber, 1993, S. 25.
470 Rudzio, 1986, S. 167; die Gegenthese vertritt Pfahl-Traughber, 1992b, S. 67 ff.

Backes[471] versucht dem Dilemma der verfassungsrechtlichen Verengung des Extremismusbegriffes durch eine politikwissenschaftliche *definitio ex positivo* zu entgehen. Er unternimmt damit den Versuch, extremistische Doktrinen auf ihre strukturellen Gemeinsamkeiten hin zu untersuchen. Die Definition umfasst keine inhaltliche, sondern eine strukturelle Gleichsetzung von Rechts- oder Linksextremismus. Als strukturelle Gemeinsamkeit aller Extremismen arbeitet er den Anspruch auf „den Besitz eines ‚Wahrheits'-Codes, mit dem sie die Welträtsel (vermeintlich) dechiffrieren können. Diese ‚Wahrheiten' gelten als mit den Gesetzen des Seins im Einklang stehend, erfordern jedoch eine ‚höhere Einsicht', die sich nicht jedermann in gleicher Weise offenbart. Sie entfalten einen Ordenscharakter. Die auf Absolutheitsansprüchen gegründeten extremistischen Doktrinen entziehen sich auf diese Weise jeder Verifikation".[472] Der axiomatische Charakter erschwert die Wahrnehmung der Wirklichkeit. Der vermeintliche Besitz einer absoluten Wahrheit richtet sich gegen jeden Pluralismus. Hinzu kommen Elemente von Freund-Feind-Bildern und Verschwörungstheorien. Der Fanatismus und Aktivismus der Anhänger gehören zum „missionarischen" Eifer.[473]

Der Vorteil dieser Sicht liegt auf der Hand. Extremismus wird, unabhängig von seinen je nach ideologischem Kontext variierenden Inhalten, als Sammelbezeichnung verwendet, die über die verfassungsrechtlichen Kriterien hinausgeht. Extremismus kann sowohl über inhaltliche als auch strukturelle Komponenten übergreifend analysiert werden. Dabei werden die „legaljuristischen" Kriterien integriert. Zu den allgemeingültigen inhaltlichen Komponenten sind demnach die Bestrebungen und Auffassungen zu zählen, die auf eine Ablehnung der Wertvorstellungen des demokratischen Verfassungsstaates hinauslaufen. Zusammengefasst sind Fanatismus, Dogmatismus, Antipluralismus, Absolutheitsansprüche, Freund-Feind-Stereotype und Verschwörungstheorien die strukturellen Gemeinsamkeiten der Extremismen.

Ähnlich, wenn auch deutlich unpräziser, argumentiert Funke in seiner Begriffsbestimmung von Extremismus. Es sieht ihn als „Schlüsselbegriff für argumentations- und verhaltensauffällige Bestrebungen, die von den Akteuren selbst aus einer hermetischen Programmatik gerechtfertigt und von ihren Gegnern als Bedrohung durch einen teilungsunwilligen Machtanspruch aufgefasst werden".[474] Auch bei ihm sind die Elemente Dogmatismus, Absolutheitsanspruch und Freund-Feind-Stereotype konstituierend.

---

471 Vgl. Backes, 1989, S. 328.
472 Vgl. Backes, 1989, S. 317.
473 Neumann hat 1932 mit dem von ihm eingeführten Typus der „absolutistischen Integrationspartei" für das Parteiensystem der Weimarer Republik eine ähnliche Klassifikation für die Parteien des „Faschismus, Bolschewismus, Nationalsozialismus" getroffen, wie sie sich in der Definition von Backes wiederfindet. Auch er betont die Gegnerschaft der Parteien zu Demokratie, Liberalismus und Parlamentarismus. Vgl. Neumann, 1977, S. 107 ff.
474 Funke, 1986, S. 132.

5.1.1 Abgrenzung zum Radikalismus

Die Differenzierung von Extremismus und Radikalismus wird selten unternommen.[475] Beide Begriffe werden häufig in der Literatur gleichberechtigt nebeneinander benutzt. Klingemann/Pappi haben in einer empirischen Studie Radikalismus allgemein als „Verletzung der im politischen System institutionell verankerten Normen der Konfliktaustragung" definiert.[476] Dabei sehen sie Radikalismus auf der Mitteldimension, während sie Extremismus der Zieldimension zuordnen. In ähnlicher Weise grenzt Kaase den Begriff ein. Er schlägt vor, Radikalismus als die „Ablehnung institutionalisierter politischer Verfahrensweisen" zu sehen, welche auch die „Anwendung von Gewalt gegen Sachen und Personen" beinhalte.[477] Er kritisiert, dass die mangelnde begriffliche Präzision von Radikalismus und Extremismus auf die dominierende verfassungsrechtliche Interpretation zurückzuführen sei. Danach richte sich der Extremismus gegen die freiheitliche Grundordnung, während der Radikalismus seine Ziele im Rahmen der Verfassung verfolgen.[478] Hierbei ist allerdings zu berücksichtigen, dass es sich um unterschiedliche Definitionskonzepte handelt. Politischer Radikalismus ist nicht justiziabel, solange er sich in Rahmen der Verfassung, wenn auch am äußersten Rand, bewegt. Um Schaden von der Demokratie abzuwenden, ist aus juristischer Sicht die Festlegung verfassungswidriger Tatbestände ausreichend. Geht der politische Radikalismus in Gewalt gegen Personen oder Sachen über, sind diese Tatbestände durch das Strafrecht gedeckt. Politischer Radikalismus bedarf also aus juristischer Sicht keiner Präzisierung, da es keine politische Strafjustiz gibt, die politische Haltungen juristisch verfolgt.

Aus politikwissenschaftlicher wie aus juristischer Sicht erscheint als zentrales Unterscheidungskriterium zwischen Extremismus und Radikalismus die Zielebene. Politischer Radikalismus umfasst „Positionen und Ziele, die nicht eindeutig auf die Beseitigung zentraler Bestandteile der freiheitlich-demokratischen Grundordnung gerichtet sind",[479] während politischer Extremismus mit der Ablehnung des demokratischen Wesengehalts gleichzusetzen ist. Auf der Mittelebene ist eine Unterscheidung weniger eindeutig. Die Anwendung von Gewalt oder die Gewaltbereitschaft können gleichermaßen Merkmale des Radikalismus und des Extremismus sein. Entscheidend bleibt die Unterscheidung auf der Zielebene, auch wenn gleitende Übergänge nicht auszuschließen sind. Während die Differenzierung für hermeneutische Analysen ausreichend ist, bringen die „gleitenden Übergänge" vor allem für die empirische Analyse von Einstellungen in der Bevölkerung Probleme der Operationalisierbarkeit mit sich.

---

475 Vgl. Everts, 2000, S. 43 ff.
476 Klingemann/Pappi, 1972, S. 108.
477 Kaase, 1991, S. 549.
478 Kaase, 1991, S. 549.
479 Lepszy/Veen, 1993, S. 3.

5.1.2 Abgrenzung zum Populismus

Eine einheitliche Vorstellung über den Stellenwert von Populismus liegt bislang ebenso wenig vor, wie eine inhaltlich präzise Definition, welche Elemente unverzichtbare Bestandteile von Populismus sind. Populismus ist kein geschlossenes einheitliches Gedankengebäude.[480] Daraus erklärt sich, dass äußerst heterogene Bewegungen wie z. B. der Peronismus in Argentinien, die Narodniki in Russland, die Peoples Party in den USA oder die FPÖ in Österreich, mit dem Attribut des Populismus belegt wurden. Sowohl der italienische als auch der deutsche Faschismus hatten vor allem in ihren Frühphasen starke populistische Momente. Auch extremistische Organisationen und Parteien geben sich durchaus populistisch. Demokratische Bewegungen und Organisationen sind ebenfalls nicht frei von Populismus. Populismus wird im Alltagsgebrauch als eine „popularitätsheischende Politik" verstanden, welche „der öffentlichen Meinung folgt, statt sie zu führen".[481] Die Differenziertheit und Spezifik der populistischen Bewegungen, Organisationen oder Parteien führte dazu, dass der überwiegende Teil der Populismusforschung konkrete Erscheinungsformen analysiert, die als „populistisch" gelten. Vergleichende (auch empirisch vergleichende) Untersuchungen sind selten.

Bei der Analyse der gleichen Parteien oder Bewegungen finden sich häufig parallel die Einstufung als „populistisch", „radikal" oder „extremistisch".[482] Um die Probleme der Grenzziehung zu verdeutlichen: Pfahl-Traughber bezeichnet u. a. als rechtspopulistische Parteien die Front National, die FPÖ und die Republikaner. Betz verwendet für die gleichen Parteien den Begriff „radikaler Rechtspopulismus", während Falter die Republikaner als rechtsextrem bezeichnet. Dies ist einerseits ein Hinweis auf fließende Übergänge innerhalb der Organisationen, verdeutlicht andererseits aber auch, dass Populismus analytisch nicht unproblematisch ist.

Ein Anspruch auf eine eigenständige politische Doktrin oder Ideologie kommt dem Populismus nicht zu. Er tritt als Politikform auf. Populismus wird dementsprechend von Backes nicht als eigenständige Theorie eingestuft, sondern als Phänomen innerhalb des politischen Extremismus definiert.[483] Ähnlich betont Pfahl-Traughber die Abwesenheit von Ideologie im Populismus und sieht ihn lediglich als eine Politikform an.[484] Diesen Thesen folgend wird Populismus hier als Politikform oder als Herrschaftstechnik verstanden, die Teil jeder politischen Richtung sein kann.

Die inhaltliche Dimension des Populismus ist, da er gleichermaßen „rechter" wie „linker" Provenienz sein kann, schwer zu fassen. Gemeinsam ist den rechten wie linken Populismen die Vorstellung einer Identität von Regierenden und Regierten, welche durch die jeweiligen Machtverhältnisse und Herrschaftsstrukturen behindert wird. Die

---

480 Betz, 1996, S. 363 ff.; Veen, 1994b, S. 5, Puhle, 1986, S. 12 ff.
481 „Der Kult des gemeinen Mannes", FAZ vom 11. Juni 1996.
482 Pfahl-Traughber, 1994; Betz, 1994; Falter, 1994.
483 Backes, 1989, S. 220.
484 Pfahl-Traughber, 1994, S. 17.

Legitimationsbasis des Populismus ist das vermeintliche Wissen um die „wahren" oder eigentlichen Bedürfnisse „des Volkes". Ein weiteres Merkmal, das allen Populismen gemeinsam ist, ist der Anti-Elitarismus.[485] Diese Merkmale haben zwar alle Populismen gemeinsam, sie sind aber keineswegs trennscharf, da sie genauso Teil extremistischer Doktrinen sind.

Die wissenschaftliche Diffusität des Phänomens Populismus, welche ihren Ausdruck in der Heterogenität der Erscheinungen findet, legt die Vermutung nahe, dass die Anwendung auf konkrete Erscheinungen beschränkt bleiben muss. Zumindest befinden sich Definitionsversuche und Theoriebildung noch in der Phase der Momentaufnahmen.

5.2 Rechts- und Linksextremismus: Gemeinsamkeiten und Unterschiede

Ein zentrales Problem der Extremismusforschung ist das oftmals willkürliche Nebeneinander von Forschungsansätzen, welche die Vergleichbarkeit der Ergebnisse erschwerten Vergleichende Analysen einer Parteienfamilie oder entgegengesetzter Bestrebungen sind selten.[486] Druwes Resümee über die Rechtsextremismusforschung fällt dementsprechend negativ aus. Ihre Heterogenität verhindere „wissenschaftlichen Fortschritt", und „Rechtsextremismusforschung als gemeinsame Forschungstätigkeit einer wissenschaftlichen Gemeinschaft" existiere nicht.[487] Die Heterogenität ergibt sich zwangsläufig durch die unterschiedlichen Forschungsinteressen. Will man extremistische Ideologien, Einstellungen, Organisationen oder Strategien, Herrschaftsformen oder Aktionen untersuchen, erfordert dies auch ein methodisch differenziertes Vorgehen.

Nicht nur die Eingrenzung der Oberbegriffe birgt Probleme, sondern auch die inhaltliche Festlegung der politischen Richtungen. Eine eindeutige Definition, was unter Rechts- oder Linksextremismus oder der radikalen oder populistischen Politikform zu verstehen ist, liegt nicht vor. Im Unterschied zum Linksextremismus gibt es zum Rechtsextremismus methodisch vielfältige und entwickelte Forschungstraditionen.[488] Schwerpunkte der Rechtsextremismusforschung bilden Organisationsformen, ideologische Differenzierungen und Orientierungen in der Bevölkerung in deutscher sowie international vergleichender Perspektive. Die Linksextremismusforschung hat zwar ein ähnliches Forschungsdesign, allerdings finden sich wesentlich weniger Studien, die sich mit Linksextremismus beschäftigen als mit Rechtsextremismus. Es fällt vor allem der Mangel an empirischen, behavioristischen Einstellungsstudien ins Auge,[489] wohingegen Untersuchungen von linksextremistischen Organisationen oder Ideologien häufiger zu

---

485 Ernst, 1987, S. 13; Puhle, 1986, S. 13.
486 Vgl. Minkenberg, 1998; Bergsdorf, 2000; Everts, 2000.
487 Druwe, 1996, S. 78.
488 Vgl. SINUS, 1981; Heitmeyer, 1989; Stöss, 1989; Schwagerl, 1993; Pfahl-Traughber, 1993; Falter, 1994; Jaschke, 1994.
489 Zu den wenigen repräsentativen empirischen Studien zählen: Infratest, 1980; Noelle-Neumann/ Ring, 1984.

finden sind.[490] Zentrales Forschungsdesiderat der Rechtsextremismusforschung, das spiegelbildlich auf die Linksextremismusforschung übertragen werden kann, ist der Ausbau von Theorien,[491] welche die Voraussetzungen für die Entstehungs- und Entwicklungsbedingungen und die Verfestigung auf gesellschaftlicher und individueller Ebene zu erklären versuchen.

Empirische Studien, die nach strukturellen und inhaltlichen Gemeinsamkeiten in den Einstellungsmustern des rechten und linken Extremismus suchen, sind selten.[492] Wie schon oben dargestellt, wird Extremismus als ein Phänomen gesehen, das zwar – je nachdem, ob ein linker oder ein rechter Extremismus analysiert wird – inhaltlich Unterschiedliches beinhalten kann, das aber auch eine gemeinsame Struktur aufweist. Gemeinsam ist extremistischen Doktrinen, dass sie einen „Anspruch auf exklusiven Zugang zur historisch-politischen Wahrheit – gleichgültig, ob man sich auf die Gesetze der Natur oder der Vernunft beruft"[493] – beanspruchen. Sie sind im Kern antipluralistisch und bevorzugen identitäre Staatsformen (häufig in der Tradition Rousseaus).

Je nachdem, ob man die kommunistisch/sozialistisch geprägten Theorien des Marxismus, Leninismus, Stalinismus, Trotzkismus, Maoismus, Anarchismus oder andere Abspaltungen untersucht, können die Ideologieelemente der unterschiedlichen Strömungen erheblich variieren. Gemeinsamer Bestandteil linksextremistischer Ideologien ist die Forderung nach menschlicher Fundamentalgleichheit. Zwar stehen sie mit diesem Ziel nicht im Widerspruch zum demokratischen Verfassungsstaat. Aber die erzwungene Unterordnung des Individuums unter die Interessen eines Kollektivs (z. B. der sozialistischen Gemeinschaft) widerspricht fundamentalen Menschenrechten.

Linksextremistisch inspirierte Ideologien verheißen das utopische Ideal einer herrschaftsfreien Gesellschaft, in der das Individuum von all seinen (ökonomischen und sozialen) Zwängen befreit sein wird. In kommunistisch/sozialistischen Ideologien spielt die radikale Veränderung der Eigentumsverhältnisse als eines der Hauptinstrumente der sozialen Nivellierung und der Umgestaltung der Machtverhältnisse eine zentrale Rolle.

Linksextremistische Ideologien haben chiliastisch-utopistische Züge. Als säkularisierte Heilslehren verheißen sie die Schaffung einer idealen Welt, in der Frieden und Gerechtigkeit herrschen und alle „antagonistischen" Widersprüche beseitigt sind. Sie können als politische Religionen[494] verstanden werden.

---

490 Vgl. Rabert, 1991, 1995; Müller, 1979; Moreau/Neu 1994; Moreau/Lang, 1996; Wilke 1990. Eine intensive, z. T. journalistische Aufarbeitung findet sich beim Linksterrorismus. Vgl. Wunschik, 1997; Aust, 1997; Breloer, 1997.
491 Druwe, 1996; Winkler, Jürgen, 1996.
492 Arzheimer/Klein, 1997; Deinert, 1998; Falter, 2000. Doch auch Falters Beitrag „konzentriert sich, mit einem gelegentlichen Blick auf den linken Rand des politischen Spektrums, auf eine Analyse rechtsextremer Einstellungen", S. 403.
493 Backes/Jesse, 1996, S. 45.
494 Totalitarismus bezieht sich auf Herrschaftsstrukturen; politische Religionen auf Denkweisen und politische Ziele.

Wie auch im Linksextremismus differieren die Inhalte rechtsextremistischer Ideologien zum Teil beträchtlich. Gemeinsam ist allen rechtsextremistischen Positionen, dass sie gegen das Prinzip der Fundamentalgleichheit das Prinzip der Distinktion setzen. Durch die Zugehörigkeit zu einer Rasse, Nation, ethnischen Gruppe, aufgrund individueller Leistung (Leistungsfähigkeit) oder sonstigen Merkmalen soll eine hierarchische gesellschaftliche Ordnung institutionalisiert werden. Ähnlich wie der Linksextremismus dominieren auch hier antiindividualistische Axiome, welche die Unterordnung des Einzelnen unter die Interessen eines „höherwertigen" Gemeinschaftsinteresses fordert.

Zu den für die gegenwärtigen Formen des Rechtsextremismus typischen Elementen zählt der übersteigerte Nationalismus, demzufolge die eigene Nation einer oder allen anderen Nationen überlegen sei.[495] Wie Backes betont, ist im Unterschied zum „emanzipierten Nationalismus", der das Ziel der nationalen Einigung nur dann anstrebt, wenn „es Mittel zur Realisation politischer Freiheiten ist", beim übersteigerten Nationalismus die „Erreichung nationaler Einheit und Größe [...] Selbstzweck".[496] Dieser Nationalismus hat antiindividualistische Züge, da sich das Individuum unter die Interessen des größeren Ganzen unterzuordnen hat.

Er ist eng gekoppelt mit der „Ideologie der Ungleichheit",[497] auf der die für den Rechtsextremismus so typischen Elemente wie Fremdenhass, Ethnozentrismus, Rassismus oder Sozialdarwinismus beruhen. Das Konzept der hierarchischen Gliederung der Gesellschaft aufgrund natürlicher Unterschiede der Menschen beinhaltet die Negation fundamentaler Menschenrechte. Die Zugehörigkeit zu den jeweiligen Gemeinschaften seien „angeboren", also genetisch vererbt, in Ausnahmen werden sie auch über soziale Integrationsprozesse geschaffen (Abgrenzung sozial tieferstehender).

Ein weiteres Element rechtsextremistischer Vorstellungen bildet der Antipluralismus, der sich zwangsläufig aus dem Po-stulat der Integration in die größere Gemeinschaft sowie der Vorstellung der Interessenidentität zwischen Volk und politischem Subjekt (Führer, Partei, Regierung) ergibt. Auch hier zeigt sich eine Parallelität zu den linksextremistischen Ideenwelten, in deren Ideologie die Einzel- oder Gruppeninteressen als störend empfunden und daher negiert werden. Der Antipluralismus schließt demokratische Regierungsweise aus, da die Legitimität konkurrierender Interessen geleugnet wird. Daher werden Interessenvertretungen jedweder Art abgelehnt und als Störung des Gemeinwohls empfunden. Der im Extremismus erhobene Absolutheitsanspruch steht dem Einfügen in den demokratischen Prozess entgegen.

Die Idee der Interessenidentität und autoritäre Vorstellungen scheinen eng gekoppelt zu sein und sowohl in links- als auch in rechtsextremen Ideologien eine Allianz einzugehen. Der Gehorsam gegenüber einem politischen „Führer", einer Partei oder einer anderen „Autorität" wird vom einzelnen gefordert, da diese „Autoritäten" über „höhere"

---

495 Vgl. zur Entwicklung des Nationalismus: Backes, 1989, S. 201 ff.
496 Backes, 1989, S. 202 f.
497 Pfahl-Traughber, 1993, S. 21.

Einsichten verfügten, denen strikter Gehorsam entgegengebracht werden müsse. Die freiwillige Ein- und Unterordnung in die Parteidisziplin ist eine typische Erscheinungsform. Der Autoritarismus kann als uneingeschränktes Machtinstrument eingesetzt werden, durch das alle Entscheidungen legitimiert werden, da die jeweilige Führung über Kenntnisse, Wissen oder Einsichten verfügt, die sich jeder Kritik entziehen.

Pfahl-Traughber[498] weist darauf hin, dass sich die Fachliteratur stark an der Ideologie des Nationalsozialismus orientiere, obwohl Eigenschaften wie „übersteigerter Nationalismus mit Großmachtstreben", „feindselige Haltung gegenüber anderen Staaten", „Gleichschaltungsabsichten", „Volksgemeinschaft", „Reich" und „Führer"[499] nur bedingt auf die größeren rechtsextremen Parteien in Deutschland zutreffen würden.

Daneben besteht innerhalb der links- wie rechtextremistischen Strömungen ein ausgeprägter Hang zu internen wie externen Freund-Feind-Stereotypen. Beide richten sich intern gegen „Abweichler" der „richtigen" Linie (Sektierertum). Intern soll dadurch innere Geschlossenheit und Gehorsam hergestellt werden, die für die zentralistischen Führungsstrukturen notwendig sind. Extern neigen die rechtsextremistischen Doktrinen aufgrund ihres hierarchischen Gesellschaftskonzeptes dazu, Probleme abgrenzbaren Gruppen zuzuschreiben (wie Ausländer, Juden). Bei Linksextremisten wird das Feindbild von sozialstrukturell definierten Gruppen bestimmt (Bourgeoisie/Großgrundbesitz). Eng mit den Freund-Feind-Stereotypen verbunden, ist die Neigung beider Richtungen, Verschwörungstheorien anzuhängen, wonach es ein „eigentliches" Machtzentrum gibt, welches das Weltgeschehen bestimmt. Teilweise wird auch vermutet, dass hinter den Entscheidungsträgern geheime, diffuse Kräfte tätig seien, wie das Großkapital, der Imperialismus oder die jüdische Weltverschwörung.

Erkennt man an, dass zwischen demokratischem Verfassungsstaat und politischem Extremismus ein Widerspruch besteht, bedeutet dies keineswegs, Kritik an Demokratie und Verfassungsstaat sowie Reformalternativen aus der Diskussion auszugrenzen. Es ist unbestritten, dass Demokratien Stärken und Schwächen haben und dass demokratischer Wandel nicht mit dem Extremismusstigma zu belegen ist. Parteien, die zu Verbalradikalismus neigen oder Systemveränderungen oder Reformen fordern, müssen nicht extremistisch sein, und umgekehrt bietet das Bekenntnis zum Grundgesetz keine Gewähr für die tatsächliche Befürwortung von Demokratie.

Die Bestimmung, ob eine Organisation extremistisch ist, wird dadurch erschwert, dass sich meistens auch eine nicht-demokratisch orientierte Organisation ein demokratisches Image aufbauen und die eigentlichen Ziele tarnen will, um nicht im Verdacht der Verfassungsfeindlichkeit zu stehen. Antidemokratische oder extremistische Organisationen unterliegen in demokratischen Verfassungsstaaten selbstverständlich anderen Handlungsbedingungen und bedienen sich anderer Strategien, als wenn sie Träger einer Diktatur sind, da die offen zur Schau gestellte Antisystemhaltung nachhaltige Konse-

---

498 Pfahl-Traughber, 1993, S. 22.
499 Vgl. Stöss, 1989, S. 19.

quenzen erwarten ließe. Das Bekenntnis zur Demokratie kann zum strategischen Lippenbekenntnis verkommen und zur Camouflage eigener Machtansprüche dienen. In der Hoffnung auf breitere Akzeptanz in der Bevölkerung werden häufig plakative bis populistische Forderungen erhoben und die offizielle Diktion den demokratischen Formen angepasst. Die Verschleierungstaktik extremistischer Parteien weist allerdings Brüche auf, die es möglich machen, die Parteien oder Organisationen auf ihren demokratiefeindlichen Gehalt zu untersuchen. Da die Organisationen den ideologischen Bedürfnissen ihrer Mitglieder entsprechen müssen, ist eine „perfekte" Tarnung extremistischer Strukturen unwahrscheinlich. Bei der Prüfung, ob eine Organisation verfassungsfeindliche Tendenzen hat, sind unterschiedliche Kriterien zu berücksichtigen. Das Verhältnis von politischen Programmen und Absichtserklärungen mit dem tatsächlichen politischem Verhalten gehört ebenso zum Analysehorizont wie die innerparteilichen Strukturen und Kontakte mit anderen Organisationen oder Personen. „Wesentlich ist [...], ob sich in der politischen Aktion eine bewusste, offensive und demonstrative Missachtung demokratischer Prinzipien zeigt, sei es durch die Mobilisierung oder Kollektivierung gegen den demokratischen Verfassungsstaat gerichteten Protests, sei es durch die von Duldung bis hin zur bewussten Vereinnahmung reichenden Annäherung an extremistische Gruppen".[500] Erst hieraus lassen sich Rückschlüsse auf extremistische Einstellungen ziehen.

---

500 Lang, 2003, S. 54.

6. Extremismus in der PDS

6.1 Demokratieverständnis

Die Berichte des Bundesamtes für Verfassungsschutz geben einen ersten Hinweis auf die innerparteiliche Entwicklung der PDS und ihr Verhältnis zur parlamentarischen Demokratie. Für das Berichtsjahr 1990 stellt das Amt fest, dass es „zahlreiche Anhaltspunkte für eine linksextremistische Ausrichtung"[501] in der PDS gebe. Im Verfassungsschutzbericht 1991 wird ein „endgültiges Urteil, ob die PDS als eine Organisation mit verfassungsfeindlicher Zielsetzung anzusehen" sei, abgelehnt, da sich die PDS noch im Umbruch befinde.[502] Im folgenden Jahr urteilte der Verfassungsschutz, dass die „Verdachtsmomente für verfassungsfeindliche Bestrebungen" fortbeständen.[503] Für 1993 enthält sich der Verfassungsschutzbericht einer übergreifenden Wertung und stellt lediglich einige extremistische Äußerungen und Handlungen dar.[504] Im Jahre 1994 bot die „politische Praxis und die programmatische Entwicklung der Partei unübersehbare Anhaltspunkte dafür, dass sie die freiheitliche demokratische Grundordnung der Bundesrepublik nicht akzeptieren, sondern überwinden will".[505] 1995 kommt der Verfassungsschutz zum gleichen Urteil wie im Vorjahr. Es wird betont, dass sich nach wie vor „offen linksextremistisch auftretende Gruppen in der PDS organisieren und betätigen; unverändert unterhält sie zudem Verbindungen zu linksextremistischen Organisationen – auch zu gewaltbereiten und gewalttätigen Gruppierungen – außerhalb der Partei."[506] In der Kontinuität der vorangegangenen Jahre steht das Urteil 1996, wonach die PDS „die freiheitlich demokratische Grundordnung der Bundesrepublik überwinden und eine ‚andere Gesellschaft' aufbauen"[507] wolle. In den Jahren danach ändert sich die Bewertung der PDS nicht. Sie habe ihre „grundsätzliche politisch-ideologische Ausrichtung nicht verändert",[508] definiere ihren eigenen Standort als „Systemopposition", habe das Ziel einer „anderen Republik"[509] und zeige „keine ernsthaften Absichten dafür, ihr bislang zwiespältiges Verhältnis zum parlamentarischen System und zu wesentlichen Elementen der freiheitlichen Grundordnung zu klären"[510].

Diese Einschätzungen des Bundesamtes für Verfassungsschutz deuten darauf, dass es der PDS nicht gelungen ist, den Wandel zu einer demokratischen Partei zu bewältigen. Vielmehr scheint sie sich seit ihrer Gründung in der Grauzone von noch (schon) demokratisch und schon (noch) extremistisch zu bewegen. Wie aus den Verfassungsschutzbe-

---

501 Verfassungsschutzbericht 1990, 1991, S. 25.
502 Verfassungsschutzbericht 1991, 1992, S. 53.
503 Verfassungsschutzbericht 1992, 1993, S. 50.
504 Verfassungsschutzbericht 1993, 1994, S. 55.
505 Verfassungsschutzbericht 1994, 1995, S. 64.
506 Verfassungsschutzbericht 1995, 1996, S. 59.
507 Verfassungsschutzbericht 1996, 1997, S. 51.
508 Verfassungsschutzbericht 1997, 1998, S. 49.
509 Verfassungsschutzbericht 1998, 1999, S. 115.
510 Verfassungsschutzbericht 1999, 2000, S. 115.

richten ersichtlich, scheinen ihr Berührungsängste gegenüber dem gewaltbereiten Links-extremismus fremd zu sein; genauso wenig lehnt sie Gewalt, militante Protestformen und rechtswidrige Aktionen als Mittel der politischen Auseinandersetzung ab.

Eine einheitliche Einstufung der PDS durch die Sicherheitsbehörden des Bundes und der Länder als linksextremistische Partei ist trotz zahlreicher Anhaltspunkte nicht er-folgt. In Bayern gilt die PDS als extremistisch; in Brandenburg wird weder sie noch eine ihrer Unterorganisationen (wie die KPF) beobachtet.[511] Damit lässt sich aus der Beo-bachtungspraxis auf politische Konstellationen schließen, nicht jedoch die Frage beant-worten, ob die PDS eine extremistische Partei ist.

Das Parlamentarismus-Verständnis der PDS wird von mehreren sich überschneiden-den, widersprüchlichen Koordinaten geprägt. Innerparteilich findet eine heftige Debatte über die Rolle der PDS in den Parlamenten statt. Relativ unstrittig ist die Teilnahme an Wahlen und der Einzug in Parlamente. Die Auseinandersetzungen werden von der Frage dominiert, inwieweit die PDS regieren darf, kann, soll oder muss. Sowohl Wahlteil-nahme, Einzug in Parlamente als auch die Frage der Regierungsbeteiligung sind Aus-druck der innerparteilichen Auseinandersetzung um die Strategie, wie die von der PDS gewünschte fundamentale Systemveränderung erreicht werden kann. Vor allem in den Gruppen, deren Antisystemhaltung auch taktisch motivierte Kompromisse verbietet, findet der Parlamentarismus der „bürgerlichen Demokratie" keine Akzeptanz.

In der KPF sind aufgrund der prinzipiellen Ablehnung der „bürgerlichen Demokra-tie" antiparlamentarische Ressentiments verbreitet. Für die KPF stellt sich die zentrale Frage, ob „eine linke Partei – im Sinne bürgerlich-demokratischer Spielregeln – politik-fähig werden [kann], ohne ihre Identität letztlich aufzugeben".[512] Die KPF vertritt die Auffassung, dass schon die Anpassung an die Spielregeln der Demokratie zu verurteilen sei. Sie befürchtet, dass „einige führende Politiker und Theoretiker der PDS zwingend den Weg in eine ausschließlich reformerische (reformistische) Richtung" gehen. Diese Richtung sei „untauglich".[513] Daher definiert die KPF in ihrer Satzung als Ziel die Zu-sammenarbeit mit allen, die „einer sozialistischen Alternative zum bestehenden kapita-listischen System" den Weg bereiten wollen.[514] In einem Antrag der KPF an den 5. Par-

---

511 Aus juristischer Sicht könnte die Einstufung der PDS als verfassungsfeindliche Partei zu einem Ver-botsantrag führen, den die Bundesregierung, der Bundestag oder der Bundesrat stellen kann und den das Bundesverfassungsgericht entscheiden muss (Parteienprivileg). Innerhalb des demokratischen Verfassungsstaates sollte ein Parteiverbot allerdings immer *ultima ratio* sein und die politische Aus-einandersetzung geführt werden, da ein Verbot einen massiven Eingriff in den politischen Prozess bedeutet. Darunter ist keine Hinwendung zum Wertrelativismus der Weimarer Republik zu verste-hen, sondern die freiwillige Selbstbeschränkung in der Wahl der Mittel. Überdies sind die Auswir-kungen eines Verbots unkalkulierbar, da Anhänger und Mitglieder der Parteien so einen Märtyrersta-tus aufbauen können oder gezwungen werden, ihre Aktivitäten im Untergrund fortzusetzen. Auch ei-ne militante Radikalisierung ist nicht auszuschließen.

512 Sonderheft der Mitteilungen der KPF, Kommunisten in der PDS, Juni 1995, S. 1.

513 Sonderheft der Mitteilungen der KPF, Kommunisten in der PDS, Juni 1995, S. 4.

514 Sonderheft der Mitteilungen der KPF, Kommunisten in der PDS, Juni 1995, S. 47.

teitag der PDS (1997) heißt es beispielsweise: „Jedes Aufgeben von Kampf um außerparlamentarische Opposition, mag sie gegenwärtig noch so schwach sein, ist Einordnung in den bürgerlichen Parlamentsbetrieb".[515] Sahra Wagenknecht verdeutlicht, dass der Parlamentarismus keine Veränderungskapazitäten enthalte. „Die Vorstellung, Veränderungen im Interesse der Menschen durch die Beteiligung an bürgerlichen Regierungen [...] erreichen zu können, ist, meine ich, eine Illusion".[516] Die KPF lehnt konsequenterweise Regierungsverantwortung der PDS ab. Michael Benjamin,[517] der zur Führung der KPF zählte, formulierte, dass sich „natürlich [...] immer Extremfälle konstruieren" ließen, „in denen eine Regierungsbeteiligung unstrittig wäre (etwa nach dem Muster: Stell Dir vor die PDS erringt die absolute Mehrheit im Bundestag)".[518] Gegenüber dem Parlamentarismus hat die KPF ein rein instrumentelles Verständnis. In einem zentralen Strategiepapier schreibt sie: „Parlamentsarbeit ist wesentlicher Bestandteil unseres oppositionellen Wirkens. Nicht zuletzt die Tribüne der Parlamente ermöglicht Öffentlichkeit für linke sozialistische Politik. Sie ist in der gegenwärtigen Situation der kapitalistischen Restauration und der Defensive aller humanistischen und daher auch linken Kräfte vor allem darauf gerichtet, der weiteren [...] Verschlechterung der bestehenden Verhältnisse Widerstand entgegenzusetzen, den Herrschenden Zugeständnisse abzuverlangen [...]".[519] Die parlamentarische Arbeit wird von der KPF überwiegend aus taktischen Erwägungen heraus befürwortet und nur soweit sie für die Erfüllung ihrer eigenen Ziele instrumentalisiert werden kann.

Wie sich an einer Vielzahl von Äußerungen zeigt, hat auch das MF gegenüber der parlamentarischen Demokratie ein ambivalentes Verhältnis. Es interpretiert Parlamentarismus als Anpassung an die Herrschenden. Wahlen, von denen angeblich keine Veränderungen ausgehen könnten, werden als „Wahlfetischismus" verunglimpft.[520] Wörtlich heißt es: „Als Gefangener des bürgerlich geprägten Parteiensystems ist es nur logisch, dem Wahlfetischismus zum Opfer zu fallen. Die Erlangung der Macht, der Übergang zum Sozialismus soll allein über den Weg bürgerlicher Wahlen vonstatten gehen. Wie überhaupt die Wahlen in ihrer Möglichkeit, Veränderung selbst nur im Kapitalismus bewirken zu können, überschätzt werden".[521] Und weiter: „Die dem Wahlfetischismus eigene Illusion ist verbunden mit der Illusion der Gewaltlosigkeit".[522] Hier steht die kommunistische Vorstellung Pate, dass Wahlen, wenn sie etwas bewirken könnten, von den „Herrschenden" erst gar nicht zugelassen würden. Dahinter steckt nicht nur eine

515 Mitteilungen der KPF der PDS, Anträge an den 5. Parteitag der PDS, H. 1/1997, S. 18.
516 PID, Nr. 48/1994, S. 7.
517 Michael Benjamin, Mitglied im PDS-Bundesvorstand, starb im Jahre 2000.
518 Mitteilungen der KPF der PDS, H. 1/1997, S. 22.
519 Deutschland 5 Jahre vor der Jahrtausendwende. Zur Strategie der PDS in den nächsten Jahren, in: Mitteilungen der KPF, H. 10/1995, S. 6.
520 Branstner, 1995, S. 6 ff.
521 Branstner, 1995, S. 6 ff.
522 Branstner, 1995, S. 6 ff.

subtile Legitimation von Gewalt und Umstürzen, sondern auch die mangelnde Bereitschaft, gesellschaftliche Mehrheiten zu akzeptieren.

Anders als die Fundamentalopposition fordert André Brie von der PDS, ein positives Verhältnis zur parlamentarischen Demokratie zu entwickeln. So hat er im Sommer 1996 mit seiner Aussage „Wir müssen endlich in der Bundesrepublik ankommen. Wir müssen ein positives Verhältnis zur parlamentarischen Demokratie und zum Grundgesetz finden", eine heftige innerparteiliche Diskussion ausgelöst.[523] In einer Gastkolumne im „Neuen Deutschland" zeigte er hingegen nur wenig demokratisches Verständnis. Unter der Überschrift „Wie subversiv soll denn die PDS sein?"[524] sprach er sich unmittelbar vor dem 1997er Parteitag gegen das Primat des Parlaments aus. Der „außerparlamentarische Kampf" wird von ihm „als tatsächlich entscheidend" angesehen.

Brie, aber auch die oben beschriebenen Gruppierungen der PDS, nehmen keine Außenseiterrolle ein. Sie befinden sich im programmatischem Einklang zur Partei, die den „Widerstand" bzw. den „außerparlamentarischen Widerstand", der sich gegen die politischen und gesellschaftlichen Verhältnisse in Deutschland richtet, zur zentralen politischen Strategie erhebt. Die PDS sieht sich selbst als die Partei, die in „prinzipieller Opposition zu den herrschenden gesellschaftlichen Verhältnissen" steht. Im PDS-Parteiprogramm heißt es hierzu: „Die PDS hält den außerparlamentarischen Kampf um gesellschaftliche Veränderungen für entscheidend. Die PDS ringt um parlamentarische Stärke [...]. Sie ist bereit, politische Verantwortung für radikale gesellschaftliche und ökologische Veränderungen zu übernehmen".[525]

Eine Konkretisierung erfuhr das Primat des außerparlamentarischen Kampfes in den Debatten um die Rolle, welche die PDS in Zukunft in den Parlamenten einnehmen wird. In ihrem 1995er Parteitagsbeschluss „Sozialismus ist Weg, Methode, Wertorientierung und Ziel" heißt es dazu: „Einig sind wir uns dahingehend, dass die PDS unabhängig von der konkreten parlamentarischen Rolle das Schwergewicht ihrer Tätigkeit in außerparlamentarischen Bewegungen und Aktionen sieht und ihr gesellschaftliches Oppositionsverständnis von der jeweiligen Rolle im Parlament nicht berührt wird". In diesem Dokument verdeutlicht die PDS, dass sie die Parlamentsarbeit als Teil ihrer Doppelstrategie versteht, die dazu führen soll, die „Gesellschaft wirklich" zu verändern. Demnach will sie „an allen fortschrittlichen außerparlamentarischen Bewegungen" teilnehmen und „zugleich um breite parlamentarische Möglichkeiten ringen".[526]

---

523 „PDS-Streit. Ost gegen West"; Der Stern vom 1. August, 1996. – André Brie, der dem Reformerflügel angehört und zu den einflussreichsten PDS-Politikern zählt, war seit 1992 verantwortlich für die Wahlkämpfe der PDS; aufgrund seiner Tätigkeit als IM für das MfS musste er 1992 den Berliner Parteivorsitz abgeben; 1999 zog er für die PDS in das Europaparlament. Vgl. zur Biographie: Brie, 1996.

524 „Ich könnte jeden Tag verrückt werden", ND vom 11./12. Januar 1997; zitiert wird Lothar Bisky.

525 PDS, 1993, S. 34.

526 PID, Nr. 5-6/1995, S. 27.

Dass die PDS den Parlamentarismus aus einer strategischen Perspektive betrachtet, kann man aus der Zielformulierung der PDS schlussfolgern, eine fundamentale Systemveränderung herbeizuführen. Die Begriffe „Widerstand" bzw. „außerparlamentarischer Widerstand", „Opposition" und „Abwehrkämpfe von unten"[527] haben für das politische Selbstverständnis der PDS einen hohen Stellenwert. Es gehört zum *common sense* der PDS, den herrschenden „kapitalistischen" Verhältnissen mit einem breit angelegten Widerstand zu begegnen. Im Grundsatzprogramm wird als politisches Ziel definiert, „dass die Herrschaft des Kapitals überwunden werden muss".[528] Die PDS bietet in ihrem Selbstverständnis sowohl für die Menschen „einen Platz, die der kapitalistischen Gesellschaft Widerstand entgegensetzen wollen und die gegebenen Verhältnisse fundamental ablehnen, als auch jene, die ihren Widerstand damit verbinden, die gegebenen Verhältnisse positiv zu verändern und schrittweise zu überwinden".[529]

Die Legitimation des Widerstands gegen die „kapitalistischen" Verhältnisse resultiert aus einer monokausalen Schuldzuweisung zu Lasten des Kapitalismus. Die PDS folgt dem traditionellen Kapitalismusmodell, wonach Kapitalismus (Imperialismus) die Vorstufe des Sozialismus/Kommunismus ist. Dieses insgesamt ökonomiezentrierte Weltbild sieht den Kapitalismus von Krisen gekennzeichnet, welche dieser nicht mehr bewältigen kann.[530] Im Programm weist die PDS dem Kapitalismus die Schuld für alle Probleme der Welt zu, da „die entwickelten kapitalistischen Industriestaaten" die „wirtschaftlichen, sozialen, politischen und kulturellen Verhältnisse der Welt" bestimmen. Weiter heißt es: „Die Hauptursachen für die globalen Probleme sind die kapitalistischen Produktions-, Verteilungs- und Konsumtionsweisen in den Herrschaftszentren der Weltwirtschaft sowie die Herrschaft des Patriarchats".[531] Dies begründet sie damit, dass die „Menschheit [...] bei Strafe ihres Untergangs in historisch kurzer Zeit einen Ausweg aus ihrer bisherigen zerstörerischen Entwicklungslogik" finden müsse.[532] In den sogenannten „Fünf Thesen" wird der kommunistischem Denken geschuldete Ansatz der PDS deutlich. Dort folgt nach dem Bekenntnis zum Sozialismus die Begründung. „Es resultiert aus unserer Überzeugung, dass die kapitalistischen Gesellschaftsstrukturen die großen Menschheitsfragen nicht nur nicht gerecht, sondern gar nicht lösen können".[533] Die Kapitalismuskritik ist, wie diese wenigen Beispiele belegen sollen, das zentrale ideologische Band in der Partei. Nach Pfahl-Traughber kann bei der „oberflächlichen und ökonomiezentrierten Sichtweise, die monokausal und stereotyp allein eine bestimmte

527 PID, Nr. 48/1994, S. 7.
528 PDS, 1993, S. 3.
529 PDS, 1993, S. 34.
530 In einem Interview wurde der Parteivorsitzende Bisky gefragt: „Die alte Theorie vom Zusammenbruch des Kapitalismus?" Bisky: „Ich hoffe nicht auf die Krise, ich sehe nur, dass sie kommt." „Die PDS ist keine zweite SPD", Berliner Zeitung vom 29. Oktober 1996.
531 PDS, 1993, S. 4.
532 PDS, 1993, S. 3.
533 Beschluss auf dem 4. Parteitag der PDS 1995 „Sozialismus ist Weg, Methode, Wertorientierung und Ziel", Disput, H. 3-4/1995, S. 26.

Wirtschaftsordnung als Hauptfeind darstellt", davon ausgegangen werden, dass „die PDS die Notwendigkeit demokratischer Regelung entsprechender Veränderungen relativ schnell zur Disposition stellen würde".[534] Wie aus dem Programm zu entnehmen ist, dient der Kapitalismus als zentrale Legitimationsbasis für die Überwindung des politischen Systems. „Die Existenzkrise der Zivilisation macht die Umwälzung der herrschenden kapitalistischen Produktions- und Lebensweise zu einer Frage menschlichen Überlebens".[535]

Der Widerstandsbegriff der PDS unterscheidet sich von dem des zivilen Ungehorsams, der sich gegen Maßnahmen des Staates, nicht aber gegen den Verfassungsstaat richtet. Auch wenn beim zivilen Ungehorsam die Legalitätsgrenze überschritten wird, hat das Widerstandsverständnis der PDS einen grundsätzlich antisystemischen Charakter; es richtet sich gegen das parlamentarische System und nicht nur gegen die politischen und gesellschaftlichen Verhältnisse. Im Falle der PDS läuft die inhaltliche Füllung dieses Begriffs auf eine Missachtung der demokratischen Ordnung hinaus, die wesentlich auf dem Prinzip der Gewaltfreiheit bei politischen Auseinandersetzungen und dem Gewaltmonopol des Staates beruht. Diese programmatischen Positionsbestimmungen weisen ideologische Parallelen zur außerparlamentarischen Opposition der späten 1960er und dem daraus resultierenden Terrorismus[536] auf. Mit dem Postulat des Widerstandes wird von extremistischen Gruppen Gewalt legitimiert. Indem die PDS dem Widerstand als politische Aktion einen zentralen Stellenwert einräumt, versucht sie den Schulterschluss mit der linksextremen und gewaltbereiten Szene zu vollziehen.

Vordergründig akzeptiert die PDS – wohl auch zwangsläufig – die Spielregeln des Parlamentarismus. Die Bekenntnisse der PDS zur Demokratie scheinen auf einem instrumentellen Verständnis des Grundgesetzes zu basieren. André Brie empfiehlt seiner Partei, dass sie endlich erkennen solle, „welche Chancen für uns im Grundgesetz liegen. Wir müssen uns sein Instrumentarium aneignen, lernen, darauf zu spielen".[537] Das gleiche instrumentelle Demokratieverständnis findet sich bei dem damaligen Parteivorsitzenden Lothar Bisky. „Die PDS sieht das Grundgesetz als Geschäftsgrundlage ihres politischen Handelns".[538] In einem anderen Interview sagte Bisky: „Erst wenn die Mechanismen der Bonner Republik nicht mehr greifen, kann die PDS regieren".[539] Äußerungen von Bisky wie „Die PDS hat sich eindeutig in ihrem Statut zum Grundgesetz bekannt"[540] verkommen so zu politischen Lippenbekenntnissen. Die Akzeptanz des

534 Pfahl-Traughber, 1995, S. 367.
535 PDS, 1993, S. 11.
536 Vgl. Scholz, 1983; Stöss, 1984.
537 „Mehrheit vor Koalitionen. PDS-„Chefdenker" André Brie über Bündnisse mit der SPD, die Rote-Socken-Kampagne der CDU und DDR-Nostalgie in seiner Partei.", Die Woche vom 10. Januar 1997.
538 „Ich könnte jeden Tag verrückt werden", ND vom 11./12. Januar 1997.
539 „Die PDS muss klären, ob sie regieren will. Parteichef Bisky treibt die Strategie-Diskussion voran.", Berliner Zeitung vom 15. Mai 1996.
540 Disput, H. 1/1997, S. 11.

Grundgesetzes scheint nur strategischer Natur zu sein und – wie in kommunistischen Bewegungen nicht unüblich – der Camouflage eigener Machtansprüche zu dienen. Zentral für das Selbstverständnis der PDS ist der Parteitagsbeschluss von 1995 (die „Fünf Thesen"). Hierin heißt es: „Als sozialistische Partei kann und darf die PDS nicht antikommunistisch sein. Sie ist nicht bereit, auf demokratisch-kommunistische Positionen in ihren Reihen zu verzichten". Ein „demokratischer Kommunismus" ist allerdings spätestens seit der Stalinisierung von KPD und SED ein Widerspruch in sich.[541] Die PDS klärt auch nicht, in wessen Traditionslinie der kommunistischen Bewegungen sie sich verortet. In ihrem ersten Programm bekennt sie sich zu Friedrich Engels, Wilhelm Liebknecht, August Bebel, Eduard Bernstein, Karl Kautsky, Rosa Luxemburg, Karl Liebknecht, W. I. Lenin und Antonio Gramsci.[542] Diese ideologische Heterogenität, die bis zur völligen Widersprüchlichkeit reicht, hat sie in dem 1993 verabschiedeten Programm eingeschränkt. Sie spricht von Marx und Engels und den „vielfältigen Strömungen der deutschen und internationalen Arbeiterbewegung", denen sie sich „kritisch verbunden" fühle.[543] Die ideologische Offenheit des 1990er Programms (die PDS bekennt sich z. B. zur Marktwirtschaft)[544] wird im 1993er Programm eher zurückgenommen. Ohne Lenin ausdrücklich zu erwähnen, hat der Leninismus im 1993er Programm ein stärkeres Gewicht als 1990 erhalten. Die PDS erklärt, dass von „dem welthistorischen Ereignis der sozialistischen Oktoberrevolution von 1917 [...] die Menschheit grundlegende günstige Entwicklungen im 20. Jahrhundert" verdanke.[545] Nicht der Leninismus, sondern erst der Stalinismus wird von der PDS für die diktatorische Entwicklung in der UdSSR verantwortlich gemacht. „Bis zu Unkenntlichkeit entstellt wurde das, was als Aufbau des Sozialismus gedacht war, durch die von Willkür, Grausamkeit und Bürokra-

---

541 Vgl. Müller, 2002; Weber, 1969, 1985. Hier ist lediglich der Frage nachzugehen, ob die PDS antidemokratische Positionen hat und antidemokratische Ziele verfolgt, nicht ob es einen demokratischen Sozialismus oder Kommunismus geben kann. Die Frage, ob es prinzipiell einen demokratischen Kommunismus geben kann oder ob der Sozialismus nicht schon „von Anfang an in prinzipieller Frontstellung gegen den ökonomischen und dann auch politischen Liberalismus, der ja wesentlicher Antrieb des antiabsolutistischen, freiheitlichen Staatsgedanken" stand (Bracher, 1995, S. 57), wird in der Literatur kontrovers diskutiert. Durch Brachers grundsätzliche Ideologiekritik werden dem den Kommunismus dominierenden Marxismus „totalitäre Elemente" und „tiefe Widersprüche" zugeschrieben (1995, S. 70). Als Antipode kann die Position Webers gesehen werden, der bei aller Kritik am Kommunismus im Ansatz von Rosa Luxemburg die Möglichkeit eines demokratischen Kommunismus sieht (Weber, 1969, S. 273 ff).
542 PDS, 1990a, S. 7.
543 PDS, 1993, S. 34.
544 Im Programm von 1990 schreibt die PDS (1990a, S. 9) zur Marktwirtschaft, dass sie „das entscheidende Mittel" sei, „um hohe Leistungen zu stimulieren und auf effektive Weise Bedürfnisse [...] zu befriedigen. In diesem Sinne ist eine am Gemeinwohl der Gesellschaft und an dem Wohl jedes einzelnen orientierte Marktwirtschaft kein Widerspruch zu sozialistischen Wertvorstellungen". 1993 vertritt sie eine konträre Position. Danach habe der „marktradikale Kurs [...] versagt" (PDS, 1993, S. 22).
545 PDS, 1993, S. 9.

tie erfüllte Herrschaft des Stalinismus".[546] Die in den Programmen sichtbare Entwicklung des ideologischen Selbstverständnis der PDS wird abnehmend von den Theoretikern bestimmt, die demokratischen Traditionen noch eher verhaftet sind. Auch die Entwicklungen innerhalb der kommunistischen Bewegung, wie z. B. den Eurokommunismus, werden in die ideologische Selbstverortung nicht einbezogen. Insgesamt zeichnet sich im 1993er Programm – gerade im Vergleich zu 1990 – eine Rückkehr zu traditionell orthodox-kommunistischem Gedankengut ab.

Insbesondere die Frage, ob Reformen, also der innere Wandel des politischen Systems ohne Aufgabe der Grundprinzipien, zur Erreichung der politischen Ziele angestrebt werden sollten, wird in der PDS kontrovers diskutiert. Aufgrund der Denktraditionen der kommunistischen Bewegungen existieren ambivalente Haltungen gegenüber dem „Reformismus". Mit dem Vorwurf des „Reformismus" wurde die Sozialdemokratie in Weimar vom Kommunismus als Hauptfeind bekämpft, da der „Sozialdemokratismus" sich vom antikapitalistisch-sozialistischen Gesellschaftsentwurf abgewandt, seinen Frieden mit den kapitalistischen Verhältnissen gemacht habe und diese demnach nicht mehr revolutionär überwinden wolle. Reformismus wird als „Erscheinungsform bürgerlicher Ideologie"[547] verstanden. Daher beinhaltet die Debatte um Reformen eine wesentliche Richtungsentscheidung. Diejenigen in der PDS, die eher dem Konzept der Reform anhängen, scheinen, wenn die Analyse von Michael Brie über die innerparteilichen Kräfteverhältnisse richtig ist, in einer Minderheitenpositionen zu sein. Die Konzeption des Reformsozialismus, hat zum Ziel die „Strukturen der kapitalistisch-modernen Gesellschaften durch Reformen" so zu „verändern", dass „die Dominanz der Kapitalverwertung zurückgedrängt und letztlich überwunden werden kann".[548] Damit konkurrieren die orthodoxen Kräfte in der Partei, die an „gesamtgesellschaftlichem Eigentum [...] der Beseitigung von Marktwirtschaft" sowie am „Klassenkampf" festhalten.[549] Diesen beiden Hauptrichtungen, der die absolute Mehrheit der PDS-Mitgliedschaft angehört, steht die kleine, aber über politische Schlüsselstellungen verfügende Gruppe der Reformpragmatiker gegenüber, die „Fragestellungen eines sozialistischen Ziels und ideologische(r) Positionierungen" in den Hintergrund treten lassen will zugunsten einer Strategie, „aus der Mitte der Gesellschaft heraus für mehr soziale Gerechtigkeit zu wirken".[550] Mit der letzten Option kann sich die Parteimehrheit nicht anfreunden. Daher ist auch unwahrscheinlich, dass die PDS sich zu einer Reformpartei entwickeln wird. Der Grundkonsens in der PDS scheint auf einer Mischung aus „Systemopposition" und „linkssozialistischer Reformpartei"[551] zu beruhen.

---

546 PDS, 1993, S. 10.
547 Vgl. Stichwörter „Reformismus" und „Reform", in: Kleines politisches Wörterbuch, 1988.
548 Brie, 2000, S. 30.
549 Brie, 2000, S. 31.
550 Brie, 2000, S. 31 f.
551 Brie, 2000, S. 49.

Auf die Widersprüche, die sich zwischen „Theorie und Praxis" der PDS ergeben, weist Lang hin. Parlamentarismus werde einem „ideologischen Zweck" untergeordnet und genauso wenig wie Gewaltenteilung und Wahlen als „Grundprinzipien demokratischer Willensbildung" betrachtet. Die PDS wolle vielmehr ein „einheitliches ‚Gesellschaftsinteresse' in ihrem Sinne" herstellen und dieses „dann zum Staatsinteresse erheben".[552] Die praktische Parlamentsarbeit könne zwar „quer zu den großem Utopien" liegen, würde aber der prinzipiellen Strategie nicht widersprechen, da die Parlamentsarbeit zur Imagepflege als „berechenbare und somit bündnisfähige und, wenn es darauf ankommt, auch regierungstaugliche Kraft" diene.[553] So kann Spöhrer zu dem Urteil kommen, dass „Fundamentalopposition [...] innerhalb der PDS-Bundestagsgruppe keine ernsthaft zur Debatte stehende Option" mehr sei.[554]

Insgesamt kann man das Verhältnis der PDS zur repräsentativen parlamentarischen Demokratie als „gespalten" bezeichnen. Für die PDS macht die Parlamentsarbeit vor allem dann Sinn, wenn sie der Entwicklung gesellschaftlicher Opposition dient. Mit der Überbetonung des „außerparlamentarischen Kampfes" stellt die PDS letztlich das demokratische Mehrheitsprinzip in Frage.

Neben dem Parteiprogramm und den Parteitagsbeschlüssen gehört die Verfassungskonzeption der PDS zu den zentralen Dokumenten, in denen sich das Staatsverständnis widerspiegelt. Während das Programm die politischen Ziele vorstellt, wird im Verfassungsentwurf in einer demokratietheoretischen Perspektive die Staatskonzeption der PDS erkennbar.

Am 12. Januar 1994 legte die PDS/Linke Liste einen „Entwurf eines Gesetzes über die Annahme einer neuen Verfassung nach Artikel 146 Grundgesetz" vor.[555] Dieser Verfassungsentwurf entstand im Rahmen der Beratungen in der Gemeinsamen Verfassungskommission von Bundestag und Bundesrat und ist als Gegenentwurf zum Grundgesetz zu verstehen.[556] Die PDS beschränkt sich im Unterschied zu den anderen Parteien im Bundestag nicht auf Änderungsvorschläge unterschiedlicher Reichweite, sondern möchte das Grundgesetz gänzlich ablösen. Die PDS begründet die Notwendigkeit einer neuen Verfassung mit der „Verbindlichkeit des grundgesetzlichen Gebots zur Verfassungsgebung für den Fall der Vereinigung",[557] den „von Anfang an vorhandenen Demokratiedefizite[n]" des Grundgesetzes und dem „Reformbedarf der Verfassungsordnung".[558]

---

552 Lang, 1998, S. 45.
553 Lang, 1998, S. 7 f.
554 Spöhrer, 1999, S. 229.
555 Deutscher Bundestag, 1994c.
556 Für kleinere Parteien im Bundestag, insbesondere für Oppositionsparteien sind eigene Gesetzentwürfe eher die Ausnahme als die Regel. Daher sind die wenigen Gesetzentwürfe von besonderer Bedeutung. Vgl. zur Arbeit der kleinen Parteien im Bundestag: Kranenpohl, 1999.
557 Deutscher Bundestag, 1994c, S. 37.
558 Deutscher Bundestag, 1994c, S. 38.

Der PDS schwebt eine gänzlich andere Staatlichkeit vor. Schon in der Präambel legt sie fest, dass das Staatswesen gleichermaßen „demokratisch, antifaschistisch, friedlich und sozial" sein soll. Vordergründig scheint die PDS nur dem „Faschismus" den Kampf angesagt zu haben, in der Verfassungsrealität könnte ein solcher Passus allerdings als Generalklausel zur Aushöhlung jedes folgenden Artikel benutzt werden. Die PDS erklärt die Begriffe „demokratisch" und „antifaschistisch" für verbindlich. Da Demokratie und Faschismus einander ausschließen und eine Demokratie nie faschistisch ist, kann die konstruierte Trennungslinie als Eingriffsklausel für denjenigen dienen, der das Definitionsmonopol besitzt. Aus dem politischen Prozess kann ausgeschlossen werden, was oder wer als „faschistisch" definiert wird, wodurch auch ein nicht-demokratischer Antifaschismus möglich wird. Die Parallele zur DDR ist deutlich: Der „Antifaschismus" diente nicht nur als allgegenwärtige Legitimationsgrundlage der Etablierung und Aufrechterhaltung Diktatur, er war zugleich die ideologische Basis zur Ausschaltung der Meinungsfreiheit.[559] Wird dem Begriff „demokratisch" noch „antifaschistisch" hinzugefügt, deutet es auf das orthodox-kommunistische Verständnis von Demokratie, das von Lenin geprägt und von der Komintern zur Leitlinie erhoben wurde und das im fundamentalen Gegensatz zur Demokratie westlicher Verfassungsstaaten steht. Um die inhaltliche Dimension der Begriffe zu verdeutlichen, muss man etwas weiter ausholen.[560]

Im Verständnis von Lenin muss bei jeder Staatsform gefragt werden, wem sie nützt, in wessen Interesse sie steht. Demokratie hat daher immer Klassencharakter. Die bürgerliche Demokratie unterscheidet sich – dieser Logik folgend – fundamental von der sozialistischen, da sie als Diktatur der Bourgeoisie bezeichnet wird. Gegenüber der bürgerlichen Demokratie herrscht in der klassischen Lehre ein instrumentelles Verhältnis. Als positiv wird bewertet, dass der „Arbeiterklasse" legale politische Betätigungsmöglichkeiten eingeräumt werden, welche die Arbeiterklasse dazu nützen kann, die „sozialistische Demokratie" zu errichten. Gegner ist hierbei die Bourgeoisie, die die Freiheitsrechte der Arbeiterklasse einzuschränken versucht, um letztlich ein offen militaristisches und terroristisches und somit faschistisches Regime zu installieren. Nach der klassischen Komintern-Definition von Dimitroff ist der Faschismus die „offene terroristische Diktatur der reaktionärsten, am meisten chauvinistischen, am meisten imperialistischen Elemente des Finanzkapitals",[561] wobei der Imperialismus die letzte Phase des Kapitalismus ist, die mit der allgemeinen Krise des Kapitalismus einhergeht. Kapitalismus ist die Herrschaftsform der Bourgeoisie. Die bürgerliche Demokratie ist letztlich nur eine mögliche, aber nicht notwendige Erscheinungsform des Kapitalismus. Als Übergangsphase zwischen Kapitalismus und Sozialismus wird die antifaschistisch-demokratische

---

559 Faulenbach, 1996, S. 47 ff.; Friedrich, 1996, S. 111 ff.; Benser, 1994, S. 137 ff.; Agethen/Jesse/ Neubert, 2002, S. 31 ff.

560 Vgl. exemplarisch die Stichwörter „Demokratie", „Faschismus", „Kapitalismus", „Imperialismus", in: Kleines politisches Wörterbuch, 1988.

561 Ab dem VII. Weltkongress der Komintern (Juli-August 1935) galt diese Linie als allgemein verbindlich. Zuerst formuliert: Thesen und Beschlüsse, XIII. Plenum des EKKI, Dezember 1933, 1984, S. 5.

Ordnung definiert. Sie soll „bei entsprechend günstigen Bedingungen die Macht übernehmen, nicht um eine gewöhnliche bürgerliche Demokratie zu schaffen", sondern „um eine von der bisherigen Regierung der Bourgeoisie prinzipiell unterschiedene Macht zu errichten".[562] Dieser Exkurs soll verdeutlichen, dass das ideologische Verständnis der Begriffe Antifaschismus und Demokratie dem der demokratischen Verfassungsstaaten fundamental widerspricht. Im kommunistischen Verständnis ist die Aneinanderreihung dieser Begriffe als Synonym für die Abschaffung der bürgerlich-parlamentarischen Demokratie und die Errichtung einer „Diktatur der Arbeiter und Bauern" zu interpretieren, auch wenn sich die Bezeichnung so nicht mehr finden lässt.

Die Präambel fordert weiterhin, dass sich die „Wirtschaft humanen und ökologischen gesellschaftlichen Zwecken unterzuordnen" habe. Auch die „Unterordnung" der Wirtschaft unter „humane und ökologische" Ziele bedeutet nicht nur staatlich verordneten Wirtschaftsdirigismus, sondern ist als Generalklausel des staatlichen Eingriffsrechts in alle privaten Wirtschaftsbeziehungen zu sehen.

Doch nicht allein die Präambel lässt erkennen, wie wenig das Demokratieverständnis der PDS mit dem, was unter demokratischem Minimalkonsens zu verstehen ist, gemein hat. Die Verfassungskonzeption der PDS ist von einem starken Etatismus geprägt. Dementsprechend werden im ersten Hauptteil (Art. 1-8) zuerst Fragen der Staatlichkeit geregelt und die Grundrechte erst im zweiten Hauptteil („Grundrechte und Staatsziele") behandelt. Der Teil, der die Freiheitsrechte des Bürgers gegenüber dem Staat regelt, ist im Vergleich zum Grundgesetz nachgestellt. Wie gerade der Vergleich mit der Weimarer Reichsverfassung zeigt, kann man allein durch die Reihenfolge keine Schlussfolgerung auf den Stellenwert ziehen. Aus dem Gesamtkontext des PDS-Verfassungsentwurfs kann die Verwebung von Grundrechten und Staatszielen als Indiz einer anderen Wertigkeit angesehen werden.

Das Grundgesetz hat die Würde des Menschen und somit den Schutz des Individuums an erster Stelle, vor die Ziele des Staates und der Gesellschaft gesetzt. Im Verfassungsentwurf der PDS kommen die Staatsziele vor den individuellen Grundrechten. Erst in Artikel 12 folgt der Schutz der Menschenwürde. Hierin drückt sich zum einen das etatistische Grundverständnis der PDS aus, zum anderen wird ein anderes Menschenbild der PDS deutlich. Es ist anzweifelbar, ob die PDS die Grundrechte in ihrer historischen aber auch heute noch primären Dimension, als individuelle Abwehrrechte des einzelnen gegenüber dem Staat, verwirklicht sehen möchte. In Artikel 9 Absatz 1 schreibt die PDS, dass die „den einzelnen und den gesellschaftlichen Gruppen [...] gewährleisteten Grundrechte" bindend seien. Individuelle Grundrechte, wie der Schutz der Menschenwürde oder die freie Entfaltung der Persönlichkeit, können nicht als Kollektivrecht gewährt werden.[563] Die Gleichstellung von Kollektiv- und Individualrechten

---

562 „Antifaschistisch-demokratische Grundordnung", in: Kleines politisches Wörterbuch, 1988.
563 Damit ist nicht gemeint, dass alle Kollektivrechte Individualrechte aushöhlen, da z. B. die Koalitionsfreiheit oder die Versammlungsfreiheit nur als Kollektivrechte gewährt werden können.

droht in der Verfassungswirklichkeit zur Aushöhlung des Primats individuellen Rechts zugunsten der Kollektivrechte zu führen. Es könnte sogar zur Wirkungslosigkeit individueller Rechte führen, da die Kollektivrechte, mit Verfassungsrang ausgestattet, Vorrang vor den Individualrechten haben. In einem weiteren Artikel (25) räumt die PDS Kollektivrechten Vorrang vor Individualrechten ein, nämlich bei der politischen Teilhabe. Zum einen gewährt die PDS das Recht aller Bürger auf politische Teilhabe, was in einer Demokratie einem Pleonasmus gleichkommt. Dieses Recht werde von „einzelnen und gesellschaftlichen Gruppen wahrgenommen".

Der Verfassungsentwurf der PDS enthält gleichermaßen antipluralistische wie antifreiheitliche Forderungen. Hinweise, dass die PDS mit staatlichem Dirigismus die individuellen Freiheitsrechte einschränken und aushöhlen möchte, finden sich einige. Ist schon das Faschismusverdikt der Präambel als Generalklausel gegen die pluralistische Meinungsbildung zu sehen, wird die Abschaffung der Meinungsfreiheit in einem weiteren Artikel des Verfassungsentwurfes konkretisiert. In Artikel 23 wird zwar Meinungs-, Presse- und Informationsfreiheit gewährleistet, allerdings unter einem gesetzlichen Vorbehalt: „Das Gesetz hat durch Verfahrensregeln sicherzustellen, dass die Vielfalt der in der Gesellschaft vorhandenen Meinungen in Presse, Fernsehen und Rundfunk zum Ausdruck kommt". Presse- und Meinungsfreiheit und inhaltliche Vorgaben, welcher Art auch immer, sind unvereinbar. Unter dem Vorwand der Vielfalt der Meinungen, die repräsentiert werden sollen, wird der Zensur und staatlichen Eingriffsmöglichkeiten Tür und Tor geöffnet. Daher ist auch die Presselandschaft nicht mehr frei. Vielmehr muss die „innere Ordnung der öffentlich-rechtlichen und der privaten Medien demokratischen Grundsätzen entsprechen". Da das Definitionsmonopol über die „demokratischen Grundsätze" beim Staat liegt, sichert sich dieser Eingriffsrechte in die Pressefreiheit.

Die etatistischen, antifreiheitlichen Grundtendenzen spiegeln sich in einem weiteren Punkt der Verfassung wider. In Artikel 55 Absatz 1 und 2 sichert sie als Individualrecht, dass „jeder Mensch das Recht auf Freizeit und Erholung" und einen „Anspruch auf bezahlten Erholungsurlaub" hat. Freizeit und Erholung sind im Wesensgehalt im Schutz der Menschenwürde enthalten und somit eigentlich überflüssig. Bezahlten Erholungsurlaub könnte man noch als legitime sozialstaatliche Verpflichtung interpretieren. Die PDS gewährt dieses Recht allerdings nicht frei, sondern stellt sie unter einen Gesetzesvorbehalt: „Diese Rechte sind durch gesetzgeberische Maßnahmen und Förderung sinnvoller Freizeitgestaltung zu sichern". Es widerspricht fundamental der Gewährung von Freiheitsrechten, wenn sie unter dem Vorbehalt „sinnvoll" stehen. Dies setzt voraus, dass der Staat festlegt, welche Form der Freizeitgestaltung wünschenswert ist. Zwar entstehen auch im Grundgesetz durch die Grundrechtskonkurrenz Schranken. Der Gesetzesvorbehalt der sinnvollen Freizeitgestaltung ist aber mit der Menschenwürde und dem Recht auf freie Entfaltung der Persönlichkeit nicht zu vereinbaren, da er in die Privatsphäre des Menschen und in dessen freie Entscheidungshoheit eingreift. Auch hier drückt sich nicht nur ein mit den demokratischen Verfassungsstaaten unvereinbares

Verständnis aus, sondern schon in der Verfassung festgelegte Eingriffsmöglichkeiten zur Aushöhlung und Abschaffung der Demokratie.

Parteienpluralismus wird im Verfassungsentwurf der PDS eingeschränkt. Artikel 27 Absatz 4 enthält eine Verbotsklausel, nach der „nationalsozialistische, rassistische und antisemitische Parteien verboten sind". Nun sind diese Parteien schon durch Alliiertes Kontrollratsrecht verboten worden. Unabhängig von der herrschenden Rechtslage ist die Klausel programmatisch zu interpretieren. Das Verbot nationalsozialistischer, rassistischer oder antisemitischer Parteien kann als Generalklausel dienen, mit der Parteienpluralismus ausgehebelt werden kann. Gegenüber Parteien, die mit einer anderen z. B. „linken" Zielrichtung die Abschaffung der Demokratie betreiben, können nicht verboten werden, wodurch das Prinzip der streitbaren Demokratie entwertet ist. Anders formuliert bedeutet dies, dass linksextremistische Parteien nicht verboten werden können. Diese Sichtweise entspricht der alten kommunistischen Tradition, wonach es nur einen rechten und keinen linken Angriff auf die Demokratie geben kann. Der Gedanke der Wertneutralität, der nur durch das Prinzip der wehrhaften Demokratie durchbrochen wird, ist der PDS ebenso fremd wie die Vorstellung des Totalitarismus der sowohl in „linker" als auch in „rechter" Variation auftreten kann. Sie negiert mit diesem Parteienverbot wie mit dem Antifaschismusdiktum den zentralen Wesensgehalt der Demokratie.

Sozialistischer Ideologie entsprechend ist die Wirtschaftsordnung staatlichem Dirigismus unterstellt. In Artikel 46 wird der Staat „verpflichtet, mittels eigener Wirtschaftstätigkeit und Regulierung der privaten Wirtschaft die Erreichung von Vollbeschäftigung [...] zu fördern". Eigentum erscheint nicht als Freiheitsrecht des Einzelnen, sondern als funktionaler und integraler Bestandteil der Wirtschaftsordnung. Dementsprechend wird Eigentum nicht mehr als Grundrecht gewährt, sondern dem neunten Abschnitt („Eigentum, Wirtschaft, Arbeit, und soziale Sicherung") zugeordnet. Durch einige subtile Veränderungen in der Formulierung des Artikels erhält die Eigentumsgewährleistung einen völlig anderen Charakter. In Artikel 14 Grundgesetz wird in einer Sollbestimmung festgelegt, dass Eigentum auch dem Wohl der Allgemeinheit dient. Diese „Kannbestimmung" verwandelt der PDS-Verfassungsentwurf in eine „Mussbestimmung". Demnach „hat" sein „Gebrauch zugleich dem Wohle der Allgemeinheit zu dienen". Zudem findet der Gebrauch seine „Grenzen an den Grundrechten und den natürlichen Lebensgrundlagen". Hierin kann sich eine Generalenteignungsklausel verstecken. Sobald Eigentum nicht mehr dem Wohle der Allgemeinheit dient, kann das individuelle Recht an Eigentum verloren gehen. Durch den im zweiten Abschnitt formulierten Gesetzesvorbehalt wird das von der PDS in Artikel 45 Absatz 1 gewährleistete Recht auf Eigentum und Erben null und nichtig und staatlicher Willkür unterworfen. Kommunistischer Ideologie entsprechend wird Eigentum nicht wie im Grundgesetz als Garant für die freie Entfaltung der Persönlichkeit gesehen. Es ist nicht zu leugnen, dass im Artikel 14 Grundgesetz ein Spannungsverhältnis zwischen dem Wesensgehalt des Eigentumsrechts und der Beschränkung des Eigentums angelegt ist. Im Verfassungsentwurf der

PDS wird aber nicht der Zwang der Legislativen und der Judikativen zum Kompromiss festgelegt, der beide Interessenlagen berücksichtigt, sondern Eigentum kann *per se* abgeschafft werden.

Die PDS macht im Verfassungsentwurf deutlich, dass sie das parlamentarische System ablehnt und es durch zusätzliche, nicht legitimierte Entscheidungsinstitutionen und Entscheidungswege zu unterminieren sucht. Sie möchte schon in der Präambel die „repräsentative [...] mit der unmittelbaren Demokratie" verbinden. Elemente direkter Demokratie[564] stehen prinzipiell in keinem Widerspruch zum demokratischen Prozess. Die Logik des Verfassungsentwurfs enthält allerdings die Möglichkeit, das Primat des Parlaments durch die gleichberechtigte Mitwirkung nicht demokratisch legitimierter Räte an der Gesetzgebung außer Kraft zu setzen. In Artikel 91 räumt die PDS dem „Wirtschafts-, Sozial- und Umweltrat" das Recht auf Mitwirkung bei der Gesetzgebung ein.[565] Während nach den Vorstellungen der PDS die Legislaturperiode des Bundestages auf vier Jahre begrenzt ist, sollen die Räte für sechs Jahre bestellt werden, wodurch bei ihnen eine größere Kontinuität gewährleistet ist. Sie wirken als verfassungsmäßige Konstante mit, die keinem gesellschaftlichen Wandel unterliegt, während sich der Bundestag jedes Mal nach den veränderten gesellschaftlichen Rahmenbedingungen neu formiert. Statt Legitimation durch das Volk werden die Räte zu je einem Drittel von der entsendenden Körperschaft, den Volksvertretungen der Länder und dem Bundestag gewählt. In der Verfassungswirklichkeit könnten die Räte zu einer Machtentfaltung gelangen, die der des Parlaments entspräche. Die Anbindung an die entsendenden Verbände käme einem imperativen Mandats gleich. In der Folge entstünden zwei Formen von Abgeordneten, wobei die Räte auch aufgrund der längeren Amtsdauer über das vom Volk gewählte Parlament dominieren könnten. Letztlich führt dies zu Machtzentren neben den Parlamenten, die instrumentalisiert werden können. Die *pressure group* oder die Partei, die in der Struktur der entsendenden Körperschaften Machtpositionen innehat, kann so, ohne über die entsprechende Stärke in der Bevölkerung zu verfügen, im Parlament einen stärkeren Einfluss erhalten als ihr aufgrund ihrer bei Wahlen erreichten Stärke zustände. Insgesamt könnte die Einführung des Rätemodells ausreichen, einer kleinen machtorientierten Gruppe Mehrheiten zu sichern, die den Parlamentarismus aushöhlen könnten. Wehner weist darauf hin, dass mit der Einführung der Räte das Souveränitätsprinzip beseitigt[566] und die „Herrschaft der Räte über die Herrschaft des Parlaments gestellt" werde. Er spricht in diesem Kontext von der „Macht der Funktionäre".[567]

Als weiteres Element direkter Demokratie soll die Volksinitiative (Artikel 31) und das Volksbegehren (Artikel 119) eingeführt werden.[568] Für die Volksinitiative sind

---

564 Vgl. Guggenberger/Stein, 1991.
565 Vgl. Art. 92 (Mitwirkung eines Frauenrats an der Gesetzgebung), Art. 93 (Bildung weiterer Räte).
566 Wehner, 2000, S. 175.
567 Wehner, 2000, S. 177.
568 Deutscher Bundestag, 1994c, S. 9, 25.

100.000 Stimmberechtigte erforderlich. Wenn ein solcher Artikel verfassungsrechtliche Realität würde, könnte, so Pfahl-Traughber, die PDS aufgrund ihrer Basis von etwa 100.000 Mitgliedern „ständig ‚Volksbegehren‘ und ‚Volksinitiativen‘ auslösen und eine Blockade des Parlaments herbeiführen".[569] Die plebiszitären Elemente der Verfassungsordnung entsprechen in vielerlei Hinsicht dem von der PDS favorisierten außerparlamentarischen Primat.[570] Daher stellt sie in Artikel 27 Absatz 3 fest, dass „Vereinigungen und Bürgerbewegungen, die an Wahlen teilnehmen, [...] Parteien gleichgestellt" sind.

Wie sich die PDS eine „Parlamentsreform in der Bundesrepublik" vorstellt, hat sie neben dem Verfassungsentwurf in einem „Acht-Punkte-Programm" offenbart.[571] Auch hier zeigt sich das Spannungsfeld, ob und inwieweit tatsächlich die Rechte der Bürger gestärkt werden oder der politische Entscheidungsprozess durch politische Minderheiten gelähmt wird, denen sich unabhängig von ihrer gesellschaftlichen Repräsentation starke politische Einflussmöglichkeiten auftun. Die Diskrepanz zwischen außerparlamentarischer Opposition und repräsentativem Parlamentarismus findet hier ihren Ausdruck. Wie schon im Verfassungsentwurf formuliert, strebt die PDS die Stärkung der direkten Demokratie an und sieht Volksentscheide, Volksinitiativen und Volksbegehren als Mittel der Volksgesetzgebung vor. Diese Elemente direkter Demokratie fordert sie für „alle hier lebenden Menschen ab dem 16. Lebensjahr".[572] Für Volkinitiativen und Volksbegehren werden „niedrige" Einstiegs- und Beteiligungsquoren, für Volkentscheide „keinerlei" Beteiligungsquoren gefordert. Daneben verlangt sie für die innerparlamentarische Arbeit das öffentliche Tagen aller Ausschüsse, „einschließlich der Untersuchungsausschüsse", Rederecht für Volksinitiativen, die Einsetzung eines „Bürgerbeauftragten" mit umfangreichen Rechten (Einspruchs-, Antrags-, Rede-, Einsichts- und Kontrollrechte) gegenüber Parlament, Exekutive und Verwaltung, die Ausstattung der Opposition mit festen Positionen (u. a. Vorsitz des Haushaltsausschusses), Rede-, Frage-, Antrags- und Akteneinsichtsrechte für alle Abgeordneten, die Abschaffung von Sperrklauseln, die Absenkung des Wahlalters und Wahlrecht für hier lebende Immigranten.

Die von der PDS geforderte Parlamentsreform kann kontrovers beurteilt werden, gegen demokratische Prinzipien verstößt sie im Einzelnen zunächst nicht.[573] Auf den ersten Blick scheint es sich lediglich um eine „*lex PDS*" zu handeln, die die Einflussmöglichkeiten von Minderheiten erhöht. Betrachtet man aber die Auswirkungen in der Realität, ist die Kombination der Merkmale geeignet, den parlamentarischen Prozess nachhaltig zu stören. Die Summe der PDS-Forderungen führt dazu, dass kleine gesellschaft-

---

569 Pfahl-Traughber, 1995, S. 366.
570 Lang, 1998.
571 PID, Nr. 37/1997, S. 1 ff. Das Programm wurde vom Vorsitzenden der PDS, dem Vorsitzenden der Bundestagsgruppe, den Vorsitzenden der Landtagsfraktionen, den Landesvorsitzenden in den neuen Bundesländern und den Parlamentarischen Geschäftsführern der Bundestagsgruppe und der Landtagsfraktionen erstellt.
572 PID, Nr. 37/1997, S. 1 ff.
573 Röper, 1997, S. 461 ff.; Naßmacher, 1997, S. 445 ff.

liche Gruppen umfangreiche politische Gestaltungsrechte erhalten. So unterliegen die von der PDS vorgeschlagenen Möglichkeiten der Volksgesetzgebung keinen Schranken und können die Gefahr des Missbrauchs in sich bergen.[574] Da „bei Ablehnung einer Volksinitiative im Parlament [...] auf Forderung der Initiatorinnen und Initiatoren der Übergang in die nächste Stufe erfolgen" muss, könnten strategische Gruppen mit geringem Aufwand unterschiedliche Möglichkeiten der Volksgesetzgebung steuern. Die bisherigen Erfahrungen mit den Möglichkeiten der Volksgesetzgebung haben gezeigt, dass niedrige Beteiligungsraten eher die Regel als die Ausnahme sind.[575] Für gut organisierte Gruppen-, die über eine hohe Binnenmobilisierung ihrer Anhänger verfügen, kann so zumindest auf Länderebene ein Machtzuwachs entstehen. Der PDS-Vorschlag des „Bürgerbeauftragten" entfaltet ebenso Gefahrenpotenziale für den demokratischen Prozess. So hätte der „Bürgerbeauftragte" mit der von der PDS gewünschten Aufgabenausstattung die Potenz, zu einer Supermachtinstanz zu werden, die über der Exekutiven und Legislativen steht, somit nicht mehr in das System der *checks and balances* eingebunden ist. Dass mit diesem Regelungsarsenal einerseits Bürgerrechte und Partizipationsrechte erweitert, andererseits kleinen Gruppen die scheinlegale Möglichkeit eines überproportionalen Systemeinflusses eingeräumt werden, ist Teil der Logik.[576]

Wehner, der sich mit der Verfassungsentwurf der PDS auseinandersetzt, bewertet die rätestaatliche Konzeption der PDS als ein „Instrument zur Lahmlegung des Parlamentarismus".[577] „Niemand beachtete den vordergründigen Schein (Bürgerbeteiligung) und den hintergründigen Willen dieser Partei (Etatismus und Kollektivismus)".[578]

Die Verfassungskonzeption der PDS hat, wie für kommunistische Parteien typisch, chiliastisch utopistische Züge. Es werden Arbeit und Wohnen und bezahlter Erholungsurlaub für alle, da individuell einklagbar, garantiert. Da der Staat diese Versprechen nur mit dirigistischen Zwangsmaßnahmen durchführen kann, erfordern sie die Installation des „starken" Staats. Wie das Beispiel der Weimarer Republik verdeutlicht,[579] erhalten diese Verfassungsziele ohne einen starken Staat den Stellenwert von Deklamationen.

Im PDS-Verfassungsentwurf findet sich zwar noch eine Vielzahl von Änderungen, die Regelungen des Grundgesetzes fundamental widersprechen, wie die Änderung des Staatskirchenrechts oder dass die Ehe nicht mehr unter den besonderen Schutz der staatlichen Ordnung steht. Diese Änderungen führen nicht zur Aushöhlung bzw. Abschaffung der Demokratie, weshalb sie hier nicht erörtert werden.

---

574 Die einzige Schranke, die die PDS nennt, ist die Einschränkung von Grundrechten. Nach dem Grundgesetz wäre dieser Schutz auch bei Elementen der direkten Demokratie überflüssig, da sie durch die Ewigkeitsklausel geschützt sind.
575 Naßmacher, 1997, S. 450.
576 Vgl. zu möglichen Folgen von Elementen direkter Demokratie: Naßmacher, 1997, S. 460 (u. a. Verschiebung zur Elitendemokratie und verminderte Legitimation der gewählten Repräsentanten).
577 Wehner, 2000, S. 174.
578 Wehner, 2000, S. 175.
579 Die Weimarer Reichsverfassung beinhaltete Arbeits- und Wohnrecht (Art. 163 und 155).

Als Fazit des Verfassungsentwurfs der PDS lässt sich festhalten, dass das sich hierin widerspiegelnde Politikverständnis den konzeptionellen Rahmen des repräsentativen Parlamentarismus sprengt. Tendenziell scheint die Verfassungskonzeption der PDS auf eine Überdehnung der Demokratie hinauszulaufen, wodurch – gekoppelt mit staatlichem Dirigismus – die Demokratie an die Grenzen ihrer Funktionsfähigkeit stoßen könnte. Daneben versucht die PDS durch die Installation nicht vom Volk legitimierter Räte, sich einen über ihre Bedeutung in der Gesellschaft hinausgehenden Einfluss auf die Gesetzgebung zu sichern, der schwer kontrollierbar und nicht abwählbar ist.

6.2   Extremistische Kerne

Unabhängig von inhaltlichen Positionen der Partei gibt es innerhalb der PDS Zusammenschlüsse, die dem linksextremen Spektrum zuzuordnen sind: die KPF, die AG Junge GenossInnen,[580] Solid, das MF, die Mitglieder der PDS in den alten Ländern, die zum Teil aus der linksextremistischen Szene der 1970er Jahre kommen, die Anarchistische Plattform in/bei der PDS und die AG Autonome Gruppen bei der PDS. Daneben bestehen Kontakte, Überschneidungen und Verflechtungen mit anderen extremistischen Gruppierungen und Organisationen wie der VSP oder dem BWK. Es existieren auch Verbindungen der PDS zu Mitarbeitern des MfS.[581] Eine vollständige Übersicht über die Vernetzungen der PDS im linksextremistischen Spektrum darzustellen, ist hier nicht möglich.[582] Aus diesem Spektrum hervorzuheben sind als Residuen des orthodoxen Kommunismus die KPF und das MF.

Die KPF vertritt eine orthodox-kommunistische Position mit dem Ziel einer Systemveränderung. Die Ideologie der SED ist hier am deutlichsten vertreten. Sie bekennt sich zum Marxismus-Leninismus und verherrlicht den Stalinismus.[583] Die KPF ist eine Strömung innerhalb der Partei, die über eine eigene Organisationsstruktur und eine eigene Satzung verfügt. Ihre Größe lässt sich nicht genau bestimmen. Die Angaben

---

580 Nachdem die Frage des Nachwuchses immer prekärer geworden war, die AG Junge GenossInnen auf Bundesebene so gut wie nicht mehr präsent gewesen war und sich auch innerhalb der AG Ermüdungserscheinungen abgezeichnet hatten, wurde im Juni 1999 der PDS-nahe sozialistische Jugendverband Solid gegründet. Die AG Junge GenossInnen existiert auf lokaler bzw. überregionaler Ebene weiter, doch ist ihr Einfluss nach 1999 als gering einzuschätzen.

581 Es gibt drei Organisationen ehemaliger MfS-Mitarbeiter, die im Kontakt zur PDS stehen: ISOR; Insiderkomitee zur Aufarbeitung der Geschichte des MfS und GRH. Das sächsische Landesamt für Verfassungsschutz betont, dass „besonderes Augenmerk [...] auch jenen Strukturen gelten" muss, „die zwar primär nicht darauf gerichtet sind, die freiheitlich-demokratische Grundordnung, d. h. den Bestand und die Sicherheit des Bundes oder eines Landes zu gefährden, aber ‚aus dem Stand heraus' in der Lage wären, unter entsprechenden Bedingungen ‚fortwirkende Strukturen' zu mobilisieren" (Verfassungsschutzbericht 1994, Freistaat Sachsen, S. 67).

582 Ein detaillierter Überblick bei: Moreau, 1990, 1992a, 1992b, 1993a, 1993b; Moreau/Neu, 1994; Moreau (Lang/Neu), 1994; Lang/Moreau/Neu, 1995. Moreau u. a., 1998.

583 Wagenknecht, 1995; Wagenknecht, 1992.

schwanken zwischen einigen Hundert und einigen Tausend.[584] Aus den Ergebnissen der Wahlen zum PDS-Bundesvorstand kann gefolgert werden, dass sie bei etwa einem Drittel der Bundesparteitagsdelegierten Rückhalt findet. Da sich die Delegierten allerdings in einigen wesentlichen Punkten (Alter und Berufstätigkeit) von den Mitgliedern unterscheiden und die KPF eher die (auch ideologischen) Interessen der älteren Mitglieder anspricht, markiert das Drittel der Stimmen, das ihre Kandidaten bei Vorstandswahlen erreichen konnten, die untere Ebene innerparteilicher Akzeptanz. Vermutlich kann sie auf weit größeren Rückhalt bauen, der sich nicht am Maß der formellen Mitgliedschaft in der Plattform messen lässt.[585] Innerhalb der PDS-Struktur verfügt die KPF über gewisse Privilegien. Sie hat, ohne jemals genaue Angaben über ihren tatsächlichen Mitgliederstand gemacht zu haben – was normalerweise ein Kriterium für den Delegiertenschlüssel ist –, das Recht auf Sonderdelegiertenmandate auf den Parteitagen.[586]

Aufgrund ihrer Integrationsfunktion für die orthodox-kommunistisch orientierte Mitgliedschaft hat die KPF – auch wenn es immer wieder zu innerparteilichen Auseinandersetzungen[587] kommt – für die PDS insgesamt eine große Bedeutung. Selbst die negative Imagewirkung der KPF auf die PDS in der Öffentlichkeit wird nicht zum Anlass genommen, sich von ihr zu distanzieren. Der damalige PDS-Bundesvorsitzende Bisky hat die KPF mehrfach und kontinuierlich gegen Angriffe verteidigt. Kurz nach seiner ersten Wahl zum Bundesvorsitzenden der PDS betonte Bisky: „Ich bin froh, dass es eine kommunistische Plattform gibt. [...] dass es sie gibt, ist ungeheuer wichtig für die PDS. [...] Ich habe überhaupt keine Lust, mich von der kommunistischen Plattform in irgendeiner Weise abzugrenzen".[588] Obwohl sich Bisky vehement gegen die Kandidatur der KPF-Repräsentantin Wagenknecht auf dem 1995er Parteitag aussprach, sagte er im „Neuen

---

584 Moreau/Lang, 1996, S. 120. Vgl. zur Organisationsstruktur der KPF, Moreau (Lang/Neu), 1994; Moreau/Neu, 1994; Nach eigenen Angaben sollen 5.000 Mitglieder der KPF zuzurechnen sein. Vgl. Verfassungsschutzbericht 1996, 1997, S. 59.

585 Bei den Wahlen zum Bundesvorstand 1993 erreichten die Kandidaten der KPF Sahra Wagenknecht 58,92 % und Michael Benjamin 30,98 % der Stimmen. [PID, Nr. 13-14/1993, S. 42.] Der Parteitag 1995 wurde von der Debatte um die erneute Kandidatur von Sahra Wagenknecht und den Rücktrittsdrohungen von Lothar Bisky und Gregor Gysi überschattet. Zu diesem Zeitpunkt hatte die auch in den Medien forcierte Debatte um die KPF ihren Höhepunkt erreicht. Bei der Wahl verfehlte Sahra Wagenknecht mit 33,0 % der Stimmen den Wiedereinzug in den Bundesvorstand [PID, Nr. 3-4/1995, S. 61]. 1997 wurde der Repräsentant der KPF, Michael Benjamin, nicht in den Vorstand gewählt. Er erhielt 37,6 % der Stimmen [Disput, H. 1/1997, S. 69]. 1999 erhielt Benjamin 38,8 % und zog in den Vorstand ein [Disput, H. 1/1999, S. 28 f.] 2002 unterstützten 71,8 % der Delegierten Sahra Wagenknecht [Disput, H. 10/2002, S. 30].

586 Auf dem 1997er Parteitag, auf dem die PDS ein neues Statut verabschiedete, wurde der Status trotz heftiger Debatten nicht eingeschränkt. Vgl. Schweriner Parteitag der PDS, 1. Tagung des 5. Parteitages, Schwerin, 17.-19. Januar 1997, Parteivorstand der PDS, Bundesgeschäftsführer (Hrsg.): Synopsen zu den Antragskomplexen.

587 „Streitgespräch im ND-Club: Kommunistische Plattform – Fluch oder Segen der PDS? Karre im Sand", ND vom 11. März 1996.

588 UZ vom 5. Februar 1993.

Deutschland", wer die KPF angreife, wende sich auch gegen die PDS.[589] 1996 hat er nochmals betont, dass die KPF „sich nach wie vor auf dem Boden von Programm und Statut der PDS" bewege.[590] Diese Linie wurde durch den Beschluss des 4. Parteitages 1995 bestätigt, in den (freilich nach heftiger Debatte) aufgenommen wurde, dass die PDS nicht „antikommunistisch" sein dürfe und nicht bereit sei, auf „demokratisch kommunistische Positionen" in ihren Reihen zu verzichten.[591] Im Gegenzug hebt die KPF immer wieder hervor, dass sie sich als integraler Bestandteil der PDS verstehe: „Die Kommunistische Plattform ist Teil der PDS und will es bleiben".[592]

Die KPF unterhält enge Kontakte zur DKP, die sie als natürliche Verbündete ansieht. Für die PDS haben diese Beziehungen – auch wenn das alte Über- und Unterordnungsverhältnis wie zwischen SED und DKP nicht mehr besteht – nach wie vor einen hohen Stellenwert. Für die DKP bietet die PDS die einzige Chance, ihr politisches Nischendasein zu verlassen. Trotz des Streits um Listenplätze, der Frage von Wahlbündnissen und (seit 1997) des Parteitagsbeschlusses, der verhindert, dass DKP-Mitglieder auf Listen gesetzt werden, ist ein Bruch der Parteispitze mit der DKP nicht beabsichtigt. Im Gegenteil: Der Bundesvorsitzende der PDS hat in einem Interview bestätigt: „wenn das akzeptiert wird, kann es zu einer guten und fruchtbaren Zusammenarbeit kommen".[593] In diesem Auslavieren zwischen Nähe und Distanz fungiert die KPF als Bindeglied zwischen PDS und orthodoxen Kommunisten. So ist es nicht verwunderlich, wenn die KPF betont, mit der DKP in wichtigen politischen Zielen einer Meinung zu sein. Mit der DKP verbinden die KPF ihrem Selbstverständnis gemäß „marxistische Grundpositionen, [...]

---

589 ND vom 18. April 1994.

590 ND vom 3./4. August 1996.

591 „Sozialismus ist Weg, Methode, Wertorientierung und Ziel", Disput, H. 3-4/1995, S. 27. Trotz der heftigen Auseinandersetzungen im Vorfeld und auf dem Parteitag wurde nicht erwogen, die KPF ernsthaft zu schwächen. Eine tatsächliche Zerreißprobe wurde durch die Personaldebatte vermieden (Bisky und Gysi kündigten an, sie würden zurücktreten, wenn Sahra Wagenknecht vom Parteitag gewählt würde). Wagenknecht, die mehrfach den Stalinismus rechtfertigte und verherrlichte, wurde als für den Parteivorstand untragbar dargestellt, aber nicht für die Partei. Dies widerspricht der Logik innerparteilicher Demokratie. Eine Partei muss in der Lage sein, diejenigen auszuschließen, die der Partei Schaden zufügen. Keine Partei kann sich sehenden Auges von ihren „Gegnern" unterwandern lassen. Nach dem 1997 gültigen Statut können Mitglieder dann aus der PDS „ausgeschlossen werden, wenn sie vorsätzlich gegen das Statut der Partei oder erheblich gegen die Grundsätze des Programms verstoßen und damit der Partei schweren Schaden zufügen". (PDS 1997, II, 6. Das 1990 verabschiedete Statut enthielt den Ausschluss bei Verstößen gegen die politische Programmatik, PDS 1990a, Programm und Statut, II, 6.) Da der Ausschluss nicht erwogen wurde, ist die Schlussfolgerung nicht unplausibel, dass auch stalinistische Positionen mit den programmatischen Grundsätzen der PDS nicht kollidieren.

592 Mitteilungen der KPF, H. 4/1996, S. 7.

593 Interview mit Bisky, UZ vom 5. September 1997. Zit. nach PID, Nr. 42/1997, S. 16. Bisky bittet in dem Interview die DKP um Unterstützung bei den Zweitstimmen, lehnt aber mit dem Hinweis auf die offenen Listen der PDS eine Listenverbindung mit der DKP ab. Zudem kandidieren DKP-Kandidaten nach 1997 auf PDS-Listen: z. B. bei der Europawahl 1999 Leo Mayer [Vgl. Disput, H. 3/1999, S. 24] und allein bei der 1998er Bundestagswahl 16 DKP-Mitglieder [Verfassungsschutzbericht 1998, 1999, S. 121].

und auch ein gemeinsames Erbe" sowie ein gleiches Feindbild, da sie sich des „gemeinsamen Klassenfeindes" bewusst seien.[594]

Die KPF kritisiert in kommunistischer Weise das „monopolkapitalistische Eigentum", „die 1990/91 erfolgte Restauration des Kapitalismus in den ehemals sozialistischen Ländern" und dass die „Interessen der Monopolbourgeoisie" den „Interessen der Menschheit zutiefst entgegengesetzt"[595] seien. Daher strebe die KPF die „Beseitigung der Herrschaft von Monopolbourgeoisie und Finanzkapital [...] zur Errichtung der sozialistischen Gesellschaftsordnung" an.[596] Der KPF setzt bei der gesellschaftlichen Transformation auch eher auf Revolution als auf Evolution: „Die Vorstellung, man könne das monopolkapitalistische Eigentum auf allmählichem Wege ‚demokratisieren', ist durch keinerlei historische Erfahrung bestätigt, und wo es versucht wurde, eher widerlegt worden".[597] Selbst die Legitimation eines gewaltsamen Umbruchs wird gerechtfertigt, indem die KPF Gewalt als notwendige Gegengewalt bezeichnet. „Wir lehnen Terror als Mittel des politischen Kampfes ab und streben Gewaltfreiheit an. Wir übersehen aber nicht, dass die Bourgeoisie noch nie Scheu vor Verfassungsbruch, Terror oder Intervention gezeigt hat, wenn ihr das zur Aufrechterhaltung der bestehenden Eigentums- und Machtverhältnisse erforderlich und nötig schien."[598] An einer anderen Stelle heißt es, dass „der Übergang zu einer neuen Zivilisationsstufe, die revolutionäre Transformation der alten, der Klassengesellschaft, in eine neue, klassenlose Gesellschaft, [...] ein langwieriger [...], mehrere Phasen umfassender historischer Prozess des erbitterten Klassenkampfes sein" werde.[599] Die KPF geht davon aus, dass der „bürgerliche Staat nur revolutionär-demokratisch zu überwinden" sei.[600] Mit dieser Argumentationsweise will sich die KPF als die Kraft profilieren, die „alle Versuche des Verfassungsbruchs oder der Gewaltanwendung durch die Bourgeoisie" vereiteln würde. Die KPF formuliert als politisches Ziel eine mit Gewalt durchzusetzende Veränderung der Gesellschaft. Die Schlussfolgerung, dass sie die Grundprinzipien demokratischer gesellschaftlicher Konsensbildung ablehnt, drängt sich angesichts solcher Äußerungen auf.

Seit die KPF aufgrund ihrer Äußerungen vom Verfassungsschutz beobachtet wird und die PDS immer deutlicher Regierungsverantwortung anstrebt, scheint die KPF in den PDS-Führungsgremien zunehmend als Bedrohung angesehen zu werden. Dennoch ist eine Trennung von den Positionen der KPF nicht zu erwarten, da der innerparteiliche Konsens stark beeinträchtigt würde. Uwe-Jens Heuer (MdB 1990-1998) argumentierte, dass „andere" (gemeint ist wohl u. a. der Verfassungsschutz) den „politischen Pluralismus in der PDS zur Auseinandersetzung mit ihr unter Diffamierung einzelner Gruppen"

---

594 Heinz Marohn (KPF) auf dem Wahlparteitag der DKP. Zit. nach Moreau (Lang/Neu) 1994, S. 102.
595 PDS, 1991c, S. 100. Thesen zum Programm der PDS, vorgelegt von der KPF.
596 PDS, 1991c, S. 104. Thesen zum Programm der PDS, vorgelegt von der KPF.
597 PDS, 1991c, S. 97. Michael Benjamin zur Begründung der Thesen der KPF.
598 PDS, 1991c, S. 104. Thesen zum Programm der PDS, vorgelegt von der KPF.
599 Verfassungsschutzbericht 1993, 1994, S. 55.
600 Zit. nach Moreau (Lang/Neu), 1994, S. 102.

nutzen würden. Die Auseinandersetzung solle daher so geführt werden, dass die „gesellschaftliche Akzeptanz der PDS nicht in Frage gestellt, sondern erhöht" werde.[601]

Zweitens ist auf das MF zu verweisen. Seine Gründung geht auf einen Aufruf „In großer Sorge" zurück,[602] in dem die Initiatoren der PDS vorwerfen, dass der Grundkonsens der Partei in einer Reihe von Fragen aufgekündigt sei: So wird eine Aufweichung des Oppositionsverständnisses beklagt, eine „Verabschiedung vom Klassenkampf" und eine „Ausklammerung der Eigentumsfrage" zugunsten eines „Gesellschaftsvertrages". Ferner wird eine (angebliche) Absage an SED und DDR in Gestalt eines Stalinismusverdiktes und eine Einschränkung des Pluralismus in der Partei konstatiert. Mithin verwandele sich die sozialistische Zielvorstellung in eine „unverbindliche Vision". Für die politische Strategie der PDS dürfe „das, was wir bei Marx Wichtiges und Richtiges gelernt haben, nicht leichtfertig zugunsten neuer Moden über Bord" geworfen werden. Das MF versucht insgesamt, die „Ideologisierung" innerhalb der PDS[603] und die marxistische Methode der Analyse wieder stärker in die Parteiarbeit einzubringen.

Ebenso wie die KPF hat das MF eine orthodox-kommunistische Ausrichtung. Daher bietet die vermeintliche „Verbürgerlichung" der PDS durch den vom Bundesvorstand intendierten Integrationskurs ins Regierungssystem einen Hauptangriffspunkt. Das MF fordert mit dem Bekenntnis zum Klassenkampf und dem Eigentum an Produktionsmitteln die sozialistische Revolution. Die Integration ins parlamentarisch-„bürgerliche" System wird allein aus taktischen Erwägungen akzeptiert, „als eine Möglichkeit des Kampfes gegen die kapitalistische Gegenwart und für die sozialistische Zukunft."[604]

Auch bei der Frage nach Pluralismus herrscht innerhalb des MF eine Vorstellung, die dem demokratischen Minimalkonsens des Grundgesetzes widerspricht. Dem Prinzip des „bürgerlichen" Pluralismus wird der „wirkliche" Pluralismus entgegengesetzt. „Der Pluralismus bewegt sich innerhalb des Kapitalismus [...] innerhalb des Dreiecks von bürgerlichem Parteiensystem, bürgerlichen Parlamentarismus und bürgerlicher Meinungsmanipulation. [...] Statt Meinungsvielfalt haben wir die Meinungsmonopolisierung."[605]

Zuletzt zeigt sich für die marxistischen Kerngruppen ein deutlicher Schulterschluss zum linksextremistischen Spektrum. Das lässt sich anhand von Kontakten zur RAF-Szene illustrieren. Insgesamt unterhalten vor allem PDS-Mitglieder aus den alten Ländern vielfältige Kontakte zum RAF-Sympathisanten-Umfeld oder sympathisieren mit den Ideen der RAF. So wechselte der RAF-Anwalt, ehemalige IM des MfS und verurteilte RAF-Unterstützer Klaus Croissant von der AL zur PDS. Die parteilose Rechtsanwältin Heike Krause, Verteidigerin von Christian Klar und Rolf Clemens Wagner, war 1994 Bundestagskandidatin für die PDS. Die RAF-Anschläge charakterisierte sie in ei-

601 PID, Nr. 23/1994.
602 „In großer Sorge", ND vom 18. Mai 1995. Die Gründung des MF folgte am 3. Juli 1995 in Berlin.
603 Vgl. Heuer, 1995, S. 13 ff.
604 Vgl. http://www.pds-sachsen.de/ag/mf/d1009.html, http://www.pds-sachsen.de/ag/mf/d1002.html, 3. September 2003. Der Autor Gerhard Branstner ist Mitglied des MF. Vgl. auch MF, H. 5/1995.
605 Branstner, 1996, S. 17.

nem Interview als „Widerstand".[606] Die PDS-Abgeordnete Ulla Jelpke (1990-2002), die „in der RAF-Unterstützerszene – vorsichtig ausgedrückt – nicht unbekannt"[607] sein soll, hat im Deutschen Bundestag im Zusammenhang mit dem Tod von Wolfgang Grams von einer „Liquidierung" und von Berichten, wie man sie „bisher nur aus Militärdiktaturen" kenne, gesprochen.[608] Weiter sagte sie, Polizeibeamte hätten vermutlich einen „wehrlosen mutmaßlichen Terroristen regelrecht hingerichtet". Gemeinsam mit Ellen Brombacher (KPF) und Gerhard Branstner (MF) hat sie einen Aufruf „Freiheit für die Gefangenen aus der RAF" unterzeichnet, der von einer Reihe von deutschen wie internationalen Repräsentanten aus dem linksextremen Spektrum, wie der Autonomen Antifa (M), Göttingen oder der VVN/BdA unterstützt wird.[609] Auch andere PDS-Mitglieder haben viel Verständnis für die RAF-Szene. So unterstützten bereits 1991 die „PDS/ Linke Liste Rheinland-Pfalz" und die „PDS/Linke Liste Baden-Württemberg" den Aufruf „Leben zu wollen, heißt die Isolation zu durchbrechen" zur Zusammenlegung inhaftierter Terroristen der RAF. In dem Aufruf hieß es u. a.: Die staatlichen Angriffe auf die „politischen Gefangenen" seien „Angriffe auf alle, die nicht zur mehr oder weniger jubelnden Anhängerschaft des Systems geworden seien". In ihrem Bundestagswahlprogramm 1990 wollte die PDS/Linke Liste alle Strafvorschriften, die der „politischen Verfolgung" dienten, abschaffen, insbesondere § 129a StGB (Bildung terroristischer Vereinigungen), mit dem „fortschrittliche Gruppen" ausgeforscht würden.[610] Im Bundestagswahlkampf 1994 hat sich die Hamburger PDS auf einem Plakat für die Freilassung von 18 Inhaftierten aus der RAF eingesetzt. Die Hamburger PDS-Bundestagskandidatin Christiane Schneider forderte die Freilassung von RAF-Terroristen und bezichtigte den Rechtsstaat einer grausamen und menschenverachtenden Behandlung der Inhaftierten.[611]

Auf PDS-Parteitagen wird auch der „Roten Hilfe", einem Bindeglied zwischen RAF-Inhaftierten und Sympathisanten, regelmäßig ein Forum geboten. Die RAF-Terroristen werden von der Roten Hilfe als „bewaffnete WiderstandskämpferInnen" bezeichnet.[612] In ihrer Darstellung hat die Bundesrepublik „die repressive Politik gegen die Linke, wie sie in der Weimarer Republik praktiziert und während des Faschismus zum traurigen Höhepunkt gebracht wurde, fortgesetzt".[613] Damit setzt die Rote Hilfe die nationalsozialistische Diktatur mit der Bundesrepublik gleich.

Die PDS scheint der verbotenen[614] Arbeiterpartei Kurdistans (PKK) nicht ablehnend gegenüber zu stehen.[615] Es finden sich politische Unterstützung und Solidaritätsbekun-

---

606 Deutscher Bundestag, 1996, S. 13.
607 Lösch, 1994, S. 142.
608 Deutscher Bundestag, 1993, S. 14669.
609 Anzeige in der Tageszeitung vom 8./9. November 1997.
610 Vgl. Deutscher Bundestag, 1994a, S. 2.
611 Vgl. Deutscher Bundestag, 1996, S. 13.
612 Vorwärts und nicht vergessen, 70/20 Jahre Rote Hilfe, S. 44.
613 Vorwärts und nicht vergessen, 70/20 Jahre Rote Hilfe, S. 58.
614 Das Bundesministerium des Innern hat am 26. November 1993 ein Betätigungsverbot erlassen.

dungen. So erklärte sich z. B. der 4. PDS-Parteitag auf seiner 1. Tagung mit dem „Widerstands- und Befreiungskampf in Kurdistan" solidarisch und forderte die Aufhebung der Verbote kurdischer Vereine und Organisationen. Die PKK dient der PDS als (türkischer) Analogfall, mit deren Hilfe sie ihre Argumentation gegen den „repressiven" deutschen Staates unterstützen möchte.[616] Die Abgeordneten Ulla Jelpke, Rolf Köhne (MdB 1994-1998) und Steffen Tippach (MdB 1994-1998) setzen sich in der Öffentlichkeit kontinuierlich für die Interessen der PKK und der Kurden ein. Jelpke und Tippach benutzen regelmäßig das Mittel der kleinen Anfrage, um von der Bundesregierung Informationen über die Bereiche Rechtsextremismus, Asyl, Ausländer und Kurden zu erhalten.[617] PDS-Abgeordnete (Jelpke und Köhne) und PDS-Mitglieder haben Demonstrationsaufrufe bzw. Anmeldungen von Demonstrationen vorgenommen, die u. a. von PKK-Anhängern oder Autonomen genutzt wurden. Hierbei soll die PDS auch logistische Unterstützung leisten.[618]

---

615 So habe der Vorsitzende der PDS in Sachsen, Reinhard Lauter „ohne Wissen des Vorstands die Gründung eines ‚Informationsbüro Kurdistan' vorbereitet, nachdem etwa 100 Kurden um die Aufnahme in die PDS gebeten hatten"; Sächsische Zeitung vom 9. Dezember 1996. Wie das ND vom 17. Juni 1996 berichtet, hat die PDS zusammen mit autonomen und kirchlichen Gruppen, kurdischen Initiativen und Grünen zu einem Protestmarsch gegen das Vorgehen der türkischen Regierung gegen die Kurden aufgerufen. Dass sich wie Reinhard Lauter oder Steffen Tippach Mitglieder aus den neuen Ländern für die verbotene PKK einsetzen, ist eher die Ausnahme. Die meisten Aktivitäten gehen von Mitgliedern der PDS in den alten Ländern aus. Vgl. „Kniola legt Verfassungsschutzbericht vor – Neonazis kooperieren mit Gleichgesinnten in Holland. NRW-PDS Sammelbecken von Linksextremisten", Bonner Rundschau vom 30. April 1996; „PKK-Terror. Manchem wird's zu heiß. Nach den neuen Krawallen distanzieren sich prominente Grüne von Kurden-Extremisten. Es bleibt das Kampfbündnis mit PDS und Autonomen", Focus, H. 32/1995.

616 Vgl. Deutscher Bundestag, 1996; Deutscher Bundestag, 1994a.

617 U. a. stellte Ulla Jelpke im Deutschen Bundestag folgende kleine Anfragen zu dem Themenfeld Kurden/Türkei: Gefährdung von Kurdinnen und Kurden im Falle einer Abschiebung in die Türkei (Drucksache 13/7157), Polizeiliche Einsatzmaßnahmen anlässlich der kurdischen Newroz-Feiern (13/5148), Mögliche Lieferung des Artillerie-Radar-Systems COBRA an die Türkei (13/5881), Auswirkungen des Verbots der kurdischen Arbeiterpartei PKK/ERNK in der Bundesrepublik (13/60), Besuch des ehemaligen türkischen Außenministers Soysal in der Bundesrepublik und die Menschenrechtssituation in der Türkei (13/72), Der kurdische Fernsehsender MED-TX (13/5422), Geheimkonferenzen zur „Lösung des kurdischen Problems ohne die PKK" und die Umsetzung des Programms „Winning of hearts and minds" (13/6883), Mögliche kriminelle Verstrickungen von türkischen Amtsträgerinnen und Amtsträgern und deren Verbindungen in die Bundesrepublik (13/6884), Gewaltverzichtserklärungen der kurdischen Arbeiterpartei PKK und der Nationalen Befreiungsfront Kurdistans (13/6879). Steffen Tippach stellte u. a. die kleine Anfrage: Lage der kurdischen Flüchtlinge im Nordirak (13/5178). Vgl. PID, Nr. 13/1996, S. 3 ff., Nr. 11/1996, S. 7.

618 Vgl. Deutscher Bundestag, 1996, S. 9, 11.

6.3   Geschichtspolitik

Die Erforschung des Geschichtsbildes der Parteien des rechtsextremen Spektrums zählt zum Konsens eines Teils der Extremismusforschung.[619] Typisches Element im deutschen rechtsextremen Weltbild ist ein Geschichtsrevisionismus, dessen wesentliche Kerne die „Kriegsschuldlüge" und die „Ausschwitzlüge" sind. Nicht nur bei den rechtsextremen Parteien genießt die Geschichtsdeutung eine hervorgehobene Rolle; auch die PDS beschäftigt sich überdurchschnittlich (im Vergleich zu anderen Parteien im Bundestag) stark mit Geschichte. Im Fokus steht die Entwicklung der kommunistischen/sozialistischen Bewegungen und die im engeren und weiteren Sinne eigene Geschichte. Parteiinterne und in der Öffentlichkeit ausgetragene Debatten um die Bewertung historischer Ereignisse gehören zum typischen Erscheinungsbild der PDS.[620] Die Intensität, mit sie Geschichtsarbeit betreibt, ist weniger wissenschaftlich denn politisch motiviert.

In den Reihen der PDS existiert eine Vielfalt sich völlig widersprechender Meinungen, die selbst vor der Rechtfertigung Stalins nicht halt machen. Es finden sich in zentralen Dokumenten aber auch eine Reihe immer wieder auftauchender Aussagen, die als unveräußerlicher Konsens angesehen werden können. Es soll daher untersucht werden, ob sich die PDS entgegen ihrer verbalen Bekundungen wieder auf dem Weg befindet, im Stile der SED, ein offizielles Geschichtsbild anzufertigen[621] und Geschichtsklitterung zu betreiben. Die Positionierung der PDS zu historischen Fragen gibt überdies Hinweise auf die Ernsthaftigkeit der demokratischen Erneuerung.[622]

Wie für die SED hat Geschichte für die PDS herausragende Bedeutung. Ihr kommt eine ideologische, sinnstiftende, motivierende, interpretierende und politische Funktion zu, da sie als politische und somit politikrelevante Forschung betrachtet wird. „Die Auseinandersetzung um die Geschichte findet nicht um ihrer selbst willen statt. Es geht dabei immer und vorzugsweise um die Zukunft", schreiben Gysi, Heuer und Schumann in einem Vorwort.[623] Die Ähnlichkeit zu dem Geschichtsverständnis der SED ist wohl nicht zufällig. Die SED begründete ihren Herrschaftsanspruch nicht demokratisch durch

---

619 Vgl. in international vergleichender Perspektive: Decker, 2000; Bergsdorf, 2000, S. 245 ff.; Minkenberg 1998, S. 114 ff.; für Deutschland: Stöss, 1989, S. 27 ff.; Falter (Klein), 1994.

620 Vgl. Schmeitzner, 2002. Auf die Erklärungen der PDS zu Zwangsvereinigung und Mauerbau wird hier nicht eingegangen, da sie zur Koalitionsfähigkeit der PDS beitragen sollten. Die Erklärung von Gabriele Zimmer und Petra Pau vom 18. April 2001 („Erklärung aus Anlass des 55. Jahrestages der Vereinigung von KPD und SPD") war nicht durch Gremien der Partei verabschiedet und wurde später in einem Vorstandsbeschluss inhaltlich relativiert.

621 Das Geschichtsbild der SED wurde den sich jeweils wandelnden Interessenlagen bzw. dem neuen Parteikurs der SED angepasst. Daher ist es nicht als Kontinuum zu sehen.

622 Die hier dargestellten Themen sollen die Muster der PDS-Geschichtsaufarbeitung exemplarisch illustrieren. Die Analyse erhebt keinen Anspruch auf Vollständigkeit. Die Diskussion um den Zusammenschluss von SPD und KPD zur SED 2001 und 1996 und den Mauerbau 2001 offenbaren die anhaltende Aktualität der Besetzung von Themen und Begriffen. Vgl. Müller, 1996, 1991. Zum PDS-Geschichtsbild: Faulenbach, 1996; Eckert 1992-1993, 1996; Winkler, Heinrich August, 1996.

623 Gysi/Heuer/Schumann, 1992, S. 7.

Wahlen oder plebiszitäre Entscheidungen. Als Legitimationsfeld kam der Geschichte und somit auch der Geschichtswissenschaft eine zentrale Bedeutung zu, da sie den Machtanspruch und die Politik der SED legitimieren sollte. Es gehörte zum politischen Auftrag, aber auch zum Selbstverständnis der Geschichtswissenschaft der DDR, „parteilich" zu sein und somit eine marxistische Alternative zur „bürgerlichen" Geschichtswissenschaft zu begründen.[624] Weber bilanziert, dass die „Geschichte des Kommunismus" und die der „Arbeiterbewegung verfälscht" wurden, die DDR-Historiker die „politische Linie der Partei rechtfertigen" sollten und der „für die Wissenschaft unabdingbare Pluralismus fehlte. Da die SED angeblich stets nach den ‚Gesetzmäßigkeiten' der Geschichte handelte, war diese Sicht den Historikern vorgegeben. Sie hatten verwertbare Fakten zu vermitteln, um entsprechendes Traditionsbewusstsein zu schaffen."[625] Sie sollten beweisen, dass die Kommunisten immer richtig gehandelt hätten. Daraus war abzuleiten, dass „die Partei" dies in der Gegenwart und Zukunft auch tun würde, was Weber als „rückprojizierte Gegenwart" bezeichnet.[626] Das Geschichtsbild der DDR war deformiert und verfälscht. Im Unterschied zu einigen Forschungsgebieten, in denen sich Freiräume ergaben, war insbesondere die Zeitgeschichtsforschung bis zum Ende der DDR von der Politisierung durch die SED stark betroffen.

Die Bewertung der Geschichte und die Selbstverortung im historischen Kontext hat für die PDS eine andere Bedeutung, als dies für Parteien üblich ist. Die Ursache hierfür liegt in ihrem Selbstverständnis. Als Partei mit marxistisch-leninistischer Denktradition ist der historische Materialismus Element des Geschichtsverständnisses. Ferner hat sie als Nachfolgerin der SED eine historische Erblast, die sie aufarbeiten will, bei der sie zum Teil sogar das Aufarbeitungsmonopol beansprucht.[627] Historische Fragen und die Selbsteinstufung im historischen Prozess nehmen für die Gestaltung der Politik einen zentralen Stellenwert ein. Nach eigenem Bekunden will die PDS „nach Kräften alle Bemühungen um eine allseitige, vorurteilsfreie, differenzierende Aufarbeitung der Geschichte der Arbeiterbewegung [...] des Sozialismus [...] und von DDR und BRD"[628] unterstützen. Die PDS behauptet von sich, kein „parteioffizielles Geschichtsbild" konstruieren zu wollen, räumt allerdings ein, auf eine politische Wertung des Geschehens nicht verzichten zu können.[629] Hier deutet sich an, dass sich Teile des SED-Geschichtsverständnisses auch in der PDS wiederfinden könnten. Da die überwiegende Mehrheit der PDS-Mitglieder aus der SED kommt, besteht auch ein persönliches Interesse an historischen Fragen. Gerade die persönlichen Kontinuitätslinien legen jedoch die Vermutung nahe, dass eine objektive Aufarbeitung den individuellen Motiven ab-

---

624 Vgl. zur Geschichtswissenschaft der DDR und zu ihrer Entwicklung seit 1989: Jarausch, 1991; Sabrow/Walther, 1995; Fischer/Heydemann 1988.
625 Weber, 1990a, S. 1059.
626 Vgl. Weber, 1999, S. 132.
627 Vgl. PID, Nr. 8/1994.
628 So für vieles: PID, Nr. 11-12/1994, S. 69.
629 PID, Nr. 49/1995, S. 10.

träglich ist, da sie Lebensentwürfe entwerten und Lebenslügen enttarnen könnten Das von der PDS entworfene Bild über ihre eigene Geschichte lässt daher Rückschlüsse auf das Selbstverständnis, die Bereitschaft zur kritischen Aufarbeitung der eigenen Vergangenheit sowie die Verortung im politischen System der Bundesrepublik zu.[630]

Die geisteswissenschaftliche Landschaft der DDR wurde nach der deutschen Einheit in großen Teilen umstrukturiert. Vor allem zentrale wissenschaftlich-ideologische Parteiinstitute der SED wurden „abgewickelt". Hierzu zählen die Abteilung Wissenschaft des ZK der SED, die AfG beim ZK der SED, die Parteihochschule „Karl Marx" beim ZK der SED und das IML. Aber auch die AdW der DDR und Teile der Hochschulen, insbesondere die geisteswissenschaftlichen Fachrichtungen, waren vom Umbau betroffen. Durch Evaluierung und Umstrukturierung und dem damit verbundenen Stellenabbau wurde ein beträchtlicher Teil der Wissenschaftler arbeitslos, ging in den Vorruhestand oder direkt in Rente.[631] Durch die Abwicklung gingen der PDS indirekt personelle aber auch finanzielle Ressourcen verloren. Seit 1990 stand sie vor dem Problem, das wissenschaftliche Umfeld weitgehend neu organisieren zu müssen.

Eine Reihe von Kommissionen und Gruppierungen wurden im Umfeld der PDS gegründet, von denen einige ihre Arbeit schon wieder eingestellt haben. Von konstanter Bedeutung ist die „Historische Kommission beim Parteivorstand". Das IfGA und die AEK haben ihre Arbeit wieder eingestellt.[632] Das IfGA ging aus dem IML hervor und ist seit 1992 aufgelöst. Von dort kamen u. a. Detlef Nakath, Wilfriede Otto, Lutz Prieß und Günter Benser, der nach der Umbenennung Direktor des IfGA war.[633] Die AEK wurde 1998 aufgelöst. Sie war eine Gegengründung zur Enquete-Kommission des Bundestages „Aufarbeitung von Geschichte und Folgen der SED-Diktatur in Deutschland". Nach dem Tod von Wolfgang Harich[634] wurde Siegfried Prokop Vorsitzender. Das „Insider-Komitee zur Aufarbeitung der Geschichte des MfS" und die „Gesellschaft zum Schutz von Bürgerrecht und Menschenwürde" betreiben auch Geschichtsarbeit[635], treten allerdings in der Öffentlichkeit kaum auf. Daneben beschäftigen sich noch die parteinahen sowie einige kleinere Vereine, die nicht eindeutig der PDS zuordenbar sind, mit Geschichte. Hierzu zählt u. a. die MES, die aus dem DKP-Umfeld stammt. Stellungnah-

---

630 Vgl. Hüllen, 1995.

631 Genaue Zahlen und Analysen über den beruflichen Werdegang der ehemaligen wissenschaftlichen Elite nach der Vereinigung liegen nicht vor.

632 Die AEK beschäftigte sich auch mit der Arbeit der Geheimdienste.

633 Bibliothek und Archiv des IfGA sind im SAPMO-BArch aufgegangen. Die „Beiträge zur Geschichte der Arbeiterbewegung" erscheinen weiter. Günter Benser hat sich mit der Vorgeschichte der DDR beschäftigt und die Basis für die These der „legitimen Staatsgründung" und der „Vereinigung" (nicht: Zwangsvereinigung) von KPD und SPD geliefert. Vgl. Benser, 1992, 1994.

634 Prokop hatte einen Lehrstuhl zur Geschichte der DDR an der Humboldt-Universität zu Berlin inne. Harich starb im März 1995. Vgl. Die Zeit vom 24. März 1995; FR vom 18. März 1995. Im September 1994 wurde bekannt, dass er im Zusammenhang mit dem Fall Bahro 1978 Kontakte zur Staatssicherheit hatte. Vgl. DPA vom 26. September 1994.

635 Vgl. Lang/Moreau/Neu, 1995, S. 82 ff.

men zu historischen Fragen finden sich auch bei der KPF und bei anderen Unterorganisationen der PDS wie in ihren Arbeitsgemeinschaften. Das MF betreibt Geschichtsarbeit. Seine Mitglieder, die überwiegend aus der alten wissenschaftlichen DDR-Elite stammen, wollen die marxistischen Analyse verstärken.[636]

Innerhalb dieser heterogenen Struktur sind die Historische Kommission und die parteinahen Vereine meinungsführend. Die anderen Gruppierungen nehmen Spezial- und Sonderinteressen wahr und repräsentieren nicht konsensfähige Minderheitenmeinungen.[637] Diese Organisationsstruktur erlaubt es der PDS, unterschiedlichste Interessenlagen zu integrieren, ohne sich inhaltlich auf einen bestimmten Kurs festlegen zu müssen.

Die Gründung der Historischen Kommission geht auf eine Initiative von Klaus Höpcke zurück und war die Antwort der PDS auf Auflösung der Partei-Institute (IML und AfG). Sie konstituierte sich am 17. Juni 1990 unter dem Vorsitz von Klaus Kinner.[638] Da die Kommission an den Parteivorstand angegliedert ist, kann sie am ehesten als Repräsentant des „offiziellen" Meinungsbildungsprozesses der PDS-Führung angesehen werden. Sie gilt als „Vollzugsorgan" des Vorstandes.[639] Die Historische Kommission hat einen Sprecherrat.[640] Sie führt öffentliche Konferenzen durch[641] und war an der Ausarbeitung des 1993er Parteiprogramms beteiligt. Daneben hat sie das Sondervotum der PDS zur Enquete-Kommission des Bundestages „Aufarbeitung von Geschichte und Folgen der SED-Diktatur in Deutschland" wissenschaftlich vorbereitet und begleitet. Die Diskussion ist in den Bänden „Ansichten zur Geschichte der DDR" dokumentiert.[642] Im Jahre 1995 hat sie eine Erklärung zum 50. Jahrestag des Zusammenschlusses von KPD und SPD" der Öffentlichkeit vorgestellt. Sie hat sich 2001 zum Thema Krieg und Frieden, zum Mauerbau, zum 60. Jahrestag des deutschen Überfalls auf die Sowjet-

---

636 PID, Nr. 21/1995, S. 12. Dem MF gehören u. a. an: Michael Benjamin (KPF, verstorben 2000), Gerhard Branstner, Stefan Doernberg, Ernst Engelberg, Erich Hahn, Heidrun Hegewald, Uwe-Jens Heuer, Klaus Höpcke, Harry Nick, Kurt Pätzold, Siegfried Prokop, Winfried Wolf. Vgl. Hefte des MF. Es kritisiert die „Aufweichung des Oppositionsverständnisses", die „Verabschiedung vom Klassenkampf und die Ausklammerung der Eigentumsfrage" sowie die „Absage an SED und DDR in Gestalt des Stalinismusverdikts" (Aufruf: „In großer Sorge").

637 Vgl. Lang/Moreau/Neu, 1995, S. 87 ff.

638 Vgl. PID, Nr. 35/1995, S. 15 f. Kinner, Historiker aus Leipzig, gilt als Experte für die Geschichte der Weimarer KPD. Er trat 1992 als Vorsitzender zurück. Klaus Höpcke war 1973-1989 stellvertretender Minister für Kultur. Er ist seit 1989 in der SED/PDS aktiv. U. a. hat er den außerordentlichen Parteitag 1989 vorbereitet, war Mitglied des Präsidiums des Parteivorstandes der SED-PDS bzw. PDS, Leiter der Grundsatzkommission des Parteivorstandes, 1990-1994 MdL in Thüringen. Personeller Schnittpunkt zwischen Kommission und Parteivorstand war Michael Schumann, 1990 bis zu seinem Tod 2000 MdL in Brandenburg, bis 1990 Professor für Philosophie an der Akademie für Staats- und Rechtswissenschaften der DDR, Hochschule für Recht und Verwaltung.

639 Keller, 1995, S. 139.

640 Sprecherrat: Jürgen Hofmann (Geschäftsführender Sprecher); Wilfriede Otto, Sonja Striegnitz, Jochen Czerný, Klaus Kinner. Stand: 19. Dezember 2001

641 Die Historische Kommission führte u. a. Konferenzen zum Thema Stalinismus, der Sicherheitspolitik der DDR, des politisch-rechtlichen Systems der DDR, politische Justiz und Aufarbeitung der DDR-Vergangenheit.

642 Vgl. die 11 Bände Ansichten zur Geschichte der DDR, 1993-1998.

union und 1999 zur Zweistaatlichkeit geäußert. Der Kommission ist der 1992 gegründete MAGdA zugeordnet. Dieser Arbeitskreis führte gemeinsam mit der Geschichtskommission der DKP, Berlin, und der MES, Wuppertal, Geschichtskonferenzen durch.[643] Bis 2001 veranstaltete der MAGdA 19 Konferenzen und 15 Kolloquien. Im Vergleich dazu fällt die Bilanz der Historischen Kommission eher dürftig aus.

Die Bedeutung der Historischen Kommission ist durch die Arbeit der PDS-Bildungsvereine und durch das Wirken der Rosa-Luxemburg-Stiftung begrenzt. Die Rosa-Luxemburg-Stiftung, die 1990 als Verein Gesellschaftsanalyse und Politische Bildung e. V.[644] gegründet und 1996 vom PDS-Parteitag als PDS-nahe bundesweite Stiftung anerkannt wurde, hat mehr und mehr Tätigkeiten der Historischen Kommission übernommen, indem sie kontinuierlich Veranstaltungen zur Geschichte durchführt. Seit 1996 ist die Historische Kommission kaum noch in Erscheinung getreten. Sie tritt nur noch selten mit Veranstaltungen oder Stellungnahmen an die Öffentlichkeit.

Die parteinahen Bildungsvereine haben für die Geschichtsdebatte eine zentrale Bedeutung erlangt.[645] Durch diese parteinahen Vereine war die PDS ab 1991[646] in den neuen Bundesländern flächendeckend vertreten und wurde es im Lauf der Zeit bundesweit. Die Arbeit der Vereine hat für die PDS einen doppelten Nutzen: Zum einen kann durch sie in Veranstaltungen Öffentlichkeit hergestellt werden, zum anderen haben sie einen gewissen finanziellen Spielraum, da sie – wie andere parteinahe Stiftungen auch – öffentliche Fördermittel erhalten.[647] Das Themenangebot der Vereine ist relativ eng. Zu

---

643 Vgl. PID, Nr. 37/1991, S. 19 f.; PID, Nr. 35/1995, S. 15 f.

644 Die Umbenennung in Rosa-Luxemburg-Stiftung erfolgte 1998.

645 Im Jahre 2002 hatte PDS in allen Bundesländern Landesstiftungen oder Vereine [Vgl. http://www.rosaluxemburgstiftung.de/stiftung/kooperation/laender/inhalt242.htm, 25. Juli 2002]: *Baden-Württemberg*: Forum für Bildung und Analyse Baden-Württemberg e. V.; *Bayern*: Kurt-Eisner-Verein für politische Bildung in Bayern; *Berlin*: Helle Panke zur Förderung von Politik, Bildung und Kultur e. V.; *Brandenburg*: Rosa-Luxemburg-Stiftung Brandenburg e. V., *Bremen*: Rosa-Luxemburg-Initiative; Bremer Forum für Bildung, Gesellschaftsanalyse und -kritik e. V.; *Hamburg*: Rosa-Luxemburg-Bildungswerk; Hamburger Forum für Analyse, Kritik und Utopie e. V.; *Hessen*: Forum für Bildung und Analyse der Rosa Luxemburg in Hessen e. V.; *Mecklenburg-Vorpommern*: Forum für politische und interkulturelle Bildung e. V.; *Niedersachsen*: Rosa-Luxemburg Bildungswerk in Niedersachsen e. V.; *Nordrhein-Westfalen*: Rosa-Luxemburg-Stiftung NRW e. V.; *Rheinland-Pfalz*: Jenny Marx Stiftung für politische Bildung Rheinland-Pfalz e. V.; *Saarland*: Peter I-mandt Gesellschaft, Verein für politische Bildung und Kultur e. V.; *Sachsen*: Rosa-Luxemburg-Stiftung Sachen e. V.; *Sachsen-Anhalt*: Verein zur Förderung von Kultur, Wissenschaft und politischer Bildung in Sachsen-Anhalt e. V.; *Schleswig-Holstein*: werkstatt utopie & gedächtnis; *Thüringen*: Thüringer Forum für Bildung und Wissenschaft e. V.

646 Vgl. Moreau/Neu, 1994, S. 26. Nachdem 1991 „Podium Progressiv" eingestellt worden war, gründete die PDS stiftungsähnliche Bildungsvereine, die unabhängig von der Anerkennung der Rosa-Luxemburg-Stiftung auf Bundesebene Fördermittel der Länder erhielten.

647 Gesellschaftsanalyse und Politische Bildung e.V. bzw. die Rosa-Luxemburg-Stiftung, erhielt bis 1998 keine Förderung vom Bund. Auch wenn die Förderpraxis in den neuen Ländern unterschiedlich ist, erhielten sie z. B. 1994 etwa 600.000 DM aus öffentlichen Geldern. Wie hoch die indirekte Förderung (ABM-Stellen und Sachmittelförderung) ist, kann nicht beziffert werden. [Eigene Recherche bei den Landeszentralen für politische Bildung und den Innenministerien der Länder.]

den Schwerpunkten gehören die Geschichte der Arbeiterbewegung, DDR-Geschichte, „Antifaschismus", Politische Theorie (Marxismus-Leninismus, Kapitalismus). Da die parteinahen Vereine über finanzielle Möglichkeiten verfügen, finden sich eine Reihe von Publikationen in ihrem Kontext. Eine besondere Stellung nimmt der PDS-Bildungsverein „Helle Panke" ein, bei dem u. a. die Reihen „Hefte zur DDR-Geschichte", „Klartext" und die „Pankower Vorträge" erscheinen. Große Teile der Diskussion finden zudem im „Neuen Deutschland" statt.

Die historische Debatte wird in der PDS fast ausschließlich von Personen betrieben, die in der DDR ihre wissenschaftliche Ausbildung genossen haben. Sie gehörten überwiegend der ehemaligen gesellschaftswissenschaftlichen und teilweise auch der politischen Elite an. Ein kleinerer Teil kommt aus der zweiten Reihe und aus der Generation des wissenschaftlichen Nachwuchses der DDR. Zahlenmäßig eher unbedeutend bleiben einige Wissenschaftler aus den alten Ländern, die der DKP nahe standen oder stehen. Insgesamt stimmt die Gleichsetzung „früher SED-Wissenschaftler, heute PDS-Wissenschaftler" nicht, allerdings scheint die umgekehrte Formulierung *cum grano salis* richtig zu sein.

Die Historische Kommission und die parteinahen Vereine stützen sich in ihrer Arbeit weitgehend auf diesen Personenkreis. Versuche, ihn zu erweitern, sind größtenteils fehlgeschlagen. Das Problem der Geschichtsdebatte besteht zum großen Teil darin, dass der „Bock zum Gärtner gemacht" wurde, was auch innerhalb der PDS problematisiert wird. Die Geschichtsdebatte sei „kompliziert und leidenschaftlich", urteilte Michael Schumann, da der „individuelle Lebenssinn" infrage gestellt würde.[648] Dennoch integriert die PDS diesen Personenkreis und lässt ihn ein Geschichtsbild entwerfen, dessen Wissenschaftlichkeit fraglich ist. So wurde z. B. das Minderheitenvotum der PDS/Linke Liste zum Bericht der Enquete-Kommission „SED-Diktatur" überproportional von Angehörigen der DDR-Funktionselite gestaltet.[649] Zwar soll hier nicht postuliert werden, dass ein

---

648 PID, Nr. 27-28/1993, S. 50.
649 *Hahn, Erich*, geb. 1930, Vorsitzender des Wissenschaftlichen Rats für marxistisch-leninistische Philosophie. „Als Vorsitzender des Wissenschaftlichen Rats für Philosophie war er in den 70er u. 80er Jahren [...] für die Koordinierung sowie zentrale Planung sowie ideologische Kontrolle der philosophischen Forschung in der DDR" verantwortlich. *Doernberg, Stefan*, geb. 1924, Historiker, Botschafter. Er hat sich u. a. auf dem Gebiet der Geschichtspropaganda betätigt und war Autor der ersten Gesamtdarstellung der DDR-Geschichte (1964). *Haase, Horst*, geb. 1929, Germanist, Institutsdirektor an der AfG beim ZK der SED. *Heuer, Uwe-Jens*, geb. 1927, Rechtswissenschaftler, 1946 SED; 1982 Mitarbeiter am Institut für Theorie des Staats und des Rechts der AdW, Bereichsleiter für staats- u. rechtstheoretische Fragen der Wirtschaftsleitung; 1990-1998 MdB. *Keller, Dietmar*, geb. 1942, 1984-1988 stellvertretender Kulturminister; 1988/89 Staatssekretär im Kulturministerium, 1989/90 Kulturminister, 1990-1994 MdB. *Laitko, Hubert*, geb. 1935, Wissenschaftshistoriker, AdW, Leiter des Bereichs Wissenschaftsgeschichte. *Modrow, Hans*, geb. 1928, 1. Sekretär der SED-Bezirksleitung Dresden, Vorsitzender des Ministerrats, 1990-1994 MdB, seit 1999 MdEP. *Nick, Harry*, geb. 1932, Wirtschaftswissenschaftler. Er galt in der DDR als prominenter Autor zu ökonomischen Problemen der wissenschaftlich-technischen Entwicklung im Sozialismus. *Selbmann, Erich*, geb. 1926, Chefredakteur der „Aktuellen Kamera". *Wolf, Herbert*, geb. 1925, Stellvertretender Vorsitzender der Staatlichen Plankommission. – Die biographischen Angaben

individueller Wandel nicht möglich sei. Dafür spricht das Beispiel von Dietmar Keller.[650] Die personelle Kontinuität lässt allerdings Zweifel an der Glaubwürdigkeit der transportierten Inhalte aufkommen. Die geistigen Väter des Sondervotums waren fast durchweg renommierte DDR-Wissenschaftler oder Politiker. Biographisch nicht Vorbelastete waren die Ausnahme.[651]

Die Auseinandersetzung mit der Geschichte dient weniger wissenschaftlichem Interesse als der aktuellen Politik.[652] Uwe-Jens Heuer sieht „Geschichtswissenschaft als Kampffeld von Politik und Ideologie".[653] Im Geschichtsverständnis der PDS[654] hat die Neubewertung von Fakten einen geringen Stellenwert. Man könnte es eher als revisionistisch bezeichnen: Die Gestaltung eines Geschichtsbildes, das eine möglichst geschönte Version des DDR-Sozialismus enthält. In diesem Kontext steht der Beschluss zur Geschichtsarbeit der PDS vom 4. Parteitag, 1. Tagung, 1995.[655] Die Arbeit von Wissenschaftlern im PDS-Umfeld soll sich demnach auf Themen und Probleme konzentrieren, „die im Mittelpunkt der um die DDR-Geschichte geführten Auseinandersetzungen stehen, bei der die PDS gegen jede pauschale Aburteilung der DDR sowie gegen jede Apologie der SED-Diktatur Stellung nimmt, die wichtig sind für die Polemik gegen die alte und ‚Neue Rechte', gegen eine nationalkonservative Wende, gegen jede Rücknahme von sozialen und kulturellen Fortschritten, [...] die [...] den Mitgliedern und Anhängern von DKP, PDS, SPD und Bündnis 90/Die Grünen zu einem kulturvollen, womöglich kritisch-solidarischen Umgang miteinander verhelfen sollte, [und die helfen] [...] den demokratisch-sozialistischen Grundkonsens auszuprägen, der sich zum einen gegen den Stalinismus, zum anderen gegen die totalitäre Macht des Kapitals richtet".[656]

In diesem Katalog spiegelt sich ein instrumentelles Verständnis von Wissenschaft wider, das in der Abgrenzung zur „bürgerlichen" Wissenschaft Parteilichkeit einfordert. Bestimmte Fragen werden von vornherein ausgeklammert, weil sie politisch nicht ver-

---

stammen aus: Wer war wer in der DDR 1994, 2000; So funktionierte die DDR, 1994; Andert, 1993, Zimmermann, 1994. Des Weiteren arbeiteten mit (ohne Eintrag in den Lexika): Rolf Badstübner, Horst Bednareck, Günter Benser, Stefan Bollinger, Martina Bunge, Jochen Czerný, Werner Hänisch, Sonja Kiesbauer, Thomas Klein, Ekkehard Lieberam, Gerhard Lozek, Heinz Malorny, Andreas Malycha, Helmut Meier, Berthold Minkler, Reinhard Mocek, Detlef Nakath, Harald Neubert, Roswitha Steinbrenner. Vgl. Ansichten zur Geschichte der DDR, 1994, Bd. 4, S. 9.

650 Vgl. Keller/Kirchner, 1993. Keller hielt am 22. Januar 1993 vor der Enquete-Kommission einen Vortrag über die „Machthierarchie der SED", der am 1. März 1993 in Auszügen im „Neuen Deutschland" dokumentiert wurde und einen Sturm an Entrüstung auslöste, der leidenschaftlich auf den Leserbriefseiten des „Neuen Deutschland" ausgefochten wurde.

651 Wie z. B. Andreas Malycha oder der Bürgerrechtler Thomas Klein, der zunächst in der Vereinigten Linken, später bei der PDS politisch aktiv war, aber auch Lutz Prieß (Mitglied der Historischen Kommission, hat am Minderheitenvotum nicht mitgearbeitet).

652 Vgl. Kuhrt, 1997, S. 322 ff.

653 PID, Nr. 50/1995, S. 16.

654 Vgl. PID, Nr. 27-28/1993, S. 50; Nr. 50/1995, S. 16.

655 Der Beschluss geht auf die „Empfehlungen zur Geschichtsarbeit" zurück. PID, Nr. 11-12/1994, S. 69.

656 PID, Nr. 5-6/1995, S. 69.

wertbar sind und weil sie dem Selbstverständnis und dem selbstinszenierten Bild entgegenstehen. Des Weiteren wünscht sich die PDS, dass „alternative Sozialismus-Vorstellungen" erforscht werden, damit sich die eigene Klientel „der Traditionen des nicht- bzw. antistalinistischen Kommunismus sowie des demokratischen Sozialismus [...] vergewissern"[657] könne. Lothar Bisky bekräftigte 1999, die Aufarbeitung des DDR-Sozialismus sei nicht wissenschaftlicher Selbstzweck.[658] Dies deutet darauf hin, dass die Vorstellung eines offiziellen Geschichtsbildes immer noch bestimmend ist, auch wenn das Gegenteil behauptet wird. Zugleich kann der (ex-SED-)Klientel hiermit ermöglicht werden, sich mit Traditionen zu identifizieren, die nicht die eigenen sind.

Inhaltlich konzentrierte sich die Geschichtspolitik der PDS auf die Auseinandersetzung mit der Enquete-Kommission „SED-Diktatur" des Bundestages, die in der PDS nur als „Eppelmann-Kommission" firmierte und Stoff für Polemik lieferte.[659] Der AEK-Vorsitzende Wolfgang Harich setzte in einem Interview Rainer Eppelmann mit Kurt Hager gleich.[660] Den Bericht der Enquete-Kommission beschrieb er als „mehrere ineinander geschobene politische Traktate," von denen die „unseriösesten und gemeinsten dominieren". Doch nicht nur gegen das westliche „Feindbild" richtete sich die Auseinandersetzung, sondern auch gegen „Verräter" aus den eigenen Reihen. Dietmar Keller (Kulturminister unter Modrow, Mitglied der Enquete-Kommission für die PDS/Linke Liste) zog den Zorn der PDS auf sich. Vor der Enquete-Kommission bezeichnete er die SED als Partei ohne „echt zivilisatorischen Charakter", die SED sei eine Sekte mit „jesuitischer Disziplin, einem jesuitischen Glauben bei fehlendem jesuitischem Intellekt", schon die KPD sei in den 1920er Jahren „keine demokratische Partei im klassischen Sinne" gewesen, und seine Generation sei mit dem „Fehlen einer breiten humanistischen Bildung" großgeworden.[661] Der Sprecherrat der Historischen Kommission[662] distanzierte sich in allen wesentlichen Punkten deutlich von ihm und warf ihm vor, er wolle Hermann Weber plagiieren.[663] Seine Rede im Bundestag, bei der er (aber nicht die PDS) sich bei den Opfern der DDR-Diktatur entschuldigte, wurde ebenfalls in breiten Kreisen in der PDS negativ aufgenommen.[664] Harich warf ihm vor, wenn er sich „bei den Opfern der SED-Diktatur" entschuldige, solle er dies auch bei „Opfern des Kalten Krieges im

657 PID, Nr. 5-6/1995, S. 69.

658 Zit. nach Meining, 2000, S. 140.

659 Schon die Frage, ob die PDS/Linke Liste überhaupt Vertreter in die Kommission entsenden solle, war heftig umstritten.

660 Vgl. ND vom 21. Juni 1994.

661 Keller/Kircher, 1993, S. 14 ff. Kellers Vortrag gelangte durch eine Indiskretion ins „Neue Deutschland" (Veröffentlichung war nicht autorisiert).

662 1994: Jochen Czerný, Jürgen Hofmann, Wilfriede Otto, Lutz Prieß, in: Keller/Kirchner, 1993, S. 39 ff.

663 In diesem Vorwurf klingt der alte „Sozialdemokratismus"-Vorwurf nach.

664 PID, Nr. 25/1994, S. 3. Wörtlich sagte er: „Ich betrachte es als Mitglied der Enquete-Kommission der PDS/Linke Liste als meine moralische Pflicht und Verantwortung, mich bei den Opfern der SED-Diktatur zu entschuldigen".

Westen" tun. „Wo", fragte er, bleibe „die Wiedergutmachung für die Kommunisten, die in Westdeutschland verfolgt worden sind?" Damit setzte er die DDR mit der Bundesrepublik gleich.[665] Es wurde nicht mehr über Geschichte diskutiert, der neue Forschungsstand reflektiert, sondern der Verfasser diskreditiert. An dieser Auseinandersetzung zeigt sich, dass einer wissenschaftlich unvoreingenommenen Geschichtsaufarbeitung tradierte Überzeugungssysteme eher im Wege stehen.

Nachdem sowohl die Enquete-Kommission des Bundestages als auch die AEK 1998 eingestellt worden waren, verloren historische Fragen an Bedeutung. Die Arbeit der Historischen Kommission ist weitgehend eingestellt, Publikationen sind selten.[666] Seit 1998 äußert sich die PDS nur dann zu historischen Fragen und Ereignissen, wenn es politischen Zielen wie der Koalitionsfähigkeit dient (wie z. B. die Erklärungen zu Zwangsvereinigung und Mauerbau 2001)[667].

Das Dilemma der Geschichtspolitik der PDS bleibt erhalten, auch wenn Geschichte auf der politischen Agenda weit nach unten gerutscht ist. Der Sprecher der Historischen Kommission, Jürgen Hofmann, kommentierte, die 1990 „geforderte vorurteilsfreie Aufarbeitung der widerspruchsvollen Geschichte [...] [stoße] immer wieder an Grenzen", was damit zusammenhänge, dass „politische Interessen" den „Umgang mit Geschichte" prägen. Die „Deutungshoheit" über Geschichte sei „mithin eine Machtfrage".[668]

Die Auseinandersetzung um die DDR-Diktatur wird vom alten, von der SED geprägten Schwarz-Weiß-Muster bestimmt. Danach gibt es eine richtige Auseinandersetzung mit der Vergangenheit, die von den „Linken" betrieben wird, und eine falsche Position, die von den „konservativen" Kräften eingenommen wird. Durch dieses schematische Denken kann sich kein freier wissenschaftlicher Diskurs entwickeln, da die Erkenntnis schon vorgegeben ist. Der Logik dieses Ansatzes entsprechend kann eine Aufarbeitung der DDR-Geschichte nur von den Sozialisten betrieben werden. Vor allem die KPF verfolgt das Ziel, der „bürgerlichen" Geschichtswissenschaft eine Aufarbeitung der DDR-Geschichte prinzipiell abzusprechen. Sie fordert: „Die Siegermentalität jener, deren Profitstreben 40 Jahre lang nach Osten hin gebremst wurde, sollte wenigstens dem Gebot der Sachlichkeit weichen. Wir setzen uns schon kritisch mit der eigenen Vergangenheit auseinander. Niemand außer uns tut es wirklich".[669]

Diese Haltung findet bei anderen Repräsentanten der PDS Zustimmung, die nicht der KPF angehören. Gregor Gysi erteilte allen anderen Ansätzen zur Aufarbeitung der Vergangenheit eine klare Absage. Unter der Prämisse, die DDR sei ein „legitimer" Versuch des Sozialismus, also ein legitimer Staat gewesen, fordert er, dass „wir diejenigen sein müssen, die das Scheitern dieses Versuchs am härtesten kritisieren, aber aus sozialisti-

---

665 Vgl. ND vom 21. Juni 1994.
666 In der Reihe „Ansichten zur Geschichte der DDR" ist 1998 der letzte Band erschienen.
667 Vgl. http://www.pds-online.de/partei/geschichte/, 26. Juli 2002
668 „Kritische Bilanz ohne Verurteilung", ND vom 12. Oktober 2001
669 Vgl. PID, Nr. 8/1994.

scher Position. Das bedeutet eine völlig andere Kritik, als sie gegenwärtig von Bonn [...] geübt wird."[670] Somit nimmt die KPF keineswegs eine Maximalposition ein, sondern kann sich von einer breiten Strömung innerhalb der PDS unterstützt wissen. Weite Teile der PDS wollen sich keiner selbstkritischen Auseinandersetzung mit der Diktatur stellen. Sie wollen vielmehr verhindern, dass eine Aufarbeitung der totalitären Herrschaft stattfindet. Der Bilanz Kellers – „Was mit Halbheiten 1956 begonnen hatte, wurde mit Halbheiten 1989 fortgesetzt"[671] – ist nichts hinzuzufügen. Auch das Urteil des „halbherzigen Revisionismus", so der Titel eines von Eckert/Faulenbach herausgegebenen Bandes, charakterisiert den Stand der Geschichtsdebatte in der PDS anschaulich. Nach Winkler hat sich die PDS nur wenig „intellektuell von der SED emanzipiert".[672]

6.4   Vergangenheitsbewältigung

Generell[673] scheint die Bewertung von Moreau und Schorpp-Grabiak zutreffend: „Das Wort Stillstand charakterisiert die Geschichtsarbeit der PDS in den letzten Jahren am besten: Abgesehen von einigen strategischen Anpassungen und Neuformulierungen haben sich ihre Positionen praktisch seit 1993-1994 nicht weiterentwickelt".[674] Dies zeigt sich auch im neuen Programmentwurf der PDS von 2001, in dem wesentliche Passagen wortgleich aus dem gültigen Programm von 1993 übernommen wurden.

Den formellen Beginn der Prozesses der Geschichtsaufarbeitung markiert das Referat von Michael Schumann, das er auf dem außerordentlichen Parteitag 1989 hielt. Unter dem Titel „Wir brechen unwiderruflich mit dem Stalinismus als System"[675] versuchte er eine erste Analyse der Ursachen der Systemkrise der DDR. Auf einige Aspekte ist vorab

---

670 Vgl. PID, Nr. 36/1994.
671 Keller, 1995, S. 134.
672 Winkler, Heinrich August, 1996, S. 16.
673 In die Analyse fließen nur Dokumente ein, die einen innerparteilichen Konsens markieren. In zentralen Dokumenten werden zwar Positionen vertreten, die ein gewünschtes Bild nach außen und in die Wählerschaft projizieren, dennoch müssen sie auch eine Binnenintegration gewährleisten und können nicht wesentlichen Haltungen der Mitgliedschaft fundamental widersprechen. Da solche Dokumente, besonders bei der PDS, das Resultat langer innerparteilicher Auseinandersetzungen sind, können sie als Minimalkonsens der Partei interpretiert werden. Es erscheint unwahrscheinlich, dass Positionen, die einer relevanten innerparteilichen Gruppierung diametral widersprechen, Aufnahme finden. Wobei nicht feststellbar ist, wofür die Mehrheit der PDS-Mitglieder steht. Die Mehrheit könnte sich auch – wie häufig vermutet – mit den extremen Positionen der KPF identifizieren. Als zentrale programmatischen Dokumente werden angesehen: Die Parteiprogramme von 1990 und 1993, der Verfassungsentwurf von 1994, die 10-Thesen, die durch Vorstandsbeschluss von 1995 auf 5 verkürzt wurden, und das Sondervotum zur Enquete-Kommission „SED-Diktatur". Der zum Zeitpunkt des Verfassens dieser Arbeit noch nicht durch den Parteitag legitimierte Programmentwurf von 2001 wird zusätzlich hinzugezogen. Deutscher Bundestag, 1994c; Disput, H. 23/1994, S. 2 ff., H. 3-4/1995, S. 26 ff.; PDS, 1990a, 1993a, 2001; Neu, 2001b.
674 Moreau/Schorpp-Grabiak, 2002, S. 267.
675 Außerordentlicher Parteitag, 1990b, S. 41. Das Referat erarbeitete eine vom „Arbeitsausschuss" einberufene „Arbeitsgruppe", der führende Kader aus dem gesellschaftswissenschaftlichen Bereich und dem staatlichen Sektor angehörten, u. a. Markus Wolf und Günter Benser.

hinzuweisen. Stalinismus war vor diesem Parteitag in der SED weitgehend ein Tabuthema. Das Referat markiert in diesem Kontext zumindest einen beachtenswerten Anfang. Allerdings bleibt es hinter dem „westlichen", aber auch dem zeitgenössischen Diskussionsstand in der Sowjetunion zurück. In dem Referat finden sich zentrale Elemente, welche die Vergangenheitsbewältigung und die Geschichtsdiskussion der PDS bis zum heutigen Tag prägen, auch wenn es in einzelnen Bereichen zu hitzigen und widersprüchlichen Diskussionen gekommen ist. Obwohl dieses Referat eigentlich den Beginn einer Debatte markieren sollte, war das Ergebnis schon mitgedacht. Zentrale Aussagen des Referats markieren bis heute konsensfähige Muster der Geschichtsdebatte der PDS. Daher soll es hier ausführlicher dargestellt werden.

Neben der Analyse der Systemkrise in historischer Perspektive debattierte Schumann in seinem Vortrag die „Symptome des Machtmissbrauchs" in der DDR. Als Hauptverursacher der Systemkrise wird die Parteiführung herausgestellt. „Uns allen hier im Saal [...] ist bewusst geworden, dass für die Krise unseres Landes und unserer Partei die Mitglieder einer inzwischen hinweggefegten Führung die persönliche Verantwortung tragen".[676] Den Mitgliedern der Partei und den Bürgern der DDR bescheinigte er hingegen, sie hätten „eine gute Spur in der Geschichte gezogen".

In dem Referat finden sich Denkschablonen, die für Kritik und Selbstkritik in kommunistischen Parteien typisch sind: Die Verantwortung für die Diktatur wird einzelnen Personen zugeschrieben, die zur höchsten Machtelite zählen. Defizite sind lokalisierbar und personalisierbar. Der Mechanismus der Einzeltäterschaft schließt generelle Systemkritik und systemimmanente Defizite aus der Diskussion aus. Zu diesem Zeitpunkt wurde damit die Elite in Warteposition als „Mitläufer" von Schuld freigesprochen, für die zukünftige Übernahme von Machtpositionen legitimiert und von einer kritischen Selbstbefragung entlastet. Von dieser eindeutigen Schuldzuweisung ist die PDS mittlerweile abgekommen. Zwar wird „einer kleinen, von der Masse der Arbeiterklasse, der Bevölkerungsmehrheit und auch von der Parteimitgliedschaft abgehobenen, selbstherrlichen, der KPdSU-Führung treu ergebenen Führungsschicht"[677] nach wie vor die Hauptverantwortung für das „Scheitern" des „Sozialismusversuches" zugeschrieben. Die PDS betont allerdings, dass in der Analyse globale bzw. allgemein zivilisatorische Prozesse und Zusammenhänge dieses Jahrhunderts berücksichtigt werden sollten.[678]

Auf einer zweiten Ebene wird dem System der DDR attestiert, Gutes gewollt zu haben, das durch das fehlerhafte Verhalten Einzelner nicht umgesetzt werden konnte. Die Probleme werden auf den Bereich der Ausführung begrenzt. Damit bleibt die strukturelle und organisatorische Verankerung der Diktatur von Kritik ausgespart; Veränderungen am institutionellen Gefüge müssen nicht ausgeführt werden. Auch dieser Interpretationsansatz ist in der PDS nach wie vor konsensfähig. So heißt es im Sondervotum der

---

676 Außerordentlicher Parteitag, 1990b, S. 41.
677 Deutscher Bundestag, 1994b, S. 259.
678 Deutscher Bundestag, 1994b, S. 263.

PDS/LL zum Bericht der Enquete-Kommission „SED-Diktatur" über das NÖS, es habe sich „als verhängnisvoll" erwiesen, dass in „der Verantwortung von Erich Honecker und Günter Mittag diese Reformversuche in der Wirtschaft eingestellt wurden".[679]

Die Geschichtsaufarbeitung ist von Mythen geprägt. Diese zeichnen das Bild eines idealen (sozialistischen) Urzustandes, der im Zeitverlauf (von Einzelnen) pervertiert worden sei. Da das Handeln der Durchsetzung der Utopie dient, erfährt es eine teleologische Legitimierung. In der Sowjetunion hätten sich, so Schumann, in den „20er und 30er Jahren [...] Veränderungen wie die Industrialisierung, die Kulturrevolution [...]" vollzogen, die „vor der Geschichte Bestand" haben würden. Zugleich seien „in der Partei und im Lande Erscheinungen" entstanden, „die immer mehr dem sozialistischen Ideal widersprachen, den Sozialismus diskreditierten".[680] Neben den internen Faktoren werden auch äußere Faktoren als Ursachen für das Scheitern angeführt, z. B. der Überlebenskampf des Sozialismus in einer feindlichen „kapitalistischen" Umwelt. Der „Versuch, eine sozialistische Ordnung zu gestalten, war von Beginn an von der Feindschaft und der Konfrontation einer kapitalistischen Umwelt bedroht".[681] Diese äußeren Faktoren lassen die DDR als Staat ohne Handlungsspielraum erscheinen. In der Erklärung des Parteivorstandes der PDS zum 13. August wird argumentiert, dass die Mauer „dem in der Berlin-Krise gefundenen Arrangement der Großmächte über die anhaltende Aufteilung der Welt bei Vermeidung eines neuen Weltkrieges" entsprochen und in der „Logik der damaligen weltpolitischen Entwicklungen" gelegen hätte.[682]

Dieses Muster, bestimmte Entwicklungen als positive Aspekte zu definieren und für sakrosankt zu erklären, kennzeichnet die Diskussion um die Entwicklung der DDR. Zu den als positiv definierten Elementen gehören u. a. der „Antifaschismus", die „internationale Solidarität", eine „vor allem auf gesellschaftlichem Eigentum [...] beruhende Produktion [...] , die zeitweise auch ein ansehnliches Wirtschaftswachstum zu gewährleisten vermochte", das „Niederreißen" der „Bildungsschranken" und ein „soziales Netz", das niemanden in die „Arbeitslosigkeit und Obdachlosigkeit, ins soziale Aus, abgleiten" ließ.[683] Insbesondere bei den „sozialen" Aspekten wird der Eindruck erweckt, als sei dies ausschließlich in der DDR möglich gewesen und erreicht worden. „Dies und manches andere darf in der Kritik am Stalinismus nicht untergehen, weil eine sachliche und vernünftige Analyse der Vergangenheit notwendig ist, um die Erneuerung einleiten zu können".[684] Es ist der Logik dieser Argumentation geschuldet, dass auch hier systemische Defekte aus der Diskussion herausgehalten werden. Aus dieser Perspektive überrascht es nicht, wenn der Zusammenbruch der SED-Herrschaft begrüßt wird: Er ist auf spezifische Fehlentwicklungen des Sozialismus zurückzuführen, die nicht zwangsläufig

---

679 Deutscher Bundestag, 1994b, S. 263.
680 Außerordentlicher Parteitag, 1990b, S. 47.
681 PDS, 2001, S. 23.
682 PID, Nr. 27/2001, S. 1, 3 ff.
683 Außerordentlicher Parteitag, 1990b, S. 45.
684 Außerordentlicher Parteitag, 1990b, S. 46. Hierzu kritisch, Müller, 2001, S. 43 ff.

als Spezifikum des Sozialismus gesehen werden. Außerdem werden Brücken zur Nostalgie gebaut, nach dem Motto: „Nicht alles war schlecht, vor allem nicht der Anfang".

In Schumanns Referat drückt sich im doppelten Sinne ein restauratives Profil aus: durch die Verteidigung der „positiven Aspekte" der DDR-Diktatur und durch die damit verbundene Entlastung für die eigenen Mitglieder. Denn für die fast ausschließlich aus der SED stammenden Mitglieder der PDS hat die Geschichtsdebatte die Funktion, die unterschiedlichen Verstrickungen und Verantwortlichkeiten im DDR-Totalitarismus im nachhinein zu legitimieren. Typische Muster der Geschichtsklitterung und der Verweigerung, sich über Lippenbekenntnisse hinaus mit der Vergangenheit auseinander zu setzen, finden sich bei der PDS von Anfang an.

Im Programm von 1993 sagt die PDS über ihre Ursprünge: „Wir sind Mitglieder einer Partei, die aus unterschiedlichen Traditionen hervorging. Die Ursprünge unserer Partei liegen im Aufbruch des Herbstes 1989 in der DDR, als wir aus der SED heraus dazu beitragen wollten, die Gesellschaft in der DDR umfassend zu reformieren".[685] Im Programmentwurf von 2001 sind keine wesentlichen Revisionen vorgenommen worden. Die PDS spricht davon, dass sie „aus dem Protest von SED-Mitgliedern gegen das Politbüro und aus dem Willen, vollständig mit den Inhalten und Erscheinungen stalinistischer und nachstalinistischer Entstellungen der sozialistischen Idee" zu brechen, entstanden sei.[686] Diese Darstellung ist erheblich verkürzt und erinnert stark an kommunistische Legendenbildung. Die SED stand im Herbst 1989 nicht an der Spitze der Reformbewegung[687] innerhalb der DDR, auch wenn einigen eine partielle Demokratisierung vorgeschwebt haben mag. Vielmehr hat sie alles getan, das Staatswesen und somit die Macht möglichst unbeschadet zu erhalten.[688] Die im PDS-Programm wiedergegebene Sicht des Zusammenbruchs der DDR hat schönfärberische Tendenzen.

Die immer wieder beschworene Vergangenheitsbewältigung folgt z. T. dem orthodox-kommunistischen Paradigma des Klassenkampfes, das nicht nur im deutschdeutschen, sondern gerade auch im internationalen Kontext von der Ebene der Systemkonfrontation überlagert wurde. Ist die Geschichte eine Geschichte der Klassenkämpfe und somit eine Geschichte des Kampfes von kapitalistischen und sozialistischen Systemen, dann kann es nur Verlierer und Gewinner dieser Geschichte geben. Die von der PDS favorisierte Erklärung des Zusammenbruchs der DDR folgt dieser Denkweise. So sagte Uwe-Jens Heuer zur Arbeit der Enquete-Kommission des Bundestages: „Ich glaube, sie sollten verstehen, dass in keiner Partei so viel über Geschichte nachgedacht wird, wie in dieser Partei. Und das ist natürlich, weil wir eine welthistorische Niederlage erlitten haben. Sieger denken gewöhnlich weniger gut nach."[689] Diese, dem historischen

---

685 PDS, 1993, S. 3.
686 PDS, 2001, S. 22.
687 Vgl. Heydemann/Mai/Müller, 1999; Maier, 1999. Für die Retrospektive der PDS: Modrow, 1998.
688 Vgl. Welzel, 1992; Poppe/Eckert/Kowalczuk, 1995; Eppelmann/Möller/Nooke/Wilms, 1996; Thaysen, 1990a-b.
689 PID, Nr. 26/1994, S. 15.

Materialismus geschuldete Auffassung, derzufolge Geschichte wissenschaftlich erkennbare Gesetzmäßigkeiten aufweise und als Geschichte von Klassenkämpfen vorhersehbar sei (und somit eine Geschichte von Siegern und Besiegten ist), findet sich auch im PDS-Parteiprogramm von 1993, wo lediglich das „Scheitern des sozialistischen Versuchs"[690] bedauert wird. Im Jahre 2001 formuliert die PDS gleichsam eine kommunistische Dolchstoßlegende: „Der Versuch, eine sozialistische Ordnung zu gestalten, war von Beginn an von der Feindschaft und der Konfrontation einer kapitalistischen Umwelt bedroht". In dem 1995er Parteitagsbeschluß „Sozialismus ist Weg, Methode, Wertorientierung und Ziel"[691] wird das dialektische Prinzip der Analyse wiederholt zum Programm erhoben. Danach ist die PDS „verpflichtet", an der Geschichte der SED und der DDR „sozialistische Kritik zu üben. Für uns ist an der SED und an der DDR nicht das negativ zu beurteilen, was an ihnen sozialistisch war, sondern das viele, das an ihnen nicht sozialistisch war". „Nichtsozialistische" Kritik, die etwa einen Zusammenhang zwischen der Ideologie und den politischen Realitäten herstellt, wird damit aus dem Kontext der Erklärungen verbannt.

Neben der Integration alter Eliten kommt der Argumentationsweise eine zentrale ideologische Funktion zu, die wiederum dem marxistisch-leninistischen Denken geschuldet ist. Zu den ständig wiederkehrenden Formulierungen der PDS gehört, dass 1989/90 eine „große, entscheidende Niederlage erlitten" worden sei.[692] Wer diese Niederlage erlitten hat, präzisiert die KPF. Danach habe die „deutsche wie die internationale Arbeiterbewegung eine ihrer größten Niederlagen erlitten".[693] Dieser Logik folgend wird die Systemtransformation von der Diktatur[694] zur Demokratie als Sieg des Kapitalismus und des Imperialismus im immerwährenden Klassenkampf verstanden.

Die PDS akzeptiert nach wie vor nicht die Polarität von Demokratie und Diktatur, sondern die von Kapitalismus und Sozialismus. Sie fühlt sich somit immer noch der Dimitroff-Formel von 1935 verpflichtet. Zum einen wird daran deutlich, dass sich die PDS der Auseinandersetzung mit dem „verordneten Antifaschismus" entzieht. Zum anderen weist die PDS dem Antifaschismus die gleiche Funktion zu, die ihm von der SED zugeschrieben wurde: innenpolitische moralische Basis für den alleinigen Herrschaftsanspruch. Solche Verzerrungen und Deformierungen des Geschichtsbilds waren bis 1990 typisch für die Selbstmythisierung der DDR, da die SED-Diktatur versuchte, aus der Geschichte ihre fehlende demokratische Legitimität herzuleiten.

Die Geschichtsdebatte der PDS schleicht sich um die Anerkennung der SBZ/DDR als Diktatur herum, indem sie die Frage anders formuliert: „Ist der Weg zur Bundesrepublik Deutschland der einzig zu akzeptierende" oder sind „Alternativen nicht nur denkbar,

---

690 PDS, 1993, S. 8.
691 Disput, H. 3-4/1995, S. 28.
692 Exemplarisch für vieles, PID, Nr. 50/1992, S. 12. Interessanterweise benennt Heuer, der diese These fast schon gebetsmühlenartig vertritt, immer nur das unbestimmte Subjekt „Wir" als Verlierer.
693 PID, Nr. 28/1991, S. 13.
694 Die PDS vermeidet das Wort Diktatur und spricht von „Demokratiedefiziten".

sondern auch historisch legitim?"[695] Diese Fragestellung verschleiert, dass es sich bei der DDR nicht um eine „legitime Alternative", sondern um einen totalitären Staat handelte. Um den Beweis für einen im Zeitverlauf pervertierten, jedoch legitimen Sozialismusversuch zu erbringen, werden verschiedene Dogmen aufgestellt.

In ihrem 1993er Programm geht sie in einem eigenen Kapitel auf die Entwicklung des Sozialismus und die Gründung der DDR ein.[696] Das ist ein deutlicher Unterschied zu ihrem Programm von 1990, wo die PDS noch keine Stellung zu ihrer Vergangenheit nimmt.[697] Das völlige Fehlen eines Legitimationsversuchs deutet darauf, dass sie damals das Fortbestehen der DDR nicht ernsthaft in Frage stellte. Sie reklamierte lediglich, aus den „revolutionären und demokratischen Traditionen des deutschen Volkes und aus dem Antifaschismus" zu schöpfen. Erst 1993 rechtfertigt und verteidigt sie die Entstehung der DDR mit Argumentationsmustern der SED und verklärt die DDR als „Sozialismusversuch".[698] Nach 1945 hätten sich „Millionen Menschen" für den „Aufbau einer besseren Gesellschaftsordnung und für ein friedliebendes Deutschland in Überwindung des faschistischen Erbes" eingesetzt. „Dies bedarf keiner Entschuldigung", definiert die PDS im Programm von 1993 und im Programmentwurf von 2001.[699] Die PDS spricht davon, dass die Gründung der DDR ebenso wie die der Bundesrepublik eine legitime, zeitgenössische Alternativen gewesen sei. Sie wird mit der gleichen Trias wie schon bei der SED gerechtfertig: Sozialismus, Frieden, Antifaschismus[700]. Zu deren Aufbau war die SED (KPD) die „berufene"[701] Kraft. Dabei wird das eigene Verständnis von Antifaschismus und sozialer Gleichstellung nach wie vor verabsolutiert und geleugnet, dass auch andere, demokratische Wege zum gleichen Ziel führten. Dass von Anfang an eine stalinistische politische Diktatur etabliert wurde, bleibt ausgeblendet.

Auch im Parteiprogramm von 1993 bildet die Systemauseinandersetzung nach den Vorgaben des Klassenkampfes das zentrale Erklärungsmuster. „Die antifaschistisch-demokratischen Veränderungen im Osten Deutschlands und später das Bestreben, eine sozialistische Gesellschaft zu gestalten, standen in berechtigtem Gegensatz zur Rettung des Kapitalismus in Westdeutschland, der durch die in der Menschheitsgeschichte unvergleichlichen Verbrechen des deutschen Faschismus geschwächt und diskreditiert war."[702] Die Beschreibung folgt dem orthodox-kommunistischen, von der Komintern zur Parteilinie erhobenen Verständnis, wonach Demokratie und Faschismus lediglich austauschbare Erscheinungsformen der Herrschaft des Kapitalismus seien. An dieser

---

695 Benser, 1992, S. 3.
696 PDS, 1993, S. 8 ff.
697 PDS, 1990a.
698 PDS, 1993, S. 8.
699 PDS, 1993, S. 8; PDS, 2001, S. 22.
700 Zur Entwicklung des Antifaschismus und seiner Instrumentalisierung: Ammon, 1990, S. 586 ff.
701 „Zum 50. Jahrestag des Zusammenschlusses von KPD und SPD", ND vom 18. Dezember 1995. Vgl. PDS, 1993; PID, Nr. 25/1994, S. 1 ff.
702 PDS, 1993, S. 8; PDS, 2001, S. 22.

Betrachtungsweise hat sich 2001 wenig geändert. Die vorgeblich moralische Legitimation wird im Programmentwurf wortgleich durch das klassische Feindbild „Westdeutschland" erhöht.

In der schwelenden Programmdebatte werden sozialistische Geschichtslegenden nicht revidiert. Die Oktoberrevolution war der „legitime Versuch einer Antwort auf das zivilisatorische Versagen des Kapitalismus". Zwar ist die Version von 2001 gegenüber 1993 abgemildert,[703] die Grundaussage bleibt allerdings unverändert. Zudem habe die Oktoberrevolution dazu beigetragen, die „heute akut gefährdeten sozialen und politischen Zugeständnisse an die arbeitenden Menschen in den kapitalistischen Zentren durchzusetzen".[704] Eine Erklärung, warum dies der Sowjetunion ausgerechnet außerhalb und nicht innerhalb ihres Machtbereichs gelungen sein soll, wird nicht gegeben. Der Alleinvertretungsanspruch der SED bzw. der Sowjetunion begründet sich aus der Behauptung, dass nur sie Garant gegen Faschismus und Krieg gewesen seien.

Der Frage, warum der Sozialismus von Anfang an nur mit den Mitteln der Diktatur durchgesetzt werden konnte, verschließt sich die PDS. Würde sie z. B. nur die Frage stellen, warum es in der DDR keine freien Wahlen gab, würde sie ihren Grundglauben verletzen: dass der Zweck die Mittel heilige. Daher fällt die Kritik an der Oktoberrevolution und der DDR zwiespältig aus. Bei der Oktoberrevolution wird ihre „staatssozialistische Entartung" kritisiert, die „Millionen sinnlose und unverzeihliche Opfer" gekostet und (vielleicht noch schlimmer) „die Idee des Sozialismus nachhaltig beschädigt"[705] habe. Terror und Verbrechen, die von Anfang an das Wesen der sozialistischen Revolution bestimmten, werden weiterhin negiert. Die Tatsache, dass die Bolschewiken die zaghaften Anfänge der parlamentarischen Demokratie sofort begruben, ist für die PDS nicht erwähnenswert. Auch hier wird nicht der Maßstab von Demokratie und Diktatur zugrundegelegt, sondern die Frage, ob der Sozialismus installiert werden konnte. Somit sind nicht etwa dem Sozialismus Verfehlungen vorzuwerfen, sondern nur der „Entartung". Die Kritik an der SED fällt zwiespältig aus. Ihr werden „schmerzliche Fehler, zivilisatorische Versäumnisse" und „unentschuldbare Verbrechen"[706] vorgeworfen.

Im Programm von 1993 (aber auch von 2001) werden die „Errungenschaften" der DDR, wie die „Beseitigung der Arbeitslosigkeit, [...] Überwindung der Armut, ein umfassendes soziales Sicherungssystem"[707] glorifiziert. Dass hierin auch die Ursachen des Scheiterns zu suchen sind und die „Errungenschaften" nur unter den Bedingungen eines totalitären Staates, einem äußerst geringen materiellen Standard und nur in einem ineffektiven Wirtschaftssystem möglich war, findet keinen Eingang in die Analyse.[708]

---

703 „Dem welthistorischen Ereignis der sozialistischen Oktoberrevolution verdankt die Menschheit grundlegende günstige Entwicklungen im 20 Jahrhundert", PDS, 1993, S. 9.
704 PDS, 2001, S. 22.
705 PDS, 2001, S. 22.
706 PDS, 2001, S. 22.
707 PDS, 1993, S. 9; PDS, 2001, S. 22.
708 Vgl. Pfahl-Traughber, 1995.

Zwar räumt die PDS ein, dass die Herrschaft des Stalinismus von „Willkür, Grausamkeit und Bürokratie" erfüllt gewesen sei und es in der Entwicklung der DDR auch „Fehler, Irrwege, Versäumnisse und selbst Verbrechen gegeben" habe, doch wiederum wird die Frage nach den Ursachen und den Fehlern des Systems nicht gestellt. Wortgleich sagt die PDS im Programm 1993 und im Programmentwurf 2001: „Die traditionelle Gewaltenteilung wurde abgelehnt, der Sinn demokratischer Wahlsysteme missachtet [...]. Es kam zu einer falschen, in großem Maße von Misstrauen gegen die Bevölkerung des eigenen Landes erfüllten Sicherheitspolitik". Pfahl-Traughber stellt diese Aussagen in den Kontext von Verschwörungstheorien und schreibt, dass die „kritisierten Entwicklungen fast schon als Folge schicksalhaften Wirkens beschrieben" werden.[709]

Im Sondervotum zur Enquete-Kommission[710] wird die Installation der Diktatur und die Gleichschaltung des Parteiensystems im SED-Jargon verteidigt, indem immer wieder ein breiter antifaschistischer Konsens postuliert wird. So sei die „Einheitsfront der antifaschistisch-demokratischen Parteien" nicht als „bloßes Instrument zur Gleichschaltung der Parteien entstanden". Der „Block" sei als ein im „Konsens handelndes Mehrparteiensystem" angelegt gewesen, in dem die SED „einen seinerzeit nicht unbegründeten und von Politikern bürgerlich-demokratischer Parteien auch öffentlich akzeptierten Hegemonieanspruch" anmeldete.[711] Verurteilt werden die „restaurativen Sperrversuche" von Liberalen und Christdemokraten. Dass die Etablierung der Diktatur auf breite Zustimmung gestoßen sei, begründet die PDS damit, dass die entmachteten Blockparteien nach 1948 in ihren „parteioffiziellen Geschichtswerken" die „antifaschistisch-demokratische Erneuerung" als „traditionsbegründende Leistungen gefeiert" haben.[712]

Dem Weg der Errichtung der Diktatur in der DDR wird die gleiche Legitimität zugesprochen wie der Gründung der Demokratie. So schreibt die PDS, dass es „nicht akzeptiert" werden könne, „wenn ausschließlich dem parlamentarischen Weg in der Bundesrepublik Deutschland, bei dem überdies die weichenstellenden Entscheidungen nicht von der Bevölkerung getroffen werden konnten, Legitimität zugesprochen" werde.[713] Diese unverhohlene Ablehnung des Parlamentarismus zeigt sich auch in einer weiteren Aussage, in der die parlamentarische Entwicklung mit der diktatorischen gleichgesetzt wird. „Die Gründung der Bundesrepublik war von Parlamentswahlen begleitet, die Gründung der DDR von einer öffentlich geführten Verfassungsdiskussion und der ihrem Charakter nach außerparlamentarischen Volkskongressbewegung für Einheit und gerechten Frieden, die von der überwiegenden Mehrheit der organisierten politischen und gesellschaftlichen Kräfte getragen war."[714]

709 Pfahl-Traughber, 1996, S. 163.
710 Deutscher Bundestag, 1994b, S. 250 ff.
711 Deutscher Bundestag, 1994b, S. 255.
712 Deutscher Bundestag, 1994b, S. 255.
713 Deutscher Bundestag, 1994b, S. 255.
714 Deutscher Bundestag, 1994b, S. 255.

Die Gründungsphase für moralisch sakrosankt erklärend, tabuisiert die PDS wissenschaftliche Fragestellungen und verhindert eine ernsthafte Auseinandersetzung. Nach der PDS darf nicht hinterfragt werden, warum und wie sich in der DDR eine Diktatur etablierte, da dies durch das moralische Diktum des Antifaschismus gedeckt ist. Der Antifaschismus diente der SED als Legitimation für die Errichtung der Diktatur und erfüllt heute bei der PDS die gleiche Funktion. Den Charakter eines legitimatorischen Instruments für kommunistische Machtansprüche hat er nicht verloren. Dabei wurde unter dem Vorwand des Antifaschismus der Parteien-Pluralismus ausgehebelt, indem die „antifaschistische Einheit" über das „Parteiengezänk" gestellt wurde.[715] Er wurde gegen tatsächliche oder vermeintliche Systemgegner eingesetzt und von der SED für ihre internationale Anerkennung instrumentalisiert.

Die PDS weigert sich anzuerkennen, dass die KPD und später die SED nie demokratisch legitimiert waren. In der PDS-Argumentation war der Führungsanspruch der Kommunisten „moralisch" legitimiert[716] und hat so eine quasireligiöse Konnotation. So sei die „Arbeiterklasse" für den „antifaschistisch-demokratischen" Staatsaufbau „berufen" gewesen.[717] Neben der moralischen Argumentationslinie wird noch die These vom Verrat aufgestellt. Danach hätte „allein der Hochverratsakt der Gründung des deutschen Separatstaates von Amerikas, Englands und Frankreichs Gnaden" ausgereicht, um die „Gegengründung" zu legitimieren.[718]

Die PDS leugnet, dass unter der Herrschaft der SMAD die Basis der DDR-Diktatur gelegt wurde. Dafür baut sie die Legende eines demokratischen Neubeginns auf, der erst 1948 mit der Umwandlung der SED in eine „Partei neuen Typus" zum Ende gekommen wäre. So sei erst seit 1947/1948 von der „Erringung parlamentarischer Mehrheiten [...] nicht mehr die Rede" gewesen.[719] Sie setzt sich nicht damit auseinander, dass von Anfang an Moskau-hörige Kommunisten ihren Machtanspruch rigoros durchsetzten. Nach der PDS habe sich erst nach 1947 der „Machtanspruch einer kleinen, „abgehobenen, selbstherrlichen, der KPdSU-Führung treu ergebenen Führungsschicht" ergeben. Um einen demokratischen Beginn zu beweisen, wird der von Anton Ackermann formulierte „besondere deutsche Weg" angeführt, demzufolge es eine selbständige, nationale Entwicklung zum Sozialismus geben solle.[720] Der „Dritte Weg" gehörte allerdings wie die Umwandlung in die „Partei neuen Typus" zur Generallinie der Komintern, der auch die KPD folgte. Anton Ackermann handelte mit der Formulierung und Widerrufung seiner Thesen im Einklang mit der Parteiführung und der KPdSU bzw. formulierte und präzisierte lediglich die neue Generallinie der kommunistischen Weltbewegung.

---

715 Ulbricht, 1958, S. 11.
716 Deutscher Bundestag, 1994b, S. 259.
717 „Zum 50. Jahrestag des Zusammenschlusses von KPD und SPD", ND vom 18. Dezember 1995.
718 So Wolfgang Harich in einem Interview. Vgl. ND vom 21. Juni 1994.
719 Deutscher Bundestag, 1994b, S. 259.
720 Deutscher Bundestag, 1994b, S. 267.

Die Legende der demokratischen Frühphase spielt auch bei der Frage der Vereinigung von SPD und KPD 1946 eine Rolle. Die SED habe sich erst 1948 durch den Kalten Krieg „nach dem Vorbild der stalinistischen KPdSU(B)" entwickelt.[721] Vorher sei die SED dem „Statut nach eine demokratisch strukturierte Partei gewesen".

Die PDS leugnet den diktatorischen Charakter der Zwangsvereinigung von SPD und KPD, die der Durchsetzung von Machtinteressen der Kommunisten diente. In dem von der Historischen Kommission vorgelegten Dokument über die Vereinigung zur SED werden zwar Elemente des Zwanges eingeräumt, im Übrigen wird aber auf alte Argumentationsmuster zurückgegriffen. Lediglich an einer Stelle wird eingeräumt, die KPD habe „kein durchgreifendes Verhältnis zur Demokratie gefunden". Ansonsten wird die Politik der KPD geschönt, Fakten werden als Halbwahrheiten wiedergegeben und mehr als fragwürdige Vergleiche angestellt. So hätten die westlichen Besatzungsmächte „ein chancengleiches Agieren" der politischen Kräfte verhindert, da sie gegen eine „linke Hegemonie" gewesen seien. Abgesehen davon, dass dies nicht der Wahrheit entspricht, wird der Versuch unternommen, das Verhalten der SMAD zu relativieren. Erkennbar wird, wie verhalten die PDS dem Parteienpluralismus gegenübersteht. Sie kritisiert, dass „an die Stelle antifaschistischer Gemeinsamkeit neubelebter Parteienegoismus" getreten sei. Das erinnert an die totalitäre Ideologien prägende Sehnsucht nach dem „überparteilichen" Gemeinwohl, mit dem der eigene Machtanspruch kaschiert wird.

Die fehlende demokratische Legitimation der SED wird nicht kritisiert, sondern als entbehrlich angesehen. Die Vereinigung wird als zeithistorische Notwendigkeit dargestellt, deren Richtigkeit nicht weiter durch Wahlen legitimiert werden musste. So habe die Vereinigung auf der zeitgenössischen „Tagesordnung" gestanden (es fragt sich nur, von wem auf dieselbe gesetzt). Es habe viele „überzeugt", dass die zum „antifaschistisch-demokratischen Neuaufbau berufene Arbeiterklasse eine einheitliche Führung in Gestalt einer marxistischen Einheitspartei brauche". Dass die Sozialdemokratie nicht ihrer Stärke entsprechend in die Verteilung der Funktionen ging, wird durch „höhere Gewalt" erklärt. Schuld daran sei, dass die Vereinigung nur in der SBZ stattfand und die West-SPD sich den Bestrebungen widersetzte. „Damit", so der Kommentar der historischen Kommission, „war die Möglichkeit vergeben [...], das sozialdemokratische Potenzial seiner Bedeutung und seinem Einfluss nach entsprechend zur Geltung zu bringen". Die Tatsache, dass in der SBZ keine Urabstimmung der Mitglieder der SPD und KPD über den Zusammenschluss stattgefunden hat, da sie von der SMAD verboten wurde, tut der PDS-Argumen-tationslinie keinen Abbruch. Schließlich seien die Parteifusionen 1990 auch ohne Urabstimmungen erfolgt. Die Gleichsetzung von Demokratie und Diktatur wird auch von Gysi betrieben. Auf dem 4. Parteitag 1996 setzte er die SPD in Zugzwang, indem er sie aufforderte, sie solle ihre Geschichte aufarbeiten, zu der auch gehöre, dass die „Führungsgremien der Partei geschwiegen haben, als die KPD 1956 in

---

721 Dieses und die folgenden Zitate: „Zum 50. Jahrestag des Zusammenschlusses von KPD und SPD", ND vom 18. Dezember 1995.

der Bundesrepublik Deutschland undemokratisch verboten wurde und deren Mitglieder [...] strafrechtlich verfolgt wurden".[722] Die PDS unterstellt damit nach wie vor, dass die Justiz in der Bundesrepublik eine Gesinnungsjustiz sei (und keine Tatjustiz), die „Kommunisten" wegen ihrer Meinung verfolgt hätte.

Auch 2001 kann sich die PDS in der Frage der Zwangsvereinigung nicht von alten Dogmen lösen.[723] Der Versuch von Petra Pau und Gabriele Zimmer, eine „Entschuldigungs-Erklärung"[724] zu lancieren, wurde durch den Beschluss des Parteivorstandes vom 5. Mai 2001 konterkariert.[725] Dort hieß es: „Die Vereinigung von KPD und SED war historisch legitim und bedarf als solcher keine Entschuldigung". Die Positionen der PDS zur Frühphase der DDR scheinen alles in allem weit davon entfernt, historische Vorgänge unabhängig von Parteiinteressen aufzuarbeiten.

Seit ihrer Gründung beschäftigt sich die PDS intensiv mit dem Phänomen „Stalinismus", ohne dass sich bis heute Konturen abzeichnen, was sie darunter versteht. Die Extreme reichen von der Ablehnung des Stalinismus als Kampfbegriff des politischen Gegners[726] bis zu einer weitgehenden Übernahme des westlichen Forschungsstandes.[727] Der einzige Konsens in der PDS ist der immer wieder beschworene „antistalinistische Gründungskonsens",[728] dessen Inhalt freilich diffus ist.

Die uneinheitliche Auseinandersetzung mit dem Stalinismus hat vor allem strategische Gründe. Zum einen könnte durch die Festlegung des Inhalts eine Spaltung provoziert werden, da unterschiedliche ideologische Richtungen ausgegrenzt würden. Die PDS verweigert sich der sozialistischen Gretchenfrage: Inwieweit der Stalinismus im Sozialismus angelegt war. Je nachdem, wie die Frage beantwortet wird, ergibt sich ein argumentatives Dilemma. Wenn die Entwicklung in der Sowjetunion und später in der DDR oder im internationalen Kommunismus stalinistisch war, war sie nicht sozialistisch. Wenn die Entwicklung sozialistisch war, ist sie auch stalinistisch gewesen. Um dieses Dilemma zu umgehen, werden unterschiedliche Argumentationsmuster benutzt, die im Folgenden exemplarisch vorgestellt werden.

Nach einer Definition von Weber lässt sich der Stalinismus in einen „allgemeineren" und „engeren" Kern unterscheiden. Als allgemeinen Kern des Stalinismus sieht er ein „gesellschaftspolitisches System", „die Allmacht, die Diktatur der kommunistischen Partei, die mit Hilfe der politischen Polizei (in der DDR das Ministerium für Staatssicherheit) das gesamte öffentliche Geschehen bestimmte." Zum engeren Kern des Stali-

---

722 Disput, H. 2/1996, S. 1.
723 Vgl. Schmeitzner, 2002, S. 101.
724 „Erklärung aus Anlass des 55. Jahrestages der Vereinigung von KPD und SPD", ND vom 19. April 2001.
725 PID, Nr. 19/2001, S. 2.
726 Vor allem bei Vertretern der KPF, z. B. Michael Benjamin, in den Mitteilungen der KPF, H. 12/1994, S. 8; auch bei Vertretern des MF, z. B. Uwe-Jens Heuer. Vgl. ND vom 19./20. Juni 1993.
727 U. a. Gehrcke, 1995.
728 PID, Nr. 3/1995, S. 14 ff. (Michael Schumann); PID, Nr. 49/1995, S. 14 ff. (André Brie).

nismus zählt er die „Willkürherrschaft mit blutigen ‚Säuberungen‘, gekennzeichnet durch völlige Rechtsunsicherheit und den Personenkult um Stalin, um die kleinen Stalins (Ulbricht oder Honecker)".[729] Vor einer solchen Einordnung schreckt die PDS weitgehend zurück. Lozek definiert einen Stalinismus im engeren und weiteren Sinne. Im engeren Sinne sei Stalinismus die Herrschaftsperiode Stalins, im weiteren Sinne die „internationale Transformation".[730] Damit wird Stalinismus nicht als System, sondern als Erscheinung einer Epoche begriffen, dessen Strukturen nicht übertragbar sind.

Übergangen wird die Frage, wieweit die sowjetische Diktatur bereits bei Lenin angelegt war. Stillschweigend unterstellt man, die Diktatur habe erst mit Stalin begonnen.[731] Zur Untermauerung wird die trotzkistische Position wieder eingenommen, wonach der Stalinismus ein bürokratisch entarteter Sozialismus sei, Lenin also durch Stalin pervertiert worden bzw. Stalinismus lediglich eine zeitlich begrenzte Deformation des Marxismus-Leninismus gewesen sei. Lozek schreibt in einem Band, der die Debatte in der PDS widerspiegeln soll, Stalinismus äußere sich hauptsächlich im „bürokratischen System der politischen Machtausübung".[732] Wagenknecht beschrieb Stalin als legitimen, in seinen theoretischen Fähigkeiten oft zu Unrecht unterschätzten Nachfolger Lenins.[733]

Eng mit der Deformationsthese ist die „Sonderwegsthese" verbunden. Der Stalinismus sei in der Sowjetunion das einzig adäquate Mittel zum Aufbaue des Sozialismus gewesen, da die Sowjetunion von „imperialistischen" Feinden umgeben gewesen sei. Der Zusammenbruch des Sozialismus habe demnach mit der „Entstalinisierung" seit dem XX. Parteitag begonnen, womit eine kommunistische Dolchstoßlegende in die Welt gesetzt wird. Exponent dieser Richtung ist Wagenknecht: „Was immer man [...] gegen die Stalin-Zeit vorbringen mag, ihre Ergebnisse waren jedenfalls nicht Niedergang und Verwesung, sondern die Entwicklung eines um Jahrhunderte zurückgebliebenen Landes in eine moderne Großmacht, während eines weltgeschichtlich einzigartigen Zeitraumes".[734]

Die Verletzung von Demokratie und Menschenrechten tritt bei der Analyse des Stalinismus in den Hintergrund. Die PDS beschwört kontinuierlich den „antistalinistischen Gründungskonsens", füllt diesen allerdings inhaltlich nicht aus, da sie bei einer strikten Festlegung eine Spaltung befürchtet. Am Beispiel von Sahra Wagenknecht lässt sich die

---

729 Weber, 1990a, S. 1062. Vgl. Malycha, 1997.

730 Lozek, 1994, S. 23.

731 Dass der kurze demokratische Aufbruch Russlands durch Lenin mit der Auflösung der Konstituanten beendet wurde und Lenin so nicht für den Beginn sondern das Ende der demokratischen Entwicklung steht, wird von der PDS nicht betont. Lenin begründet, dass Machterwerb und Machterhalt jegliches Handeln rechtfertigen. Vgl. Voslensky, 1995; Pipes, 1997.

732 Lozek, 1994, S. 26.

733 Wagenknecht, 1992, S. 13. Sie war damals Mitglied des Bundesvorstandes und eine der Sprecherinnen der KPF. Unterstützung fand sie z. B. bei Wolfgang Harich, Vorsitzender der AEK. Vgl. ND vom 16./17. Januar 1993.

734 Wagenknecht, 1992. Sie hielt es in ihrer Analyse nicht für notwendig zu erwähnen, dass die „Modernisierung" der Sowjetunion mehrere Millionen Opfer kostete.

Doppeldeutigkeit der Debatte illustrieren. In den „Weißenseer Blättern" rechtfertigte sie den Stalinismus. Der Bundesvorstand der PDS distanzierte sich offiziell von diesen Äußerungen, da die Positionen „mit den politischen und programmatischen Positionen der Partei seit dem außerordentlichen Parteitag" nicht vereinbar seien,[735] tat aber nichts, um diese Positionen aus dem Konsens der PDS zu entfernen. Auch nachdem Wagenknecht den Einmarsch in die ČSSR 1968 als Niederschlagung der Konterrevolution gerechtfertigt hatte,[736] unterblieb eine eindeutige Distanzierung.

Die Ambivalenz im Umgang mit dem Stalinismus findet ihre Entsprechung im Umgang mit den Erblasten aus der Tätigkeit des MfS. Generell ist anzumerken, dass nicht jede Tätigkeit für das MfS automatisch zu verurteilen ist.[737] Doch soll hier nicht auf die Situation der IM in der DDR eingegangen werden, sondern auf den Umgang der PDS mit den Biographien ihrer Repräsentanten, verdeutlicht dieser doch, wie sehr die PDS als Verteidigerin des *status quo ante* noch in der Tradition der Staatspartei steht. Sie zielt eher auf Verständnis für die Täter bzw. die Exkulpation ihrer Taten denn auf Entschuldigung bei den Opfern und deren Rehabilitierung. Nach einigen IM-Skandalen von Repräsentanten der PDS wurde auf dem 2. Parteitag 1991 der Beschluss „Zur konsequenten, offenen und öffentlichen Auseinandersetzung der PDS mit der Problematik Staatssicherheit" gefasst. Darin wurden Mandats- und Funktionsträger darauf festgelegt, ihre Biographie offen zu legen und darüber Auskunft zu geben, ob sie als offizielle oder inoffizielle Mitarbeiter für die Staatssicherheit tätig waren. Bei Unehrlichkeit waren nur schwache und nicht zwingend zu handhabende Sanktionen vorgesehen (Ausschluss aus der Fraktion oder Abwahl). Für die normalen Mitglieder beinhaltete der Beschluss lediglich den Appell „sich kritisch gerade mit dieser Seite der Vergangenheit der Partei und seiner eigenen Biographie auseinander zu setzen".[738]

Der Skandal folgte auf dem Fuße. Ein Jahr nach dem Beschluss wurde bekannt, dass André Brie als IM „Peter Scholz" 19 Jahre für das MfS gearbeitet hatte,[739] ohne dass er den Vorstand davon in Kenntnis gesetzt hatte. Gysi war zwar informiert, deckte Brie allerdings. Der Rücktritt Bries ging eher auf öffentlichen Protest als auf Einsicht zurück. Brie war zu diesem Zeitpunkt Landesvorsitzender in Berlin und Nachfolger von Wolf-

---

735 PID, Nr. 49/1992, S. 2
736 Wagenknecht, 1995.
737 Müller-Enbergs, 1993, 1996, 1998. In der ersten PDS-Bundestagsgruppe waren Jutta Braband, Ilja Seifert und Gerhard Riege belastet. Gysi steht im Verdacht, Informationen von Mandanten ans MfS weitergeleitet zu haben. Der Vorsitzende des Berliner Landesverbandes Wolfram Adolphi und sein Nachfolger André Brie mussten wegen ihrer IM-Tätigkeit zurücktreten (1991 bzw. 1992). Rolf Kutzmutz, Bürgermeisterkandidat in Potsdam und 1994-2002 MdB, war IM. Der Pressesprecher der PDS Hanno Harnisch (Rücktritt 2001) wurde 1995 als „IM Egon" enttarnt. Er arbeitete 13 Jahre für das MfS. Die 1971 geborene Angela Marquardt, MdB 1998-2002, wurde als 15-Jährige vom MfS als IM geworben (was zeigt, dass das MfS nicht einmal davor zurückwich, Kinder und Jugendliche anzuwerben). Alle haben erst nach den Aktenfunden zugegeben, für das MfS gearbeitet zu haben. Im Falle von Brie und Harnisch war der engste Führungszirkel wohl informiert.
738 PDS, 1991c, S. 168.
739 „Der Kopf", Die Wochenpost vom 26. Januar 1995.

ram Adolphi, der wegen seiner Tätigkeit für das MfS zurücktreten musste. Brie trat von seinem Amt als Landesvorsitzender zurück, was aber nicht das Ende seiner politischen Karriere in der PDS markierte. Er leitete im Anschluss die Grundsatzkommission der PDS und im den Bundestagswahlkampf 1994 das Wahlbüro und sollte nach dem Willen der PDS-Führung auf dem 1995er Parteitag Bundesgeschäftsführer werden.[740]

Die PDS konnte sich nicht vom Image der „Stasi-Partei" befreien, was mit der Zusammensetzung ihrer Mitgliedschaft zusammenhängen könnte. Denn eigentlich hätte der Beschluss dazu dienen können, die reformwilligen Kräfte in der PDS zu stärken und zu einer offenen Aufarbeitung der Geschichte zu kommen. Doch wurde der Beschluss von breiten Teilen der Basis, aber auch der Parteiführung boykottiert.[741] Das mündete 1993 in einen Parteitagsbeschluß, in dem sich die PDS bei den MfS-Mitarbeitern für den ersten Beschluss entschuldigte. „Es wäre unsere Aufgabe gewesen, die berechtigten Interessen ehemaliger MfS-Mitarbeiterinnen und -Mitarbeiter – wie auch anderer öffentlich Bediensteter der ehemaligen DDR – entschiedener zu vertreten".[742] Die PDS habe die „öffentliche Anprangerung" der MfS-Mitarbeiter als „Sündenböcke entschieden zurückgewiesen". Nur aus Angst, als „Stasi-Partei diffamiert" zu werden, habe die PDS „Formen der pauschalen politischen Diskriminierung und sozialen Ausgrenzung" von MfS-Mitarbeitern „nicht ausreichend wahrgenommen bzw. unterstützt".[743] Nach Aussage ihres Vorsitzenden Harich arbeitete die AEK mit dem Insider-Komitee zur Aufarbeitung der Geschichte des MfS „unbefangen" zusammen. Über einen hauptamtlichen Mitarbeiter urteilte er: „In Klaus Eichner und seinen Genossen habe ich Männer schätzen gelernt, die sich durch Standhaftigkeit, Scharfblick und minutiöse Wahrheitsliebe auszeichnen. Auf ihre Ehre lasse ich nichts kommen".[744] In diesen Stellungnahmen zeigt sich die PDS als Interessenvertreterin der ehemaligen Eliten, nicht der Opfern der SED-Diktatur.

Der Umgang mit der MfS-Vergangenheit von PDS-Repräsentanten änderte sich auch nach 1993 nicht.[745] Dies lässt sich am Beispiel von Kerstin Kaiser-Nicht illustrieren. Nach Angaben des Spiegel[746] soll sie „unter dem Decknamen ‚Katrin' jahrelang als Inoffizielle Mitarbeiterin der Stasi gespitzelt" haben. „Schon als Studentin lieferte sie der Stasi intime Informationen über Kommilitonen und Dozenten". Obwohl sich Kaiser-Nicht eindeutig über den Beschluss des 3. Parteitages (1993) über die Offenlegung der politischen Biographien hinweggesetzt hatte, machte der Parteivorstand von den Sankti-

---

740 Er scheiterte mit der Kandidatur, wurde aber mit dem besten Ergebnis der Männerliste in den Bundesvorstand gewählt. Disput, H. 3-4/1995. Moreau/Schorpp-Grabiak, 2002, S. 340.
741 Die Gegner des Beschlusses schlossen überraschende Koalitionen. Nicht nur die breite Teile der Basis und die KPF, sondern auch Gregor Gysi war gegen den Beschlusses.
742 Disput, H. 3-4/1993, S. 12.
743 Disput, H. 3-4/1993, S. 12.
744 Zit. nach Keller/Kirchner, 1993, S. 66. Eichner war Oberst im MfS (HVA).
745 Vgl. Beschluss „Zur Offenlegung der politischen Biographie für Genossinnen und Genossen, die für Parteiämter oder Wahlmandate kandidieren, in: Disput, H. 13-14/1993.
746 Vgl. Der Spiegel, H. 37/1994.

onen bei Verstößen gegen den Beschluss keinen Gebrauch. Der Bundesvorstand begnügte sich mit der Feststellung: „Nach Einsicht in die vorliegenden Unterlagen ist zu vermuten, dass aus ihrer inoffiziellen Zusammenarbeit mit dem MfS kein Schaden für andere entstanden ist".[747] Das mag der Realität entsprechen. Frau Kaiser-Nicht konnte aber das Ausmaß ihrer IM-Tätigkeit nicht ermessen; sie hat zumindest billigend in Kauf genommen, anderen Schaden zuzufügen. Für den Bundesvorstand war der väterliche Rat, sie hätte sich „wesentlich kritischer auseinandersetzen müssen", und der eigentlich selbstverständliche Hinweis, sie möge „im Falle ihrer Wahl in den Bundestag mit ihrem Mandat verantwortungsvoll" umgehen,[748] schon der Gipfel der Kritik und Distanzierung. Kaiser-Nicht legte zwar auf öffentlichen Druck ihr Mandat nieder, wurde aber 1995 zur stellvertretenden Parteivorsitzenden in Brandenburg gewählt.[749] Die 1994er Ereignisse wohl vorausahnend, argumentierte Kaiser-Nicht, dass sie den „MfS-Beschluss" prinzipiell ablehne, auch gegen ihn gestimmt hätte, da sie „weder eine wirkliche Demokratie, differenzierte Einzelfallprüfungen ohne Vorverurteilung noch eine tolerante, menschliche Öffentlichkeit" erkennen könne.[750] Ähnlich liegt der Fall Lutz Bertram, der als IM „Romeo" die Kunstszene bespitzelte. Nachdem er aufgrund seiner Stasi-Tätigkeit den ORB verlassen hatte, wurde er „Medienberater" bei der PDS.[751] Am spektakulärsten ist der Fall Gysi, dessen Beziehungen zum MfS sich aufgrund der Quellenlage in einer Grauzone befinden.[752] Wo persönliche Schuld und Verstrickungen in das diktatorische Machtgefüge entschuldigt oder verschleiert werden und keine Konsequenzen nach sich ziehen, ist auch kritische Auseinandersetzung mit der Geschichte kaum zu erwarten.

Schließlich baut die PDS unter dem Stichwort „Vereinigungsunrecht" das Image des einzigen Sachwalters ostdeutscher Interessen auf. Hier versucht sie die Einheitsverlierer an sich zu binden, also jene Gruppe Ostdeutscher, die eine vermeintliche oder tatsächliche Beeinträchtigung hinnehmen mussten, oder dies in Zukunft befürchten. Zentrale Themenfelder der PDS sind dabei das Rentenüberleitungsgesetz (im PDS-Jargon: „Rentenstrafrecht"), die Frage der Regelung der DDR-Enteignungen und das soziale System (Forderung nach Vollbeschäftigung und Wohnraum). Vor allem im Bereich des sozialen Systems versucht die PDS, von der DDR-Nostalgie zu profitieren, indem sie suggeriert, die DDR hätte die Bereiche Arbeit und Wohnen besser gelöst als die Bundesrepublik.

---

747 PID, Nr. 38/1994.
748 PID, Nr. 38/1994.
749 Pressespiegel/Sonderdienst, H. 41, 27. Februar 1995; seit 1999 MdL in Brandenburg.
750 PID, Nr. 8/1993, S. 11.
751 „Mehr auf Umwegen", Der Spiegel, H. 4/1995. Nach einer PID-Mitteilung (Nr. 6/1997, S. 7) wurde 1997 der Honorarvertrag mit Lutz Bertram, in „gegenseitigem Einvernehmen aufgelöst".
752 Vgl. u. a. „War Gysi IM-Notar", FAZ vom 27. Oktober 1994; Der Bundesbeauftragte für die Unterlagen des Staatssicherheitsdienstes der DDR, Az.: 11635/92 Z, 26. Mai 1995; Gutachterliche Stellungnahme; Gysi./.Gauck, Widerspruch gegen das neue Gutachten; Munzinger-Archiv, Internationales Biographisches Archiv, „Gregor Gysi".

Damit erweckt sie zwar den Eindruck, sie würde gegen vereinigungsbedingte Ungerechtigkeiten vorgehen, verfolgt aber ein anderes Ziel, nämlich der kritischen Analyse des totalitären DDR-Regimes einen Riegel vorzuschieben. Die PDS vertritt die Interessen der alten Eliten, die infolge der deutschen Einheit den Verlust ihres sozialen Status, Privilegien und ihrer Beschäftigung hinnehmen mussten. Aufgrund ihrer Zugehörigkeit zur ehemaligen Führungsschicht erscheint dieser Gruppe die Integration in gleichwertige Hierarchieebenen der Bundesrepublik verschlossen. Diese tatsächlichen Einheitsverlierer haben mit der DDR ihre ideologischen Lebensziele verloren. Die Vergangenheitsbewältigung hat hier in erster Linie die Funktion, die Biographien gegenüber dem Westen als legitime Lebensentwürfe zu rechtfertigen.

Die PDS wehrt sich gegen die strafrechtliche Aufarbeitung der Verbrechen der DDR-Diktatur. Unter dem Stichwort der „Siegerjustiz" wird im Bereich der strafrechtlichen Aufarbeitung der Bundesrepublik unterstellt, „dass grundlegende rechtsstaatliche Prinzipien außer Kraft gesetzt" würden. Des Weiteren werde gegen den „fundamentalen rechtsstaatlichen" Grundsatz „Keine Strafe ohne Gesetz" verstoßen.[753] Die Begründung der PDS steht im Widerspruch zur Rechtswirklichkeit. Da die Justiz über Artikel 103 Grundgesetz an den *nulla-poena*-Grundsatz gebunden ist, kann sie lediglich Strafverfolgung vornehmen, wenn gegen DDR-Recht verstoßen wurde.[754] Somit kann es keine „Siegerjustiz" geben, da kein neues „politisches Strafrecht" geschaffen wurde bzw. da kein anderes Recht als das DDR-Recht zur Anwendung kommt. Mit ihrer Polemik gegen die „Siegerjustiz" wendet sich die PDS letztlich gegen die strafrechtliche Aufklärung und Verfolgung der Regierungskriminalität, also der Verletzung von DDR-Strafgesetzen durch die Machthaber der DDR in Ausübung ihrer Funktion.[755]

Eng damit verbunden ist der Protest der PDS gegen den Begriff „Unrechtsstaat". Lothar Bisky formuliert die Position der PDS folgendermaßen: „Unsere Position ist die einer deutlichen Kritik am Einsatz des Strafrechts gegen ehemalige DDR-Funktionsträger und andere sogenannte Staatsdiener. Das Vorgehen der bundesdeutschen Justiz ist nicht

---

753 Disput, H. 13-14/1993, S. 34.
754 Vgl. zum Rückwirkungsverbot des Art. 103 Abs. 2 GG: BverfGE 95, 96 „Mauerschützen".
755 Im November 1996 bildete sich nach dem Urteil des Bundesverfassungsgerichts zu den Mitgliedern des Nationalen Verteidigungsrates und deren Verantwortung für die Mauertoten eine „Ad-hoc-Gruppe" des PDS-Bundesvorstandes „Keine Strafe ohne Gesetz!" [PID, Nr. 47/1996; S. 1 ff.] In der Begründung heißt es: „So bleibt die politisch motivierte, juristische Verfolgung von VerantwortungsträgerInnen der DDR einmalig im Vergleich zu den anderen früheren Staaten des Warschauer Vertrages. [...] Allein wegen dieser Konstellation ist es zutreffend, von Siegerjustiz in Deutschland zu sprechen. Die Rechtsprechung in der Bundesrepublik verkennt auch die Tatsache, dass die DDR in Kenntnis ihres Grenzregimes international anerkannt und Mitglied der Vereinten Nationen war". Das Urteil des Verfassungsgerichts (BVerfGE 95, 96) verweist darauf, dass der Vertrauensschutz durch das Rückwirkungsverbot (Art. 103 Abs. 2 GG) zurücktreten muss, „wenn der Träger der Staatsmacht für den Bereich schwersten kriminellen Unrechts die Strafbarkeit durch Rechtfertigungsgründe ausschließt, indem er über die geschriebenen Normen hinaus zu solchem Unrecht auffordert, es begünstigt und die in der Völkerrechtsgemeinschaft allgemein anerkannten Menschenrechte in schwerwiegender Weise missachtet."

dem Streben nach Gerechtigkeit geschuldet. Es geht vielmehr um den – im übrigen längst gescheiterten – Versuch einer juristischen Delegitimierung der DDR, und damit verbindet sich eine bedenkliche Aushöhlung der Rechtskultur im Lande. [...] Den Versuch einer Kriminalisierung der DDR werden wir jedoch nicht hinnehmen. Die Fortsetzung des Kalten Krieges mit juristischen Mitteln, die in der Anwendung des Strafrechts ebenso wie in der Anwendung des Eigentumsrechts zum Ausdruck kommt, hat die innerdeutschen Widersprüche zugespitzt und eine neue Ostzone mit rechtlichem Sonderstatus geschaffen."[756] Noch klarer äußert sich Gabriele Zimmer, die dialektisch zwar anerkennt, dass es in der DDR Unrecht gegeben habe; die DDR sei deswegen aber kein Unrechtsstaat gewesen. Wenn nämlich die DDR ein Unrechtsstaat gewesen sei, hätten, so ihre Begründung, „die Menschen in diesem Land [...] alle ein verbrecherisches Leben geführt".[757]

In diesen Äußerungen wird das Selbstverständnis der PDS deutlich: Als Anwalt der ehemaligen Funktionseliten suggeriert sie, dass „politisches Strafrecht" zur Anwendung käme. Sie verschweigt, dass Anklagen nicht aufgrund „politischer" Fehler erhoben werden, sondern aufgrund von Vergehen gegen geltendes DDR-Recht (z. B. die Anklage wegen Veruntreuung gegen Harry Tisch). Außerdem erweckt sie den Eindruck, als würde die Bundesrepublik versuchen, alle Bürger der DDR zu kriminalisieren und sie so gegenüber dem „Westen" zu benachteiligen („Zwei-Klassen-Justiz"). Die PDS versucht so, in breiten Kreisen der Bevölkerung Misstrauen gegenüber der Bundesrepublik und ihrer Rechtskultur zu säen, indem sie antiwestliche Ressentiments verschärft. Zudem setzt sie die politisch Verantwortlichen mit dem Volk gleich, indem sie unterstellt, in einem Unrechtsstaat hätten auch die Bürger zum Unrecht beigetragen.

Das gespannte Verhältnis zur Demokratie offenbart sich immer wieder in der Verunglimpfung des Rechtsstaates durch die PDS. Prozesse gegen Politbüromitglieder, Mauerschützen und vor allem gegen die Symbolfigur des alten Systems, Hans Modrow, werden als „Delegitimierung" der DDR und als „Siegerjustiz" und „politisches Strafrecht" bezeichnet.[758] In dieser Haltung spiegelt sich das kommunistische Verständnis der „bürgerlichen Klassenjustiz" wider, mit der „unliebsame" politische Meinungen ausgeschaltet würden. Die Ablehnung und Diskriminierung des Rechtsstaates ist kein Minderheitenphänomen und findet sich bei einer Reihe höchster Repräsentanten der PDS.

---

756 Bisky/Heuer/Schumann, 1994, S. 9.
757 „Ein verbrecherisches Leben geführt", Die Welt vom 20. November 2001. Ähnlich äußerten sich auch Roland Claus und Rosemarie Hein.
758 Vgl. PID, Nr. 48/1996. „Der Versuch, das Wahrheitsmonopol der Herrschenden zu brechen, bleibt strafbar", so die Überschrift über den Prozess gegen Modrow. Vgl. zum Mauerschützenurteil des Bundesverfassungsgerichts: PID, Nr. 47/1996.

7. Linksextreme Einstellungen in der Bevölkerung

7.1 Ursachen extremistischen Denkens

Innerhalb der sozialwissenschaftlichen Forschung werden unterschiedliche Erklärungsmuster für die Entstehung und Entwicklung extremistischer Einstellungen und Verhaltensweisen verfolgt. Zwei Fragestellungen stehen im Vordergrund: Zum einen ist es Ziel, die Einstellungsstruktur und die Einstellungsdimensionen zu erfassen und ihr Zustandekommen zu erklären. Zum anderen soll politisches Verhalten analysiert werden, wobei der Erklärung des Wahlverhaltens eine herausragende Bedeutung zukommt. Vereinfacht man die Erklärungsansätze, wird Extremismus als Merkmal einer spezifischen Persönlichkeitsstruktur gesehen oder als Reaktion (bzw. Interaktion) auf eine soziale, ökonomische oder politische Lage. Je nach Ansatz wird Bezugsgruppen, der Sozialisation oder den Medien eine katalysierende Wirkung zugeschrieben. Die sozialwissenschaftliche Forschung bietet unterschiedliche Erklärungsmuster für die Entstehung und Entwicklung extremistischer Einstellungen und Verhaltensweisen.[759]

Den Persönlichkeitsanalysen liegt die Annahme zugrunde, dass eine bestimmte Ansammlung von Eigenschaften und psychischen Prädispositionen, die eine feste Persönlichkeitsstruktur ergeben und früh und dauerhaft erworben werden, politische Einstellungen und politisches Verhalten prägen.[760] Da die Persönlichkeitsstruktur nicht konstant, sondern im Prozess der lebenslangen Sozialisation wandlungsfähig ist, rücken die Bedingungen und die äußeren Einflüsse der Umwelt, die auf die Persönlichkeit einwirken, in den Vordergrund der Forschung. Unabhängig davon, welchen Stellenwert man der Persönlichkeitsstruktur bei der Erklärung extremistischen Verhaltens beimisst, muss ein ideologisches Moment – also eine von „rechten" bzw. „linken" Vorstellungswelten geprägte Einstellungsstruktur – bei der Erklärung mitherangezogen werden.[761]

Zu den zentralen Thesen der politischen Partizipation zählt, dass die Bedingungen, unter denen ein Individuum lebt, und die Erwartungen, die es an seine Umwelt hat, Einstellungen und Verhalten prägen. Daraus ergibt sich eine facettenreiche Forschungstradition, die als Ursachen für extremistische Einstellungen und extremistisches Verhalten Prozesse der sozialen Ungleichheit heranzieht. Dabei kann soziale Ungleichheit sowohl objektiver als auch subjektiver Natur sein. Hierzu werden die Hypothesen der relativen Deprivation[762] oder der Statusinkonsistenz[763] herangezogen. Im ersten Fall werden Erwartungen nicht erfüllt, im zweiten Fall wird der ökonomische oder gesellschaftliche Status als bedroht wahrgenommen, wobei eine tatsächliche Veränderung schon eingetreten sein kann. Diesen Hypothesen liegen auch volkswirtschaftlichen Untersuchungen zugrunde, die den Einfluss der gesamtökonomischen Faktoren (wie z. B. der Weltwirt-

---

759 Vgl. Winkler, Jürgen, 1996; Backes/Jesse, 1996.
760 Adorno, 1982; Rokeach, 1960, Schumann, 1990.
761 Falter (Klein), 1994; Falter/Klein, 1994; Klein/Falter, 1996.
762 Gurr, 1972.
763 Hofstadter, 1964; Lipset, 1964.

schaftskrise auf die Entstehung des Nationalsozialismus) prüfen. Insgesamt ist dieser Forschungszweig stark differenziert.[764] Als Folge der wirtschaftlichen Situation und gesellschaftlicher Umbrüche entstehen Verunsicherungen, Ängste und Unzufriedenheiten, die in der Wahl extremer Parteien oder im radikalen politischen Engagement münden. Unabhängig welche Hypothese aus dem ökonomischen Kontext den jeweiligen Ansätzen zugrunde liegt, die Gegenhypothese ist leicht formuliert: wirtschaftliche Stabilität und Prosperität oder soziale Gerechtigkeit verhindern Rechts- wie Linksextremismus.

Einen dritten Komplex bilden Hypothesen zum politischen System oder zur politischen Kultur. Hier werden Einstellungen, Werte und Erwartungen gegenüber dem politischen System und seinen Repräsentanten zur Erklärung herangezogen. Politischer Protest und extreme Einstellungen, aber auch politische Anomie entstehen als Folge gewandelter Ansprüche an das politische System oder als Folge veränderter Leistungen des Systems (z. B. sinkende Problemlösungskompetenz), die wiederum Unzufriedenheiten verursachen. In diesem Kontext wird auch nach der Integration ins politische System gefragt, da Desintegration zu Entfremdung und Orientierungslosigkeit führen kann, die ihrerseits Extremismus begünstigen können. Die hier skizzierten Erklärungsansätze stehen selten in Konkurrenz, sondern bedingen und erklären sich häufig gegenseitig.

Die empirische Extremismusforschung hat sich bisher überwiegend mit den Ursachen der Entstehung von Extremismus und dem Problem des Rechtsextremismus ausein-andergesetzt.[765] Die Erfolge der NPD in den 1960er Jahren bewerteten Scheuch und Klingemann als „normale Pathologie"[766]. Sie sahen, dass in allen westlichen freiheitlichen Industriestaaten ein Potential für rechtsradikale politische Bewegungen existiert, da diese Staaten „Spannungen auf verschiedenen Ebenen des sozialen Systems aufwiesen"[767]. Die Individuen reagierten auf diese Spannungen mit einer „Rigidität im Denken"[768]. Sie folgen damit den Ergebnissen von Adorno („autoritative Persönlichkeit": *authoritarian personality*), Rokeach, („rigides Denken": *closed mind*) und Eysenck (aggressiver Konservativismus: *tough mindedness*).[769] Diese Autoren verbindet, dass sie Rechts- wie Linksextremismus als Folge der Charakterstrukturen oder Persönlichkeitsmerkmale determinieren. Scheuch und Klingemann verweisen darauf, dass diese Einstellungsstrukturen jedoch „erst unter Extrembedingungen politisch unmittelbar relevant"[770] werden.

Empirische Studien, die sich mit Linksextremismus oder den Gemeinsamkeiten von Rechts- und Linksextremismus beschäftigen, sind in der deutschen Forschung selten.[771]

---

764 Vgl. Winkler, Jürgen, 1996; Backes/Jesse, 1996, S. 300 ff.
765 Vgl. für die gesamte Rechtsextremismusforschung: Falter/Jaschke/Winkler, 1996.
766 Scheuch/Klingemann, 1967, S. 82
767 Scheuch/Klingemann, 1967, S. 83
768 Scheuch/Klingemann, 1967, S. 85
769 Adorno, 1982, Rokeach, 1960, Eysenck, 1954.
770 Scheuch/Klingemann, 1967, S. 86
771 Klingemann/Pappi, 1972; Infratest, 1980; Noelle-Neumann/Ring, 1984.

Zu den offenen Problemen der empirischen Extremismusforschung zählt die Frage, was zum verbindlichen Wesensgehalt rechts- wie linksextremer Einstellungsstrukturen gehört. Von wenigen Ausnahmen abgesehen[772] sind auch Untersuchungen, die Extremismus nach inhaltlichen Ausprägungen erfassen, rar.

Von Pappi/Klingemann stammt eine der wenigen Studien, die extremistische Einstellungen dimensioniert und nach Gemeinsamkeiten von rechts- und linksextremistischen Einstellungen sucht.[773] Sie bilden antidemokratische Einstellungen im DKP- und NPD-Potenzial auf der Basis von vier voneinander unabhängigen Skalen ab: einer Grundrechte-, Totalitarismus-, NS-Ideologie-, Anomie- und autoritärer Traditionalismusskala, wobei die Anomieskala in die endgültige Skala nicht einbezogen wird, da sie als „intervenierende Variable" interpretiert wird.[774] Ziel war allerdings nicht die Erarbeitung einer gemeinsamen Einstellungsskala, sondern die Prognose der Wahlentscheidung. Die Autoren kommen hinsichtlich der Dimensionierbarkeit des Parteienraumes zu der Schlussfolgerung, dass DKP und NPD „nicht mehr als die beiden Endpunkte auf dem Rechts-Links-Kontinuum die am weitesten voneinander entfernten Parteien [...], sondern zwei Parteien mit manchen Gemeinsamkeiten" seien. Gemeinsamkeiten der Anhänger stellen sie im Hinblick auf „den norm-orientierten Demokratiebegriff" fest.[775]

Daran anschließende Studien der 1970er und frühen 1980er Jahren untersuchten rechts- und linksextreme Einstellungen jeweils separat.[776] Während SINUS den Rechtsextremismus in den Mittelpunkt stellt, untersuchen Noelle-Neumann/Ring Rechts- und Linksextremismus, jedoch nicht mit dem Ziel, gemeinsame ideologische Strukturen zwischen den Extremismen sichtbar zu machen, sondern die jeweiligen Verhaltensmuster, Lebensstile und biographische Muster zu erfassen. Die Infratest-Studie befasst sich mit dem politischen Protest von Rechts und Links. Sie steht damit in der Tradition der *political action*-Untersuchungen, die die politische Partizipation in der demokratischen Gesellschaft analysieren. Eine übergreifende Rechts- und Linksextremismusskala wird auch hier nicht getestet. Mit dem Aufkommen der REP rückte in den späten 80er Jahren verstärkt der Rechtsextremismus in den Fokus der Forschung, während die empirische Untersuchung von Linksextremismus weiterhin vernachlässigt wurde. Vor allem Falter und Stöss haben sich mit der empirischen Einstellungsmessung von Rechtsextremismus beschäftigt.[777] Das in der politischen Theorie strittige Konzept, was unter Extremismus insgesamt und in seiner rechten wie linken Ausprägung zu verstehen ist, findet sich nicht in der empirischen Forschung. Zwar existiert eine intensive Rechtsextremismusforschung, aber eine Linksextremismusforschung ist nicht existent. In den verschiedenen Studien wird der Rechtsextremismus mit unterschiedlichen *items* auf unterschiedli-

---

772 Z. B. Falter/Klein, 1994; Stöss, 1989; Niedermayer/Stöss 1998.
773 Klingemann/Pappi, 1972; Vgl. Kaase, 1971.
774 Klingemann/Pappi, 1972, S. 68.
775 Klingemann/Pappi, 1972, S. 110.
776 SINUS, 1981; Noelle-Neumann/Ring, 1984; Infratest 1980.
777 Stöss, 1989; Falter/Klein, 1994.

chen Dimensionen gemessen. Doch werden eher die spezifischen Inhalte denn die Strukturen eines rechtsextremen Weltbildes untersucht.[778] Falter spricht davon, eine Linksextremismusskala entwickelt und getestet zu haben, veröffentlicht diese aber nicht, da die „Skalenqualität ... [im Vergleich zur Rechtsextremismusskala] weniger gut den messtheoretischen Anforderungen" genüge. „Mit einer Interimsreliabilität von 0.68 bei den Querschnittsdaten und von knapp 0.60 im Osten und sogar leicht unter 0.60 im Westen bei Verwendung des Paneldatensatzes liegt sie je nach konsultierter Quelle gerade noch im Rahmen oder bereits unterhalb der üblichen Qualitätskriterien".[779] Die Zuverlässigkeit der Skala würde sich im Vergleich zur Rechtsextremismusskala, gemessen an Cronbachs Alpha, verringern, eine Veröffentlichung der *items* und der Zustimmungswerte in der Bevölkerung wären dennoch hilfreich gewesen.

Rechts- oder linksextremistische Einstellungen sind mehr als die Zustimmung zu einzelnen Aussagen aus dem jeweiligen ideologischen Spektrum. Hinter der Zustimmung zu Ideologieelementen wird eine extremistische Einstellungsstruktur vermutet, die beim Individuum dazu führt, dass es entweder dem Rechts- oder dem Linksextremismus stärker zuneigt. Unabhängig von den Strukturelementen extremistischen Denkens, weisen die Programme und politischen Aussagen der Parteien des rechts- und linksextremen Spektrums auf Gemeinsamkeiten und fließende Übergänge hin. Eine empirische Skala, die Strukturelemente von Extremismus misst, ist bislang nicht entwickelt worden. Ausgehend von einem extremistischen Gesamtsubstrat, das unterschiedliche Ausrichtungen annehmen kann, soll nachfolgend eine Extremismusskala entwickelt werden, die eine links- und rechtsextremistische Ausprägung hat.[780] Auf der theoretischen Ebene finden sich bei Backes[781] Hinweise, welche Dimensionen eine solche Skala enthalten sollte. Er entwickelt eine *definitio ex positivo* des Extremismus, in der extremistische Doktrinen auf ihre strukturellen Gemeinsamkeiten untersucht werden. Als deren Elemente definiert er: Absolutheitsanspruch, Dogmatismus, Fanatismus/Aktivismus, Utopismus/kategorischer Utopieverzicht, Freund-Feind-Stereotype und Verschwörungstheorien.[782] Unter Absolutheitsanspruch kann die „Verabsolutierung bestimmter Grundannahmen über die Wirklichkeit"[783] und unter Dogmatismus „ein System von Aussagen, das auf axiomatischen Setzungen basiert"[784], verstanden werden. Parallel zu den Annahmen über die Wirklichkeit und die Kategorisierung in wahr und falsch differenziert der politische Extremismus auch nach gut und böse. Freund-Feind-Stereotype treten so als quasi personalisierte Form von Absolutismus und Dogmatismus auf. Der Utopismus/Chiliasmus basiert auf dem einigenden Gedanken der Schaffung einer besseren

---

778 Falter, 2000, S. 406; Niedermayer/Stöss, 1998, S. 6.
779 Falter 2000, S. 406 ff.
780 Dabei wäre jede andere Ausprägung ebenfalls denkbar, so z. B. religiöser Extremismus.
781 Vgl. Backes, 1989, S. 328.
782 Vgl. Backes, 1989, S. 330.
783 Backes, 1989, S. 300.
784 Backes, 1989, S. 301.

Welt, auch wenn dadurch die bestehende Welt zerstört werden muss. Verschwörungstheorien basieren auf der Annahme, dass hinter dem Sichtbaren geheime manipulierende Kräfte am Werk sind, was die Theorien „gegenüber Versuchen der empirischen Prüfung immun"[785] macht. Auch Fanatismus und Aktionismus blenden (Selbst-)Reflexion weitgehend aus und bringen den extremistischen Theorien die notwendige Durchsetzungsfähigkeit. Doch in die empirische Analyse sollen auch noch andere Faktoren einfließen als die von Backes benannten. Sie mögen zwar unter dessen theoretischen Substraten subsumierbar sein, zunächst bilden sie aber eine eigenständige Dimension.

Präzise Prognosen über Einstellungsstrukturen und Größe von Anhängerschaften radikaler oder extremistischer Parteien bereiten der empirischen Sozialforschung Schwierigkeiten. Dazu gehören „Falschaussagen" der Befragten, die z. B. durch *non-attitudes* (dem Nicht-Vorhandensein einer Meinung) oder durch *forced choice* (dem Fehlen einer der Meinung des Befragten entsprechenden Antwortkategorie) entstehen können. Sie kommen auch dadurch zustande, dass beim Befragten die Entscheidung noch offen ist oder ein bestimmtes Meinungsklima dominant ist. Hauptproblem im Bereich der Extremismusforschung sind Fehlauskünfte aufgrund einer Verhaltensanpassung an die unterstellte soziale Erwünschtheit. Gegenüber einem fremden Interviewer zuzugeben, eine extremistische Partei zu wählen, verstößt gegen das Gebot der *political correctness*. Sympathisanten und Wähler extremistischer oder radikaler Parteien verbergen ihre Neigung daher häufig in Interviews.[786] Erfahrungsgemäß ist der Anteil „rechter" Wähler in Umfragen tendenziell unterrepräsentiert; erst bei Wahlen zeigt sich der tatsächliche Umfang.[787] Bei den eher „linken" Wählern aus den neuen Ländern scheint sich nach den bisherigen Erfahrungen dieses Problem nicht in diesem Ausmaß zu zeigen.[788]

Aus den genannten Gründen eignen sich für die Bestimmung von Potenzialen extremistischer oder radikaler Parteien „harte" Indikatoren wie die Wahlabsicht in der Regel nur bedingt. Daraus ergibt sich ein weiteres Problem der Extremismusforschung: die Stichprobengröße. Die Fallzahlen und somit die Wähleranteile extremistischer Parteien liegen in Umfragen häufig unter dem Grenzwert, der repräsentative Aussagen und differenzierende Betrachtungen noch zulässt. Daher bietet es sich an, „weichere" Indikatoren

---

785 Backes, 1989, S. 309.

786 Hierdurch kam es bei Wahlprognosen zu Fehleinschätzungen. Vgl. Neu/Zelle, 1992, S. 3ff.

787 Eines der spektakulären Beispiele war die Landtagswahl in Baden-Württemberg 1992, bei der die Republikaner 10,9 % der abgegebenen Stimmen erzielten und in den Prognosen sich nicht einmal der Einzug in den Landtag abzeichnete. Allensbach behauptete zwar, sie hätten das Ausmaß des Anstieges im Vorfeld der Wahl gemessen, aber aus politischen Gründen nicht bekannt gegeben. Da die Daten nicht veröffentlicht sind, entziehen sie sich der Überprüfbarkeit. Vgl. Neu/Zelle 1992. Der Einzug der DVU in den Landtag Sachsen-Anhalts 1998 war in der Höhe von 12,9 % nicht prognostiziert worden, auch wenn mit dem Einzug gerechnet wurde. Vgl. Neu/Wilamowitz-Moellendorff 1998a-b.

788 Vermutlich liegt es daran, dass die PDS in den neuen Ländern nicht als extremistische Partei wahrgenommen wird. Im dominanten Meinungsklima gilt die PDS-Wahl nicht als sozial unerwünscht. Dadurch erhält man gegenüber der Stigmatisierung des Rechtsextremismus in den alten Ländern eine geringere Anzahl an Falschauskünften in Umfragen.

wie die Parteisympathie zu verwenden. Die Gefahr besteht bei diesem Indikator in einer Erweiterung der Potenziale. Zu berücksichtigen ist, dass nur ein Teil der Sympathisanten radikaler und extremistischer Parteien auch bereit ist, diese zu wählen, oder tatsächlich über ein geschlossenes extremistisches Weltbild verfügt.[789]

Systematische Verzerrungen beruhen auch auf Ausfällen infolge von Verweigerungen. Bislang wirkte sich das in erster Linie auf die Prognose rechtsextremer Potenziale aus. Personen mit formal niedrigem Bildungsniveau sind häufiger nicht bereit, an Umfragen teilzunehmen; diese Gruppe weist aber eine überdurchschnittlich hohe Neigung zur Wahl rechtsextremer Parteien auf. Es liegen noch keine Erfahrungswerte vor, ob es in linken Potenzialen auch zu systematischen sozialstrukturellen Verzerrungen kommt.

Zu den weiteren zentralen Problemen der empirischen Forschung zählt gerade bei der Extremismusforschung (im Unterschied zur Wahlforschung) die Datengrundlage. Nicht immer erlauben es Datensätze aufgrund ihres Designs, unterschiedliche, konkurrierende Hypothesen zu prüfen. Daher können monokausale oder tautologische Erklärungen entsehen. Ein weiteres Problem ist die Konstruktvalidität. Die Vergleichbarkeit mit anderen Umfragen ist selten gegeben, da es bislang keinen Konsens über *items*, Skalen oder Konstrukte gibt. Die Schwäche der Reliabilität und Validität[790] der empirischen Untersuchungen steht in einem engen Zusammenhang mit der Heterogenität der Designs von normativen oder historischen Forschungen. Mit allen unterschiedlichen Methoden ist es bislang nicht gelungen ein Verständnis von Rechts- oder Linksextremismus zu entwickeln, das von der *scientific community* geteilt wird.

Ein nicht zu unterschätzendes Problem bildet die Konstruktion der Gruppe, die in die Analyse eingeht. Ein übergeordnetes Messinstrument bzw. eine übergreifende Variable, die unabhängig Extremismus und damit sowohl Rechts- als auch Linksextremismus misst, liegt nicht vor. Als Hilfskonstruktion, über dessen Güte diskutiert werden kann, wird die Neigung zu extremistischen Parteien als latente Variable zu extremistischen Einstellungen gesehen, die in zwei Ausprägungen vorliegt: der Nähe zu rechts- oder linksextremistischen Parteien. Damit soll nicht unterstellt werden, dass sich Extremismus nur in der Nähe zu einer Partei messen lässt. Gerade Personen mit einem extremistischen Weltbild können alle Parteien ablehnen oder aus den oben genannten Gründen ihre tatsächliche Parteineigung verschleiern. Damit bleibt bei der Gruppendefinition zwangsläufig eine gewisse Unschärfe, die aber unvermeidbar und letztlich bei fast jeder Definition zwangsläufig ist. Die von Eysenck, Lipset/Raab oder Klingemann/Pappi vorgeschlagenen Dimensionierungen des Phänomens Extremismus,[791] wie Links-Rechts-Schema oder antidemokratische Positionen (z. B. Akzeptanz von demokratischen Verfahrensregeln), würden hier zu einer Verengung des Analyseinteresses führen, da explo-

---

789 Vgl. SINUS, 1981.

790 Unter Reliabilität eines Messinstruments wird die Stabilität bei wiederholten Messungen unter gleichen Bedingungen verstanden. Ein Messinstrument ist dann als valide anzusehen, wenn es auch das misst, was beabsichtigt wird.

791 Eysenck, 1968, 1975; Lipset/Raab, 1978; Klingemann/Pappi, 1972.

rativ erst die Dimensionen gesucht werden, die Extremismus konstituieren (auf der Basis einer erweiterten Extremismustheorie). Daher kommen Wahlabsicht und Parteisympathie als abhängige Variablen zum Einsatz. Die Parteisympathie bietet gegenüber der Wahlabsicht den Vorteil, dass sich aufgrund ihrer Intervallskalierung die jeweilige Nähe bzw. Distanz zu Parteien und deren wahrgenommenen Positionen messen lässt und nicht eine eindimensionale Entscheidung für eine Partei getroffen werden muss.

Konstruiert man anhand von *items* Einstellungsdimensionen, die die Verbreitung extremistischer Einstellungen messen sollen, entsteht bei Intervallskalierungen die Frage der Grenzziehung. Dieses Problem soll anhand einer von Niedermayer/Stöss durchgeführten Untersuchung zum Rechtsextremismus diskutiert werden.[792] Je nachdem, ob auf einer von 1 bis 7 reichenden Skala (Zustimmung/Ablehnung) nur die ersten zwei oder die ersten drei Skalenpunkte in die Analyse miteinbezogen werden, ist die Größe des Rechtsextremismuspotenzials 13 oder 2 Prozent.[793] Ursache der Differenz ist, dass sich bei dichotomisierten Intervallskalen häufig eine U-förmige „Normalverteilung" ergibt, da sich die Befragten regelmäßig in der Nähe des Skalenmittelpunktes eingruppieren. Welche Grenze bei der Messung von Einstellungen gezogen wird, unterliegt dabei der Freiheit des Wissenschaftlers. Abhängig davon, bei welchem Grad der Zustimmung/Ablehnung eines *item* der *cutting point* gezogen wird, schwankt die Größe von Potenzialen erheblich. Hinzu kommt, dass auch Auswahl, Formulierung und Menge der *items*, die für die Potenzialbildung herangezogen werden, der Freiheit des Forschers unterliegen. Da es in der Extremismusforschung bislang keine allgemein akzeptierte Skala gibt, mit der sich Rechts- und/oder Linksextremismus valide messen lässt, variieren die Ergebnisse auch durch die unterschiedlichen Fragestellungen. Die Bestimmung der Größe von Extremismuspotenzialen wird somit nicht nur durch die Auswahl und Formulierung der Fragen, sondern auch von der Festlegung des *cutting point* entscheidend bestimmt.

Als Datenbasis der Analyse wird eine vom 25. August bis 17. Oktober 1997 von Infratest dimap im Auftrag der Konrad-Adenauer-Stiftung durchgeführte repräsentative Umfrage mit Schwerpunkt Extremismus verwendet. In den alten Ländern wurden 2.021, in den neuen Ländern 1.512 *face-to-face*-Interviews durchgeführt.[794] In zwei Umfragen vorher wurden Bestandteile der Skalen abgefragt und getestet. Aus den Auswertungen der Umfragen von 1993 und 1996 entstand schließlich die 1997er *item*-Liste.[795]

---

792 Niedermayer/Stöss, 1998.
793 INTER/ESSE, 8/1998, S. 1.
794 In der proportionalen politischen Gewichtung (*recall*-gewichtet) entspricht dies 1.974 Interviews im Westen und 487 Interviews im Osten. Das *recall*-Gewicht ist der Faktor, in dem das rückerinnerte Wahlverhalten von dem tatsächlichen Wahlergebnis der Vorwahl abweicht. Mit diesem Gewicht wird die Sonntagsfrage gewichtet. 67 Befragte sind unter 18 Jahre.
795 **1993**: Befragungszeitraum: 28.10.-23.11.1993, Marplan, realisierte Interviews West: 2.064, Ost: 1.989; zusätzlich wurden 46 Interviews bei unter 18-Jährigen realisiert. **1996**: Befragungszeitraum: 08.08.-23.09.1996, GETAS, realisierte Interviews West: 3.076, Ost: 2.175; zusätzlich wurden 100 Interviews bei unter 18-Jährigen realisiert.

Falter/Klein haben sowohl für die rechten Parteien[796] als auch für die PDS[797] nachgewiesen, dass Elemente einer rechts- bzw. linksextremen Ideologie zum Weltbild der Anhänger gehören. Politische Einstellungsmuster und Protestmotive sind für das Wahlverhalten dezidiert rechter wie linker Parteien konstituierend. In der 1997er Umfrage gaben 3,6 Prozent an, die PDS zu wählen, 1,7 Prozent die REP. In Westdeutschland äußerten 0,4 Prozent und in Ostdeutschland 16,2 Prozent eine Wahlabsicht zugunsten der PDS. Bei den Republikanern fällt das Verhältnis Ost zu West homogener aus. Im Westen gaben 1,9 Prozent und im Osten 1,2 Prozent an, die REP zu wählen. Andere Größenverhältnisse ergeben sich bei der Parteisympathie.[798] Betrachtet man diejenigen, bei denen eine der extremistischen Parteien im Vergleich zu allen anderen Parteien den höchsten Skalenwert einnimmt, ergibt sich für die REP in Westdeutschland eine Sympathiesantenschaft von 1,3 Prozent und in Ostdeutschland von 1,0 Prozent. Für die PDS ergeben sich in Ostdeutschland 10,7 und in Westdeutschland 0,3 Prozent. Betrachtet man jetzt noch diejenigen, die eine der extremistischen Parteien gleichauf mit einer anderen Partei oder besser bewerten, erreichen die REP in Ostdeutschland ein maximales Potenzial von 5,3 und in Westdeutschland von 5,7 Prozent. Die PDS kommt bei dieser Gruppendefinition auf ein Ostpotenzial von 25,6 und ein Westpotenzial von 4,7 Prozent.

Betrachtet man abschließend die Kombination von Parteisympathie und Wahlabsicht, zeigt sich, dass vor allem bei der PDS eine zunehmende Parteisympathie mit der Wahlabsicht verbunden ist. Bei den REP ist der Zusammenhang, je größer die Parteisympathie, desto eher wird die Partei auch gewählt, zwar auch vorhanden, jedoch auf einem niedrigeren Niveau als bei der PDS. Der Befund korrespondiert mit Ergebnissen aus der Wahlforschung. Dort zeigt sich, dass die PDS-Anhänger eine starke Anbindung an die Partei aufweisen, während die REP-Anhänger parteipolitisch stärker fluktuieren.

Tabelle 67: Potenziale der PDS und der REP 1997 (in Prozent)

	PDS			**REP**		
	Ost	West	insg.	Ost	West	insg.[*)]
Wahlabsicht	16,2	0,4	3,4	1,2	1,9	1,7
minimales Sympathisantenpotenzial	10,7	0,3	2,3	1,0	1,3	1,3
maximales Sympathisantenpotenzial	25,6	4,7	8,9	5,3	5,7	5,6

Quelle: Konrad-Adenauer-Stiftung, Archiv-Nr. 9702
*) Wahlabsicht inklusive: k. A., Verweigerer, Nichtwähler.

---

796 Falter (Klein), 1994, S. 136.
797 Falter/Klein, 1994, S. 31.
798 Maximales Sympathisantenpotenzial: Alle Befragten, die auf einer von +5 bis -5 reichenden Parteiensympathieskala der Partei einen gleich hohen oder höheren Wert zuwiesen als den anderen Parteien. Minimales Sympathisantenpotenzial: Alle Befragten, die auf einer von +5 bis -5 reichenden Parteiensympathieskala der Partei einen höheren Wert zuwiesen als den anderen Parteien.

Tabelle 68: *Parteisympathie und Wahlabsicht (in Prozent)*

Wahlabsicht	CDU	SPD	FDP	Grüne	PDS	REP	Sonstige	weiß nicht	NW	k. A.	N
PDS-Parteisympathie											
+1	11	39	2	18	6	3	2	13	1	8	254
+2	5	34	4	10	22	1	3	8	1	11	204
+3	9	27	2	9	34	1	–	8	–	10	140
+4	8	12	1	11	54	5	–	4	–	4	74
+5	–	7	2	5	76	–	–	3	2	5	58
REP-Parteisympathie											
+1	23	16	1	9	9	6	13	11	1	11	70
+2	20	28	–	6	8	20	2	6	2	10	51
+3	27	15	6	6	3	29	3	6	–	6	34
+4	15	10	–	10	–	45	–	10	–	10	20
+5	16	21	–	–	–	42	11	5	–	5	19

Quelle: Konrad-Adenauer-Stiftung, Archiv-Nr. 9702; ungewichtete Ergebnisse.

7. 2. Empirische Strukturmerkmale extremistischen Denkens

In Umfragen des Bereichs Forschung und Beratung der Konrad-Adenauer-Stiftung wurde erstmals versucht, aus der Extremismustheorie heraus gemeinsame wie trennende Dimensionen des Rechts- und Linksextremismus zu operationalisieren. Ziel war es herauszufinden, ob es tatsächlich gemeinsame rechts- und linksextremistische Einstellungsstrukturen gibt, die sich empirisch messen lassen. Dabei wurden die im Theorieteil herausgearbeiteten Einzeldimensionen[799] in ein Forschungsdesign übersetzt und zur späteren Skalenbildung *item*-Batterien formuliert. Wo trennscharfe Formulierungen[800] nach einer rechts- oder linksextremen Ausrichtung von *items* nicht möglich waren, wurden diese auf einer Dimension zusammengefasst. Soweit möglich, wurde versucht, ein einziges, für beide extremistischen Ausprägungen gültiges *item* zu formulieren; wo dies nicht möglich war, wurden rechts- und linksextreme *items* formuliert. Gemessen wurde anhand einer von +3 („Sie stimmen der Aussage voll und ganz zu") bis -3 („Sie stimmen der Aussage überhaupt nicht zu") reichenden Skala mit Nullpunkt. Die Zuordnung der *items* zu bestimmten theoretischen Überbegriffen spiegelt Arbeitshypothesen wider. Die meisten *items* könnten auch einer oder mehreren anderen Dimensionen zugeordnet werden, was der Arbeitsweise geschuldet ist. Zunächst wurde das Gerüst an Dimensionen festgelegt, die in die Untersuchung einfließen, dann wurden die *items* formuliert, die den Inhalt bestmöglich wiedergeben. Die Formulierung beruht auf Auswertungen von programmatischen Aussagen der Parteien und deren ideologischer Verortung durch die Extremismusforschung. Die tatsächliche dimensionale Zuordnung der *items* wird mittels einer Faktorenanalyse geprüft und ist hier unerheblich.

Neben *items*, die eher dem Links- oder dem Rechtsextremismus zugeordnet werden können, wurden auch dezidiert populistische Fragen formuliert. Damit soll geprüft werden, ob Extremismus und Populismus ein Amalgam bilden oder voneinander unabhängige Einstellungsdimensionen.

Die Häufigkeitsverteilung der *items* zeigt ein sehr widersprüchliches Muster. Erwartungsgemäß ist die Zustimmung zu markanten Inhalten aus dem Rechts- oder Linksextremismus schwach. Dies gilt für Dogmatismus, Freund/Feind Stereotype, Gewaltbereitschaft und Fanatismus, links- und rechtsextreme Kernthesen. Andererseits zeigt sich zu den eher „populistisch" formulierten Aussagen eine z. T. beachtliche Zustimmung[801], wobei auch Aussagen, die gegensätzlich sind, mehrheitliche Zustimmung vorweisen können. So findet das wohlstandschauvinistische Argument, dass Sozialhilfeempfänger den Staat nicht so oft ausnützen würden, wenn sie zu Diensten für die Allgemeinheit herangezogen würden bei 66 Prozent Zustimmung, zugleich sind 68 Prozent der Ansicht, dass es beschämend sei, wie mit sozial Schwachen umgegangen werde und für 49

---

799 Vgl. Backes, 1989, S. 298 ff.
800 Absolutheitsansprüche/Dogmatismus; Utopismus/Chiliasmus, Aktivismus/Fanatismus
801 Zustimmung ergibt sich durch Addition der Werte von +3 bis +1.

Prozent sollen nur die Leistungsträger Anspruch auf die Früchte des Wohlstandes haben. Auch bei den Einstellungen gegenüber dem Staat zeigen sich vergleichbare Widersprüche. Zwei Drittel der Befragten halten politisches Engagement für wirksam, und 68 Prozent teilen die Ansicht, dass „Die da oben" doch nur machten, was sie wollten. Weit verbreitet in der Bevölkerung sind utopistische Wünsche. Das Ideal der klassenlosen Gesellschaft findet bei 43 Prozent Unterstützung, ein offen formuliertes Ideal des gemeinschaftlichen Lebens wird von 57 Prozent bejaht. Verschwörungstheorien erfreuen sich – unabhängig vom Agenten – breiter Beliebtheit. Die Vermutung, dass Medien manipuliert seien, findet mit 36 Prozent noch die geringste Verbreitung. 42 Prozent sehen hinter allem „geheime Abmachungen". Dem „Großkapital" (63 Prozent) und den „Reichen und Mächtigen" (63 Prozent) wird am häufigsten eine verschwörerische Eigenschaft zugesprochen. Populistische Parolen, unabhängig, ob sie sich auf Staat, politische Eliten oder Parteien beziehen, sowie autoritäre Haltungen, finden ebenso breiten Rückhalt in der Bevölkerung wie Angst vor „Amerikanisierung" und Werteverfall.

Tabelle 69: Zustimmung zu allen Extremismus-items (in Prozent)

	+3	+2	+1	0	-1	-2	-3	k. A.
Absolutheitsansprüche/Dogmatismus								
Nur mit dem Sozialismus lassen sich alle Probleme lösen.	3	2	6	14	10	18	43	5
Nur wenn das Recht des Stärkeren auch in der Politik angewandt wird, lassen sich die Probleme der Menschheit lösen.	2	4	6	11	7	15	50	5
In der Politik gibt es nur wahr und falsch. Deshalb darf man keine Kompromisse machen.	5	5	8	15	10	17	35	6
Utopismus/Chiliasmus								
Ich wünsche mir, dass die Menschen in Zukunft in der klassenlosen Gesellschaft leben können.	17	12	14	19	7	9	16	6
Wir müssen eine Welt schaffen, in der alle Menschen nach einem gemeinsamen Ideal zusammenleben.	23	17	17	19	5	5	11	4
In unserer heutigen Gesellschaft gibt es keine Ideale mehr, an denen man sich orientieren kann.	15	16	19	15	9	11	10	4
Freund/Feind-Stereotype								
Der Kapitalismus richtet die Welt zugrunde.	11	9	13	20	11	14	17	6
Ausländer und Asylanten sind der Ruin Deutschlands	13	11	13	17	12	12	19	4

Tabelle 69 (Fortsetzung)

	+3	+2	+1	0	-1	-2	-3	k. A.
Verschwörungstheorien								
Die Medien sind manipuliert und dienen nur zur Volksverdummung.	10	10	16	19	13	12	16	5
Die Reichen und Mächtigen verhindern, dass die Bürger ihren gerechten Anteil von dem bekommen, was sie erarbeitet haben.	21	20	22	14	7	6	5	4
Die meisten Menschen haben keine Ahnung, wie stark ihr Leben von geheimen Abmachungen und Plänen kontrolliert wird.	12	14	16	19	7	7	13	12
Die Arbeitslosigkeit wird nur durch die Profit-interessen des Großkapitals geschaffen.	25	20	18	13	7	6	6	5
Fanatismus/Aktivismus								
Wer nicht radikal handelt, kann die wahren Ideale in der Politik nicht verwirklichen.	4	6	10	16	9	14	36	6
Ablehnung demokratischer Ordnung								
In jeder demokratischen Gesellschaft gibt es Kon-flikte, die mit Gewalt ausgetragen werden müssen.	3	4	6	8	7	13	57	3
In der Demokratie geht vieles nicht so wie man es sich wünscht, aber es gibt keine bessere Staatsform.	40	23	14	11	4	3	3	3
Dealignment/**Parteibindung**								
Ich fühle mich keiner Partei verbunden, sondern wähle immer die Partei, die mir am besten gefällt.	24	13	13	12	6	9	19	4
Normalerweise bleibe ich meiner Partei bei Wahlen treu.	28	16	14	17	5	5	9	5
Selbst die Partei, die mir eigentlich am besten gefällt, kann ich heute kaum noch wählen.	16	15	18	15	8	10	13	5
Die Parteien sind alles in allem zuverlässig und verantwortungsbewusst.	3	9	19	21	18	15	14	2
Subjektive politische Kompetenz: **Interne politische** *efficacy*								
Politik ist so kompliziert geworden, dass man als Bürger oft gar nicht mehr richtig versteht, worum es geht.	24	18	19	11	10	9	8	1
Externe politische *efficacy*								
Leute wie ich haben sowieso keinen Einfluss darauf, was die Regierung tut.	26	14	15	12	12	11	8	1
Wenn die Bürger sich stärker politisch beteiligen, nehmen die Politiker auch mehr Rücksicht auf die Meinung der Bevölkerung.	20	25	21	12	7	6	7	3

Tabelle 69 (Fortsetzung)

	+3	+2	+1	0	-1	-2	-3	k. A.
Politischer Protest/Elitenkritik								
Auf die Probleme unserer Zeit hat keine Partei die richtige Antwort.	31	21	18	11	8	5	4	2
Man kann den Politikern nicht mehr glauben, was sie versprechen.	35	18	18	14	5	3	4	3
Politik wird heute auf dem Rücken der kleinen Leute ausgetragen.	36	23	18	10	4	3	3	2
Man sollte jede Gelegenheit nutzen, den Parteien bei Wahlen einen Denkzettel zu verpassen.	21	12	15	19	8	9	13	4
„Die da oben" machen doch nur, was sie wollen.	29	20	19	13	7	5	5	2
Populismus								
Für die wirklichen Interessen des Volkes setzt sich keine Partei ein.	24	16	17	17	9	8	6	3
Es ist beschämend, wie mit den sozial Schwachen in der Gesellschaft umgegangen wird.	32	20	16	13	5	5	5	4
Autoritarismus/Antipluralismus								
Es muss wieder jemanden geben, der sagt, wo es langgeht.	29	21	15	12	5	5	10	4
Es fehlen Politiker, die auch mal sagen, was die Leute denken.	41	23	14	11	4	3	3	3
Ich wünsche mir ein Deutschland, in dem das deutsche Volk endlich wieder das Sagen hat.	17	13	15	17	6	8	19	5
Gesellschaftliche Dekadenz/Werteverfall								
Es ist schlimm, dass sich amerikanische Lebensformen und Einstellungen immer mehr ausbreiten.	20	16	19	18	8	7	7	5
Durch den zunehmenden Luxus verwahrlost unsere Gesellschaft.	13	16	21	19	9	9	8	5
Modernisierungsverlierer								
Es macht mir Sorgen, dass ich durch die gesellschaftliche Entwicklung immer mehr auf die Verliererseite des Lebens gerate.	12	12	15	18	11	13	17	4
Heute ändert sich alles so schnell, dass man kaum noch Schritt halten kann.	19	20	22	14	8	7	7	3

Tabelle 69 (Fortsetzung)

	+3	+2	+1	0	-1	-2	-3	k. A.
Staatsbürgerverständnis								
Auf meine eigene Stimme kommt es bei Bundestagswahlen überhaupt nicht an.	12	7	10	8	10	16	35	1
Es genügt, wenn man regelmäßig zur Wahl geht, mehr braucht man eigentlich in einer Demokratie nicht zu tun.	3	4	8	12	16	22	32	4
Alles in allem kann man darauf vertrauen, dass der Staat das Richtige für die Bürger tut.	4	11	20	18	16	14	16	2
Der Staat fordert immer mehr Steuern, ohne dass die staatlichen Leistungen für den Bürger besser werden.	43	23	13	9	4	3	2	2
In der heutigen Zeit kennen die Leute nur noch noch ihre Rechte, nicht mehr ihre Pflichten.	18	24	23	15	7	6	4	3
Rechte und Linke Einstellungsmuster/Populismus:								
DDR-Nostalgie								
Die DDR hatte mehr gute als schlechte Seiten.	5	5	7	17	10	16	34	7
Im kapitalistischen System der Bundesrepublik fehlt die Geborgenheit und Solidarität der DDR.	9	7	11	15	8	12	29	9
Die entscheidenden Schlüsselzweige der Wirtschaft müssen verstaatlicht werden.	6	6	9	16	9	14	31	9
Wohlstandschauvinismus/Ethnozentrismus								
Arbeitslose und Sozialhilfeempfänger ruhen sich nur in der sozialen Hängematte aus.	8	10	16	21	12	14	16	4
Der Staat würde nicht so oft ausgenutzt werden, wenn Arbeitslose und Sozialhilfeempfänger zu Diensten für die Allgemeinheit herangezogen würden.	27	20	19	14	5	5	6	4
Wir sollten darauf achten, dass wir das Deutsche reinhalten und Völkervermischung unterbinden.	6	7	10	16	8	11	36	6
Ansprüche auf die Früchte unseres Wohlstandes sollten nur die haben, die etwas leisten.	13	15	21	18	10	9	10	4
Die Deutschen sind anderen Völkern überlegen.	3	4	10	18	8	12	41	5

Quelle: Konrad-Adenauer-Stiftung, Archiv-Nr. 9702.

Eine erste Auswertung nach Parteianhängerschaften[802] zeigt, dass sich für fast alle in die Analyse eingegangenen *items* ein spezifisches Muster erkennen lässt: Entweder finden sie bei den Anhängern der REP oder der PDS oder auch bei beiden Anhängerschaften gemeinsam überdurchschnittliche Zustimmungs- bzw. Ablehnungsraten. Dies deutet darauf hin, dass innerhalb der Anhängerschaften extremistischer Parteien politische/ideologische Einstellungsmuster bestehen, die sich von den Einstellungen der Anhänger demokratischer Parteien unterscheiden. Gemeinsam ist sowohl den Anhängern von REP als auch der PDS, dass sie verbindliche Wertorientierungen vermissen und Werteverfall beklagen, Verschwörungstheorien überproportional häufig zustimmen, die politische Einflussnahme für gering erachten, massive Elitenkritik üben und populistischen Aussagen zustimmen.

Auffällig ist auch, dass sich bei einigen *items* Zustimmungen innerhalb der Anhängerschaften der PDS oder der REP finden, die man anhand der ideologischen Differenzen zwischen Rechts und Links nicht erwartet hätte. So finden sich bei PDS-Anhängern überdurchschnittlich starke Zustimmungen auf der Ebene des Autoritarismus/Antipluralismus, und die REP-Anhänger integrieren nicht nur Ausländer und Asylanten, sondern auch den Kapitalismus in ihr Freund/Feind Schema, wobei Kapitalismuskritik in der politischen Programmatik rechtsextremer Parteien, insbesondere der NPD, integraler Bestandteil ist und auch historische Vorläufer hat.

Die Unterschiede zwischen den beiden Anhängerschaften sind allerdings beachtlich. Innerhalb der PDS-Anhängerschaft dominiert ein marxistisch-utopistisches Weltbild mit antikapitalistischer Ausrichtung. In der REP-Anhängerschaft findet sich hingegen ein autoritär-radikales Denken mit ethnozentrischer und sozialdarwinistischer Ausrichtung. Protest gegenüber Parteien findet sich bei den REP-Anhängern, während sie bei den PDS-Anhängern nur dann vorhanden ist, wenn nicht die eigene Partei damit identifiziert wird.

Die Zustimmung zu den *items* läuft häufig nicht entlang vermuteter ideologischer Zuordnungen. Dass ein Viertel der Unions-Anhänger für eine klassenlose Gesellschaft plädiert, ist ein unerwarteter Befund (Bevölkerungsdurchschnitt 29 Prozent). Erstaunlich niedrig fallen populistische Ressentiments gegenüber Arbeitslosen und Sozialhilfeempfängern aus. Die Akzeptanz von Verschwörungstheorien hingegen ist in allen Anhängerschaften hoch, auch wenn die Anhänger der extremistischen Parteien deutlich herausstechen. Verschwörungstheoretischer Sozialneid findet bei 41 Prozent der Bevölkerung Zustimmung, und 44 Prozent schreiben die Erzeugung von Arbeitslosigkeit den Profitinteressen des Großkapitals zu.

---

802 Politisch gewichtet: Verteilung Sonntagsfrage: 24 %: Union; 29 %: SPD; 6 %: FDP; 11 %; Grüne; 4 %: PDS; 2 %: REP; 2 %: Sonstige Partei; 23 %: Verweigerer/Nichtwähler/Unentschlossene.

Tabelle 70: Zustimmung zu den Extremismus-items in Anhängerschaften (in Prozent)

	CDU/ CSU	SPD	FDP	Grüne	PDS	REP	insg.
Absolutheitsansprüche/Dogmatismus							
Nur mit dem Sozialismus lassen sich alle Probleme lösen.	4	5	3	3	**13**	–	5
Nur wenn das Recht des Stärkeren auch in der Politik angewandt wird, lassen sich die Probleme der Menschheit lösen.	7	5	6	3	5	**16**	6
In der Politik gibt es nur wahr und falsch. Deshalb darf man keine Kompromisse machen.	10	13	8	8	12	**16**	10
Utopismus/Chiliasmus							
Ich wünsche mir, dass die Menschen in Zukunft in der klassenlosen Gesellschaft leben können.	25	30	30	37	**51**	30	29
Wir müssen eine Welt schaffen, in der alle Menschen nach einem gemeinsamen Ideal zusammenleben.	38	38	38	44	**59**	44	39
In unserer heutigen Gesellschaft gibt es keine Ideale mehr, an denen man sich orientieren kann.	31	30	22	20	**42**	**49**	32
Freund/Feind-Stereotype							
Der Kapitalismus richtet die Welt zugrunde.	15	19	9	22	**47**	30	20
Ausländer und Asylanten sind der Ruin Deutschlands.	25	22	23	13	26	**54**	24
Verschwörungstheorien							
Die Medien sind manipuliert und dienen nur zur Volksverdummung.	18	18	12	18	**41**	**37**	20
Die Reichen und Mächtigen verhindern, dass die Bürger ihren gerechten Anteil von dem bekommen, was sie erarbeitet haben.	32	43	20	42	**72**	40	41
Die meisten Menschen haben keine Ahnung, wie stark ihr Leben von geheimen Abmachungen und Plänen kontrolliert wird.	22	25	29	21	**48**	**47**	25
Die Arbeitslosigkeit wird nur durch die Profit-interessen des Großkapitals geschaffen.	37	48	22	38	**77**	**63**	44
Fanatismus/Aktivismus							
Wer nicht radikal handelt, kann die wahren Ideale in der Politik nicht verwirklichen.	11	7	5	13	8	**28**	9
Ablehnung demokratischer Ordnung							
In jeder demokratischen Gesellschaft gibt es Konflikte, die mit Gewalt ausgetragen werden müssen.	7	8	2	5	7	**16**	7
In der Demokratie geht vieles nicht so wie man es sich wünscht, aber es gibt keine bessere Staatsform.	72	63	72	68	**41**	63	63

Tabelle 70 (Fortsetzung)

	CDU/CSU	SPD	FDP	Grüne	PDS	REP	insg.
Dealignment/Parteibindung							
Ich fühle mich keiner Partei verbunden, sondern wähle immer die Partei, die mir am besten gefällt.	30	31	41	41	43	**58**	37
Normalerweise bleibe ich meiner Partei bei Wahlen treu.	60	52	40	38	58	**19**	45
Selbst die Partei, die mir eigentlich am besten gefällt, kann ich heute kaum noch wählen.	26	26	31	28	25	**47**	31
Die Parteien sind alles in allem zuverlässig und verantwortungsbewusst.	22	11	11	7	**3**	**5**	11
Subjektive politische Kompetenz: **Interne politische *efficacy***							
Politik ist so kompliziert geworden, dass man als Bürger oft gar nicht mehr richtig versteht, worum es geht.	39	39	39	39	**43**	37	42
Externe politische *efficacy*							
Leute wie ich haben sowieso keinen Einfluss darauf, was die Regierung tut.	37	37	33	29	**44**	**49**	41
Wenn die Bürger sich stärker politisch beteiligen, nehmen die Politiker auch mehr Rücksicht auf die Meinung der Bevölkerung.	47	49	51	51	**53**	47	45
Politischer Protest/Elitenkritik							
Auf die Probleme unserer Zeit hat keine Partei die richtige Antwort.	46	47	52	50	**59**	**72**	53
Man kann den Politikern nicht mehr glauben, was sie versprechen.	44	53	43	52	**61**	**63**	53
Politik wird heute auf dem Rücken der kleinen Leute ausgetragen.	47	63	39	62	**76**	**65**	60
Man sollte jede Gelegenheit nutzen, den Parteien bei Wahlen einen Denkzettel zu verpassen.	24	33	23	34	**38**	**58**	33
„Die da oben" machen doch nur, was sie wollen.	39	49	42	41	**64**	**63**	50
Populismus							
Für die wirklichen Interessen des Volkes setzt sich keine Partei ein.	34	36	36	29	27	**56**	40
Es ist beschämend, wie mit den sozial Schwachen in der Gesellschaft umgegangen wird.	38	61	37	62	**85**	49	53

Tabelle 70 (Fortsetzung)

	CDU/ CSU	SPD	FDP	Grüne	PDS	REP	insg.
Autoritarismus/Antipluralismus							
Es muss wieder jemanden geben, der sagt, wo es langgeht.	50	53	42	36	**63**	**84**	50
Es fehlen Politiker, die auch mal sagen, was die Leute denken.	63	65	57	55	**69**	**84**	64
Ich wünsche mir ein Deutschland, in dem das deutsche Volk endlich wieder das Sagen hat.	32	30	25	16	**43**	**61**	31
Gesellschaftliche Dekadenz/Werteverfall							
Es ist schlimm, dass sich amerikanische Lebensformen und Einstellungen immer mehr ausbreiten.	35	37	29	31	**58**	**61**	36
Durch den zunehmenden Luxus verwahrlost unsere Gesellschaft.	30	30	17	31	**40**	**42**	30
Modernisierungsverlierer							
Es macht mir Sorgen, dass ich durch die gesellschaftliche Entwicklung immer mehr auf die Verliererseite des Lebens gerate.	· 19	24	15	19	**49**	**37**	23
Heute ändert sich alles so schnell, dass man kaum noch Schritt halten kann.	39	39	29	32	**46**	42	40
Staatsbürgerverständnis							
Auf meine eigene Stimme kommt es bei Bundestagswahlen überhaupt nicht an.	16	18	9	15	**23**	**21**	19
Es genügt, wenn man regelmäßig zur Wahl geht, mehr braucht man eigentlich in einer Demokratie nicht zu tun.	10	7	10	5	**1**	5	7
Alles in allem kann man darauf vertrauen, dass der Staat das Richtige für die Bürger tut.	29	14	15	10	**3**	**5**	15
Der Staat fordert immer mehr Steuern, ohne dass die staatlichen Leistungen für den Bürger besser werden.	56	69	64	67	**84**	67	67
In der heutigen Zeit kennen die Leute nur noch ihre Rechte, nicht mehr ihre Pflichten.	51	42	38	31	24	**51**	42
Rechte und Linke Einstellungsmuster/Populismus: DDR-Nostalgie							
Die DDR hatte mehr gute als schlechte Seiten.	7	8	6	8	**51**	16	9
Im kapitalistischen System der Bundesrepublik fehlt die Geborgenheit und Solidarität der DDR.	12	15	11	13	**71**	19	16
Die entscheidenden Schlüsselzweige der Wirtschaft müssen verstaatlicht werden.	11	13	4	10	**31**	12	13

Tabelle 70 (Fortsetzung)

	CDU/ CSU	SPD	FDP	Grüne	PDS	REP	insg.
Wohlstandschauvinismus/Ethnozentrismus							
Arbeitslose und Sozialhilfeempfänger ruhen sich nur in der sozialen Hängematte aus.	20	16	23	13	8	16	17
Der Staat würde nicht so oft ausgenutzt werden, wenn Arbeitslose und Sozialhilfeempfänger zu Diensten für die Allgemeinheit herangezogen würden.	60	48	52	33	35	**63**	47
Wir sollten darauf achten, dass wir das Deutsche reinhalten und Völkervermischung unterbinden.	16	11	4	11	14	**37**	13
Ansprüche auf die Früchte unseres Wohlstandes sollten nur die haben, die etwas leisten.	34	27	29	15	21	**40**	28
Die Deutschen sind anderen Völkern überlegen.	9	7	6	5	3	**12**	6

Quelle: Konrad-Adenauer-Stiftung, Archiv-Nr. 9702.
Dargestellt sind die Werte +3 und +2 einer von +3 bis -3 reichenden Skala (= Zustimmung).

Im Folgenden soll untersucht werden, ob sich auch ein linearer Zusammenhang zwischen den einzelnen *items* und der Verortung im politischen Koordinatensystem messen lässt. Die Hypothese lautet: Je größer die Sympathie für eine der extremen Parteien ausfällt, desto stärker ist auch die Zustimmung zu den extremistischen *items*. Die Sympathisanten der REP und der PDS sollen sich danach von den Sympathisanten der anderen Parteien unterscheiden. Ist die These der strukturellen Gemeinsamkeiten richtig, muss sich des Weiteren auch ein lineare parallele Struktur abzeichnen. Dazu wurde eine Korrelation der *items* mit der Parteisympathieskala[803] vorgenommen.[804]

Die Korrelationsanalyse bestätigt lineare Zusammenhänge. Je höher die Sympathie für die PDS ausfällt, desto stärker ist die Zustimmung zu den sozialistischen *items*. Lineare Zusammenhänge zwischen Parteisympathie und Ideologie finden sich im Dogmatismus, Utopismus, den Freund-Feind-Stereotypen, den Verschwörungstheorien, der Ablehnung der demokratischen Ordnung, dem Populismus, der DDR-Nostalgie, den Modernisierungsverlierern und dem Wohlstandschauvinismus (negative Korrelation). Gleiche Zusammenhänge ergeben sich auch für die REP. Steigende Parteisympathie

---

803 Fragetext: „Wie denken Sie gegenwärtig von den Parteien, die ich Ihnen jetzt vorlese? Bitte sagen Sie es mir anhand der Skala. +5 heißt, dass Sie sehr viel von der Partei halten, -5 heißt, dass Sie überhaupt nichts von der Partei halten. Mit den Werten dazwischen können Sie Ihre Meinung abstufen." Die Skala enthält einen Nullpunkt.

804 Da das Analyseinstrument der „Wahlabsichtsfrage", das eine Auswertung nach Anhängerschaften erlaubt, in seiner Anwendung begrenzt ist, wird in der folgenden Analyse eine Sympathieskala verwendet. Diese hat im Unterschied zur Wahlabsichtsfrage den Vorteil, dass sie kaum fehlende Fälle hat. Wie bereits beschrieben, ist die Bereitschaft Sympathie zu bekunden größer, als potentielles Wahlverhalten anzugeben.

korreliert stark mit Absolutheitsansprüchen, Freund/Feind-Stereotypen, Verschwörungstheorien, Ablehnung der demokratischen Ordnung, Modernisierungsverlierern, Elitenkritik, Autoritarismus und Wohlstandschauvinismus. Ein linearer Zusammenhang zeichnet sich ebenso bei der DDR-Nostalgie ab. Steigende Sympathie mit den REP oder der PDS korreliert hingegen schwach mit *dealignment* und der subjektiven politischen Kompetenz aber auch der klassischen Politikverdrossenheit. Die Korrelation bestätigt die These, dass die Sympathie für eine der Parteien auf der extremen Rechten bzw. Linken mit einer erkennbaren ideologischen Positionierung einhergeht.

*Tabelle 71: Korrelation von Parteisympathie und Extremismus-*items

	REP	PDS	CDU/ CSU	SPD	FDP	Grüne
Absolutheitsansprüche/Dogmatismus						
Nur mit dem Sozialismus lassen sich alle Probleme lösen.	.085	**.292**	-.182	.073	-.066	.064
Nur wenn das Recht des Stärkeren auch in der Politik angewandt wird, lassen sich die Probleme der Menschheit lösen.	**.251**	.035	.063	.005	.098	-.070
In der Politik gibt es nur wahr und falsch. Deshalb darf man keine Kompromisse machen.	**.166**	.028	.019	.017	.078	-.043
Utopismus/Chiliasmus						
Ich wünsche mir, dass die Menschen in Zukunft in der klassenlosen Gesellschaft leben können.	.027	**.213**	-.123	.093	.005	.134
Wir müssen eine Welt schaffen, in der alle Menschen nach einem gemeinsamen Ideal zusammenleben.	.043	**.131**	-.034	.034	.008	.051
In unserer heutigen Gesellschaft gibt es keine Ideale mehr, an denen man sich orientieren kann.	**.086**	.055	-.127	-.016	-.078	-.050
Freund/Feind-Stereotype						
Der Kapitalismus richtet die Welt zugrunde.	.075	**.244**	-.267	.032	-.164	.052
Ausländer und Asylanten sind der Ruin Deutschlands.	**.241**	-.064	.044	-.076	.043	-.186
Verschwörungstheorien						
Die Medien sind manipuliert und dienen nur zur Volksverdummung.	**.101**	**.134**	-.156	-.043	-.095	-.052
Die Reichen und Mächtigen verhindern, dass die Bürger ihren gerechten Anteil von dem bekommen, was sie erarbeitet haben.	**.105**	**.198**	-.252	.075	-.140	.044

Tabelle 71 (Fortsetzung)

	REP	PDS	CDU/ CSU	SPD	FDP	Grüne
Die meisten Menschen haben keine Ahnung, wie stark ihr Leben von geheimen Abmachungen und Plänen kontrolliert wird.	**.118**	**.145**	-.093	-.011	-.036	-.016
Die Arbeitslosigkeit wird nur durch die Profit- interessen des Großkapitals geschaffen.	**.078**	**.177**	-.226	.062	-.145	.044
Fanatismus/Aktivismus						
Wer nicht radikal handelt, kann die wahren Ideale in der Politik nicht verwirklichen.	**.239**	**.074**	-.022	-.042	.002	-.044
Ablehnung demokratischer Ordnung						
In jeder demokratischen Gesellschaft gibt es Kon- flikte, die mit Gewalt ausgetragen werden müssen.	**.166**	**.055**	.014	-.023	.013	-.033
In der Demokratie geht vieles nicht so wie man es sich wünscht, aber es gibt keine bessere Staatsform.	**-.134**	**-.231**	.162	-.007	.050	-.019
Dealignment/**Parteibindung**						
Ich fühle mich keiner Partei verbunden, sondern wähle immer die Partei, die mir am besten gefällt.	**.060**	**.042**	-.051	-.068	.021	-.006
Normalerweise bleibe ich meiner Partei bei Wahlen treu.	**-.030**	**-.026**	.109	.099	.021	-.015
Selbst die Partei, die mir eigentlich am besten gefällt, kann ich heute kaum noch wählen.	**.060**	-.097	-.058	-.090	-.040	-.093
Die Parteien sind alles in allem zuverlässig und verantwortungsbewusst.	**-.033**	**-.100**	.366	.134	.277	.058
Subjektive politische Kompetenz: **Interne politische** *efficacy*						
Politik ist so kompliziert geworden, dass man als Bürger oft gar nicht mehr richtig versteht, worum es geht.	**.059**	**.043**	-.001	.028	.070	-.016
Externe politische *efficacy*						
Leute wie ich haben sowieso keinen Einfluss darauf, was die Regierung tut.	**.078**	**.034**	-.094	-.062	-.050	-.068
Wenn die Bürger sich stärker politisch beteiligen, nehmen die Politiker auch mehr Rücksicht auf die Meinung der Bevölkerung.	**-.067**	**.001**	.139	.090	.114	.089
Politischer Protest/Elitenkritik						
Auf die Probleme unserer Zeit hat keine Partei die richtige Antwort.	**.022**	-.015	-.080	-.081	-.072	-.046
Man kann den Politikern nicht mehr glauben, was sie versprechen.	**-.017**	.006	-.194	-.028	-.142	-.003

Tabelle 71 (Fortsetzung)

	REP	PDS	CDU/CSU	SPD	FDP	Grüne
Politik wird heute auf dem Rücken der kleinen Leute ausgetragen.	**.080**	**.113**	-.271	.024	-.173	.015
Man sollte jede Gelegenheit nutzen, den Parteien bei Wahlen einen Denkzettel zu verpassen.	**.134**	**.033**	-.188	-.030	-.087	-.062
„Die da oben" machen doch nur, was sie wollen.	**.106**	**.123**	-.249	-.003	-.157	-.043
Populismus						
Für die wirklichen Interessen des Volkes setzt sich keine Partei ein.	**.093**	-.076	-.104	-.085	-.063	-.105
Es ist beschämend, wie mit den sozial Schwachen in der Gesellschaft umgegangen wird.	-.018	**.217**	-.274	.078	-.164	.136
Autoritarismus						
Es muss wieder jemanden geben, der sagt, wo es langgeht.	**.168**	**.029**	-.004	.012	.021	-.102
Es fehlen Politiker, die auch mal sagen, was die Leute denken.	**.087**	.026	-.066	.042	.013	-.011
Ich wünsche mir ein Deutschland, in dem das deutsche Volk endlich wieder das Sagen hat.	**.254**	**.049**	.007	-.039	.025	-.157
Gesellschaftliche Dekadenz/Werteverfall						
Es ist schlimm, dass sich amerikanische Lebensformen und Einstellungen immer mehr ausbreiten.	**.062**	**.070**	-.076	-.008	-.107	-.081
Durch den zunehmenden Luxus verwahrlost unsere Gesellschaft.	**.064**	**.086**	-.090	.008	-.078	-.035
Modernisierungsverlierer						
Es macht mir Sorgen, dass ich durch die gesellschaftliche Entwicklung immer mehr auf die Verliererseite des Lebens gerate.	**.117**	**.139**	-.220	.000	-.104	-.026
Heute ändert sich alles so schnell, dass man kaum noch Schritt halten kann.	**.058**	**.056**	-.007	.032	.004	-.034
Staatsbürgerverständnis						
Auf meine eigene Stimme kommt es bei Bundestagswahlen überhaupt nicht an.	**.093**	**.054**	-.047	-.025	.005	-.027
Es genügt, wenn man regelmäßig zur Wahl geht, mehr braucht man eigentlich in einer Demokratie nicht zu tun.	.068	-.074	.163	.024	.146	-.057
Alles in allem kann man darauf vertrauen, dass der Staat das Richtige für die Bürger tut.	**.002**	**-.108**	.394	.644	.268	-.134

Tabelle 71 (Fortsetzung)

	REP	PDS	CDU/CSU	SPD	FDP	Grüne
Der Staat fordert immer mehr Steuern, ohne dass die staatlichen Leistungen für den Bürger besser werden.	.030	.102	-.183	-.007	-.102	.019
In der heutigen Zeit kennen die Leute nur noch ihre Rechte, nicht mehr ihre Pflichten.	-.007	-.130	.097	-.026	.044	-.074
Rechte und Linke Einstellungsmuster/Populismus: DDR-Nostalgie						
Die DDR hatte mehr gute als schlechte Seiten.	.154	.442	-.183	.076	-.032	.091
Im kapitalistischen System der Bundesrepublik fehlt die Geborgenheit und Solidarität der DDR.	.087	.449	-.194	.052	-.071	.103
Die entscheidenden Schlüsselzweige der Wirtschaft müssen verstaatlicht werden.	.139	.313	-.115	.054	-.040	.061
Wohlstandschauvinismus/Ethnozentrismus						
Arbeitslose und Sozialhilfeempfänger ruhen sich nur in der sozialen Hängematte aus.	.061	-.189	.159	-.078	.095	-.101
Der Staat würde nicht so oft ausgenutzt werden, wenn Arbeitslose und Sozialhilfeempfänger zu Diensten für die Allgemeinheit herangezogen würden.	.001	-.190	.224	-.040	.117	-.105
Wir sollten darauf achten, dass wir das Deutsche reinhalten und Völkervermischung unterbinden.	.262	-.008	.075	.065	.049	-.152
Ansprüche auf die Früchte unseres Wohlstandes sollten nur die haben, die etwas leisten.	.037	-.088	.115	-.078	.066	-.115
Die Deutschen sind anderen Völkern überlegen.	.248	-.068	.141	-.016	.109	-.146

Quelle: Konrad-Adenauer-Stiftung, Archiv-Nr.: 9702;
Skala Parteisympathie: -5 bis +5; Skala Extremismus-*items*: -3 bis +3.

Die bisherigen Ergebnisse zeigen, dass die Nähe (gemessen an der Wahlabsicht und der Parteisympathie) zu den REP bzw. der PDS ein signifikant anderes Einstellungsprofil hervorbringt als die Nähe zu anderen Parteien. Mit der Faktorenanalyse kann nicht der absolute, sondern nur der relative Wert zur Gesamtstichprobe erfasst werden. Es ist nicht feststellbar, ob ein Befragter eine sehr starke, mäßige oder schwache Einstellung auf einem Faktor aufweist. Man kann nur noch Aussagen treffen, welche Position ein Wert relativ zur Gesamtstichprobe einnimmt.[805] Der Analysefokus verändert sich jetzt. Es stehen nicht mehr die Wählergruppen im Vordergrund. Mittels der Faktorenanalyse soll herausgefunden werden, ob und welche Hintergrundvariablen (= Faktoren) Extremismus definieren. Dabei wird die Komplexität der Skala reduziert.

---

805   Vgl. Maier/Maier/Rattinger, S. 116 ff., S. 135.

Die Faktorenanalyse separiert sieben Einzelfaktoren. Die ursprünglich vorgenommene Unterteilung und theoretische Dimensionierung muss anhand der Ergebnisse korrigiert werden. Zwei Faktoren gliedern den ideologischen Raum nach Rechts- und Linksextremismus und fünf weitere Faktoren bilden unabhängig vom Rechts-Links-Schema extremistische Einstellungsdimensionen ab.

Der eigenständige rechtsextreme Faktor besteht aus übersteigertem Nationalismus, Xenophobie und Autoritarismus. Nationalsozialistische Elemente[806] wurden in der Umfrage nicht separat erhoben, würden wahrscheinlich auf dem gleichen Faktor laden. Auf diesem Faktor finden sich die für rechtsextreme Neigungen bekannten Elemente. [807]

Einen klar abgegrenzten Faktor bildet der Sozialismus. In der Theorie wurden *items* mit Sozialismusbezug unterschiedlichen Dimensionen zugeordnet. Die ausschließliche Lösungskompetenz des Sozialismus wurde unter die Rubrik Dogmatismus gefasst, drei *items* (DDR mehr gute als schlechte Seiten, mangelnde Geborgenheit in der Bundesrepublik, Verstaatlichung der Wirtschaft) wurden unter dem Aspekt der DDR-Nostalgie subsumiert, die Ablehnung der demokratischen Ordnung wurde als eigenständige Kategorie betrachtet. DDR-Nostalgie ist dimensional nicht von einer aktuellen Zustimmung zum Sozialismus zu trennen. DDR-Nostalgie ist nicht nur Sehnsucht nach der „guten alten Zeit", sondern geht einher mir der konkreten Ablehnung von Demokratie und der Utopie einer besseren Staatsform. Auch wenn dies nicht wörtlich abgefragt wurde, dürfte dies schon weitgehend einer der untergegangenen sozialistischen Staatsformen entsprechen. Die Geschlossenheit dieses Syndroms zeigt sich auch am Dogmatismus, der sich darin ausdrückt, dass einzig dem Sozialismus die Lösung aller Probleme zugeschrieben wird. Der sozialistische Faktor unterscheidet sich somit von dem rechtsextremen Faktor durch Dogmatismus und der konkreten Ablehnung der Demokratie.

Ein dritter Faktor setzt sich aus populistischer Elitenkritik und unterschiedlichsten verschwörungstheoretischen Elementen zusammen. Die in die *item*-Batterie eingeführte Dimension der Freund/Feind-Stereotype (Kapitalismus richtet Welt zugrunde, Ausländer und Asylanten sind der Ruin Deutschlands) zerfällt in zwei Bereiche. Die monokausale Schuldzuschreibung des Kapitalismus zählt zu den Verschwörungstheorien, die xenophobe Schuldzuweisung lädt auf dem Faktor des Rechtsextremismus.

Die vierte Ebene bilden Fanatismus/Aktivismus und Radikalität. Radikales gewaltbereites Handeln geht einher mit Kompromisslosigkeit und der Anwendung des Rechts des Stärkeren. Ideologischer Dogmatismus (wider plurale Meinungsbildungsprozesse) verbindet sich mit der Idee, die Durchsetzung des „Richtigen" mit Gewalt zu erreichen.

Der fünfte Faktor spiegelt eine Distanz zur Gesellschaft wider. Die Sorge, individuell auf die Verliererseite des Lebens zu geraten, ist gekoppelt mit Wertepessimismus. Ge-

---

806 Z. B. wurde die Aussage: „Hitler war ein großer Staatsmann" oder vergleichbare Aussagen aus dem Feld des Nationalsozialismus nicht operationalisiert.

807 Falter (Klein), 1994, S.130; Niedermayer/Stöss, 1998, S. 6. Da unterschiedliche *items* abgefragt wurden, sind die Daten nicht vergleichbar.

messen wurde sowohl die Ablehnung des *American way of life* als auch die „Verwahrlosung durch Luxus", was in Verbindung mit der Klage, dass es keine Ideale mehr in der Gesellschaft gebe, als Zeichen von Entfremdung interpretiert werden kann. Das Gefühl des Werteverfalls aufgrund der Dekadenz steht (wie auch die Nebenladung verdeutlicht) eng im Zusammenhang mit der Angst, Verlierer der Modernisierung zu werden.

Im sechsten Faktor drückt sich politische Entfremdung aus. Das Gefühl, dass man nicht mehr Schritt halten könne und Politik zu kompliziert sei, verbindet sich mit der Resignation über die Möglichkeiten politischen Engagements. Das Gefühl, nicht mehr Schritt halten zu können, hat eine Verbindung zu dem Faktor „Wertepessimismus" und der Sorge, auf die Verliererseite des Lebens zu geraten.

Der letzte Faktor repräsentiert den Wunsch nach einer idealen Gesellschaft (Utopismus/Chiliasmus).

Alle anderen *items* hatten entweder starke Nebenladungen oder bildeten keinen eigenen Faktor. Die Faktorenanalyse verdeutlicht, dass der Unterschied zwischen populistischen und extremistischen Einstellungen gegeben ist. In einer ersten Faktorenanalyse zeigten sich zwei getrennte Skalen: eine mit populistischen und eine mit extremistischen Inhalten. Politische Entfremdung, populistische Parolen, Wohlstandschauvinismus, Parteibindungen und Einstellungen zu Parteien sowie das Demokratie- und Staatsbürgerverständnis bilden eigene Faktoren, deren Anteil an der erklärten Varianz gering ist. Politischer Protest und Populismus auf der einen Seite und extremistische Einstellungen auf der anderen Seite markieren zwei voneinander zu trennende Einstellungsdimensionen. Politischer Protest manifestiert sich üblicherweise am politischen System und seinen Re-präsentanten. Diese Ebene entfällt beim Extremismus fast gänzlich. Die weit verbreitete Kritik an Parteien, Politikern und dem Staat spielt keine Rolle. Ebenfalls ohne eigenständige Erklärungskraft erweist sich der Wohlstandschauvinismus, außer er enthält eine ethnozentrische oder nationalistische Komponente. Aus dem Bereich des Populismus findet sich nur die Elitenkritik im Extremismus wieder.

Die Skala wird einem Dimensionstest unterzogen. Geprüft wird, ob die zur Skalenkonstruktion verwendeten Variablen die unterschiedlichen Dimensionen zuverlässig abbilden, ob die Variablen zur Bildung geeignet sind und ob sich die Skalenqualität verbessern würde, wenn man einzelne *items* aus einer Dimension entfernt. Alle Skalen weisen einen für die Reliabilität ausreichend hohen Alpha-Wert auf, der sich nicht verbessern würde, wenn man ein *item* streichen würde. Der Faktor Rechtsextremismus weist ein Alpha (Cronbachs Alpha)[808] von 0,74 auf, Elitenkritik/Verschwörungstheorien ein Alpha von 0,69 und Wertepessimismus ein Alpha von 0,65. Der Faktor politische Entfremdung kommt auf 0,65 und Utopismus auf 0,59. Die Linksextremismusskala weist ein Alpha von 0,67 auf. Die Skalenqualität würde sich durch die Wegnahme des *item* „In der Demokratie geht vieles nicht so wie man es sich wünscht, aber es gibt keine

---

808 Vgl. Maier/Maier/Rattinger, S. 136.

bessere Staatsform"[809] auf ein Alpha von 0,71 verbessern. Bei der Skala Radikalismus/Aktivismus könnte der Fit von 0,53 auf 0,62 gesteigert werden, bei Streichung des *item* „Wer nicht radikal handelt, kann die wahren Ideale in der Politik nicht verwirklichen". Auch wenn Cronbachs Alpha verbessert würde, erscheint es inhaltlich sinnvoll, diese *items* beizubehalten, da Cronbachs Alpha nicht über das tatsächliche (inhaltliche) Vorliegen einer Dimension entscheiden kann, sondern nur über die Präzision der Skala.

Tabelle 72: Extremismus (Faktorenanalyse)

Faktor 1: Rechtsextremer Autoritarismus

Wir sollten darauf achten, dass wir das Deutsche reinhalten und Völkervermischung unterbinden.	0,717
Ich wünsche mir ein Deutschland, in dem das deutsche Volk endlich wieder das Sagen hat.	0,687
Ausländer und Asylanten sind der Ruin Deutschlands.	0,639
Die Deutschen sind anderen Völkern überlegen.	0,616
Es muss wieder jemanden geben, der sagt, wo es in der Politik langgeht.	0,529

Faktor 2: Linksextreme Anti-Demokratie

Die DDR hatte mehr gute als schlechte Seiten.	0,796
Im kapitalistischen System der Bundesrepublik fehlt die Geborgenheit und Solidarität der DDR.	0,782
Die entscheidenden Schlüsselzweige der Wirtschaft müssen verstaatlicht werden.	0,627
Nur mit dem Sozialismus lassen sich alle Probleme lösen.	0,533[1]
In der Demokratie geht vieles nicht so, wie man es sich wünscht, aber es gibt keine bessere Staatsform.	-0,420

Faktor 3: Elitenkritik/Verschwörungstheorie

„Die da oben" machen doch nur, was sie wollen.	0,734
Politik wird heute auf dem Rücken der kleinen Leute ausgetragen.	0,722
Die Medien sind manipuliert und dienen nur zur Volksverdummung.	0,539
Der Kapitalismus richtet die Welt zugrunde.	0,376[2]
Die meisten Menschen haben keine Ahnung, wie stark ihr Leben von geheimen Abmachungen und Plänen kontrolliert wird.	0,342[3]

Faktor 4: Radikalismus/Aktivismus

In jeder demokratischen Gesellschaft gibt es Konflikte, die mit Gewalt ausgetragen werden müssen.	0,652
Wer nicht radikal handelt, kann die wahren Ideale in der Politik nicht verwirklichen.	0,638
Nur wenn das Recht des Stärkeren auch in der Politik angewandt wird, lassen sich die Probleme der Menschheit lösen.	0,608[4]
In der Politik gibt es nur wahr und falsch. Deshalb darf man keine Kompromisse machen.	0,527

809 Für den Reliabilitätstest umcodiert.

Tabelle 72 (Fortsetzung)

Faktor 5: Wertepessimismus

Durch den zunehmenden Luxus verwahrlost unsere Gesellschaft.	0,783

Es ist schlimm, dass sich amerikanische Lebensformen und Einstellungen bei uns
immer mehr ausbreiten.   0,745

In unserer heutigen Gesellschaft gibt es keine Ideale mehr, an denen man sich orientieren kann.   0,471[4]

Es macht mir Sorgen, dass ich durch die gesellschaftliche Entwicklung immer mehr auf die
Verliererseite des Lebens gerate.   0,338[5]

Faktor 6: Politische Entfremdung

Politik ist so kompliziert geworden, dass man als Bürger oft gar nicht richtig versteht, worum
es geht.   0,784

Leute wie ich haben sowieso keinen Einfluss darauf, was die Regierung tut.   0,604[6]

Heute verändert sich alles so schnell, dass man kaum noch Schritt halten kann.   0,603[7]

Faktor 7: Utopismus

Wir müssen eine Welt schaffen, in der alle Menschen nach einem gemeinsamen Ideal
zusammenleben.   0,801

Ich wünsche mir, dass die Menschen in Zukunft in der klassenlosen Gesellschaft leben können.   0,762

Quelle: Konrad-Adenauer-Stiftung, Archiv-Nr. 9702; dargestellt sind die Werte +3 und +2 von einer von
+3 bis -3 reichenden Skala.
1)   Nebenladung auf Faktor 2 und 5
2)   Nebenladung auf Faktor 1, 2 und 5
3)   Nebenladung auf Faktor 1
4)   Nebenladung auf Faktor 3
5)   Nebenladung auf Faktor 6, 3 und 2
6)   Nebenladung auf Faktor 3
7)   Nebenladung auf Faktor 5
Erklärte Varianz: 54,5 % / Rotation: rechtwinklig (orthogonal) / Varimax-Methode.

Es stellt sich jetzt die Frage, wie groß des Extremismuspotenzial in der Bevölkerung
ist. Um dies zu ermitteln, wurde für jeden Faktor eine aus den einzelnen *items* bestehende additive Skala erstellt. Insgesamt setzt sich die Skala aus 28 *items* zusammen. Ein
Befragter kann einem *item* maximal den Wert 7 (= höchste Zustimmung) zuordnen.[810]
Somit ergibt sich als höchsten Skalenwert der Gesamtskala, den ein Befragter erzielen
kann, 196. Je höher der Wert auf der Skala, desto größer ist insgesamt die Zustimmung
bzw. desto stärker ist das extremistische Weltbild. Unerheblich ist zunächst, ob ein Befragter auf der Rechts- oder Linksextremismusskala hohe Werte aufweist, da ein Befragter sowohl mit der Rechts- als auch mit der Linksextremismusskala übereinstimmen
kann (was sich in den Daten auch nachweisen lässt). Neben der Extremismusgesamt-

---

810 Umcodiert wurde das *item*: „In der Demokratie geht vieles nicht so, wie man es sich wünscht, aber es
     gibt keine bessere Staatsform", um allen *items* eine einheitliche Richtung zu geben.

Skala sind die Zustimmungsraten zu Skalen wiedergegeben, bei denen die rechts- und die linksextremen *items* nicht berechnet wurden. Für diese Skalen beträgt der maximale Wert, den ein Befragter erzielen kann, 161 (= 23 *items*). Die Gesamtskala wird daher in 28 Schritten dargestellt, die Einzelskalen in 23er Abständen (z. B: 28 Punkte würde ein Befragter erreichen, wenn er entweder 4 *items* den Wert 7 zuweist oder 14 *items* den Wert 2).[811]

Tabelle 73: Zustimmung zur Extremismusskala (in Prozent)

	Extremismus	Ausschluss Rechtsextremismus	Ausschluss Linksextremismus
bis 28 (bis 23)	0	0	0
bis 56 (bis 46)	1,6	1,3	1,6
bis 84 (bis 69)	13,4	10,9	13,5
bis 112 (bis 92)	26,9	26,2	28,0
bis 140 (bis 115)	22,1	26,2	22,4
bis 168 (bis 138)	5,4	8,9	5,6
bis 196 (bis 161)	0,2	0,7	0,2
k. A.	30,6	25,7	28,7

Quelle: Konrad-Adenauer-Stiftung, Archiv-Nr. 9702; Extremismus: Zustimmung zur Gesamtskala in 28er Schritten; Ausschluss Rechts- Linksextremismus: Zustimmung in 23er Schritten; Angaben in Klammern proportional (Ost-West) soziogewichtet.

Alle Skalen haben eine U-Form. Starke Zustimmung zur Gesamtskala findet sich bei 5,6 Prozent der Befragten. Bei den jeweiligen Teilskalen sind es 5,8 und 9,6 Prozent. Die Skala, in der nur rechtsextreme Werte abgefragt wurden findet größere Resonanz. Die Anzahl derjenigen, die kritikfrei und uneingeschränkt den *items* zustimmen, ist etwa ebenso niedrig wie die Anzahl derjenigen, die sich im extremen Ablehnungsbereich befinden. Die meisten Befragten ordnen sich im Mittelfeld ein.

Üblicherweise werden in der empirischen Rechtsextremismusforschung lediglich die unterschiedlichen Inhalte des Rechtsextremismus abgefragt, während die Elemente, die sich auf Extremismus insgesamt beziehen, nicht in die Skalen integriert werden. Nach den bisherigen Befunden lassen sich extremistische Einstellungen nicht nur auf rechts- oder linksextreme Positionen verengen. Extremistische Einstellungen erscheinen vielmehr als ein Einstellungssyndrom. Dieses setzt sich aus vielen Facetten zusammen, bei denen die jeweiligen inhaltlichen Spezifikationen des Links- oder Rechtsextremismus nur die Spitze des Eisberges bilden. Rechts- oder linksextreme Einstellungen existieren nicht ohne ein Fundament, das aus unterschiedlichen Elementen (wie Verschwörungstheorien, Aktivismus, Wertepessimismus, Entfremdung und Utopismus) besteht.

---

811 Die Grenzziehung bei Skalen ist immer kritisch, da es keine wissenschaftlich begründbare Maßstäbe gibt, wie Grenzen gebildet werden können.

Die Zusammensetzung des Extremismuspotenzials weist einige zu erwartende, aber auch einige unerwartete Muster auf. Auffällig ist der überdurchschnittliche Frauenanteil. Bei der Untersuchung von Wählerschaften extremistischer Parteien hat sich immer wieder gezeigt, dass Frauen – zumindest gegenüber extremistischen, aber auch neuen Parteien – zurückhaltender sind. Zwar kann sich dieser Unterschied nivellieren oder sogar umkehren, aber für das Wahlverhalten ist dieser Befund gefestigt.[812] Der hohe Frauenanteil im Potenzial könnte durch den Perspektivenwechsel bedingt sein, da hier keine Wähler einer Partei beobachtet werden, sondern eine Gruppe mit einem gemeinsamen Pool an Einstellungen.

Um dem Phänomen des hohen Frauenanteils auf die Spur zu kommen, eignet sich ein Wechsel der Analyseperspektive. Nimmt man nur die hohen Zustimmungen (Werte +2 und +3) der Extremismusskala, finden sich deutliche Unterschiede zwischen Männern und Frauen. Auf hohe Zustimmung bei Frauen stoßen die Komplexe der politischen Entfremdung (geringe *political efficacy*) und das Gefühl, Verlierer der gesellschaftlichen Entwicklung zu sein, die als zu schnell empfunden wird. Aber auch Utopismus findet sich überproportional bei Frauen. Sie sind stärker der Ansicht, dass die DDR mehr gute als schlechte Seiten gehabt hätte und Ausländer und Asylanten der Ruin Deutschlands wären. Männer stimmen überdurchschnittlich häufig dem Feld Radikalismus und Aktivismus zu. Das reicht vom Plädoyer für die Anwendung des Rechts des Stärkeren über Zustimmung zu radikalem Handeln bis zu Dogmatismus („Sozialismus löst alle Probleme"). Signifikant hoch ist der Anteil derjenigen, die glauben, dass es zur Demokratie eine Alternative gebe. Aufgrund geringer Fallzahlen sind weitere Differenzierungen des weiblichen Extremismuspotenzials nicht möglich. Niedrige Bildung und soziale Randständigkeit scheinen das Ausmaß politischer Entfremdung und Neigung zu extremistischen Positionen insbesondere wechselseitig zu fördern.

Wie die Wahlabsichtsfrage verdeutlicht, ist eine hohe Zustimmung zur Skala nicht gleichzusetzen mit der Wahl einer Partei, die am Rand des Parteiensystems steht. Vielmehr werden die Volksparteien (wenn auch unterdurchschnittlich) von der Mehrheit des Potenzials genannt. Der Anteil der Unentschlossenen, Nichtwähler und Antwortverweigerer, die Wahlabsicht zugunsten der PDS und der REP (wenn auch auf niedrigerem Niveau) ist größer als im Bevölkerungsdurchschnitt. Doch bemerkenswert ist der Anteil der Volksparteien. Dies spricht für die Integrationskraft von Union und SPD und verdeutlicht, dass Einstellungen und Wahlverhalten nicht in einem direkten kausalen Zusammenhang zu sehen sind, aber nicht auszuschließen ist, dass bei einer entsprechenden Mobilisierung große Teile des Potenzials den Volksparteien den Rücken kehren. Das kann bei entsprechender Angebotsstruktur zur Wahl extremer Parteien oder zur Wahlenthaltung bzw. Remobilisierung führen, wie die Wahlerfolge von DVU und REP belegen.[813] Dass dergleichen auch in dieser Gruppe möglich ist, zeigt sich am Wechselwäh-

---

812 Vgl. Molitor, 1992, S. 24 ff.
813 Vgl. Falter (Klein), 1994, S. 23; Neu/Wilamowitz-Moellendorf, 1998b.

leranteil und der geringen Zufriedenheit mit der gewählten Partei. Doch sind diese Wähler nicht politisch randständig, sondern für die Volksparteien ansprechbar.

Tabelle 74: Sozialstrukturelle Zusammensetzung des Extremismuspotenzials[*)]

		Extremismus	Rechtsextremis.	Linksextremis.	Bevölkerungs-durchschnitt
Herkunft:	Westdeutschland	68	76	65	80
	Ostdeutschland	32	24	35	20
Geschlecht:	Männer	41	40	38	48
	Frauen	59	60	62	53
Alter:	15-17 Jahre	5	3	4	3
	18-24 Jahre	9	7	11	9
	25-29 Jahre	11	9	10	9
	30-44 Jahre	24	25	24	27
	45-59 Jahre	22	24	25	25
	60 und älter	30	33	26	27
Schicht:	Arbeiterschicht	69	61	67	36
	untere Mittelschicht	5	7	5	8
	mittlere Mittelschicht	20	25	21	40
	obere Mittelschicht	4	5	5	11
Beruf:	Arbeiter	47	46	46	30
	Angestellte	36	34	37	40
	Beamte	1	2	3	7
	Selbständig	4	8	4	9
	in Ausbildung	2	2	1	2
	sonstige	10	7	10	10
Berufstätigkeit:	Arbeitslos	18	15	19	8
	Rentner	29	33	27	26
	Arbeiter	12	13	10	13
	Angestellte	17	13	18	21
	Beamte	1	1	1	4
	Selbständig	3	4	4	6
	Auszubildende	2	2	1	3
	sonstige (u.a. Hausfrauen)	19	20	21	18
Bildungsniveau:	niedrig	66	68	66	48
	mittel	23	23	21	31
	hoch	7	7	8	19
Werte:	rein materialistisch	10	9	8	5
	gemischt materialistisch	54	54	50	45
	gemischt postmaterialistisch	34	35	40	41
	rein postmaterialistisch	1	2	2	8

Tabelle 74 (Fortsetzung)

		Extremismus	Rechtsextremis.	Linksextremis.	Bevölkerungs-durchschnitt
Konfession:	evangelisch	33	36	33	41
	katholisch	29	34	27	32
	sonstige	4	2	4	1
	keine	34	26	36	24
Kirchenbindung:	stark	8	11	9	14
	schwach	38	47	46	46
	keine	52	39	40	38
Gewerkschaftsbindung:	stark	8	6	9	6
	schwach	28	29	27	33
	keine	60	63	60	57
Wahlabsicht:	Union	19	22	21	25
	SPD	22	26	24	29
	FDP	4	3	2	6
	B90/Grüne	9	8	10	12
	PDS	9	5	10	3
	REP	5	5	4	2
	Sonstige	4	4	4	1
	Unent./k. A./NW	29	27	26	23
Zufriedenheit mit gewählter Partei					
- eher zufrieden		45	44	47	54
- eher enttäuscht		51 .	50	49	41
Wechselwähler West					
- immer dieselbe Partei		38	43	40	46
- mal andere Partei gewählt		35	37	32	44
Wechselwähler Ost					
- immer dieselbe Partei		44	52	47	53
- mal andere Partei gewählt		31	28	28	26

Quelle: Konrad-Adenauer-Stiftung, Archiv-Nr. 9702; fehlende Werte zu 100 % k. A., sonstige Antwortmöglichkeiten.

*)   Extremismus: Werte 141-196 der additiven Skala; Rechts- Linksextremismus: Werte 116-161 der additiven Skala; proportional (Ost-West) soziogewichtet.

Die Sozialstruktur verdeutlicht, dass zwar keine starke politische Desintegration kennzeichnend ist, aber eine soziale. Auffälligste Merkmale des Potenzials sind die niedrige Bildung, der hohe Arbeiteranteil und die überdurchschnittlich weit verbreitete Arbeitslosigkeit. Dies schlägt sich besonders deutlich in der Selbsteinstufung auf der Schichtskala nieder. Während der Arbeiteranteil der heute Berufstätigen knapp 50 Prozent beträgt, ordnen sich etwa zwei Drittel der Arbeiterschicht zu. Die Werte sind eher materialistisch ausgerichtet, was Befunden der Werteforschung entspricht, wonach sich Träger postmaterieller Werte überwiegend bei Personen mit höherer Bildung und Personen im Dienstleistungssektor finden.[814] Die Verankerung in gesellschaftlichen Bezugsgruppen (Kirchen und Gewerkschaften) ist erwartungsgemäß gering, wenn auch nicht auffällig. Der Anteil an Konfessionslosen ist überdurchschnittlich hoch. Die Haltung gegenüber Kirchen und Gewerkschaften ist eher neutral (gemessen am Bevölkerungsdurchschnitt). Aufgrund des hohen Arbeiteranteils und der Selbsteinstufung als Angehörige der Arbeiterschicht wäre eine stärkere Bindung an die Gewerkschaften zu erwarten gewesen. Die verhältnismäßig schwache Verbundenheit mit den Gewerkschaften lässt auf Desintegration schließen.

7. 3   Linksextreme Einstellungen im PDS-Potenzial

Bereits die Häufigkeitsverteilung verdeutlichte, dass die sich die Einstellungen der PDS-Anhänger von denen anderer Parteien signifikant unterscheiden. In einem weiteren Schritt soll nun anhand einer multiplen Regression untersucht werden, wie groß der Beitrag der einzelnen *items* zur Sympathie für die PDS ist. Hierbei werden erneut alle *items* in die Analyse einbezogen. Von der gesamten Skala bleiben 14 *items* nach der Regressionsanalyse bestehen, die sich inhaltlich in drei Blöcke aufgliedern: Sozialismus, Ablehnung rechtsextremistischer Aussagen und etatistische bzw. pro-wohlfahrtsstaatliche *items*. Hinzu kommt ein verschwörungstheoretisches *item*. Die starken positiven und negativen Ladungen zeigen, dass ein polarisiertes Weltbild mit einem Schwarz-Weiß-Schema den Einstellungen zu Grunde liegt.

Die größte Erklärungskraft auf die Parteisympathie zur PDS haben *items*, die sich positiv auf die DDR und den Sozialismus beziehen. Den stärksten eigenen Erklärungsbeitrag liefert die Kritik am kapitalistischen System und die Verklärung der DDR. Auch andere sozialistische Inhalte haben eine deutliche Beziehung zur Parteisympathie. Die dogmatische Zuschreibung der sozialistischen Lösungskompetenz für alle Probleme der Welt, die Verstaatlichung der Wirtschaft und die Utopie der klassenlosen Gesellschaft bestimmen das Ausmaß der PDS-Parteisympathie weiterhin. Ein negativer Zusammenhang ergibt sich bei der Formulierung „In der Demokratie geht vieles nicht so, wie man es sich wünscht, aber es gibt keine bessere Staatsform". Die Ablehnung ist inhaltlich mit der Vorstellung einer anderen besseren Staatsform gleichzusetzen, was kontextimmanent mit der sozialistischen gleichzusetzen ist. Negative Ladungen haben ethnozentrische und autoritäre *items* aus dem rechtsextremen Bereich. Das negative Spektrum der *items* „Die Deutschen sind anderen Völkern überlegen" und „Ich wünsche mir ein Deutschland, in dem das deutsche Volk endlich wieder das Sagen hat" könnte auf antifaschistische Überzeugungen rückführbar sein. Die PDS-Sympathie wird darüber hinaus durch eine Dimension erklärt, die zwischen Etatismus und sozialem Gewissen angesie-

---

814 Vgl. Bürklin, 1988, S. 116 f.

delt ist. Aussagen aus dem rechtspopulistischen Bereich, mit denen gegen sozial Schwache oder Arbeitslose polemisiert wird, bilden die negative Klammer. Ablehnung des populistischen Wohlstandschauvinismus ist die eine Seite der Medaille, der Wunsch nach einem starken Staat die andere. Das alles lässt auf eine hohe ideologische Übereinstimmung zwischen Partei und Sympathisanten schließen.[815]

Tabelle 75: Linksextremismus und PDS-Parteisympathie

	Beta
Im kapitalistischen System der Bundesrepublik fehlt die Geborgenheit und Solidarität der DDR.	.228[xx]
Die DDR hatte mehr gute als schlechte Seiten.	.192[xx]
In der Demokratie geht vieles nicht so, wie man es sich wünscht, aber es gibt keine bessere Staatsform.	-.094[xx]
Nur mit dem Sozialismus lassen sich alle Probleme dieser Welt lösen.	.086[xx]
Es ist beschämend, wie mit den sozial Schwachen in unserer Gesellschaft umgegangen wird.	.081[xx]
Die Deutschen sind anderen Völkern überlegen.	-.076[xx]
Die entscheidenden Schlüsselzweige der Wirtschaft müssen verstaatlicht werden.	.068[xx]
Der Staat würde nicht so ausgenutzt werden, wenn Arbeitslose und Sozialhilfeempfänger zu Diensten für die Allgemeinheit herangezogen würden.	-.068[xx]
Selbst die Partei, die mir eigentlich noch am besten gefällt, kann ich heute kaum noch wählen.	-.067[xx]
Für die wirklichen Interessen des Volkes setzt sich keine Partei ein.	-.059[xx]
Ich wünsche mir ein Deutschland, in dem das deutsche Volk endlich wieder das Sagen hat.	-.059[xx]
In der heutigen Zeit kennen die Leute nur noch ihre Rechte, aber nicht mehr ihre Pflichten.	-.058[xx]
Ich wünsche mir, dass die Menschen in Zukunft in der klassenlosen Gesellschaft leben können.	.053[xx]
Die meisten Menschen haben keine Ahnung, wie stark ihr Leben von geheimen Abmachungen und Plänen kontrolliert wird.	.041[x]

Quelle: Konrad-Adenauer-Stiftung, Archiv-Nr. 9702. Abhängige Variable: Parteisympathie PDS (Skala von +5 bis -5); unabhängige Variable: (Skala von +3 bis -3).
xx) $p = > .01$
x) $p = > .05$
$r^2 = 0,32$

Allgemeine Politikverdrossenheit gegenüber Politikern oder Parteien findet sich nicht. Zwei Anti-Parteien-*items* werden deutlich abgelehnt. Für die PDS-Sympathisanten gibt es eine Partei, die sich für die wirklichen Interessen einsetzt und die wählbar ist. Dies spricht für eine schon zuvor beobachtete affektive Parteiidentifikation.

Ein sozialistisches Überzeugungssystem, das in deutlicher Abgrenzung zur Demokratie der Bundesrepublik steht, ist das Kennzeichen der PDS-Sympathisanten. Die Partei-

---

815 Zu einem ähnlichen Ergebnis kommen Falter/Klein, 1994, S. 31.

sympathie zugunsten der PDS ist von einem doppelten Freund-Feind-Schema abhängig: DDR und Sozialismus sind positiv, Bundesrepublik (Demokratie, Wirtschaft) sowie Rechtspopulismus negativ besetzt.

Die ideologische Sonderstellung der PDS-Anhänger wird im Rechts-Links-Kontinuum sichtbar. Die Selbsteinstufung der Parteianhängerschaften auf der Rechts-Links-Skala entspricht den bekannten Mustern.[816] PDS- und REP-Anhänger bilden die Antipoden des Parteienraumes. Die Anhängerschaften der anderen Parteien verorten sich entsprechend den theoretischen Erwartungen. Außer den REP-Anhängern, die sich im Osten weiter rechts einstufen, befinden sich alle anderen Anhänger im Osten weiter links. Der Durchschnittswert im Westen liegt mit 5,78 nur knapp links von der politischen Mitte, im Osten mit 5,11 deutlich von der politischen Mitte entfernt. In der Selbstverortung sind die PDS-Anhänger weiter von der politischen Mitte entfernt als die REP-Anhänger. Die Anhänger der PDS im Osten sind um 2,53 Punkte von der politischen Mitte entfernt, was der größten Distanz von der politischen Mitte entspricht, die erreicht werden kann.

Tabelle 76: Rechts-Links Selbsteinstufung (Mittelwerte)

	CDU/CSU	SPD	FDP	Grüne	PDS	REP	insg.
Westdeutschland	6,91	4,92	6,41	4,53	4,03	7,70	5,78
Ostdeutschland	6,57	4,50	6,06	4,84	3,74	8,14	5,11
Insgesamt	6,86	4,84	6,36	4,57	3,76	7,76	5,65

Quelle: Konrad-Adenauer-Stiftung, Archiv-Nr. 9702. Skala: 1 (links), 11 (rechts), 6 (Mitte).

Unter den Befragten zeichnet sich die Wählerschaft der PDS durch ein fast geschlossenes sozialistisches Weltbild aus.[817] Nur eine Minderheit der PDS-Wähler steht dem ideologischen Fundament fern. Diese ideologische Positionierung zeigt sich, wenn man aus *items*, die sich auf die DDR oder im weiteren Sinne auf den Sozialismus beziehen, eine additive Skala[818] bildet.

---

816 Vgl. für den Parteienraum Arzheimer/Klein, 1997, S. 44 ff. In der 1997er Umfrage der Konrad-Adenauer-Stiftung wurde nur die Selbsteinstufung abgefragt.

817 Zu ähnlichen Ergebnissen kommen: Falter/Klein, 1994, S. 31.

818 *Items*: Nur mit dem Sozialismus lassen sich alle Probleme lösen. Ich wünsche mir, dass die Menschen in Zukunft in der klassenlosen Gesellschaft leben können. Wir müssen eine Welt schaffen, in der alle Menschen nach einem gemeinsamen Ideal zusammenleben. Der Kapitalismus richtet die Welt zugrunde. Die Reichen und Mächtigen verhindern, dass die Bürger ihren gerechten Anteil von dem bekommen, was sie erarbeitet haben. Die meisten Menschen haben keine Ahnung, wie stark ihr Leben von geheimen Abmachungen und Plänen kontrolliert wird. Die Arbeitslosigkeit wird nur durch die Profitinteressen des Großkapitals geschaffen. Die DDR hatte mehr gute als schlechte Seiten. Im kapitalistischen System der Bundesrepublik fehlt die Geborgenheit und Solidarität der DDR. Die entscheidenden Schlüsselzweige der Wirtschaft müssen verstaatlicht werden.

Anzahl der *items*	West	Ost	PDS-Wähler-Ost
0	23 (8)	12 (3)	4 (0)
1	22 (12)	12 (4)	5 (1)
2	19 (16)	14 (8)	8 (1)
3	15 (18)	13 (12)	5 (1)
4	10 (17)	15 (14)	18 (9)
5	6 (12)	12 (16)	18 (13)
6	3 (9)	9 (13)	13 (14)
7	2 (4)	7 (13)	15 (21)
8	1 (3)	4 (11)	8 (15)
9	0 (1)	2 (6)	5 (14)
10	0 (0)	0 (39	3 (11)

Tabelle 77: Zustimmung zu Sozialismus-items

Quelle: Konrad-Adenauer-Stiftung, Archiv-Nr.: 9702; Zustimmung: +3 und +2 auf einer von +3 bis -3 reichenden Skala; Werte in Klammer: Zustimmung: +3, +2 und +1 auf einer von +3 bis -3 reichenden Skala.

Insgesamt steigt erwartungsgemäß die Zustimmungsquote an, wenn man nicht nur die starken Zustimmungsraten (Werte +3 und +2), sondern auch die mäßigen (+1) hinzuzieht. Im Westen findet sich nur eine Minderheit, die mehr als 6 *items* zustimmt, auch wenn man nicht nur die starke, sondern auch die mäßige Zustimmung bewertet. Auch in den neuen Ländern findet sich nur bei einer Minderheit (13 Prozent) eine starke Zustimmung von mehr als 6 *items*. Dieses Bild ändert sich deutlich, wenn man auch diejenigen einbezieht, die den *items* schwach zustimmen. Dann findet sich bei 33 Prozent der Ostdeutschen eine Zustimmung von mehr als 6 *items*. Fast spiegelbildlich verkehrt zum westdeutschen Durchschnitt ist die ideologische Verortung der PDS-Wähler. Nur eine Minderheit der PDS-Wähler antwortet auf 0 bis 3 *items* positiv (22 Prozent bei starker und 3 Prozent bei mäßiger Zustimmung). Dagegen liegen 49 Prozent (36 Prozent bei mäßiger Zustimmung) der Wähler im mittleren ideologischen Bereich (zwischen 4 und 6 *items*). Bei 31 Prozent der PDS-Wähler kann man von einem einseitigen geschlossenen Weltbild sprechen. Sie beantworten mehr als 6 *items* aus der Sozialismusskala mit starker Zustimmung. Noch deutlicher zeigt sich die ideologische Ausrichtung der PDS-Wähler mit mäßiger Zustimmung. Variiert man die Skala um nur einen Punkt, so stimmen 61 Prozent der PDS-Wähler zwischen 7 und 10 *items* der Skala zu und 75 Prozent mehr als 6 *items*. Dabei lassen sich DDR-Nostalgie und sozialistische Ideologie dimensional weder in der Bevölkerung noch bei den PDS-Anhängern trennen. Der Versuch einer signifikanten Trennung dieser Einstellungsdimensionen scheiterte. Damit ist die ideologische Hinterlassenschaft der DDR nicht nur mit Vergangenheitsverklärung zu bagatellisieren. Vielmehr findet sich eine weite Verbreitung und hohe Akzeptanz der unterschiedlichen (staats-)sozialistischen Ideologieelemente in der Bevölkerung.

Sozialistische Orientierung und kritische Einstellung zu Staat, Wirtschaft und Gesellschaft bedingen sich wechselseitig. Um den Einfluss der sozialistischen Orientierung zu messen, wurden zwei Kontrastgruppen gebildet: In der einen sind Befragte in Ostdeutschland mit 0 bis 5 *items* auf der Sozialismusskala, und in der anderen sind Befragte in Ostdeutschland mit mehr als 6 positiven Antworten auf der Sozialismusskala. Der Zusammenhang zwischen Ideologie und Wahlverhalten verdeutlicht bereits die Tabelle. 75 Prozent der PDS-Wähler stimmen mehr als 6 Aussagen der Skala zu.

Ein Wechsel der Betrachtungsweise macht deutlich, dass die Zustimmung zur sozialistischen Ideologie nicht als Einbahnstraße in der Wahl der PDS mündet. Von den Ostdeutschen, die auf der Sozialismusskala mehr als 6 *items* bejahen (45 Prozent), äußern 27 Prozent eine Wahlabsicht zugunsten der PDS und 29 Prozent sprechen sich für die SPD aus. Die restlichen Werte entfallen mit je unter 10 Prozent auf die anderen Parteien und das Unentschlossenen- und Nichtwählerlager. Da trotz sozialistischer Grundüberzeugung drei Viertel keine Wahlabsicht zugunsten der PDS haben, müssen andere Faktoren einen stärkeren Einfluss auf das Wahlverhalten ausüben als die Ideologie.

Die für die PDS-Wählerschaft charakteristischen Einstellungsmuster finden sich auch bei denjenigen, die über eine hohe Affinität zur sozialistischen Ideologie verfügen.[819] Sie bewerten überdurchschnittlich häufig Zukunftsaussichten und die aktuelle Situation pessimistisch. Die sozialistische Ideologie führt zur einer negativen Sichtweise auf die Demokratie. 56 Prozent im Sozialismuspotenzial sind mit der Demokratie unzufrieden, in der Kontrastgruppe sind es 32 Prozent. Korrespondierend empfinden 69 Prozent, dass die Gesellschaftsordnung ungerecht sei, während es bei denjenigen, die eine schwache Sozialismusnähe haben, 47 Prozent sind. Die hohe Ähnlichkeit der Einstellungsmuster verdeutlicht, dass hier kein Hinderungsgrund für eine Wahl der PDS zu suchen ist.

Dass die PDS nicht stärker von diesem Potenzial profitiert, könnte an der Wahrnehmung ihrer Politikfähigkeit liegen. Die überwiegende Mehrheit im Sozialismuspotenzial (65 Prozent: 53 Prozent der Kontrastgruppe) sieht den Staat in der Verantwortung, wie sich die persönliche Situation in Zukunft verändern wird. Dies ist ein Indikator für eine hohe Erwartungshaltung gegenüber dem Staat. Dementsprechend werden im Sozialismuspotenzial alle Themen für wichtiger gehalten als in der Gruppe, die nur eine mäßige Affinität zum Sozialismus hat. Doch werden gerade in diesem Potenzial der PDS keine Problemlösungskompetenzen zugesprochen. Auch wenn weitere Ursachen, die eine Wahlabsicht zugunsten der PDS verhindern, nicht ausgeschlossen werden können, so scheint doch das Kompetenzdefizit der PDS einer Ausweitung ihres Wählerpotenzials entgegenzustehen. Die ideologische Struktur und das Einstellungsprofil der Ostdeutschen widersprechen zumindest der These, dass die PDS die Grenzen ihrer Mobilisierungsfähigkeit erreicht oder überschritten habe.

---

819 Die Umfrage beinhaltet nicht alle Variablen, die für die Analyse der PDS-Wählerschaft zur Verfügung standen.

Tabelle 78: Wichtigkeit politischer Themen und Lösungskompetenz der PDS
im Sozialismuspotenzial

	Wichtigkeit bei mäßiger Zustimmung Sozialismus	Wichtigkeit bei starker Zustimmung Sozialismus	Problemlösungskompetenz PDS (bei starker Zustimmung Sozialismus)
Wirtschaftslage	84	85	6
Verbrechensbekämpfung	74	83	13
Preisstabilität	63	73	11
Weiterentwicklung EG	21	21	5
Rentensicherung	77	86	14
Umweltschutz	58	63	9
Arbeitsplatzsicherung	93	97	14
Frauengleichstellung	44	59	31
Einheit Ost/West	71	84	23
Weltfrieden	84	90	13
Staatsverschuldung	56	63	6
Kampf gegen Radikale	56	63	18
Familienförderung	66	78	29
Ausländerzuzug verringern	38	47	6
Politikerprivilegien Abbau	61	78	22
soziale Sicherheit	81	92	24

Quelle: Konrad-Adenauer-Stiftung, Archiv-Nr. 9702; jeweils: sehr wichtig.

8. Schluss

8.1 Zusammenfassung

Die empirischen Befunde der Mitgliederpartei belegen einen erheblichen Schrumpfungsprozess im Osten und ein Scheitern ihrer Ausdehnung im Westen. Die PDS gewann im Osten wenig neue Mitglieder, die nicht vor 1990 Mitglied der SED waren. Ihr – gemessen an den Mitgliederzahlen anderer Parteien – relativ großer Mitgliederstamm leidet an Überalterung. Zugleich ist dieser Personenkreis stark vom Systemwechsel betroffen gewesen. Abgemildert wurden die Folgen des Systemumbruchs lediglich durch das hohe Durchschnittsalter, das den Weg in Rente und Vorruhestand ermöglichte. Dabei erwies sich das Alter für die Partei erst als Segen und dann als Fluch. Am Anfang konnte die PDS auf großes Engagement, eine starke Präsenz in Wahlkämpfen sowie in der alltäglichen Ansprache von Wählern und Präsenz in Vorfeldorganisationen (z. B. Mietervereine, Volkssolidarität, Gewerkschaften) bauen. Bis Mitte der 90er Jahre waren noch keine negativen Effekte auf die Kampagnenfähigkeit der PDS auszumachen. Die 2002 veröffentlichten Angaben zur Altersstruktur (80,3 Prozent der Mitglieder im Osten sind über 60 Jahre alt, 49,6 Prozent sind über 70 Jahre alt) lassen die Überalterung zur tickenden Zeitbombe werden.

Vor dem Hintergrund der Stagnation im Westen ist die Zukunftsfähigkeit der PDS als handlungsfähige Mitgliederpartei ernsthaft gefährdet. Ihre geringe Akzeptanz in Westdeutschland ist im Vergleich zur Überalterung das größere Problem, weil eine flächendeckende Organisationsstruktur fehlt und nicht aufgebaut werden kann. Hoffnungen auf eine vereinigte linke Alternative jenseits von Grünen und SPD haben sich wie schon in der Vergangenheit bei anderen Parteien nicht erfüllt. Manfred Müller, Fred Gebhardt oder Heinrich Graf von Einsiedel illustrieren Hoffnung und Scheitern der PDS-Strategie im Westen. Sie verkörperten als Personen die Zielgruppen, die man zu gewinnen hoffte: Gewerkschafter, linke Sozialdemokraten und für eine Bündnispolitik Mobilisierbare. Doch diejenigen, die jenseits der Zielgruppenwünsche der Parteiführung zur PDS gestoßen sind, bildeten die Schranke für das eigentlich erhoffte Potenzial. Aufgrund der programmatischen Wirklichkeitsferne ist auch das Politikangebot der PDS im Westen nicht konkurrenzfähig.

Dies gilt gleichermaßen für die westdeutsche Wählerpartei. In den Hochburgen der PDS hatten schon die orthodox-kommunistischen Parteien ihre Hochburgen. Wechselwähler anderer Parteien konnte die PDS nicht erfolgreich ansprechen. Da sie von der Rand- und Kernklientel der Grünen und der SPD weit entfernt ist, bleibt ihr Wachstumspotenzial begrenzt. Im Ostdeutschland ist die PDS dagegen eine normale Wählerpartei, die Wähler von allen Parteien gewinnen und auch an alle Parteien verlieren kann. Entgegen Vorstellungen über die ideologische Formierung rechter und linker Wählerlager gewann die PDS im Osten gerade von der CDU in erheblichem Ausmaß Wähler hinzu. In den alten Ländern stagniert sie auf dem niedrigen Niveau einer Splitter- oder

Protestpartei. Alle Wahlergebnisse der PDS sind von Grunddilemma der disproportionalen Verteilung der Wählerschaft geprägt. Das im Osten bis Mitte der 1990er Jahre sichtbare Nord-Süd-Gefälle hat sich Ende der 90er Jahre nivelliert.

Die Analyse der unterschiedlichen Modelle zur Erklärung des Wahlverhaltens zeigt, dass auch Ansätze, die auf langfristigen Allianzen zwischen Wählern und Parteien basieren, in den neuen Bundesländern anwendbar sind. Dies ist auf gemeinsame Traditionen, die in den beiden Gesellschaften noch wirken, auf parallele Entwicklungen des gesellschaftlichen Wandels und auf die Westorientierung zurückzuführen. Nach dem Fall der Mauer gab es keine mentale „Stunde Null". Die Ähnlichkeiten und Gemeinsamkeiten der Bevölkerung dürfen aber nicht darüber hinwegtäuschen, dass sich auch die unterschiedlichen Entwicklungen in West und Ost im Verhalten niederschlagen. Vor allem die Auswirkungen des sozialen Wandels in der DDR unterscheiden sich bislang von den Erfahrungen in der (alten) Bundesrepublik. Auch sind von den drastischen Veränderungen infolge des Vereinigungsprozesses Auswirkungen auf das Verhalten zu erwarten, deren Ausmaß bislang nicht geschätzt werden kann. Nachdem bewiesen werden konnte, dass die in westlichen Demokratien erprobten Theorien des Wahlverhaltens auch auf die Transformationsgesellschaft in den neuen Ländern anwendbar sind, fördert die Wähleranalyse ein spezifisches Muster der PDS-Wähler zu Tage.

Die Sozialstruktur[820] der PDS-Anhängerschaft hat sich deutlich verändert. Bis 1993 trug sie Züge einer ehemaligen Eliten- und Protestpartei. Seit 1993/94 zeichnet sich ein Nivellierungstrend ab.[821] Die Unterschiede zur Gesamtbevölkerung in den neuen Ländern sind geschrumpft. Da das Potenzial der PDS kontinuierlich angewachsen ist, muss es ihr gelungen sein, über ihre spezifische Klientel hinaus breit zu mobilisieren. Auch wenn der Begriff der Volkspartei für die Programmatik und Zielsetzung der PDS unzutreffend ist, passt er auf die sozialstrukturelle Zusammensetzung ihrer Wählerschaft im Osten.

Die PDS-Anhängerschaft ist überdurchschnittlich hoch qualifiziert und mit vergleichsweise hohem Einkommen ausgestattet. Die Partei findet selbst bei leitenden Angestellten überdurchschnittliche Unterstützung. Somit scheint sie nicht die Interessenvertretung der objektiven, sondern eher der subjektiven Einheitsverlierer zu sein. Allerdings zeigt der Wandel in der Berufs- und Einkommensstruktur von 1990 bis 1998, dass die PDS-Anhänger von den Folgen der gesellschaftlichen Transformation überproportional stark betroffen waren und damit auch objektive Vereinigungsverlierer sind. Gemessen an den sozialstrukturellen Merkmale vereint die PDS die „östlichste" Wählerschaft auf sich: eine Wählerschaft, bei die die DDR-Sozialisation am stärksten weiterwirkt. Wenngleich die These der „gefallenen Elite" nicht bestätigt werden kann, so ist aufgrund der sozialstrukturellen Zusammensetzung eine überdurchschnittliche Anbindung von Personen, die man zur Elite rechnen kann, an die PDS feststellbar.

---

820 Vgl. Falter/Klein, 1994, S. 22 ff.; Klein/Caballero, 1996, S. 229 ff.; Deinert, 1997.
821 Die Nivellierungstendenzen zeigen sich auch im Westen. Vgl. Veen/Gluchowski, 1994.

Arzheimer/Klein[822] diskutieren, ob die Zusammensetzung der PDS-Wählerschaft typische Anzeichen von Wählern extremistischer Parteien hat. Zu den typischen sozialstrukturellen Merkmalen einer Wählerschaft einer extremistischen Parteien zählen sie den höheren Männeranteil, da Frauen konsensorientierter wählen[823]. Das niedrigere Alter ist Kennzeichen einer geringeren sozialen Integration, was eine Neigung zu nichtetablierten Parteien verstärken kann. Niedrigere formale Bildung und eine Wahlneigung zu Parteien aus dem rechten Rand des Parteienspektrums sowie höhere formale Bildung und Wahlneigung zu Parteien des linken Randes des Parteiensystems sind häufig beobachtete Befunde, wobei sie darauf hinweisen, dass die Ursachen dieses Zusammenhangs weitgehend unklar sind. Die These, dass die PDS-Anhängerschaft Züge einer Volkspartei und nicht einer extremistischen Partei trägt, wird von ihnen gestützt.[824]

Die PDS scheint weniger Partei einer sozialstrukturell klar definierten Gruppe denn die Partei eines Einstellungssyndroms zu sein.[825] In allen untersuchten Dimensionen unterscheiden sich die PDS-Anhänger von der Bevölkerung und den Anhängern anderer Parteien. Die Zeit nach der Vereinigung wird als Phase des beruflichen und sozialen Abstiegs wahrgenommen, was die These der subjektiven und objektiven Vereinigungsverlierer stützt.[826] Konkreter, aber häufig auch diffuser politischer und sozialer Protest geht Hand in Hand mit einer nostalgischen DDR-Sicht. Misstrauen und Pessimismus prägen die Mentalität west- und ostdeutscher PDS-Wähler. Weitere Ähnlichkeiten konnten aufgrund fehlender Daten nicht geprüft werden.

Das Parteiensystem in den neuen Ländern ist flexibler als in den alten Ländern, da Parteibindungen schwächer ausgeprägt sind. Die Ausnahme bildet die PDS. Sie entfaltet eine polarisierende Wirkung in der Wählerschaft. PDS-Anhänger unterscheiden sich in zwei wesentlichen Merkmalen von den Anhängerschaften der anderen Parteien: Emotion und Ideologie. Die Parteiidentifikation mit der PDS beruht auf einer intensiven, stabilen, positiv-affektiven Beziehung. Kurzfristige, rationale Überlegungen haben eine schwächere Bedeutung. Die Wähler nehmen die PDS als spezifisch ostdeutsche politische Heimat und Orientierung wahr, hinter der sie emotional stehen. Hinzu kommt eine starke ideologische Komponente. Vertrauensdefizite und Ablehnung von Demokratie, Parteien, Parlamente, Institutionen, Wirtschaft und Gesellschaft weisen auf tief verwurzelte sozialistische Einstellungen hin, die von einer grundsätzlichen Ablehnung des „bürgerlichen" Staates gekennzeichnet sind.

Konstituierend für die Wählerschaft der PDS ist ein Ost-West-*cleavage*. Diese Konfliktlinie drückt sich im Gefühl aus, von der Gesellschaft der Bundesrepublik benachteiligt zu werden und Bürger zweiter Klasse zu sein, sowie in einer Identifikation als Ost-

---

822 Arzheimer/Klein, 1997, S. 55.
823 Molitor, 1992, S. 121.
824 „Rote Volkspartei", Arzheimer/Klein, 1997, S. 57.
825 Vgl. Arzheimer/Klein, 1997, S. 57.
826 Inwieweit tatsächliche Abstiegs- oder Aufstiegsmobilitäten das Wahlverhalten beeinflussen, kann anhand der Datenlage nicht geklärt werden.

deutsche. 1993 war für die Konsolidierung und Etablierung der PDS das entscheidende Jahr, da sich das Ost-West-*cleavage* in diesem Jahr messbar herauskristallisierte. Dass es im Laufe der deutschen Vereinigung zu einer zweifachen Umorientierung gekommen ist, legen die vorgestellten Daten nahe. In der ersten Stufe zeichnete sich eine euphorisierte Haltung gegenüber der Bundesrepublik ab, die 1993 in eine Rückbesinnung auf die DDR umschlug und mit einer Distanzierung von der Bundesrepublik einherging. In diesem Jahr fällt das Anwachsen der PDS mit deutlichen Verschiebungen im politischen Meinungsklima zusammen. Ab 1993 formieren sich die Vereinigungskritiker, Vereinigungsverlierer, Zukunftsskeptiker und Deprivierten um die PDS. Eine ablehnende Haltung kombiniert mit geringem Vertrauen in die Bundesrepublik auf staatlicher, gesellschaftlicher und wirtschaftlicher Ebene wird zum konstitutiven Element der PDS.

Welche Bedeutung die Ideologie als *cleavage*-Komponente entfaltet, belegt die Extremismusanalyse von Partei und Wählern. Die Affinität zum Sozialismus ist in den neuen Ländern nach wie vor ausgeprägt. PDS-Wähler haben ein fast geschlossenes sozialistisches Weltbild. Doch sind sie damit keine isolierte Minderheit. Sie sind nur diejenigen, die die PDS wählen, während die anderen, die das gleiche Weltbild haben, sich für andere Parteien entscheiden. Dass es der PDS nicht gelingt, dieses ideologische Wählerpotenzial auszuschöpfen, könnte an der geringen Problemlösungskompetenz liegen, die ihr zugewiesen wird. Wahlergebnisse werden zu einem – wenn auch nicht quantifizierbaren – Anteil von vermuteten Kompetenzen bestimmt. Auch mit Blick auf das Wahlergebnis von 2002 leistet das Defizit an Problemlösungskompetenzen einen plausiblen Erklärungsbeitrag. Als Ursache für die geringe Kompetenz ist der permanente innerparteiliche Dauerstreit um die prinzipielle Ausrichtung PDS in Betracht zu ziehen. Die Wahlniederlage von 2002 spiegelt sich in den Daten nicht wider. Die Daten weisen eher darauf hin, dass das Wählerpotenzial der PDS nicht ausgeschöpft wurde.

Da für die Extremismusanalyse nur Daten von 1997 vorliegen, kann über Verlauf und Entwicklungsstand sozialistischer Einstellungen höchstens spekuliert werden. Die Analyse zeigt, dass die DDR eine ideologische Hypothek hinterlassen hat, von der die PDS bis heute profitiert. Während sich der Westen gegenüber staatssozialistischen Ideologieelementen als relativ resistent erweist, lässt sich im Osten auf der Einstellungsebene eine nach wie vor starke Affinität zum Sozialismus feststellen. Das bezieht sich nicht nur auf wenige positive, die DDR verklärende Aspekte, sondern beinhaltet fast das gesamte ideologische Spektrum des von der SED propagierten Staatssozialismus.

Die PDS gibt sich bei näherem Hinsehen nur wenig Mühe, einen zumindest pseudodemokratischen Anschein aufrechtzuerhalten. Indem sie den vielfältigen Facetten des Linksextremismus durch die Einbindung in den Parteiapparat eine politische Heimat gibt, verdeutlicht sie, dass sie nicht danach differenziert, ob die Mittel der Politik legal oder illegal sind und dazu geeignet, die freiheitliche Demokratie, westlichen Pluralismus und die verfassungsmäßige Ordnung des Grundgesetzes zu unterminieren. Die Hinweise, dass sich die PDS nach wie vor der Gedankenwelt der SED eng verbunden fühlt, sind nicht zu übersehen. Der Wandel scheint mehr Lippenbekenntnissen und Anpassungsstrategien zu entsprechen, als dass er Sozialismus nur auf der Basis von Demokratie und Rechtsstaat umsetzen möchte.

Das bestätigt ebenso der Prozess der Vergangenheitsbewältigung. Die Geschichtsarbeit in der PDS ist – bezogen auf einen Wandel nach 1990 – wenig glaubwürdig, wenig ernsthaft und wenig wissenschaftlich. Die Verdrängungsmechanismen haben eine Eigendynamik entfaltet. In der PDS ist die Ansicht weit verbreitet, der Sozialismus habe lediglich gegenwärtig eine Niederlage erlitten. Die vermeintlich positiven Seiten der DDR werden betont, ohne zu hinterfragen, inwieweit diese Aspekte nur in einer Diktatur möglich waren. Die PDS kritisiert zwar Teile der sozialistischen Realität, allerdings mit dem Denkdogma der Kommunisten: Sie fragt nicht, warum sich der Sozialismus nie in einem freiheitlichen System entfalten konnte. Zwar herrscht in der PDS kein verbindliches Geschichtsbild und plurale Debatten und Auseinandersetzungen finden statt, doch bestimmte Tabus sind charakteristisch. Wenn die PDS am „Sozialismus-Modell" Kritik übt, was auf eine gewisse Distanz schließen lässt, wird die Frage nach den Ursachen für dessen Deformierung nicht gestellt. Zudem wird die Kritik an der DDR beständig von einer Gegenkritik an der Geschichte der Bundesrepublik überlagert. Auch deswegen bleibt die DDR für alle heterogenen Gruppen legitime Alternative zur Entwicklung Westdeutschlands nach 1945.

Auch wenn es im Unterschied zur SED keine „monolithische und kanonisierte Sicht auf Geschichte"[827] gibt, hat die PDS die Positionen der Parteilichkeit nicht überwunden; kommunistische Legenden sind nicht im Papierkorb der Geschichte gelandet. Die „antifaschistische" DDR war das „moralisch bessere" Deutschland. Schönfärberei der stalinistischen Diktaturen und die Verunglimpfung der parlamentarischen Demokratien gehören nach wie vor zur Standardargumentation der PDS.

Dennoch ist eine Einstufung der PDS als extremistische Partei nicht zuletzt deshalb schwierig, weil die PDS ein Janusgesicht zeigt. Sie ist von Wählern legitimierter Teil des politischen Systems und hat in den neuen Ländern das Image einer normalen demokratischen Partei, auch wenn Teile der PDS das „bürgerliche" parlamentarische System ablehnen. Diese antiparlamentarische Haltung basiert überwiegend auf orthodoxen Ideologieelementen des Marxismus-Leninismus, die von einer prinzipiellen Gegnerschaft zur „bürgerlichen Demokratie" geprägt sind. Die Frage, ob die antidemokratischen Einstellungen in der PDS Mehrheits- oder Minderheitspositionen sind, lässt sich mit den zur Verfügung stehenden Analysemethoden und Mitteln nicht beurteilen. Da aber sowohl bei den „Reformern" als auch bei den „Orthodoxen" Politikvorstellungen und Ziele nur schwerlich mit dem demokratischen Verfassungsstaat vereinbar scheinen, deutet vieles darauf hin, dass sich die PDS mehrheitlich außerhalb des Wertegehalts des demokratischen Verfassungsstaates befindet.

---

827 Eckert, 1996, S. 155.

Die Frage der Haltung gegenüber der Demokratie hat durch die schrittweise Heranführung und Annäherung der PDS an die Teilung von Regierungsverantwortung eine Dimension erreicht, die bislang für das politische System der Bundesrepublik einmalig ist. So konnte im Jahre 1998 mit der PDS zum ersten Mal in der Geschichte der Bundesrepublik eine Partei Mitglied einer Regierung werden, deren demokratischer Charakter nach wie vor problematisch ist. Das Gegenargument, dass mit dem Fernhalten der PDS von Regierungen innerhalb eines Landesteiles etwa ein Fünftel der Bevölkerung prinzipiell ausgeschlossen würde, basiert auf quantitativen, nicht qualitativen Überlegungen und stellt letztlich das Mehrheitsprinzip in Frage. Zwar stellt die machtpolitische Bedeutung der PDS das Parteiensystem vor neue Herausforderungen, da es bislang zum Konsens der demokratischen Parteien gehört hat, extremistische Parteien nicht hoffähig zu machen. Inwieweit Regierungsbeteiligungen der PDS jedoch nachhaltige Folgen auf die Demokratie entfalten werden, ist offen. Zumindest kann man aus der Erfahrung der Entwicklung des politischen Systems der Bundesrepublik Deutschland nach dem Zweiten Weltkrieg die Schlussfolgerung ziehen, dass im Prozess der demokratischen Institutionalisierung das Aufrechterhalten extremistischer Minderheitenpositionen innerhalb von Legislative, Exekutive und Judikative eher unwahrscheinlich ist.[828]

Unabhängig von der Frage, ob die PDS eine linksextreme Partei ist, hat die empirische Analyse verdeutlicht, wie sehr sich Ansichten von Wählern und Partei entsprechen. Antiwestliche Ressentiments, gemischt mit sozialistischer Ideologie, sind die Klammer zwischen Partei und Wähler. Der Sozialismus hat die Züge einer säkularen Religion. Das Einstellungspotenzial ist größer als die tatsächliche Wählerschaft. Daher schrecken die linksextremen Positionen der PDS die Wähler in den neuen Ländern nicht ab. Doch sie sind auch nicht alleiniges Wahlmotiv.

Bislang wurden in der empirischen Extremismusforschung zwei Bereiche weitgehend vernachlässigt: zum einen die Linksextremismusforschung, zum anderen die Forschung nach Einstellungs- und Strukturmerkmalen im Vergleich. Die komparatistische Dimension soll nicht nur Gemeinsamkeiten, sondern auch Wesensmerkmale herausarbeiten und Konturen der einzelnen Vergleichsobjekte sichtbar machen. Extremismus zerfällt in sieben Dimensionen. Fünf dieser Dimensionen bestehen aus übergreifenden, von dem jeweiligen Inhalt der extremistischen Weltanschauung unabhängigen Merkmalen. Zwei Dimensionen differenzieren nach Rechts- und Linksextremismus. Auf dem Feld des Rechtsextremismus dominieren Autoritarismus und Ethnozentrismus und damit der Grundgedanke der Ungleichheit der Menschen. Der Linksextremismus huldigt einem antidemokratischen Sozialismusbild der kollektivierenden Gleichheit.

Damit ist der empirische Beweis erbracht, dass extremistisches Denken von Rechts und Links auf gemeinsamen Strukturmerkmalen aufbaut: Elitenkritik, Verschwörungstheorien, Radikalismus, Aktivismus, Wertepessimismus, politische Entfremdung und

---

828 Dafür spricht die Integration der „68er". Vgl. Koenen, 2001.

Utopismus. Das extremistische Einstellungssyndrom unterscheidet sich deutlich vom populistischen.

8.2 Ausblick

Die PDS ist eine Partei mit vielen Gesichtern. Auf der Mitgliederebene präsentiert sich die PDS als anachronistische Kader- und Milieupartei. Im Westen ist sie eine Sektierer- und Sektenpartei. Im Osten weist sie als Wählerpartei die sozialstrukturellen Züge einer Volkspartei auf. Auf der Ideologieebene präsentiert sie sich zwischen neo- und post-realsozialistischem Traditionalismus changierend. Die Spannbreite der innerhalb der PDS tolerierten Positionen reicht vom Stalinismus über den Anarchismus bis hin zur Sozialdemokratie: Wessis, Ossis, Reformer, Traditionalisten, Marxisten, Leninisten, Pragmatiker, Parlamentarier und Revolutionsträumer bilden das Nebeneinander des Unvereinbaren. Die Heterogenität lähmt und blockiert die Partei und stellt sie vor regelmäßig wiederkehrende Zerreißproben. Trotz permanenter Selbstbeschäftigung, Zerwürfnissen, ihres Erbes, Finanz- und IM-Skandalen hat sie es geschafft, sich im Parteiensystem zu etablieren, was Selbsterhaltungswillen und Selbstbehauptungskampf voraussetzt. Ob dies für das politische Überleben ausreichen wird, ist offen.

Der nach der verlorenen Bundestagswahl 2002 ausgebrochene Kampf um die ideologische und machtpolitische Hegemonie zwischen den „Pragmatikern" und den „Fundamentalisten" trägt nicht dazu bei, neue Wählerschaften zu erschließen und alte zu halten. Die Konzentration der PDS auf die innerparteilichen ideologischen Grabenkämpfe und das Fehlen einer (programmatischen) Richtungsentscheidung lähmen die PDS nach außen. Nach 13 Jahren deutscher Einheit, erscheint es als unwahrscheinlich, dass sich für die PDS insbesondere im Westen noch neue Entwicklungschancen auftun. Daran hat und wird auch die Positionierung als „Friedenspartei" wenig ändern. Weder das Eingreifen der NATO im Kosovo-Krieg 1999 noch die von den USA angeführte Intervention im Irak 2003 haben die Akzeptanz der PDS im Westen erhöht.

Die Befunde dieser Arbeit legen die Schlussfolgerung nahe, dass die Zukunftsaussichten der Partei differenziert bewertet werden müssen. Die deutsche Einheit hat ein neues *cleavage* entstehen lassen, an dessen Konfliktlinie die PDS eine Koalition mit den Wählern einging. Dies spricht für eine dauerhafte Verankerung im Parteiensystem, die sich bis 1998 auch deutlich abzeichnete. Die Erfolgschancen der PDS hängen vom Ausmaß der Politisierung des Ost-West-*cleavages* ab. Geht von dieser Konfliktlinie kein eigenständiger Impuls aus – wie bei der Bundestagswahl 2002 –, hat die PDS Probleme, ihr Potenzial auszuschöpfen. Die hohe Akzeptanz der sozialistischen Ideologie und die starke Verbreitung von Protest, der sich gegen das politische, gesellschaftliche und wirtschaftliche System richtet, können je nach politischer Ausgangslage eine Allianz bilden, die die PDS wieder stärken.

Gegen einen erneuten Aufstieg der PDS spricht die soziale Basis der Wähler. Bereits 1998 hat Zelle die Schlussfolgerung gezogen: „stagnation and a slow decrease in support appear to be the most likely outcomes regarding the future electoral fortunes of the PDS".[829] Da das Fundament, auf dem die PDS gebaut ist, nicht unbegrenzt ausbaufähig ist und neue soziale Gruppen weder im Westen noch im Osten für die PDS bis 2002 angesprochen werden konnten, scheint diese Prognose auch gegenwärtig ihre Richtigkeit nicht eingebüßt zu haben. Dennoch sind plötzliche Wahlerfolge (wie z. B. bei der Abgeordnetenhauswahl in Berlin 2001) nicht auszuschließen. Gerade die Landtagswahlen der letzten Jahre haben verdeutlicht, wie wechselfreudig die Wähler sind und dass man mit fast jedem Wahlergebnis rechnen kann. Waren zweistellige Veränderungen noch bis Anfang der 90er Jahre Ausnahmen, sind sie jetzt fast die Regel.[830] Solche Veränderungen sind indes nicht von langfristigen Koalitionen zwischen Wählern und Parteien begleitet, sondern von kurzfristigen, situativen Stimmungen abhängig. Selbst wenn der PDS also kurzfristig Erfolge gelängen, müsste sie langfristig vor allem im Westen eine neue Wählerschaft für sich erschließen. Darauf deutet jedoch nichts hin.

---

829 Zelle, 1998, S. 244; vgl. Neu, 1995a, S. 205.
830 Z. B. Wahlbeteiligung (im Vergleich zur vorherigen Wahl): 1999 Landtagswahl Saarland: -14,8 Punkte; Landtagswahl Thüringen: -14,9 Punkte; 2002 Landtagswahl Sachsen-Anhalt: -15,0 Punkte. Erinnert sei an das Abschneiden der Schill-Partei in Hamburg 2001 mit 19,4 %. Nachdem sich in den 1960er Jahren der Konzentrationsprozess der Volksparteien bundesweit vollzogen hatte, gelang es seit den Grünen nur noch der rechtsextremen DVU, zweistellige Ergebnisse zu erzielen (1998 bei der Landtagswahl in Sachsen-Anhalt 12,9 %). Zum Vergleich: 1950 erreichte die Bayernpartei 17,6 % und der Deutsche Gemeinschaftsblock der Heimatvertriebenen und Entrechteten 12,2 % bei der Landtagswahl in Bayern. Die Deutsche Partei konnte in Bremen 1951 14,7 %, 1955 16,6 % und 1959 14,5 % der Wähler erreichen. In Niedersachsen kam der Block der Heimatvertriebenen und Entrechteten 1951 auf 14,9 % und 1954 in Schleswig-Holstein auf 14,0 %. Die KPD konnte z. B. in Nordrhein-Westfalen 1947 14,0 % der abgegebenen Stimmen auf sich vereinigen; auch in anderen Bundesländern kam sie bis Anfang der 1950er Jahre auf z. T. zweistellige Ergebnisse.

Literaturverzeichnis

ADF – ein demokratischer Fortschritt?, 1969, Friedrich-Ebert-Stiftung (Hg.), Bonn.

Adorno, Theodor W., 1982, Studien zum autoritären Charakter, Frankfurt a. M. (Original: The Authoritarian Personality, New York 1950).

Agethen, Manfred/Jesse, Eckhard/Neubert, Ehrhart (Hg.), 2002, Der missbrauchte Antifaschismus. DDR-Staatsdoktrin und Lebenslüge der deutschen Linken, Freiburg/Basel/Wien.

Ammer, Thomas, 1990, Von der SED zur PDS – was bleibt?, in: Ilse Spittmann (Hg.), Die DDR auf dem Weg zur deutschen Einheit. Probleme, Perspektiven, offene Fragen. XXIII. Tagung zum Stand der DDR-Forschung in der Bundesrepublik Deutschland 5.-8. Juni 1990, Köln, S. 103-115.

Ammer, Thomas/Kuppe, Johannes L., 1989, Ein langer Abschied. Die SED nach dem Sturz Honeckers. in: DA, H. 12, S. 1393-1401.

Ammon, Herbert, 1990, Antifaschismus im Wandel? Historisch-kritische Anmerkungen zur Aktualität eines Begriffs, in: Backes, Uwe/Jesse, Eckhard/Zitelmann, Rainer (Hg.), Die Schatten der Vergangenheit. Impulse zur Historisierung des Nationalsozialismus, Berlin, S. 569-594.

Analyse der Europawahl vom 13. Juni 1999 in der Bundesrepublik Deutschland, 1999, Interne Studien Nr. 181, Konrad-Adenauer-Stiftung (Hg.) (unter Mitarbeit von Hans-Joachim Veen, Peter R. Weilemann, Wolfram Brunner, Jutta Graf, Viola Neu, Ulrich von Wilamowitz-Moellendorff), Sankt Augustin.

Andert, Reinhold, 1993, Unsere Besten. Die VIPs der Wendezeit, Berlin.

Ansichten zur Geschichte der DDR. Keller, Dietmar/Modrow, Hans/Wolf, Herbert (Hg.) Bd. 1, 1993, Bd. 2-4, 1994; Czerný, Jochen/Keller, Dietmar/Neuhaus, Manfred (Hg.), Bd. 5, 1994; Elm, Ludwig/Keller, Dietmar/Mocek, Reinhard (Hg.), Bd. 6, 1996, Bd. 7-8, 1997, Bd.9/10-11, 1998, Eggersdorf.

Arendt, Hannah, 1955, Elemente und Ursprünge totaler Herrschaft, Frankfurt a. M.

Arzheimer, Kai/Klein, Markus, 1997, Die Wähler der REP und der PDS in West- und Ostdeutschland. Ein empirischer Vergleich, in: Backes/Jesse, Jahrbuch, S. 39-63.

Aust, Stefan, 1997, Der Baader Meinhof Komplex, Hamburg.

Außerordentlicher Parteitag der SED, 1990a, in: DA, H. 1, S. 7-9.

Außerordentlicher Parteitag der SED/PDS, 1990b, Partei des Demokratischen Sozialismus 8./9. und 16./17. Dezember 1989. Materialien, Berlin.

Averkorn, Syra/Eith, Ulrich, 1992, Zwischen Hoffen und Bangen. Determinanten der Wahlentscheidung in Sachsen-Anhalt, in: Oberndörfer/Mielke/Eith, S. 24-55.

Backes, Uwe, 1989, Politischer Extremismus in demokratischen Verfassungsstaaten. Elemente einer normativen Rahmentheorie, Opladen.

Backes, Uwe/Jesse, Eckhard, 1985, Totalitarismus, Extremismus, Terrorismus. Ein Literaturführer und Wegweiser zur Extremismusforschung in der Bundesrepublik Deutschland, Opladen.

Backes, Uwe/Jesse, Eckhard, 1989, Politischer Extremismus in der Bundesrepublik Deutschland, Bd. 2, Köln.

Backes, Uwe/Jesse, Eckhard, 1993, Politischer Extremismus in der Bundesrepublik Deutschland, Berlin.

Backes, Uwe/Jesse, Eckhard, 1996, Politischer Extremismus in der Bundesrepublik Deutschland, 4. völlig überarb. und aktual. Ausg., Bonn.

Backes, Uwe/Jesse, Eckhard, 2000, Antiextremismus. Prinzipien und Praxis, in: Backes/Jesse, Jahrbuch, S. 13-30.

Backes, Uwe/Jesse, Eckhard (Hg.), 1989-2002, Jahrbuch Extremismus & Demokratie, 1989-1994: Bonn; 1995-2002: Baden-Baden.

Bahrmann, Hannes/Links, Christoph, 1994-1995, Chronik der Wende, 2 Bde., Berlin.

Balch, George I., 1974, Multiple Indicators in Survey Research: The Concept of „Sense of Political Efficacy", in: Political Methodology, H. 1, S. 12-35.

Barnes, Samuel H./Kaase, Max, et al., 1979, Political Action. Mass Participation in Five Western Democracies, Beverly Hills.

Becker, Ulrich/Becker, Horst/Ruhland, Walter, 1992, Zwischen Angst und Aufbruch. Das Lebensgefühl der Deutschen in Ost und West nach der Wiedervereinigung, Düsseldorf/Wien/New York/Moskau.

Behrend, Manfred/Meier, Helmut (Hg.), 1991, Der schwere Weg der Erneuerung. Von der SED zur PDS. Eine Dokumentation, Berlin.

Belknap, George/Campbell Angus, 1951, Political Party Identification and Attitudes Towards Foreign Policy, in: Public Opinion Quarterly, Vol. 15, S. 601-623.

Bell, Daniel (Hg.), 1964, The Radical Right, Garden City.

Benser, Günter, 1992, Die DDR – eine deutsche Möglichkeit?, Brandenburger Verein für politische Bildung „Rosa Luxemburg" (Hg.), Potsdam.

Benser, Günter, 1993, Die DDR – eine deutsche Möglichkeit? Zur Legitimation des zweiten deutschen Weges, in: Bisky/Heuer/Schumann, 1993, S. 70-90.

Benser, Günter, 1994, Möglichkeiten und Grenzen einer antifaschistisch-demokratischen Erneuerung in Deutschland nach dem zweiten Weltkrieg, in: Ansichten zur Geschichte der DDR, Bd. 2, S. 137-152.

Berg, Frank, 2001, Die Mitte-Links-Koalition in Mecklenburg-Vorpommern. Teil I: Politikfeldanalysen, Rosa-Luxemburg-Stiftung (Hg.), Berlin.

Bergsdorf, Harald, 2000, Ungleiche Geschwister. Die deutschen Republikaner (REP) im Vergleich zum französischen Front National (FN), Frankfurt a. M. u. a.

Betz, Hans-Georg, 1994, Radical right-wing populism in Western Europe, New York.

Betz, Hans-Georg, 1996, Radikaler Rechtspopulismus in Westeuropa, in: Falter/Jaschke/Winkler, S. 363-375.

Billing, Werner, 1997, Streitbare Demokratie und politischer Extremismus, in: Der Bundesminister des Inneren (Hg.), Texte zur inneren Sicherheit, Bd. 1, Bonn, S. 7-19.

Bisky, Lothar/Heuer, Uwe-Jens/Schumann, Michael (Hg.), 1993, Rücksichten. Politische und juristische Aspekte der DDR-Geschichte, Hamburg.

Bisky, Lothar/Heuer, Uwe-Jens/Schumann, Michael (Hg.), 1994, „Unrechtsstaat"? Politische Justiz und die Aufarbeitung der DDR-Vergangenheit, Hamburg.

Bluck, Carsten/Kreikenbom, Henry, 1991, Die Wähler in der DDR: Nur issue-orientiert oder auch parteigebunden?, in: ZParl, H. 3, S. 495-502.

Boldt, Hans, 1987, Die Weimarer Reichsverfassung, in: Bracher, Karl-Dietrich/Funke, Manfred/Jacobsen, Hans-Adolf (Hg.), Die Weimarer Republik. Politik, Wirtschaft, Gesellschaft, Bonn, S. 44-62.

Boll, Bernhard, 2000, Die Mitglieder der PDS: Motive für den Parteibeitritt – Empirische Ergebnisse einer Mitgliederbefragung in Sachsen-Anhalt, in: Brie, Michael/Woderich, Rudolf (Hg.), Die PDS im Parteiensystem, Berlin, S. 168-179.

Bortfeldt, Heinrich, 1990, Von der SED zur PDS – Aufbruch zu neuen Ufern? Sommer/Herbst 1989-18. März 1990, Berlin.

Bortfeldt, Heinrich, 1991a, Der zweite Parteitag der PDS – zweite Tagung, in: DA, H. 9, S. 936-940.

Bortfeldt, Heinrich, 1991b, Die PDS und ihr zweiter Parteitag, in: DA, H. 3, S. 268-273.

Bortfeldt, Heinrich, 1991c, Die SED ihr eigener Totengräber? in: DA, H. 7, S. 733-736.

Bortfeldt, Heinrich, 1991d, The German Communists in Disarray, in: The Journal of Communist Studies, H. 4, S. 522-532.

Bortfeldt, Heinrich, 1992, Von der SED zur PDS. Wandlung zur Demokratie?, Bonn/Berlin.

Bortfeldt, Heinrich, 1993, 3. Parteitag der PDS: Eine Trendwende?, in: DA, H. 3, S. 279-282.

Bortfeldt, Heinrich, 1994a, „Auf daß der Wind sich drehe!" Zum PDS-Parteitag, in: DA, H. 4, S. 340-342.

Bortfeldt, Heinrich, 1994b, Die Ostdeutschen und die PDS, in: DA, H. 12, S. 1283-1287.

Bouvier, Beatrix, 2002, Die DDR ein Sozialstaat? Sozialpolitik in der Ära Honecker, Bonn.

Boventer, Gregor Paul, 1985, Grenzen der Freiheit im demokratischen Staat. Das Konzept der streitbaren Demokratie in einem internationalen Vergleich, Berlin (West).

Bracher, Karl Dietrich, 1955, Die Auflösung der Weimarer Republik. Eine Studie zum Problem des Machtverfalls in der Demokratie, Düsseldorf.

Bracher, Karl Dietrich, 1995, Wendezeiten der Geschichte, München.

Branstner, Gerhard, 1995 Verbürgerlichung – das Verhängnis der sozialistischen Parteien, in: MF, H. 4, Dezember, S. 6-11.

Branstner, Gerhard, 1996, Pluralismus in der PDS: Errungenschaft oder Sprengkraft, in: MF, H. 5, Januar, S. 16-21.

Braun, Günter, 1990, Wahlen und Abstimmungen, in: Broszat/Weber, 1990, S. 381-432.

Breloer, Heinrich, 1997, Todesspiel, Köln.

Bretthauer, Kathrin/Horst, Patrick, 2001, Wahlentscheidende Effekte von Wahlkämpfen? Zur Aussagekraft gängiger Erklärungen anhand in der Zeitschrift für Parlamentsfragen publizierter Wahlanalysen, in: ZParl, H. 2, S. 387-408.

Brie, André, 1996, Ich tauche nicht ab, Berlin.

Brie, André/Brie, Michael/Chrapa, Michael, 2002, Für eine moderne sozialistische Partei in Deutschland. Grundprobleme der Erneuerung der PDS, in: Rosa-Luxemburg-Stiftung (Hg.), Standpunkte 7, Berlin.

Brie, Michael, 2000, Die PDS – Strategiebildung im Spannungsfeld von gesellschaftlichen Konfliktlinien und politischer Identität, Rosa-Luxemburg-Stiftung (Hg.), Berlin.

Brie, Michael/Herzig, Martin/Koch, Thomas, 1995, Die PDS. Postkommunistische Kaderorganisation, ostdeutscher Traditionsverein oder Linke Volkspartei? Empirische Befunde und kontroverse Analysen, Köln.

Broszat, Martin, 1984, Die Machtergreifung. Der Aufstieg der NSDAP und die Zerstörung der Weimarer Republik, München.

Broszat, Martin/Weber, Hermann (Hg.), 1990, SBZ-Handbuch, München.

Brunner, Wolfram/Graf, Jutta/Neu, Viola, 2001, Die politische Meinungslage in Deutschland 1990-2001, Konrad-Adenauer-Stiftung (Hg.), Arbeitspapier Nr. 35, Sankt Augustin.

Bürklin, Wilhelm P., 1984, Grüne Politik. Ideologische Zyklen, Wähler und Parteiensystem, Opladen.

Bürklin, Wilhelm P., 1988, Wählerverhalten und Wertewandel, Opladen.

Bürklin, Wilhelm P., 1992a, Gesellschaftlicher Wandel, Wertewandel und politische Beteiligung, in: Starzacher, Karl, u. a. (Hg.), Protestwähler und Wahlverweigerer, Köln, S. 18-39.

Bürklin, Wilhelm P., 1992b, Die Kultur politischer Konfliktlinien im vereinten Deutschland: Eine Nation – zwei getrennte politische Kulturen?, in: Christiana Albertina, H. 34, S. 15-32.

Bürklin, Wilhelm/Klein, Markus, 1998, Wahlen und Wählerverhalten. Eine Einführung, 2. Aufl., Opladen.

Bürklin, Wilhelm/Neu, Viola/Veen, Hans-Joachim, 1997, Die Mitglieder der CDU, Konrad-Adenauer-Stiftung (Hg.), Interne Studien Nr. 148, Sankt Augustin.

Bürklin, Wilhelm/Rebenstorf, Hilke u. a., 1997, Eliten in Deutschland, Opladen.

Bürklin, Wilhelm/Roth, Dieter (Hg.), 1994, Das Superwahljahr. Deutschland vor unkalkulierbaren Regierungsmehrheiten?, Köln.

Campbell, Angus/Converse, Philip E./Miller, Warren E./Stokes, Donald E., 1960, The American Voter, New York/London/Sydney.

Campbell, Angus/Gurin, Gerald/ Miller, Warren E., 1954, The Voter Decides, Evanston.

Chrapa, Michael, 1991, Empirisches zur PDS – Ergebnisse einer parteisoziologischen Untersuchung, in: Utopie kreativ, H. 12, S. 108-113.

Chronik der PDS. 1989-1997, 1998, Autorenkollektiv, Berlin.

Converse, Philip E., 1966, The Concept of a Normal Vote, in: Campbell, Angus/Converse, Philip E./ Miller, Warren E./Stokes, Donald, Elections and the Political Order, New York/London/Sydney, S. 9-39.

Czichon, Eberhard/Marohn, Heinz, 1999, Das Geschenk. Die DDR im Perestroika-Ausverkauf, Köln.

Dalton, Russell J. (Hg.), 1993, The New Germany Votes. Unification and the Creation of a New German Party System, Oxford.

Decker, Frank, 2000, Parteien unter Druck. Der neue Rechtspopulismus in den westlichen Demokratien, Opladen.

Deinert, Rudolf Günter, 1997, Institutionenvertrauen, Demokratiezufriedenheit und Extremwahl. Ein Vergleich zwischen westdeutscher Rechts- und ostdeutscher PDS-Wahl, Sankt Augustin.

Deinert, Rudolf Günter, 1998, Die PDS, die rechten Parteien und das Alibi der „Politikverdrossenheit". Die Beweggründe westdeutscher Rechts- und Ostdeutscher PDS-Wähler auf dem empirischen Prüfstand, in: ZParl, H. 3, S. 422-440.

Der Bundesbeauftragte für die Unterlagen des Staatssicherheitsdienstes der ehemaligen DDR, Az.: 11635/92 Z, 26.05.1995, Gutachterliche Stellungnahme zu in der Behörde des Bundesbeauftragten aufgefundenen Unterlagen, die mit Dr. Gregor Gysi im Zusammenhang stehen, Berlin.

Der Spiegel Spezial, H. 1/1991, Das Profil der Deutschen. Was sie vereint, was sie trennt.

Der Vertrag zur deutschen Einheit, 1990, Texte und Erläuterungen. Mit einer Chronik der deutschen Geschichte von 1949 bis 1990, Frankfurt a. M.

Deutscher Bundestag, 1991, Drucksache 12/622, Zwischenbericht der UKPV, Bonn.

Deutscher Bundestag, 1993, Plenarprotokoll 12/170, Ulla Jelpke, PDS/Linke Liste, Bonn, S. 14669-14671.

Deutscher Bundestag, 1994a, Drucksache 12/8372, Geschäftsbericht des Bundesministerium des Inneren, Bonn, S. 1-8.

Deutscher Bundestag, 1994b, Drucksache 12/7820, Bericht der Enquete-Kommission „Aufarbeitung von Geschichte und Folgen der SED-Diktatur in Deutschland", Bonn.

Deutscher Bundestag, 1994c, Drucksache 12/6570, Gesetzentwurf der Abgeordneten Dr. Uwe-Jens Heuer, Dr. Gregor Gysi und der Gruppe der PDS/Linke Liste, Entwurf eines Gesetzes über die Annahme einer neuen Verfassung nach Artikel 146 Grundgesetz, Bonn.

Deutscher Bundestag, 1995, Drucksache 13/1100, Bonn, S. 8-11.

Deutscher Bundestag, 1996, Drucksache 13/3830, Antwort auf die kleine Anfrage der Abgeordneten Hartmut Koschyk, Anneliese Augustin, Jürgen Augustinowitz, weiterer Abgeordneter und der Fraktion der CDU/CSU, Verfassungsfeindliche Bestrebungen der PDS und ihres Umfeldes, Bonn.

Diederich, Nils, 1965, Empirische Wahlforschung. Konzeptionen und Methoden im internationalen Vergleich, Köln.

Die Europawahl vom 12. Juni 1994, 1994, Konrad-Adenauer-Stiftung (Hg.) (unter Mitarbeit von Hans-Joachim Veen, Peter R. Weilemann, Claus Axel Fischer, Peter Gluchowski, Viola Neu, Ulrich von Wilamowitz-Moellendorff, Carsten Zelle), Sankt Augustin.

Die Bundestagswahl vom 16. Oktober 1994, 1994, Konrad-Adenauer-Stiftung (Hg.) (unter Mitarbeit von Hans-Joachim Veen, Peter R. Weilemann, Claus A. Fischer, Peter Gluchowski, Jutta Graf, Viola Neu, Dieter Noetzel), Sankt Augustin.

Die Bundestagswahl vom 27. September 1998, 1998, Konrad-Adenauer-Stiftung (Hg.) (unter Mitarbeit von Wolfram Brunner, Peter Gluchowski, Jutta Graf, Viola Neu, Peter R. Weilemann, Ulrich von Wilamowitz-Moellendorff, Hans-Joachim Veen), Sankt Augustin.

DIE FRIEDENSLISTE, o. J, Kleine Geschichte. Wahlprogramm. Kandidaten zu den EG-Wahlen am 17. Juni, o. O..

Doernberg, Stefan, 1969, Kurze Geschichte der DDR, 4., durchges. und überarb. Aufl., Berlin (Ost).

Downs, Anthony, 1968, Ökonomische Theorie der Demokratie, Tübingen.

Druwe, Ulrich (unter Mitarbeit von Susanne Mantino), 1996, „Rechtsextremismus". Methodologische Bemerkungen zu einem politikwissenschaftlichen Begriff, in: Falter/Jaschke/Winkler, S. 66-80.

Eberle, Henrik, 2000, Die Partei „vorm Untergang bewahren ..." Der Einfluss des Marxistischen Forums auf programmatische Positionen der PDS, in: Hirscher, Gerhard/Segall, Peter Christian (Hg.), Die PDS: Zustand und Entwicklungsperspektiven, München, S. 109-138.

Eckert, Rainer, 1992, Geschichtswissenschaft in der ehemaligen DDR: Eine ostdeutsche Sicht, in: DA, H. 2, S. 175-180.

Eckert, Rainer, 1993, Handlungsspielraum oder Parteiindoktrination? Langzeitwirkungen der SED-Herrschaft in der Geschichtswissenschaft, in: DA, H. 12, S. 1409-1412.

Eckert, Rainer, 1996, Geschichte als Instrument: Geschichtsbild und Agitprop in der PDS und ihrem Umfeld, in: Eckert/Faulenbach, S. 153-198.

Eckert, Rainer/Faulenbach, Bernd (Hg.), 1996, Halbherziger Revisionismus. Die PDS und ihr Umgang mit der Vergangenheit, München.

Eisel, Stephan, 1986, Minimalkonsens und freiheitliche Demokratie. Eine Studie zur Akzeptanz der Grundlagen demokratischer Ordnung in der Bundesrepublik Deutschland, Paderborn/München/Wien/Zürich.

Eith, Ulrich/Mielke, Gerd, 1994, Wahlforschung. Zur Bedeutung und Methodik empirischer Sozialwissenschaft in der Politikwissenschaft, in: Mols, Manfred (Hg.), Politikwissenschaft. Eine Einführung, München, S. 278-306.

Eppelmann, Rainer/Möller, Host/Nooke, Günter/Wilms, Dorothee (Hg.), 1997, Lexikon des DDR-Sozialismus. Das Staats- und Gesellschaftssystem der Deutschen Demokratischen Republik, 2. Aufl., Paderborn/München/Wien/Zürich.

Ernst, Werner W., 1987, Zu einer Theorie des Populismus, in: Pelinka, Anton (Hg.), Populismus in Österreich, Wien, S. 10-25.

Everts, Carmen, 2000, Politischer Extremismus. Theorie und Analyse am Beispiel der Parteien REP und PDS, Berlin.

Eysenck, Hans Jürgen, 1954, The Psychology of Politics, London.

Eysenck, Hans Jürgen, 1968, The Psychology of Politics, 5. Aufl., London.

Eysenck, Hans Jürgen, 1975, Die Ungleichheit der Menschen, München (Original: The Inequality of Man, London 1973).

Falkner, Thomas, 1990, Die letzten Tage der SED. Gedanken eines Beteiligten, in: DA, H. 11, S. 1750-1762.

Falkner, Thomas, 1991, Von der SED zur PDS – Weitere Gedanken eines Beteiligten, in: DA, H. 1, S. 30-51.

Falkner, Thomas/Huber, Dietmar, 1994, Aufschwung PDS. Rote Socken zurück zur Macht?, München.

Falter, Jürgen W., 1977, Einmal mehr: Läßt sich das Konzept der Parteiidentifikation auf deutsche Verhältnisse übertragen?, in: PVS, H. 2/3, S. 476-500.

Falter, Jürgen W., 1984, Zur Übertragbarkeit des Konzepts der Parteiidentifikation auf deutsche Verhältnisse. Einige empirische Ergebnisse, in: Holler, Manfred J. (Hg.), Wahlanalyse. Hypothese, Methode und Ergebnisse, München, S. 13-34.

Falter, Jürgen W., 1992, Wahlen 1990. Die demokratische Legitimation für die deutsche Einheit mit großen Überraschungen, in: Jesse/Mitter, S.163-189.

Falter, Jürgen W. (in Zusammenarbeit mit Markus Klein), 1994, Wer wählt rechts? Die Wähler und Anhänger rechtsextremistischer Parteien im vereinigten Deutschland, München.

Falter, Jürgen, 1995, Wahlverhalten und Wahlabsichten in Ostdeutschland 1990 und 1993, in: Hans Bertram (Hg.), Ostdeutschland im Wandel: Lebensverhältnisse – politische Einstellungen, Opladen, S. 255-283.

Falter, Jürgen W., 2000, Politischer Extremismus, in: Falter, Jürgen/Gabriel, Oscar W./Rattinger, Hans (Hg.), Wirklich ein Volk? Die politischen Orientierungen von Ost- und Westdeutschen im Vergleich, Opladen, S. 403-433.

Falter, Jürgen W./Jaschke, Hans-Gerd/Winkler, Jürgen R., 1996, Rechtsextremismus. Ergebnisse und Perspektiven der Forschung, PVS Sonderheft 27, Opladen.

Falter, Jürgen W./Klein, Markus, 1994, Die Wähler der PDS bei der Bundestagswahl 1994. Zwischen Ideologie, Nostalgie und Protest, in: APuZ, H. B 51-52, S. 22-34.

Falter, Jürgen W./Rattinger, Hans, 1983, Parteien, Kandidaten, und politische Streitfragen bei der Bundestagswahl 1980: Möglichkeiten und Grenzen der Normal-Vote-Analyse. in: Kaase, Max/Klingemann, Hans Dieter (Hg.), Wahlen und politisches System. Analysen aus Anlaß der Bundestagswahl 1980. Opladen, S. 320-421.

Falter, Jürgen W./Rattinger, Hans, 1986, Die Bundestagswahl 1983: Eine Normalwahlanalyse, in: Klingemann, Hans-Dieter/Kaase, Max (Hg.), Wahlen und politischer Prozeß. Analysen aus Anlaß der Bundestagswahl 1983, Opladen, S. 289-337.

Falter Jürgen W./Schumann, Siegfried, 1993: Nichtwahl und Protestwahl: Zwei Seiten einer Medaille, in: APuZ, H. B 11, S. 36-49.

Falter, Jürgen W./Schumann, Siegfried/Winkler, Jürgen, 1990, Erklärungsmodelle von Wählerverhalten, in: APuZ, H. B 37-38, S. 3-13.

Faul, Erwin, 1991, Die Rundfunkordnung im vereinigten Deutschland: Überwuchern Interessendschungel die nationale Verfassungsaufgabe?, in: Nation und Demokratie. Politischstrukturelle Probleme im neuen Deutschland, Baden-Baden, S. 147-212.

Faulenbach, Bernd, 1996, Die DDR als antifaschistischer Staat, in: Eckert/Faulenbach, S. 47-68.

Feist, Ursula/Hoffmann, Hans-Jürgen, 1991, Die Landtagswahlen in der ehemaligen DDR am 14. Oktober 1990: Föderalismus im wiedervereinigten Deutschland, in: ZParl, H. 1, S. 5 -33.

Feist, Ursula/Krieger, Hubert, 1987, Alte und neue Scheidelinien des politischen Verhaltens. Eine Analyse zur Bundestagswahl vom 25. Januar 1987, in: APuZ, H. B 12, S. 33-47.

Festinger, Leon A., 1957, A Theory of Cognitive Dissonance, Evanston.

Fischer, Alexander/Heydemann, Günther (Hg.), 1988, Geschichtswissenschaft in der DDR, Bd. I: Historische Entwicklung, Theoriediskussion und Geschichtsdidaktik, Berlin (West).

Fischer, Claus A, (Hg.), 1990, Wahlhandbuch für die Bundesrepublik Deutschland. Daten zu Bundestags-, Landtags-, und Europawahlen in der Bundesrepublik Deutschland, in den Ländern und in den Kreisen 1946-1989, 2 Halbbde., Paderborn.

Focus, Wahl-Spezial vom 18. Oktober 1994.

Foitzik, Jan, 1990, Sowjetische Militäradministration (SMAD), in: Broszat/Weber, S. 7-71.

Forschungsgruppe Wahlen, 1990a, Wahl in der DDR. Eine Dokumentation der Volkskammerwahl vom 18. März 1990. Berichte der Forschungsgruppe Wahlen e. V. Nr. 56, Mannheim.

Forschungsgruppe Wahlen, 1990b, Wahl in den neuen Bundesländern. Mecklenburg-Vorpommern, Brandenburg, Sachsen-Anhalt, Thüringen, Sachsen. Eine Analyse der Landtagswahlen vom 14. Oktober 1990. Berichte der Forschungsgruppe Wahlen e. V. Nr. 60, Mannheim.

Forschungsgruppe Wahlen, 1990c, Bundestagswahl 1990. Eine Analyse der ersten Gesamtdeutschen Bundestagswahl. Berichte der Forschungsgruppe Wahlen e. V. Nr. 61, Mannheim.

Forschungsgruppe Wahlen, 1994, Bundestagswahl 1994. Eine Analyse der Wahl zum 13. Deutschen Bundestag am 16. Oktober 1994. Berichte der Forschungsgruppe Wahlen e. V. Nr. 76, 2. Aufl., Mannheim.

Forschungsgruppe Wahlen, 1998, Bundestagswahl 1998, Eine Analyse der Wahl vom 27. September 1998, Berichte der Forschungsgruppe Wahlen e. V. Nr. 91, Mannheim.

Forschungsgruppe Wahlen, 2002, Bundestagswahl. Eine Analyse der Wahl vom 22. September 2002, Berichte der Forschungsgruppe Wahlen e. V., Nr. 108, Mannheim.

Forum: Die Partei des Demokratischen Sozialismus, 1995 (Heinrich Bortfeldt, Thomas Falkner, Armin Pfahl-Traughber, Manfred Wilke), in: Jesse/Backes, Jahrbuch, S. 83-114.

Fraude, Andreas, 1993, „Reformsozialismus" statt „Realsozialismus"? Von der SED zur PDS, Münster.

Friedrich, Carl Joachim, 1957, Totalitäre Diktatur, Stuttgart.

Friedrich, Walter, 1990, Mentalitätswandlungen der Jugend in der DDR, in: APuZ, H. B 16-17, S. 25-37.

Friedrich, Wolfgang-Uwe, 1996, Denkblockaden: Das Totalitarismusmodell aus der Sicht der PDS, in: Eckert/Faulenbach, S. 111-140.

Fritze, Lothar, 1995, Irritationen im deutsch-deutschen Vereinigungsprozeß, in: APuZ, H. B 27, S. 3-9.

Fuchs, Dieter, 1989, Die Unterstützung des politischen Systems der Bundesrepublik Deutschland, Opladen.

Funke, Manfred, 1986, Extremismus, in: Mickel, Wolfgang W. (Hg.), Handlexikon zur Politikwissenschaft, Bonn, S. 132-136.

Gabriel, Oscar W., 1993, Institutionenvertrauen im vereinigten Deutschland, in: APuZ, H. B 43, S. 3-12.

Gabriel, Oscar/Brettschneider Frank, 1994, Soziale Konflikte und Wählerverhalten: Die erste gesamtdeutsche Bundestagswahl im Kontext der längerfristigen Entwicklung des Parteiensystems der Bundesrepublik Deutschland, in: Rattinger, Hans/Gabriel, Oscar W./Jagodzinski, Wolfgang (Hg.), Wahlen und politische Einstellungen im vereinigten Deutschland, Frankfurt a. M., S. 7-45.

Gehrcke, Wolfgang, 1995, Stalinismus – Ein Begriff kehrte zurück!, in: Gehrcke, Wolfgang (Hg.), Stalinismus, Bonn, S. 185-191.

Gensicke, Thomas, 1998, Die neuen Bundesbürger. Eine Transformation ohne Integration, Opladen.

Geißler, Rainer, 1992, Die Sozialstruktur Deutschlands. Ein Studienbuch zur Entwicklung im geteilten und vereinten Deutschland, Opladen.

Geißler, Rainer (Hg.), 1993, Sozialer Umbruch in Ostdeutschland, Opladen.

Gerbner, George/Gross, Larry, 1976, Living with Television. The Violence Profile, in: Journal of Communication, Vol. 26, S. 173-196.

Gerner Manfred, 1994, Partei ohne Zukunft. Von der SED zur PDS, München.

Gibowski, Wolfgang G., 1990, Demokratischer (Neu-)Beginn in der DDR. Dokumentation und Analyse der Wahl vom 18. März 1990, in: ZParl, H. 1, S. 5-22.

Glaeßner, Gert-Joachim, 1988, Am Ende der Klassengesellschaft? Sozialstruktur und Sozialstrukturforschung in der DDR, in: APuZ, B 32, S. 3-12.

Gluchowski, Peter, 1978, Parteiidentifikation im politischen System der Bundesrepublik Deutschland. Zum Problem der empirischen Überprüfung eines Konzepts unter variierten Systembedingungen, in: Oberndörfer, Dieter (Hg.), Wählerverhalten in der Bundesrepublik Deutschland. Studien zu ausgewählten Problemen der Wahlforschung aus Anlaß der Bundestagswahl 1976, Berlin (West), S. 265-323.

Gluchowski, Peter, 1983, Wahlerfahrung und Parteiidentifikation. Zur Einbindung von Wählern in das Parteiensystem der Bundesrepublik, in: Kaase, Max/Klingemann, Hans Dieter (Hg.), Wahlen und politisches System. Analysen aus Anlaß der Bundestagswahl 1980, Opladen, S. 442-477.

Gluchowski, Peter, 1987, Lebensstile und Wandel der Wählerschaft in der Bundesrepublik Deutschland, in: APuZ, H. B 12, S. 18-32.

Gluchowski, Peter, 1989, Parteiidentifikation, in: Nohlen, Dieter/Schultze, Rainer-Olaf (Hg.), Politikwissenschaft. Theorien – Methoden – Begriffe, Pipers Wörterbuch zur Politik, Bd. 1, München, S. 677-681.

Gluchowski, Peter/Wilamowitz-Moellendorff, Ulrich von, 1997, Sozialstrukturelle Grundlagen des Parteienwettbewerbs in der Bundesrepublik Deutschland, in: Gabriel, Oscar W./Niedermayer, Oskar/Stöss, Richard (Hg.), Parteiendemokratie in Deutschland, Bonn, S. 179-208.

Gluchowski, Peter/Zelle, Carsten, 1992: Demokratisierung in Ostdeutschland. Aspekte der politischen Kultur in der Periode des Systemwechsels, in: Gerlich, Peter/Plasser, Fritz/Ulram, Peter A. (Hg.), Regimewechsel. Demokratisierung und politische Kultur in Ost-Mitteleuropa, Wien, Köln, Graz, S. 231-276.

Gluchowski, Peter/Zelle, Carsten, 1993, Vom Optimismus zum Realismus: Ostdeutschland auf dem Weg in das bundesrepublikanische politische System, in: Plasser, Fritz/Ulram, Peter A. (Hg.), Transformation oder Stagnation? Aktuelle politische Trends in Osteuropa, Wien, Köln, Graz, S. 133-153.

Gohde, Claudia, 1997, Die PDS in Westdeutschland, in: Parteivorstand der PDS (Hg.), Studien zur inneren Verfasstheit der PDS, Berlin.

Grebing, Helga, 1971, Linksradikalismus gleich Rechtsradikalismus. Eine falsche Gleichung, Stuttgart u. a..

Grebing, Helga, 1972, Volksrepräsentation und identitäre Demokratie, in: PVS, S. 162-180.

Guggenberger, Bernd/Stein, Tine (Hg.), 1991, Die Verfassungsdiskussion im Jahr der deutschen Einheit, München.

Gurr, Ted Robert, 1972, Rebellion. eine Motivationsanalyse von Aufruhr, Konspiration und innerem Krieg, Düsseldorf/Wien (Original: Why Men Rebell, Princeton 1971).

Gysi, Gregor, 1990, Wir brauchen einen dritten Weg. Selbstverständnis und Programm der PDS, Hamburg.

Gysi, Gregor, o. J. [1994], Ingolstädter Manifest. Wir – mitten in Europa. Plädoyer für einen neuen Gesellschaftsvertrag, Berlin.

Gysi, Gregor/Falkner, Thomas, 1990, Sturm aufs Große Haus. Der Untergang der SED. Berlin.

Gysi, Gregor/Heuer, Uwe-Jens/Schumann, Michael (Hg.), 1992, Zweigeteilt. Über den Umgang mit der SED-Vergangenheit, Hamburg.

Heimann, Siegfried, 1983, Deutsche Kommunistische Partei, in: Stöss, S. 901-981.

Heitmeyer, Wilhelm, 1989, Jugend-Staat-Gewalt, Weinheim/München.

Herbert, Willi/Wildenmann, Rudolf, 1991, Deutsche Identität. Die subjektive Verfassung der Deutschen vor der Vereinigung. in: Nation und Demokratie. Politisch-strukturelle Probleme im neuen Deutschland, Baden-Baden, S. 71-98.

Hertle, Hans-Hermann/Stephan, Gerd-Rüdiger (Hg.), 1997, Das Ende der SED. Die letzten Tage des Zentralkomitees, Berlin.

Hesse, Kurt Rolf, 1986, Nutzung und Image des „Westfernsehens" bei DDR-Übersiedlern, in: Media Perspektiven, H. 4, S. 265-272.

Hesse, Kurt Rolf, 1988, Westmedien in der DDR. Eine empirische Untersuchung zu Nutzung, Image und Auswirkungen bundesrepublikanischen Hörfunks und Fernsehen im anderen Deutschland, Köln.

Heuer, Uwe-Jens, Ende der Ideologie, 1995, in: MF, H. 2, Oktober, S. 13-19.

Heuer, Uwe-Jens/Lieberam, Ekkehard/Schumann, Michael, 1991, Die PDS und ihr Verhältnis zu Demokratie und Rechtsstaat, in: Utopie kreativ, H. 13, S. 26-34.

Heydemann, Günther/Mai, Gunther/Müller, Werner, 1999, Einleitung, in: Heydemann, Günther/ Mai, Gunther/Müller, Werner (Hg.), Revolution und Transformation in der DDR 1989/90, Berlin, S. 9-36.

Hoffmann, Jürgen/Neu, Viola, 1998, Getrennt agieren, vereint marschieren? Die Diskussion um ein Linksbündnis bei SPD, Grünen und PDS, Interne Studie Nr. 162, Konrad-Adenauer-Stiftung (Hg.), Sankt Augustin.

Hoffmann-Lange, Ursula (Hg.), 1995, Jugend und Demokratie in Deutschland, DJI-Jugendsurvey 1, Opladen.

Hofstadter, Richard, 1964, The Pseudo-Conservative Revolt, in: Bell, S. 75-95.

Holler, Manfred J. (Hg.), 1984, Wahlanalyse. Hypothesen, Methoden und Ergebnisse, München.

Holzweißig, Gunter, 1983, Massenmedien in der DDR, Berlin (West).

Holzweißig, Gunter, 1999, Massenmedien in der DDR, in: Wilke, Jürgen (Hg.), Mediengeschichte der Bundesrepublik Deutschland, Bonn, S. 573-601.

Hüllen, Rudolf van, 1995, Aufarbeitung, Mythenbildung, „Kurzer Lehrgang" – oder was? Entwicklungslinien der „Geschichtsarbeit" unter Postkommunisten, in: Backes/Jesse, Jahrbuch, S. 27-41.

Hüllen, Rudolf van, 1997, Linksextremismus vor und nach der Wende, in: Hüllen, Rudolf van/ Klein, Kurt J./Langguth, Gerd/Rupprecht, Reinhard, Linksextremismus – eine vernachlässigte Gefahr, Konrad-Adenauer-Stiftung (Hg.), Aktuelle Fragen der Politik Nr. 44, Sankt. Augustin.

infas-Report Wahlen, 1990a, DDR 1990, Wahl der Volkskammer der DDR am 18. März 1990, Analysen und Dokumente. Bonn.

infas-Report Wahlen, 1990b, Die fünf neuen Bundesländer 1990, Landtagswahlen am 14 Oktober 1990 in Mecklenburg-Vorpommern, Brandenburg, Sachsen-Anhalt, Thüringen und Sachsen. Analysen und Dokumente, Bonn.

infas-Report Wahlen, 1990c, Politogramm, Bundestagswahl 1990. Wahl zum 12. Deutschen Bundestag am 2. Dezember 1990, Analysen und Dokumente, Bonn.

infas-Report Wahlen, 1994, Politogramm, Bundestagswahl 1994. Wahl zum 13. Deutschen Bundestag am 16. Oktober 1994, Analysen und Dokumente, Bonn.

Infratest, 1980, Wirtschaftsforschung, Politischer Protest in der Bundesrepublik Deutschland. Beiträge zur sozialempirischen Untersuchung des Extremismus, Stuttgart/Berlin/Köln/ Mainz.

Infratest dimap, 1998, Wahlreport. Wahl zum 14. Deutschen Bundestag 27. September 1998, Berlin.

Infratest dimap, 2002, Wahlreport. Wahl zum 15. Deutschen Bundestag 22. September 2002, Berlin.

Inglehart, Ronald, 1977, The silent Revolution. Changing Values and Political Styles Among Western Publics, Princeton.

INTER/ESSE, 8/1998, Rechtsextremismus in Deutschland, Wirtschaft und Politik in Daten und Zusammenhängen, Bundesverband deutscher Banken (Hg.), Köln, S. 1-3.

Ipsen, Jörn, 1989, Staatsorganisationsrecht, 2. überarb. Aufl., Neuwied/Frankfurt a. M.

ISDA, 1991, Mitgliederbefragung der PDS 1991, Strukturen, Politische Aktivitäten und Motivationen in der PDS. Forschungsbericht, Diskussionsfassung, Berlin, 1991.

Jagodzinski, Wolfgang/Kühnel, Steffen, 1990, Zur Schätzung der relativen Effekte von Issueorientierungen, Kandidatenpräferenz und langfristiger Parteibindung auf die Wahlabsicht, in: Schmitt, Karl (Hg.), Wahlen, Parteieliten, politische Einstellungen, Frankfurt a. M., S. 5-64.

Jarausch, Konrad H. (Hg.), 1991, Zwischen Parteilichkeit und Professionalität. Bilanz der Geschichtswissenschaft der DDR, Berlin.

Jaschke, Hans-Gerd, 1991, Streitbare Demokratie und Innere Sicherheit. Grundlagen, Praxis und Kritik, Opladen.

Jaschke, Hans-Gerd, 1994, Rechtsextremismus und Fremdenfeindlichkeit, Opladen.

Jesse, Eckhard, 1980, Streitbare Demokratie. Theorie, Praxis und Herausforderungen in der Bundesrepublik Deutschland, Berlin (West).

Jesse, Eckhard, 1992, Linksextremismus in der Bundesrepublik Deutschland, in: APuZ, H. B 3/4, S. 31-39.

Jesse, Eckhard (Hg.), 1996, Totalitarismus im 20. Jahrhundert. Eine Bilanz der internationalen Forschung, Bonn.

Jesse, Eckhard/Mitter, Armin (Hg.), 1992, Die Gestaltung der deutschen Einheit. Geschichte – Politik – Gesellschaft, Bonn.

Jung, Matthias, 1990, Parteiensystem und Wahlen in der DDR. Eine Analyse der Volkskammerwahl vom 18. März 1990 und der Kommunalwahl vom 6. Mai 1990, in: APuZ, H. B 27, S. 3-15.

Jung, Matthias/Roth, Dieter, 1994, Kohls knappster Sieg. Eine Analyse der Bundestagswahl 1994, in: APuZ, H. B 51-52, S. 3-15.

Kaase, Max, 1970, Determinanten des Wahlverhaltens bei der Bundestagswahl 1969, in: PVS, H. 2, S. 46-61.

Kaase, Max ,1971, Demokratische Einstellungen in der Bundesrepublik Deutschland, in: Wildenmann, Rudolf (Hg.), Sozialwissenschaftliches Jahrbuch für Politik, Bd. 2, München/Wien, S. 119-326.

Kaase, Max, 1973, Die Bundestagswahl 1972: Probleme und Analysen. in: PVS, H. 2, S. 145-190.

Kaase, Max, 1989, Mass Participation, in: Jennings, M. Kent./Deth, Jan W. van, u. a. (Hg.), Continuities in Political Action, Berlin/New York, S. 23-64.

Kaase, Max, 1991, Politischer Extremismus, in: Nohlen, Dieter (Hg.), Wörterbuch Staat und Politik, Bonn.

Kaase, Max/Klingemann, Hans Dieter, 1983, Einführung, in: Kaase, Max/Klingemann, Hans Dieter (Hg.), Wahlen und politisches System. Analysen aus Anlass der Bundestagswahl 1980, Opladen.

Kaase, Max/Klingemann, Hans-Dieter, 1998, Einführung, in: Kaase, Max/Klingemann, Hans-Dieter (Hg.), Wahlen und Wähler. Analysen aus Anlass der Bundestagswahl 1994, Opladen, S. 9-14.

Kaltefleiter, Werner/Nißen, Peter, 1980, Empirische Wahlforschung. Eine Einführung in Theorie und Technik, Paderborn/München/Wien/Zürich.

Keller, Dietmar, 1995, Zwischen Anspruch und eigener Blockade. Zu einigen Fragen des Verhältnisses der PDS zur Geschichte der SED und der DDR, in: Brie/Herzig/Koch, S. 131-145.

Keller, Dietmar/Kirchner, Matthias (Hg.), 1993, Zwischen den Stühlen. Pro und Kontra SED, Berlin.

Klages, Helmut/Gensicke, Thomas, 1993, Probleme und Perspektiven der Systemtransformation, in: Klages, Helmut (Hg.), Traditionsbruch als Herausforderung. Perspektiven der Wertewandelgesellschaft, Frankfurt a. M., S. 215-252.

Klages, Helmut/Hippler, Hans-Jürgen/Herbert, Willi, 1992, Werte und Wandel. Ergebnisse und Methoden einer Forschungstradition, Frankfurt a. M.

Klein, Markus/Caballero, Claudio, 1996, Rückwärtsgewandt in die Zukunft. Die Wähler der PDS bei der Bundestagswahl 1994, in: PVS, H. 2, S. 229-247.

Klein, Markus/Falter, Jürgen W., 1996, Die dritte Welle rechtsextremer Wahlerfolge in der Bundesrepublik Deutschland, in: Falter/Jaschke/Winkler, S. 288-312.

Kleines politisches Wörterbuch, 1988, 4. überarb. Aufl., Berlin (Ost).

Klingemann, Hans Dieter/Kaase, Max (Hg.), 1986, Wahlen und politischer Prozeß. Analysen aus Anlass der Bundestagswahl 1983, Opladen.

Klingemann, Hans Dieter/Pappi, Franz Urban, 1969, Möglichkeiten und Probleme bei der Kumulation von Umfragen, in: Wildenmann, Rudolf (Hg.), Sozialwissenschaftliches Jahrbuch für Politik, Bd. 1, München/Wien, S. 173-190.

Klingemann, Hans Dieter/Pappi, Franz Urban, 1972, Politischer Radikalismus. Theoretische und methodische Probleme der Radikalismusforschung, dargestellt am Beispiel einer Studie anläßlich der Landtagswahl 1970 in Hessen, München.

Klotzsch, Lilian/Stöss, Richard, 1983, Die Grünen, in: Stöss, S. 1509-1599.

Koch, Thomas, 2001, Die Mitte-Links-Koalition in Mecklenburg-Vorpommern. Teil II: Parteien- und Politikstilanalysen, Rosa-Luxemburg-Stiftung (Hg.), Berlin.

Koenen, Gerd, 2001, Das rote Jahrzehnt. Unsere kleine deutsche Kulturrevolution 1967-1977, Köln.

Kommunisten in der PDS, 1995, Sonderheft der Mitteilungen der KPF der PDS, Berlin.

Kranenpohl, Uwe, 1999, Mächtig oder machtlos? Kleine Fraktionen im deutschen Bundestag 1949-1994, Opladen.

Kriele, Martin, 1980, Verfassungsfeindlicher Extremismus/Radikalismus, in: Greiffenhagen, Martin (Hg.), Kampf um Wörter. Politische Begriffe im Meinungsstreit, Bonn, S. 351-365.

Küchler, Manfred, 1983, Die Schätzung von Wählerwanderungsbilanzen: Neue Lösungsversuche, in: Kaase, Max/Klingemann, Hans Dieter (Hg.), Wahlen und politisches System. Analysen aus Anlaß der Bundestagswahl 1980, Opladen, S. 632-651.

Kühnel, Steffen/Fuchs, Dieter, 1998, Nichtwählen als rationales Handeln: Anmerkungen zum Nutzen des Rational-Choice-Ansatzes in der empirischen Wahlforschung II, in: Kaase, Max/Klingemann, Hans-Dieter (Hg.), Wahlen und Wähler, Analysen aus Anlass der Bundestagswahl 1994, Opladen, S. 317-356.

Kühr, Herbert, 1984, Katholische und evangelische Milieus. Vermittlungsinstanzen und Wirkungsmuster. In: Oberndörfer, Dieter/Rattinger, Hans/Schmitt, Karl (Hg.), Wirtschaftlicher Wandel, religiöser Wandel und Wertewandel, Berlin, S. 245-261.

Kürschners Volkshandbuch, 1991, Deutscher Bundestag, 12. Wahlperiode, 62. Aufl., Darmstadt.

Kürschners Volkshandbuch, 1996, Deutscher Bundestag, 13. Wahlperiode, 79. Aufl., Darmstadt.

Kürschners Volkshandbuch, 1998, Deutscher Bundestag, 14. Wahlperiode, 85. Aufl., Darmstadt.

Kuhrt, Eberhard, 1997, Geschichtsauffassung, in: Eppelmann/Möller/Nooke/Wilms, S. 322-332.

Kultur des Streits. 1988. Die gemeinsame Erklärung von SPD und SED. Stellungnahmen und Dokumente, Köln.

Laemmerhold, Claus, 1983, Auf Biegen und Brechen: Die Nichtwähler im Prokrustesbett der Wanderungsbilanzen, in: Kaase, Max/Klingemann, Hans Dieter (Hg.), Wahlen und politisches System. Analysen aus Anlaß der Bundestagswahl 1980, Opladen, S. 624-631.

Lang, Jürgen P., 1994, Die PDS und die deutsche Linke – ein ambivalentes Verhältnis, in: Backes/Jesse, Jahrbuch, S. 180-193.

Lang, Jürgen P., 1998, Das Prinzip Gegenmacht. PDS und Parlamentarismus, Konrad-Adenauer-Stiftung (Hg.), Interne Studien Nr. 166, Sankt Augustin.

Lang, Jürgen P., 2003, Ist die PDS eine demokratische Partei? Eine extremismustheoretische Untersuchung, Baden-Baden.

Lang, Jürgen P./Moreau, Patrick, 1995, Die Aufarbeitung der Geschichte durch die PDS und ihr Umfeld, in: Lang/Moreau/Neu.

Lang, Jürgen P./Moreau, Patrick/Neu, Viola, 1995, Auferstanden aus Ruinen...? Die PDS nach dem Super-Wahljahr 1994, Interne Studien Nr. 111, Konrad-Adenauer-Stiftung (Hg.), Sankt Augustin.

Lau, Karlheinz, 1988, DDR. Kleine politische Landeskunde, Berlin (West).

Lazarsfeld, Paul F./Berelson, Bernard/Gaudet, Hazel, 1969, Wahlen und Wähler. Soziologie des Wahlverhaltens, Neuwied/Berlin (Original: The people's choice. How the voter makes up his mind in a presidential campaign, New York 1944).

Lehner, Franz, 1979, Grenzen des Regierens. Eine Studie zur Regierungsproblematik hochindustrialisierter Demokratien, Königstein/Ts.

Lehner, Franz, 1981, Einführung in die Neue Politische Ökonomie, Königstein/Ts.

Lemke, Christiane, 1991, Die Ursachen des Umbruchs 1989. Politische Sozialisation in der ehemaligen DDR, Opladen.

Lepsius, Rainer Maria, 1966, Parteiensystem und Sozialstruktur. Zum Problem der Demokratisierung der deutschen Gesellschaft, in: Abel, Wilhelm (Hg.), Wirtschaft, Geschichte und Wirtschaftsgeschichte. Festschrift zum 65. Geburtstag von Friedrich Lütge, Stuttgart, S. 371-393.

Lepszy, Norbert/Veen, Hans-Joachim (in Zusammenarbeit mit Stefan Beil), 1993, „Republikaner" und DVU in kommunalen und Landesparlamenten sowie im Europaparlament, Bereich Forschung und Beratung der Konrad-Adenauer Stiftung, Interne Studien Nr. 63, Erweiterte II. Fassung, Sankt Augustin.

Lieber, Hans-Joachim, 1991, Zur Theorie totalitärer Herrschaft, in: Lieber, Hans-Joachim (Hg.), Politische Theorien von der Antike bis zur Gegenwart, Bonn, S. 881-932.

Linnemann, Rainer, 1994, Die Parteien in den neuen Bundesländern. Konstituierung, Mitgliederentwicklung, Organisationsstrukturen, Münster/New York.

Lipset, Seymour M., 1964, The Sources of the Radical Right, in: Bell, S. 307-372.

Lipset, Seymour M./Raab, Earl, 1978, The politics of unreason. Right-wing extremism in America, 1790-1977, 2. Aufl., Chicago/London.

Lipset, Seymour M./Rokkan, Stein, 1967, Party Systems and Voter Alignments, New York.

Lösch, Holger, 1994, Bad Kleinen. Ein Medienskandal und seine Folgen, Frankfurt a. M./Berlin.

Lötsch, Ingrid, 1991, Zur Sozialstruktur der DDR: Kurzer Rückblick, in: Glaeßner, Gert-Joachim (Hg.), Eine deutsche Revolution. Der Umbruch in der DDR, seine Ursachen und Folgen, Frankfurt a. M./New York/Paris, S. 139-148.

Lötsch, Manfred, 1988, Sozialstruktur in der DDR: Kontinuität und Wandel, in: APuZ, H. B 32, S. 13-19.

Löw, Konrad (Hg.), 1994, Terror und Extremismus, Ursachen, Erscheinungsformen, Wege zur Überwindung, Berlin.

Lozek, Gerhard, 1994, Stalinismus, Ideologie, Gesellschaftskonzept oder was, in: Gehrcke, Wolfgang (Hg.), Stalinismus. Analyse und Kritik, Bonn, S. 21-41.

Lukatis, Ingrid/Lukatis, Wolfgang, 1985, Protestanten, Katholiken und Nicht-Kirchenmitglieder. Ein Vergleich ihrer Wert- und Orientierungsmuster, in: Franz, Hans Werner (Hg.), 22. Deutscher Soziologen Tag 1984, Opladen, S. 442-444.

Maier, Charles S., 1999, Das Verschwinden der DDR und der Untergang des Kommunismus, Frankfurt a. M.

Maier, Jürgen/Maier, Michaela/Rattinger, Hans, 2000, Methoden der sozialwissenschaftlichen Datenanalyse, München, Wien.

Maihofer, Werner, 1975, Politische Kriminalität, in: Meyers Enzyklopädisches Lexikon, Bd. 14, Mannheim/Wien/Zürich, S. 365-369.

Maier, Hans (Hg.), 1996, Totalitarismus und politische Religionen. Konzepte des Diktaturvergleichs, Paderborn.

Malycha, Andreas, 1997, Von der Gründung 1945/46 bis zum Mauerbau 1961, in: Herbst, Andreas/Stephan, Gerd-Rüdiger/Winkler, Jürgen (Hg.): Die SED. Geschichte – Organisation – Politik. Ein Handbuch, Berlin.

McCombs, Maxwell E./Shaw, Donald L., 1972, The Agenda-Setting Function of die Mass Media, in: Public Opinion Quarterly, Vol. 36, S. 176-187.

Meining, Stefan, 2000, Die leichte Last der Vergangenheit. Die Aufarbeitung der DDR-Geschichte durch die PDS, in: Hirscher, Gerhard/Segall, Peter Christian (Hg.), Die PDS: Zustand und Entwicklungsperspektiven, München, S. 139-162.

Mielke, Gerd, 1987, Sozialer Wandel und politische Dominanz in Baden-Württemberg. Eine politikwissenschaftlich-statistische Analyse des Zusammenhangs von Sozialstruktur und Wahlverhalten in einer ländlichen Region, Berlin (West).

Mielke, Gerd, 1990, Des Kirchturms langer Schatten, in: Landeszentrale für Politische Bildung Baden-Württemberg (Hg.), Wahlverhalten, H. 3, Stuttgart, 157-165.

Milbrath, Lester W., 1977, Political participation. How and why do people get involved in politics?, 2. Aufl., Boston.

Minkenberg, Michael, 1998, Die neue radikale Rechte im Vergleich. USA, Frankreich, Deutschland, Opladen.

Modrow, Hans, 1998, Die Perestroika – wie ich sie sehe, Berlin.

Molitor, Ute, 1992, Wählen Frauen anders? Zur Soziologie eines frauenspezifischen politischen Verhaltens in der Bundesrepublik Deutschland, Baden-Baden.

Molitor, Ute/Neu, Viola, 1999, Das Wahlverhalten der Frauen bei der Bundestagswahl 1998: Kaum anders als das der Männer, ZParl, H. 2, S. 252-267.

Mooser, Josef, 1983, Abschied von der „Proletarität". Sozialstruktur und Lage der Arbeiterschaft in der Bundesrepublik in historischer Perspektive, in: Conze, Werner/Lepsius, Rainer M. (Hg.), Sozialgeschichte der Bundesrepublik Deutschland, Stuttgart, S. 143-186.

Moreau, Patrick, 1990, Krise und Anpassungsstrategien der kommunistischen Strömungen in der Bundesrepublik Deutschland und der ehemaligen DDR, in: APuZ, H. B 46-47, S. 38-53.

Moreau, Patrick, 1992a, PDS: Anatomie einer postkommunistischen Partei, Bonn/Berlin.

Moreau, Patrick, 1992b, Die PDS: Eine postkommunistische Partei, in: APuZ, H. B 5, S. 35-44.

Moreau, Patrick, 1993a, Postkommunistische Parteien in Westeuropa. Anpassungsstrategien zum Überleben, in: Eckard Jesse (Hg.), Politischer Extremismus in Deutschland und Europa, München. S. 57-76.

Moreau, Patrick, 1993b, Delegitimierung und Destabilisierung – Parteiapparat und Bündnispolitik der PDS, in: Backes/Jesse, Jahrbuch, S. 141-155.

Moreau, Patrick, 1994, Das Wahljahr 1994 und die Strategie der PDS, in: APuZ, H. B 1, S. 21-26.

Moreau, Patrick (in Zusammenarbeit mit Jürgen Lang und Viola Neu), 1994, Was will die PDS?, Frankfurt a. M., Berlin.

Moreau, Patrick/Lang, Jürgen, 1996, Linksextremismus. Eine unterschätzte Gefahr, Bonn.

Moreau, Patrick/Lazar, Marc/Hirscher, Gerhard (Hg.), 1998, Der Kommunismus in Westeuropa. Niedergang oder Mutation?, Landsberg am Lech.

Moreau, Patrick/Neu, Viola, 1994, Die PDS zwischen Linksextremismus und Linkspopulismus, Konrad-Adenauer-Stiftung (Hg.), Interne Studien 76, Sankt Augustin.

Moreau, Patrick/Schorpp-Grabiak, Rita, 2002, „Man muss so radikal sein wie die Wirklichkeit" – Die PDS: Eine Bilanz, Baden-Baden.

Moreau, Patrick, 1998 (zitiert: u. a.) mit Beiträgen von Gleumes, Hermann; Hirscher, Gerhard; Maser, Peter; Wilke, Manfred, Die PDS: Profil einer antidemokratischen Partei, Hanns Seidel Stiftung (Hg.), München.

Mrotzek, Fred, 1996, Der Zusammenbruch der DDR am Beispiel der mecklenburgischen Stadt Parchim, Hamburg.

Müller, Werner, 1979, Die KPD und die „Einheit der Arbeiterklasse", Frankfurt a. M./New York.

Müller, Werner, 1990a, KPD, in: Broszat/Weber, S. 440-459.

Müller, Werner, 1990b, SED, in: Broszat/Weber, S. 481-514.

Müller, Werner, 1991, SED – Gründung unter Zwang. Ein Streit ohne Ende? Plädoyer für den Begriff ‚Zwangsvereinigung‘, in: DA, H. 1, S. 52-58.

Müller, Werner, 1995, Die Parteiensysteme Osteuropas auf dem Weg zur Stabilität?, in: Jahn, Egbert/Wildenmann, Rudolf (Hg.): Stability in East Central Europe? = Stabilität in Ostmitteleuropa?, Baden-Baden, S. 70-90.

Müller, Werner, 1996, Die Gründung der SED – Zwangsvereinigung, Demokratieprinzip und gesamtdeutscher Anspruch, in: APuZ, H. B 16/17, S. 3-12.

Müller, Werner, 2001, Die DDR in der deutschen Geschichte, in: APuZ, H. B 28, S. 43-53.

Müller, Werner, 2002, Gab es in Deutschland einen demokratischen Kommunismus?, in: Backes, Uwe/Courtois, Stéphane (Hg.), „Ein Gespenst geht um in Europa". Das Erbe kommunistischer Ideologien, Köln/Weimar/Berlin, S. 323-382.

Müller-Enbergs, Helmut, 1993, IM-Statistik, Berlin.

Müller-Enbergs, Helmut, 1996, Inoffizielle Mitarbeiter des Ministeriums für Staatssicherheit, Teil 1: Richtlinien und Durchführungsbestimmungen, Berlin.

Müller-Enbergs, Helmut, 1998, Inoffizielle Mitarbeiter des Ministeriums für Staatssicherheit, Teil 2: Anleitungen für die Arbeit mit Agenten, Kundschaftern und Spionen in der Bundesrepublik Deutschland, Berlin.

Müller-Rommel, Ferdinand/Poguntke, Thomas, 1992: Die Grünen, in: Mintzel, Alf/Oberreuter, Heinrich (Hg.), Parteien in der Bundesrepublik Deutschland, Bonn, S. 319-361

Nakath, Detlef/Neugebauer, Gero/Stephan, Gerd-Rüdiger (Hg.), 1998, „Im Kreml brennt noch Licht". Die Spitzenkontakte zwischen SED/PDS und KPdSU 1989-1991, Berlin.

Narr, Wolf-Dieter, 1980, Radikalismus/Extremismus, in: Greiffenhagen, Martin (Hg.), Kampf um Wörter. Politische Begriffe im Meinungsstreit, Bonn, S. 366-376.

Naschold, Frieder, 1971, Wahlprognosen und Wählerverhalten in der Bundesrepublik Deutschland, Berlin/Köln/Mainz.

Naßmacher, Hiltrud, 1997, Keine Erneuerung der Demokratie „von unten". Zur Bedeutung direktdemokratischer Beteiligungsverfahren, in: ZParl, H. 3, S. 445-460.

Neu, Viola/Zelle, Carsten, 1992, Der Protest von Rechts. Kurzanalyse zu den jüngsten Wahlerfolgen der extremen Rechten, Interne Studien Nr. 34, Konrad-Adenauer-Stiftung, Bereich Forschung und Beratung (Hg.), Sankt Augustin.

Neu, Viola, 1994a, Wahlverhalten in den neuen Ländern der Bundesrepublik Deutschland. Theoretische Erklärungsansätze und Analysen, in: Gegenwartskunde, H. 1, S. 119-149.

Neu, Viola, 1994b, Das Wählerpotential der PDS Ende 1993, Konrad-Adenauer-Stiftung (Hg.), Interne Studien Nr. 74, Sankt Augustin.

Neu, Viola, 1994c, Die Anhängerschaft der PDS, in: Moreau (Lang/Neu), S. 156-165.

Neu, Viola, 1995a, Die PDS im deutschen Parteisystem: Wähler und Sympathisanten, in: Lang/Moreau/Neu.

Neu, Viola, 1995b, Die PDS nach dem Super-Wahljahr: Zwischen Aufbruch und Stagnation, in: CIVIS, H. 2, S. 35-45.

Neu, Viola, 1995c, Die Wahl der Frauen, in: Die Frau in unserer Zeit, H. 1, S. 1-7.

Neu, Viola, 1996, Die PDS – Störfaktor oder Herausforderung im Einigungsprozeß?, in: Eichholzbrief, H. 4, S. 28-36.

Neu, Viola, 1997, Auf dem Weg in Koalitionen, in: Die politische Meinung, H. 328, S 59-63.

Neu, Viola, 1998, Zurück zur SED, in: Die politische Meinung, H. 343, S. 51-56.

Neu, Viola, 2000a, Vorwärts nimmer, rückwärts immer: Die PDS, in: Pickel, Gert/Walz, Dieter/ Brunner, Wolfram (Hg.), Deutschland nach den Wahlen. Befunde zur Bundestagswahl 1998 und zur Zukunft des deutschen Parteiensystems, Opladen, S. 295-312.

Neu, Viola, 2000b, Am Ende der Hoffnung: Die PDS im Westen, Konrad-Adenauer-Stiftung (Hg.), Zukunftsforum Politik, Nr. 10, Sankt Augustin.

Neu, Viola, 2001a, SPD und PDS auf Bundesebene: Koalitionspartner im Wartestand?, Konrad-Adenauer-Stiftung (Hg.), Arbeitspapier, Nr. 5, Sankt Augustin.

Neu, Viola, 2001b, Der neue Programmentwurf der PDS, Konrad-Adenauer-Stiftung (Hg.), Arbeitspapier, Nr. 31, Sankt Augustin.

Neu, Viola, 2001c, Ist die PDS auf dem Weg nach „Godesberg"?, in: Die politische Meinung, H. 383, S. 65-74.

Neu, Viola, 2002, Strategische Bedeutung des „Antifaschismus" für die Politik der PDS, in: Agethen/Jesse/Neubert, S. 396-405.

Neu, Viola/Veen, Hans-Joachim, 1995, Politische Beteiligung in der Volkspartei – Erste Ergebnisse einer repräsentativen Untersuchung unter CDU-Mitgliedern, Interne Studien Nr. 113, Konrad-Adenauer-Stiftung (Hg.), Sankt Augustin.

Neu, Viola/Wilamowitz-Moellendorff, Ulrich von, 1998a, Die DVU bei der Landtagswahl in Sachsen-Anhalt vom 26.04.1998, Konrad-Adenauer-Stiftung (Hg.), Arbeitspapier, Sankt Augustin, Mai 1998

Neu, Viola/Wilamowitz-Moellendorff, Ulrich von, 1998b, Ostdeutsche Wähler verfügen über nur schwach ausgeprägte Parteibindungen, in: Das Parlament vom 5. Juni, S. 12.

Neubert, Ehrhart, 1991, Protestantische Kultur und DDR Revolution, in: APuZ, H. B 19, S. 21-29.

Neugebauer, Gero/Stöss, Richard, 1996, Die PDS. Geschichte. Organisation. Wähler. Konkurrenten, Opladen.

Neumann, Siegmund, 1977, Die Parteien der Weimarer Republik, 4. Aufl., Stuttgart (Original: Die politischen Parteien in Deutschland, Berlin 1932)

Niedermayer, Oskar, 1989, Innerparteiliche Partizipation, Opladen.

Niedermayer, Oskar, 2002, Parteimitgliedschaften im Jahre 2001, in: ZParl, H. 2, S. 361-367.

Niedermayer, Oskar/Stöss, Richard (Hg.), 1994, Parteien und Wähler im Umbruch: Parteiensystem und Wählerverhalten in der ehemaligen DDR und den neuen Bundesländern, Opladen.

Niedermayer, Oskar/Stöss, Richard, 1998, Rechtsextremismus, politische Unzufriedenheit und das Wählerpotential rechtsextremer Parteien in der Bundesrepublik im Frühsommer 1998, Arbeitspapiere des Otto-Stammer-Zentrums, Nr. 1, Freie Universität Berlin.

Niemann, Heinz, 1993, Meinungsforschung in der DDR. Die Geheimen Berichte des Instituts für Meinungsforschung an das Politbüro der SED, Köln.

Noelle-Neumann, Elisabeth/Ring, Erp, 1984, Das Extremismus-Potential unter jungen Leuten in der Bundesrepublik Deutschland 1984, Bonn.

Oberndörfer, Dieter/Mielke, Gerd/Eith, Ulrich (Hg.) 1992, Die Bundesrepublik im Umbruch. Analysen zur ersten gesamtdeutschen Bundestagswahl 1990, Freiburg i. Br.

Otto, Volker, 1971, Das Staatsverständnis des Parlamentarischen Rates. Ein Beitrag zur Entstehungsgeschichte des Grundgesetzes für die Bundesrepublik Deutschland, Bonn.

Pappi, Franz Urban, 1977, Sozialstruktur und Wahlentscheidung bei Bundestagswahlen aus kommunalpolitischer Perspektive, in: Institut für Kommunikationswissenschaften/Konrad-Adenauer-Stiftung (Hg.), Kommunales Wahlverhalten, Bonn, S. 1-58.

Pappi, Franz Urban, 1984, Die konfessionell-religiöse Konfliktlinie in der deutschen Wählerschaft – Entstehung, Stabilität und Wandel, in: Oberndörfer, Dieter/Rattinger, Hans/Schmitt, Karl (Hg.), Wirtschaftlicher Wandel, religiöser Wandel und Wertwandel, Berlin (West), S. 263-290.

Pappi, Franz Urban, 1986, Das Wahlverhalten sozialer Gruppen bei Bundestagswahlen im Zeitvergleich, in: Kaase, Max/Klingemann, Hans Dieter (Hg.), Wahlen und politischer Prozeß. Analysen aus Anlaß der Bundestagswahl 1983, Opladen, S. 369-384.

Pappi, Franz Urban, 1990, Klassenstruktur und Wahlverhalten im sozialen Wandel, in: Kaase, Max/Klingemann, Hans-Dieter (Hg.), Wahlen und Wähler. Analysen aus Anlaß der Bundestagswahl 1987, Opladen, S. 15-30.

PDS 1990a, Programm der Partei des Demokratischen Sozialismus, in: dokumente. standpunkte. materialien. Auswahl. januar bis mai 1990, Berlin.

PDS, 1990b, Wahlparteitag der Partei des Demokratischen Sozialismus, 25./25. Februar 1990, Berlin.

PDS, 1990c, Auf dem Weg der Erneuerung. Klausurtagung des Parteivorstandes am 12./13. Mai 1990, Berlin.

PDS, 1990d, Eine neue Partei? Erneuerungskonferenz der PDS Berlin 8./9. September 1990, o. O.

PDS, 1990e, Dokumente, Standpunkte, Materialien Januar bis Mai 1990, o. O.

PDS/Linke Liste, 1990f, Für eine starke linke Opposition. Gesamtdeutscher Wahlkongreß der Linken Liste/PDS, Berlin 15./16.September 1990.

PDS, 1991a, 2. Parteitag, 1. Tagung Berlin 26./27. Januar 1991.

PDS, 1991b, Lesematerial. Für die Statutendiskussion in der PDS. Zusammengestellt aus eingegangenen Zuschriften und Beiträgen, Berlin, März 1991.

PDS, 1991c, 2. Parteitag, 2. Tagung Berlin 21.-23. Juni 1991. Reden, Beschlüsse und Dokumente, o. O.

PDS, 1993, Programm der Partei des Demokratischen Sozialismus, Statut, Schiedsordnung, Rahmenwahlordnung, Berlin.

PDS, 1994, Opposition konkret: Linke (wieder) im Bundestag, Bundestagsgruppe der PDS (Hg.), o. O.

PDS, 1997, Statut, o. O.

PDS, 2000, Solidarisch, gerecht, zukunftsfähig, Antragsheft sowie 2 Positionspapiere zum 6. Parteitag der PDS, 3. Tagung, Münster, 7.-9. April 2000, Bundesgeschäftsführer der PDS (Hg.), Berlin, März 2000.

PDS, 2001, Programm der Partei des Demokratischen Sozialismus – Entwurf, in: PID, Nr. 17.

Pfahl-Traughber, Armin, 1992a, Die SED-Nachfolgepartei PDS – Eine Bestandsaufnahme, in: DA, H. 12, S. 1335-1337.

Pfahl-Traughber, Armin, 1992b, Der Extremismusbegriff in der politikwissenschaftlichen Diskussion, in: Backes/Jesse, Jahrbuch, S. 67-88.

Pfahl-Traughber, Armin, 1993, Wo steht die PDS? Versuch einer extremismusorientierten Einschätzung, in: liberal, H. 3, S. 18-28.

Pfahl-Traughber, Armin, 1994, Volkes Stimme? Rechtspopulismus in Europa, Bonn.

Pfahl-Traughber, Armin, 1995, Wandlung zur Demokratie? Die programmatische Entwicklung der PDS, in: DA, H. 4, S. 359-369.

Pfahl-Traughber, Armin, 1996, Vergangenheitsbewältigung à la PDS. Zum DDR-Bild in programmatischen Texten, in: Perspektivtrends, H. 2, S. 162-167.

Phillips, Ann L., 1991, Transformation of the SED? The PDS one year later, Köln.

Pipes, Richard, 1997, Three "Whys" of the Russian Revolution, New York.

Plock, Ernest D., 1993, East German – West German: relations and the fall of the GDR, Westview Pr.

Plück, Kurt, 1997, Innerdeutsche Verbindungen, in: Eppelmann/Möller/Nooke/Wilms, S. 390-397.

Pollach, Günter, 1997, Die PDS auf der Kreisebene in Ostdeutschland, in: Parteivorstand der PDS (Hg.), Studien zur inneren Verfasstheit der PDS, Berlin.

Pollack, Detlef/Pickel, Gert, 1998, Die ostdeutsche Identität – Erbe des DDR-Sozialismus oder Produkt der Wiedervereinigung? Die Einstellung der Deutschen zu sozialer Ungleichheit und Demokratie, in: APuZ, H. B 41-42, S. 9-23.

Poppe, Ulrike/Eckert, Rainer/Kowalczuk, Ilko-Sascha, (Hg.), 1995, Zwischen Selbsthauptung und Anpassung. Formen des Widerstandes und der Opposition in der DDR, Berlin.

Popper, Karl, 1977, Die offene Gesellschaft und ihre Feinde, 2 Bde., 5. Aufl., München.

Puhle, Hans-Jürgen, 1986, Was ist Populismus, in: Dubiel, Helmut, (Hg.), Populismus und Aufklärung, Frankfurt a. M, S. 12-32.

Rabert, Bernhard, 1991, Terrorismus in Deutschland. Zum Faschismusvorwurf der deutschen Linksterroristen, Bonn.

Rabert, Bernhard, 1995, Links- und Rechtsterrorismus in der Bundesrepublik Deutschland von 1970 bis heute, Bonn.

Rattinger, Hans, 1992, Das Wahlverhalten bei der ersten gesamtdeutschen Bundestagswahl nach Alter und Geschlecht. Ergebnisse einer repräsentativen Wahlstatistik, in: ZParl, H. 2, S. 265-280.

Rattinger, Hans, 1994a, Parteineigungen, Sachfragen- und Kandidatenorientierungen in Ost- und Westdeutschland 1990 bis 1992, in: Rattinger, Hans/Gabriel, Oscar W./Jagodzinski, Wolfgang (Hg.), Wahlen und politische Einstellungen im vereinigten Deutschland, Frankfurt a. M., S. 267-316.

Rattinger, Hans, 1994b, Demographie und Politik in Deutschland: Befunde der repräsentativen Wahlstatistik 1953-1990, in: Klingemann, Hans-Dieter/Kaase, Max (Hg.), Wahlen und Wähler. Analysen aus Anlaß der Bundestagswahl 1990, Opladen, S. 73-122.

Rattinger, Hans, 1994c, Parteiidentifikation in Ost- und Westdeutschland nach der Vereinigung, in: Niedermayer, Oskar/von Beyme, Klaus (Hg.), Politische Kultur in Ost- und Westdeutschland, Berlin, S. 77-104.

Reißig, Rolf, 2002, Dialog durch die Mauer. Die umstrittene Annäherung von SPD und SED, Frankfurt a. M.

Rokeach, Milton, 1960, The Open and Closed Mind. Investigations into the Nature of Belief Systems and Personality Systems, New York.

Roller, Edeltraud, 1992, Einstellungen der Bürger zum Wohlfahrtsstaat der Bundesrepublik Deutschland, Opladen.

Röper, Erich, 1997, Parlamentarische Behandlung von Bürgeranträgen/Volksinitiativen, in: ZParl, H. 3, S. 461-474.

Rostocker Manifest, o. J., Für eine zukunftsfähigen Osten in einer gerechten Republik. Vorgestellt auf dem 1998er Parteitag der PDS, Berlin.

Roth, Dieter, 1990, Die Wahlen zur Volkskammer in der DDR. Der Versuch einer Erklärung, in: PVS, H. 3, S. 369-393.

Roth, Dieter, 1998, Empirische Wahlforschung, Opladen.

Rudzio, Wolfgang, 1986, Extremismus, in: Meyer, Thomas u. a. (Hg.), Lexikon des Sozialismus, Köln, 167-169.

Rüther, Günther (Hg.), 1988, Alltag in der DDR, Melle.

Rytlewski, Ralf/Opp de Hipt, Manfred, 1987, Die Deutsche Demokratische Republik in Zahlen. 1945/1949-1980, München.

Sabrow, Martin/Walther, Peter Th. (Hg.), 1995, Historische Forschung und sozialistische Diktatur. Beiträge zur Geschichtswissenschaft der DDR, Leipzig.

Schatz, Heribert, 1989, Massenmedien in der Bundesrepublik Deutschland, in: Weidenfeld/ Zimmermann, S. 389-401.

Scheuch, Erwin K./Klingemann, Hans D., 1967, Materialien zum Phänomen des Rechtsradikalismus in der Bundesrepublik 1966, Institut für vergleichende Sozialforschung Universität zu Köln.

Schiffers, Reinhard, 1971, Elemente direkter Demokratie im Weimarer Regierungssystem, Düsseldorf.

Schmeitzner, Mike, 2002, Postkommunistische Geschichtsinterpretation. Die PDS und die Liquidierung der Ost-SPD 1946, in: Zeitschrift des Forschungsverbundes SED-Staat, Nr. 11, S. 82-101.

Schmidtchen, Gerhard, 1984, Protestanten und Katholiken. Zusammenhänge zwischen Konfession, Sozialverhalten und gesellschaftlicher Entwicklung, in: Wehling, S. 11-20.

Schmitt, Hermann, 1990, Die Sozialdemokratische Partei Deutschlands, in: Mintzel, Alf/Oberreuter, Heinrich (Hg.), Parteien in der Bundesrepublik Deutschland, Bonn, S. 129-157.

Schmitt, Hermann, 1992, So dicht war die Mauer nicht! Über Parteibindungen und cleavages im Osten Deutschlands, in: Eisenmann, Peter/Hirscher, Gerhard (Hg.), Die Entwicklung der Volksparteien im vereinten Deutschland, München, S. 229-252.

Schmitt, Karl, 1984, Inwieweit bestimmt auch heute noch die Konfession das Wahlverhalten? Konfession, Parteien und politisches Verhalten in der Bundesrepublik, in: Wehling, S. 21-58.

Schmitt-Beck, Rüdiger, 1998, Analyse der Ergebnisse von Bündnis 90/Die Grünen bei der Bundestagswahl 1998, Universität Mannheim, Arbeitspapier, Mannheim.

Schneider, Beate, 1976, Konflikt, Krise und Kommunikation. Eine quantitative Analyse innerdeutscher Politik, München.

Schneider, Eberhard, 1990, Der letzte Parteitag der SED. Berichte des Bundesinstituts für ostwissenschaftliche und internationale Studien H. 19, Köln.

Scholz, Rüdiger, 1983, Krise der parteienstaatlichen Demokratie? „Grüne" und „Alternative" im Parlament, Berlin/New York.

Schönfeldt, Rolf, 1983, Die Deutsche Friedensunion, in: Stöss, 1983, S. 848-877.

Schultze, Rainer-Olaf, 1990, Wählerverhalten und Parteiensystem. Erklärungsansätze und Entwicklungsperspektiven. in: Landeszentrale für politische Bildung Baden-Württemberg, (Hg.), Wahlverhalten, H. 3, S. 135-145.

Schultze, Rainer-Olaf, 1994, Aus Anlaß des Superwahljahres: Nachdenken über Konzepte und Ergebnisse der Wahlsoziologie, in: ZParl, H. 3, S. 472-493.

Schultze, Rainer-Olaf, 1995, Widersprüchliches, Ungleichzeitiges und kein Ende in Sicht: Die Bundestagswahl vom 16. Oktober 1994, in: ZParl, H. 2, S. 325-352.

Schumann, Siegfried, 1990, Wahlverhalten und Persönlichkeit, Opladen.

Schumpeter, Joseph A., 1987, Kapitalismus, Sozialismus und Demokratie, Tübingen (Original: Capitalism, Socialism and Democracy, New York 1942).

Schwartau, Cord/Vortmann, Heinz, 1989, Die materiellen Lebensbedingungen in der DDR, in: Weidenfeld/Zimmermann, S. 292-307.

Seidel, Bruno/Jenkner, Siegfried, 1968, Wege der Totalitarismusforschung, Darmstadt.

Shahla, Hossein, 2001, Der sachlich abwägende Wähler: Zum Stellenwert sachlich-rationaler Motive der Wahlentscheidung im Rahmen des Rational-Choice-Ansatzes, in: Klingemann, Hans-Dieter/Kaase, Max (Hg.), Wahlen und Wähler, Analysen aus Anlass der Bundestagswahl 1998, Opladen, S. 647-694:

Shell, 1990, Presseinformation der Deutschen Shell AG, Anders und doch gleich – Jugendliche im Prozeß der Vereinigung. Eine erste gesamtdeutsche Schülerbefragung, Hamburg, 04.01.1990.

SINUS, 1981, Fünf Millionen Deutsche: „Wir sollten wieder einen Führer haben..." Die SI-NUS-Studie über rechtsextremistische Einstellungen bei den Deutschen, Reinbek bei Hamburg.

So funktionierte die DDR, 1994, Bd. 3: Lexikon der Funktionäre, Herbst, Andreas/Ranke, Winfried/Winkler, Jürgen (Hg.), Reinbek bei Hamburg.

Spöhrer, Jochen, 1999, Zwischen Demokratie und Oligarchie: Grüne und PDS im Deutschen Bundestag, Baden-Baden.

Staritz, Dietrich, 1983, Kommunistische Partei Deutschlands, in: Stöss, S. 1663-1810.

Staritz, Dietrich, 1989, Zur Geschichte der DDR, in: Weidenfeld/Zimmermann, S. 69-85.

Statistisches Bundesamt (Hg.), 1990a, DDR 1990. Zahlen und Fakten, Stuttgart.

Statistisches Bundesamt (Hg.), 1990b, Bevölkerung und Erwerbstätigkeit, Wahl zum 12. Deutschen Bundestag, Wiesbaden.

Statistisches Bundesamt (Hg.), 1992, Bevölkerung und Erwerbstätigkeit, Sonderheft, Wahlen 1990 in den neuen Ländern und Berlin-Ost, Wiesbaden.

Statistisches Bundesamt (Hg.), 1994, Bevölkerung und Erwerbstätigkeit, Wahl zum 13. Deutschen Bundestag, Wiesbaden.

Statistisches Bundesamt (Hg.), 1997, Statistisches Jahrbuch für die Bundesrepublik Deutschland 1996, Wiesbaden.

Statistisches Bundesamt (Hg.),1998, Bevölkerung und Erwerbstätigkeit, Wahl zum 14. Deutschen Bundestag, Wiesbaden.

Statistisches Bundesamt (Hg.), 1999, Bevölkerung und Erwerbstätigkeit, Wahl der Abgeordneten des Europäischen Parlaments aus der Bundesrepublik Deutschland am 13. Juni 1999.

Steinitz, Klaus, 1991, PDS und Wirtschaftspolitik, in: Utopie kreativ, H. 14, S. 71-79.

Stephan, Gerd-Rüdiger, 1993, Die letzten Tagungen des Zentralkomitees der SED 1988/89. Abläufe und Hintergründe, in: DA, H. 3, S. 296-325.

Stephan, Gerd-Rüdiger (Hg.), 1994, „Vorwärts immer, rückwärts nimmer!" Interne Dokumente zum Zerfall von SED und DDR 1988/89, Berlin.

Stöss, Richard (Hg.), 1983, Parteien-Handbuch. Die Parteien der Bundesrepublik Deutschland, Opladen, 2 Bde.

Stöss, Richard, 1983, Einleitung: Struktur und Entwicklung des Parteiensystems der Bundesrepublik, in: Stöss, 1983, S. 17-309.

Stöss, Richard, 1984, Sollen die Grünen verboten werden? Zur Kritik konservativer Staatsrechtslehrer an der Verfassungsmäßigkeit der Grünen/Alternativen, in: PVS, H. 4, S. 403-424.

Stöss, Richard, 1989, Die extreme Rechte in der Bundesrepublik. Entwicklung, Ursachen, Gegenmaßnahmen, Opladen.

Stöss, Richard, 1990, Parteikritik und Parteiverdrossenheit, in: APuZ, H. B 21, S. 15-24.

Sturm, Eva, 2000, „Und der Zukunft zugewandt"? Eine Untersuchung zur Politikfähigkeit der PDS, Opladen.

Suckut, Siegfried/Staritz, Dietrich, 1994, Alte Heimat oder neue Linke? Das SED-Erbe und die PDS-Erben, in: Niedermayer/Stöss, S. 169-191.

Thaysen, Uwe, 1990a, Der Runde Tisch. Oder: Wer war das Volk? (I), in: ZParl, H. 1, S. 71-100.

Thaysen, Uwe, 1990b, Der Runde Tisch. Oder: Wo blieb das Volk? Der Weg der DDR in die Demokratie, Opladen.

Thomas, Rüdiger, 1989, Aspekte des sozialen Wandels in der DDR, in: Timmermann, Heiner (Hg.), Sozialstruktur und sozialer Wandel in der DDR, Saarbrücken, S. 27-38.

UKPV, 1991, Deutscher Bundestag, Drucksache 12/662, Zwischenbericht, Bonn.

UKPV, 1993, Zweiter Zwischenbericht, Berlin.

UKPV, 1995, Presseerklärung, Verzicht der PDS auf das SED-Altvermögen ist rechtswirksam geworden, Berlin.

UKPV, 1996, Deutscher Bundestag, Drucksache 13/5376, Bericht der UKPV (Erster Teilabschlussbericht) über das Vermögen der DDR-Parteien CDU, DBD, LDPD, NDPD und Stellungnahme der Bundesregierung, Bonn.

UKPV, 1996, Deutscher Bundestag, Drucksache 13/5377 Bericht der UKPV (Zweiter Teilabschlussbericht) über das Vermögen der Freien Deutschen Jugend (FDJ) und Stellungnahme der Bundesregierung, Bonn.

Ulbricht, Walter, 1958, Die Entwicklung des deutschen volksdemokratischen Staates 1945-1958, Berlin (Ost).

Veen, Hans-Joachim, 1994b, „Rechtsextrem" oder „rechtsradikal"?, in: Das Parlament vom 15. April, S. 5.

Veen, Hans-Joachim, 1995, Zwischen Rekonzentration und neuer Diversifizierung. Tendenzen der Parteienentwicklung fünf Jahre nach der Einheit, in: Gellner, Winand/Veen, Hans-Joachim (Hg.), Umbruch und Wandel in westeuropäischen Parteiensystemen, Frankfurt a. M., S. 117-134.

Veen, Hans-Joachim, 1997, Innere Einheit – aber wo liegt sie? Eine Bestandsaufnahme im siebten Jahr nach der Wiedervereinigung Deutschlands, in: APuZ, H. B 40, S. 19-28.

Veen, Hans-Joachim/Gluchowski, Peter, 1983: Tendenzen der Nivellierung in den Wählerschaften von CDU/CSU und SPD von 1959-1983. Eine Fortschreibung, in: PVS, H. 4, S. 545-555.

Veen, Hans-Joachim/Gluchowski, Peter, 1988: Sozialstrukturelle Nivellierung bei politischer Polarisierung – Wandlungen und Konstanten in den Wählerstrukturen der Parteien 1953-1987, in: ZParl, H. 2, S. 225-248.

Veen, Hans-Joachim/Gluchowski, Peter, 1994, Die Anhängerschaften der Parteien vor und nach der Einheit – eine Langfristbetrachtung von 1953 bis 1993, in: ZParl, H. 2, S. 165-185.

Veen, Hans-Joachim/Hoffmann, Jürgen, Die Grünen zu Beginn der neunziger Jahre – Profil und Defizite einer fast etablierten Partei, Bonn 1992.

Veen, Hans-Joachim/Zelle, Carsten, 1994, Zusammenwachsen oder Auseinanderdriften? Eine empirische Analyse der Werthaltungen, der politischen Prioritäten und der nationalen Identifikationen der Ost- und Westdeutschen, Konrad-Adenauer-Stiftung (Hg.), Interne Studien Nr. 78, Sankt Augustin.

Veen, Hans-Joachim, u. a., 1994a, Eine Jugend in Deutschland, Opladen

Verfassungsschutzbericht 1990-2000, 1991-2001, Bundesministerium des Inneren (Hg.), Bonn.

Verfassungsschutzbericht 1994, o. J., Freistaat Sachsen, Staatsministerium des Inneren, Landesamt für Verfassungsschutz (Hg.), o. O.

Verfassungsschutzbericht 1996, o. J., Freistaat Sachsen, Staatsministerium des Inneren, Landesamt für Verfassungsschutz (Hg.), o. O.

Vester, Michael, 1995, Deutschlands feine Unterschiede. Mentalitäten und Modernisierung in Ost- und Westdeutschland, in: APuZ, H. B 20, S, 16-30.

Vester, Michael/Oertzen, Peter von/Geiling, Heiko/Hermann, Thomas/Müller, Dagmar, 1993, Soziale Milieus im gesellschaftlichen Strukturwandel. Zwischen Integration und Ausgrenzung, Köln.

Voigt, Dieter/Voß, Werner/Meck, Sabine, 1987, Sozialstruktur der DDR, Darmstadt.

Von den Anfängen. Eine illustrierte Chronik der PDS 1989-1993, 1994, Berlin.

Von den Anfängen. Eine illustrierte Chronik der PDS 1989-1994, 1995, Berlin.

Voslensky, Michael S., 1995, Das Geheime wird offenbar. Moskauer Archive erzählen 1917-1991, München.

Wagenknecht, Sahra, 1992, Marxismus und Opportunismus – Kämpfe in der sozialistischen Bewegung gestern und heute, in: Weißenseer Blätter, Nr. 4.

Wagenknecht, Sahra, 1995, Antisozialistische Strategien im Zeitalter der Systemauseinandersetzung. Zwei Taktiken im Kampf gegen die sozialistische Welt, Bonn.

Wahlergebnisse in der Bundesrepublik Deutschland und in den Ländern, 2001, 1946-2001 – insgesamt und nach Alter und Geschlecht, Konrad-Adenauer-Stiftung (Hg.), Sankt Augustin.

Wahlkommission der DDR, Wahlen zur Volkskammer der DDR am 18. März 1990, Endgültiges Ergebnis, Berlin 1990.

Walter, Franz, 1991, Sachsen – ein Stammland der Sozialdemokratie? in: PVS, H. 2, S. 207 ff.

Was ist Demokratie, 1946, Anonymus, in: Einheit. Theoretische Monatsschrift für Sozialismus, H. 4, S. 216-223.

Weber, Hermann, 1969, Demokratischer Kommunismus? Zur Theorie, Geschichte und Politik der kommunistischen Bewegung, Hannover.

Weber, Hermann, 1985, Geschichte der DDR, München.

Weber, Hermann, 1990a, Die DDR-Geschichtswissenschaft im Umbruch? Aufgaben der Historiker bei der Bewältigung der stalinistischen Vergangenheit, in: DA, H. 7, S. 1058-1070.

Weber, Hermann, 1990b, Die Stalinismus-Diskussion geht weiter. Widerspruchsvolle „Aufarbeitung" der Geschichte in der DDR, in DA, H. 8, S. 1259-1266.

Weber, Hermann, 1991, DDR. Grundriss der Geschichte 1945-1990, Hannover.

Weber, Hermann, 1999, Die DDR 1945-1990, 3., überarb. und erw. Aufl., München.

Wehling, Hans-Georg (Red.), 1984, Konfession – eine Nebensache? Politische, soziale und kulturelle Ausprägungen religiöser Unterschiede in Deutschland, Landeszentrale für politische Bildung Baden-Württemberg (Hg.), Stuttgart/Berlin/Köln/Mainz.

Wehner, Gerd, 2000, Die etwas andere Art einer zukünftigen Verfassung. Ein historischer Beitrag zum Verfassungsentwurf der PDS von 1994, in: ZParl, H. 2, S. 174-182.

Weidenfeld, Werner, 1989, Deutschland 1989: Konturen im Rückblick auf vierzig Jahre, in: Weidenfeld/Zimmermann, 1989, S. 13-34.

Weidenfeld, Werner/Zimmermann, Hartmut (Hg.), 1989, Deutschland-Handbuch. Eine doppelte Bilanz 1949-1989, Bonn.

Welsh, Helga A., 1989, Revolutionärer Wandel auf Befehl? Entnazifizierungs- und Personalpolitik in Thüringen und Sachsen (1945-1948), München.

Welzel, Christian, 1992, Von der SED zur PDS. Eine doktringebundene Staatspartei auf dem Weg zu einer politischen Partei im Konkurrenzsystem? Mai 1989 bis April 1990. Frankfurt a. M./Bern/New York/Paris.

Wer war wer in der DDR. Ein biographisches Handbuch, 1994, Barth, Bernd-Rainer/Links, Christoph/Müller-Enbergs, Helmut/Wielgohs, Jan (Hg.), Frankfurt a.M.

Wer war wer in der DDR. Ein biographisches Lexikon, 2000, Müller-Enbergs, Helmut/Wielgohs, Jan/Hoffmann, Dieter (Hg.), Bonn

Westle, Bettina, 1994, Demokratie und Sozialismus. Politische Ordnungsvorstellungen im vereinten Deutschland zwischen Ideologie, Protest und Nostalgie, in: Kölner Zeitschrift für Soziologie und Sozialpsychologie, H. 4, S. 571-596.

Wiesendahl, Elmar, 1990, Der Marsch aus den Institutionen. Zur Organisationsschwäche der Parteien in den 80er Jahren, in: APuZ, H. B 21, S. 3-12.

Wild, Christoph, 1990, Fernseh- und Hörfunknutzung in der DDR im Frühjahr 1990, in: Media Perspektiven, H. 9, S. 558-572.

Wildenmann, Rudolf, (mit Unkelbach, Helmut/Kaltefleiter, Werner), 1965, Wähler. Parteien. Parlament. Frankfurt a. M.

Wildenmann, Rudolf, 1968, Parteien-Identifikation in der Bundesrepublik, in: Stammer, Otto (Hg.), Parteiensysteme, Parteiorganisation und die neuen politischen Bewegungen, Berlin (West), S. 234-270.

Wildenmann, Rudolf, 1989, Volksparteien. Ratlose Riesen?, Baden-Baden.

Wildenmann, Rudolf, 1992, Wahlforschung, Mannheim/Leipzig/Wien/Zürich.

Wilke, Manfred, 1990, Ist die „Partei des demokratischen Sozialismus" (PDS) noch eine kommunistische Partei? in: Politische Studien, H. 314, S. 695-705.

Wilke, Manfred, 1991, DKP und PDS nach dem Ende des deutschen Kommunismus, in: Backes/Jesse, Jahrbuch, S. 147-158.

Wilke, Manfred, 1992, Entstehung und Entwicklung der PDS, in: Die Entwicklung der Volksparteien im vereinten Deutschland, München/Landsberg am Lech, S. 147-190.

Wilke, Manfred/Müller, Hans-Peter/Brabant, Marion, 1990, Die Deutsche Kommunistische Partei (DKP). Geschichte – Organisation – Politik, Köln.

Wilke, Manfred/Prinz, Sebastian, 2001, PDS – Systemveränderung am Kabinettstisch?, Arbeitspapier Nr. 32, Konrad-Adenauer-Stiftung (Hg.), Sankt Augustin.

Winkler, Heinrich August, 1996, Kein Bruch mit Lenin. Die Weimarer Republik aus Sicht der SED und PDS, in: Eckert/Faulenbach, S. 11-23.

Winkler, Jürgen R., 1996, Bausteine einer allgemeinen Theorie des Rechtsextremismus. Zur Stellung und Integration von Persönlichkeits- und Umweltfaktoren, in: Falter/Jaschke/Winkler, S. 25-48.

Winter, Thomas von, 1987, Politische Orientierung und Sozialstruktur. Ein Beitrag zur Theorie des Wählerverhaltens. Frankfurt a. M./New York.

Winter, Thomas von, 1996, Wählerverhalten in den östlichen Bundesländern: Wahlsoziologische Erklärungsmodelle auf dem Prüfstand, in: ZParl, H. 2, S. 298-316.

Wittich, Dietmar, 1994, Sozialstruktur von PDS-Mitgliedern, in: Niedermayer/Stöss, S. 227-238.

Wittich, Dietmar, 1995, Mitglieder und Wähler der PDS, in: Brie/Herzig/Koch, S. 58-80.

Wunschik, Tobias, 1997, Baader-Meinhofs Kinder. Die zweite Generation der RAF, Opladen.

Zelle, Carsten 1995, Der Wechselwähler. Politische und soziale Erklärungsansätze des Wähler-wandels in Deutschland und den USA, Opladen.

Zelle, Carsten, 1998, Factors Explaining the Increase in PDS Support After Unification, in: Anderson, Christopher/Zelle, Carsten (Hg.), Stability and Change in German Elections. How Electorates Merge, Converge, or Collide, Westport, Connecticut/London.

Zimmermann, Monika, 1994, Was macht eigentlich ...? 100 DDR-Prominente heute, Berlin.

Zohlnhöfer, Werner, 1968, Parteiidentifizierung in der Bundesrepublik und den Vereinigten Staaten, in: Scheuch, Erwin K./Wildenmann, Rudolf (Hg.), 1968, Zur Soziologie der Wahl, 2. Aufl., Köln/Opladen S. 126-168.

Zur Programmatik der Partei des Demokratischen Sozialismus. Ein Kommentar. 1997, Gesell-schaftsanalyse und politische Bildung (Hg.), Brie, André/Brie, Michael/ Dellheim, Judith/ Falkner, Thomas/Klein, Dieter/Schumann, Michael/Wittich, Dietmar (Autoren), Berlin.

Danksagung

Diese Arbeit ist die leicht überarbeitete Fassung meiner Dissertation, die von der Philosophischen Fakultät der Technischen Universität Chemnitz 2003 angenommen wurde. Mein Dank gilt in erster Linie meinem Doktorvater Prof. Dr. Eckhard Jesse, der mich mit großem Engagement beständig motivierte und den Fortgang der Arbeit kritisch begleitete. Prof. Dr. Hans-Joachim Veen hat das Projekt mit wissenschaftlicher Neugier verfolgt. Seinem Elan ist zu verdanken, dass die Konrad-Adenauer-Stiftung über die einmalige Datenlage verfügt, die ich nutzen konnte. Prof. Dr. Alfons Söllner danke ich für seine Anregungen und das Gutachten. Anerkennung für geduldiges Zuhören und hilfreiche Kommentare gebührt Dr. Ute Molitor, Sylvia Homann und Michael Fey. Mit großer Akribie hat Gunnar Peters sprachliche und formale Schwächen der Arbeit eliminiert. Mein Mann, Prof. Dr. Werner Müller, hat das Thema angeregt und mich jederzeit nicht nur wissenschaftlich unterstützt. Mein größter Dank gilt meinen Eltern, die in unvergleichlicher Weise die Arbeit gefördert haben. Ihnen sei dieses Buch gewidmet.

Berlin, im Februar 2004   Viola Neu

Wahlergebnisse – chronologische Übersicht

In Prozent	CDU[1]	SPD	FDP	Grüne	PDS	Sonstige	WB
18.03.1990							
- Volkskammer	40,8	21,9	5,3[2]	4,9[3]	16,4	10,7	93,4
14.10.1990							
- Landtag Brandenburg	29,4	38,2	6,6	9,3[4]	13,4	3,1	67,1
- Landtag Mecklenb.-Vorpommern	38,3	27,0	5,5	9,3[5]	15,7	4,2	64,7
- Landtag Sachsen	53,8	19,1	5,3	5,6[6]	10,2	6,0	72,8
- Landtag Sachsen-Anhalt	39,0	26,0	13,5	5,3[7]	12,0	4,3	65,1
- Landtag Thüringen	45,4	22,8	9,3	6,5[8]	9,7	6,3	71,7
02.12.1990							
- Bundestag: West	44,3	35,7	10,6	4,8[9]	0,3	4,3	78,6
- Bundestag: Ost	41,8	24,3	12,9	6,2[10]	11,1	3,8	74,5
- Abgeordnetenhaus Berlin: West	49,0	29,5	7,9	8,3[11]	1,1	4,3	83,7
- Abgeordnetenhaus Berlin: Ost	25,0	32,1	5,6	11,4[12]	23,6	2,3	76,2
12.06.1994							
- Europawahl: West	40,3	33,9	4,2	11,2	0,6	9,8	59,3
- Europawahl: Ost	32,9	25,3	3,6	5,8	20,6	11,8	63,0
26.06.1994							
- Landtag Sachsen-Anhalt	34,4	34,0	3,6	5,1	19,9	3,0	54,8
11.09.1994							
- Landtag Brandenburg	18,7	54,1	2,2	2,9	18,7	3,3	56,3
- Landtag Sachsen	58,1	16,6	1,7	4,1	16,5	3,0	58,4
16.10.1994							
- Bundestag West	42,1	37,5	7,7	7,9	1,0	3,9	80,5
- Bundestag Ost	38,5	31,5	3,5	4,3	19,8	2,4	72,6
- Landtag Thüringen	42,6	29,6	3,2	4,5	16,6	3,6	74,8
- Landtag Mecklenb.-Vorpommern	37,7	29,5	3,8	3,7	22,7	2,6	72,9
22.10.1995							
- Abgeordnetenhaus Berlin West	45,4	25,5	3,4	15,0	2,1	8,6	71,4
- Abgeordnetenhaus Berlin Ost	23,6	20,2	1,1	10,0	36,3	8,7	64,1
26.04.1998							
- Landtag Sachsen-Anhalt	22,0	35,9	4,2	3,2	19,6	15,0[13]	71,7
27.09.1998							
- Bundestag: West	37,0	42,3	7,0	7,3	1,2	5,2	82,8
- Bundestag: Ost	27,3	35,1	3,3	4,1	21,6	8,6	80,0
- Landtag Mecklenb.-Vorpommern	30,2	34,3	1,6	2,7	24,4	6,8	79,4

in Prozent	CDU[1]	SPD	FDP	Grüne	PDS	Sonstige	WB
13.06.1999							
- Europawahl: West	50,8	32,6	3,3	7,4	1,3	4,6	44,5
- Europawahl: Ost	40,6	23,6	2,2	2,9	23,0	7,7	47,8
05.09.1999							
- Landtag Brandenburg	26,6	39,3	1,9	1,9	23,3	7,0[14]	54,3
12.09.1999							
- Landtag Thüringen	51,0	18,5	1,1	1,9	21,3	6,2	59,9
19.09.1999							
- Landtag Sachsen	56,9	10,7	1,1	2,6	22,2	6,5	61,1
10.10.1999							
- Abgeordnetenhaus Berlin: West	49,3	25,2	2,8	12,1	4,2	6,4	67,5
- Abgeordnetenhaus Berlin: Ost	26,9	17,8	1,1	6,4	39,5	8,1	62,5
21.10.2001							
- Abgeordnetenhaus Berlin: West	30,8	33,7	12,8	11,1	6,9	4,7	70,6
- Abgeordnetenhaus Berlin: Ost	12,4	23,2	5,3	5,9	47,6	5,6	64,4
21.04.2002							
- Landtag Sachsen-Anhalt	37,3	20,0	13,3	2,0	20,4	7,0	56,5
22.09.2002							
- Bundestag : West	40,8	38,3	7,6	9,4	1,1	2,8	80,7
- Bundestag: Ost	28,3	39,7	6,4	4,7	16,9	4,0	72,9
- Landtag Mecklenb.-Vorpommern	31,4	40,6	4,7	2,6	16,4	4,3	70,6

1) Bei Bundestagswahlen West und Europawahlen West inklusive CSU.
2) Wahlbündnis Bund Freier Demokraten.
3) Bündnis 90 sowie Grüne Partei/Unabhängiger Frauenverband zusammen.
4) Bündnis 90 sowie Grüne Partei zusammen.
5) Bündnis 90, Grüne Partei und Neues Forum zusammen.
6) Listenvereinigung „Neues Forum – Bündnis – Grüne".
7) Grüne Partei und Neues Forum zusammen.
8) Wahlbündnis Grüne Partei/Neues Forum/Demokratie Jetzt.
9) Nur Die Grünen.
10) Nur Bündnis 90/Grüne Partei.
11) Die Grünen/AL sowie Bündnis 90/Grüne Partei/Unabhängiger Frauenverband zusammen.
12) Siehe 11.
13) Darunter DVU 12,9 %.
14) Darunter DVU 5,3 %.

Herausgegeben von Prof. Dr. Eckhard Jesse und PD Dr. Uwe Backes

Extremismus und Demokratie

Alexandra Nepit   Band 8
**Die SED unter dem Druck
der Reformen Gorbatschows**
Der Versuch der Parteiführung, das
SED-Regime durch konservatives
Systemmanagement zu stabilisieren
2004, 445 S., brosch., 59,– €,
ISBN 3-8329-0486-7

Jürgen P. Lang   Band 7
Ist die PDS eine demokratische Partei?
Eine extremismustheoretische
Untersuchung
2003, 196 S., brosch., 29,– €,
ISBN 3-8329-0414-X

Andreas Klump   Band 6
Neuer politischer Extremismus?
Eine politikwissenschaftliche Fallstudie
am Beispiel der Scientology-Organisation
2003, 243 S., brosch., 29,– €,
ISBN 3-8329-0215-5

Robert Grünbaum   Band 5
Jenseits des Alltags
Die Schriftsteller der DDR und die
Revolution von 1989/90
2002, 220 S., brosch., 36,– €,
ISBN 3-7890-8141-8

Patrick Moreau/
Rita Schorpp-Grabiak   Band 4
**»Man muß so radikal sein wie die
Wirklichkeit« – Die PDS: eine Bilanz**
2002, 350 S., brosch., 58,– €,
ISBN 3-7890-7929-4

Christian Menhorn   Band 3
Skinheads: Portrait einer Subkultur
2001, 289 S., brosch., 40,– €,
ISBN 3-7890-7563-9

Roger Woods   Band 2
Nation ohne Selbstbewußtsein
Von der Konservativen Revolution
zur Neuen Rechten
2001, 212 S., brosch., 28,– €,
ISBN 3-7890-7077-7

Uta Stolle   Band 1
Der Aufstand der Bürger
Wie 1989 die Nachkriegszeit in
Deutschland zu Ende ging
Mit einem Vorwort von Joachim Gauck
2001, 318 S., brosch., 36,– €,
ISBN 3-7890-7063-7

Nomos
sabine.horn@nomos.de